## "信毅教材大系"编委会

| | |
|---|---|
| 主　　任 | 卢福财 |
| 副 主 任 | 邓　辉　王秋石　刘子馨 |
| 秘 书 长 | 廖国琼 |
| 副秘书长 | 宋朝阳 |
| 编　　委 | 刘满凤　杨　慧　袁红林　胡宇辰　李春根 |
| | 章卫东　吴朝阳　张利国　汪　洋　罗世华 |
| | 毛小兵　邹勇文　杨德敏　白耀辉　叶卫华 |
| | 尹忠海　包礼祥　郑志强　陈始发 |
| 联络秘书 | 方毅超　刘素卿 |

信毅教材大系·经济学系列

本教材受江西省高等学校教学改革研究课题(重点项目)"双一流背景下高校课程质量持续提升机制研究——以《资源环境经济学》为例"(编号：JXJG-19-4-4)和江西财经大学"信毅教材大系"第二期教材资助

# 资源环境经济学基础教程

Basic Course of Resource and Environmental Economics

黄和平　陈胜东　主编

复旦大学出版社

# 总 序

世界高等教育的起源可以追溯到1088年意大利建立的博洛尼亚大学,它运用社会化组织成批量培养社会所需要的人才,改变了知识、技能主要在师徒间、个体间传授的教育方式,满足了大家获取知识的需要,史称"博洛尼亚传统"。

19世纪初期,德国教育家洪堡提出"教学与研究相统一"和"学术自由"的原则,并指出大学的主要职能是追求真理,学术研究在大学应当具有第一位的重要性,即"洪堡理念",强调大学对学术研究人才的培养。

在洪堡理念广为传播和接受之际,英国教育家纽曼发表了《大学的理想》的著名演说,旗帜鲜明地指出"从本质上讲,大学是教育的场所","我们不能借口履行大学的使命职责,而把它引向不属于它本身的目标"。强调培养人才是大学的唯一职能。纽曼关于"大学的理想"的演说让人们重新审视和思考大学为何而设、为谁而设的问题。

19世纪后期到20世纪初,美国威斯康星大学查尔斯·范海斯校长提出"大学必须为社会发展服务"的办学理念,更加关注大学与社会需求的结合,从而使大学走出了象牙塔。

2011年4月24日,胡锦涛总书记在清华大学百年校庆庆典上指出,高等教育是优秀文化传承的重要载体和思想文化创新的重要源泉,强调要充分发挥大学文化育人和文化传承创新的职能。

总而言之,随着社会的进步与变革,高等教育不断发展,大学的功能不断扩展,但始终都围绕着人才培养这一大学的根本使命,致力于不断提高人才培养的质量和水平。

对大学而言,优秀人才的培养,离不开一些必要的物质条件保障,但更重要的是高效的执行体系。高效的执行体系应该体现在三个方面:一是科学合理的学科专业结构;二是能洞悉学科前沿的优秀的师资队伍;三是作为知识载体和传播媒介的优秀教材。教材是体现教学内容与教学方法的知识载体,是进行教学的基本工具,也是深化教育教学改革,提高人才培养质量的重要保证。

一本好的教材,要能反映该学科领域的学术水平和科研成就,能引导学生沿着正确的学术方向步入所向往的科学殿堂。因此,加强高校教材建设,对于提高教育质量、稳定教学秩序、实现高等教育人才培养目标起着重要的作用。正是基于这样的考虑,江西财经大学与复旦大学出版社达成共识,准备通过编写出版一套高质量的教材系列,以期进一步锻炼学校教师队伍,提高教师素质和教学水平,最终将学校的学科、师资等优势转化为人才培养优势,提升人才培养质量。为凸显江财特色,我们取校训"信敏廉毅"中一头一尾两个字,将这个系列的教材命名为"信毅教材大系"。

"信毅教材大系"将分期分批出版问世,江西财经大学教师将积极参与这一具有重大意义的学术事业,精益求精地不断提高写作质量,力争将"信毅教材大系"打造成业内有影响力的高端品牌。"信毅教材大系"的出版,得到了复旦大学出版社的大力支持,没有他们的卓越视野和精心组织,就不可能有这套系列教材的问世。作为"信毅教材大系"的合作方和复旦大学出版社的一名多年的合作者,对他们的敬业精神和远见卓识,我感到由衷的钦佩。

王 乔

2012 年 9 月 19 日

# 前　言

资源环境经济学是运用经济学原理研究自然资源环境发展与保护的经济学分支学科，是经济学研究向自然科学领域的扩展与深入，也是经济学和资源环境科学两大学科交叉形成的一门新兴学科。随着经济社会的发展，全球人口、资源与环境问题日益突出，对资源环境经济学的研究也显得愈发重要。本书是在作者团队长期科研和教学成果的基础上，根据资源环境经济学近年来的发展趋势，按照"信毅教材大系"第二期编写要求创作而成的。

本书针对财经类高校学生资源科学、环境科学基础知识储备匮乏的特点，在内容安排上，首先介绍了资源环境经济学的产生与发展，资源环境经济学对传统经济学的创新与应用，资源环境经济学的研究对象、内容与方法，以及资源科学、环境科学的相关基础知识。同时照顾到非财经类学生在经济学方面的知识可能不足的情况，特安排了一章介绍经济学基础知识。然后系统论述了与资源、环境相关的常用理论：资源产权理论、外部性理论、公共物品理论、经济效率理论，最后阐述了资源与环境的价值与损害的评价方法、经济政策等。书中将可持续发展思想融入资源与环境经济理论体系，探讨了稀缺资源的配置目标由社会福利最大化到可持续发展、循环经济的转变。针对资源环境价值的评价，介绍了直接市场价值评估法、揭示偏好价值评估法、意愿调查价值评估法等，对资源环境方面的经济政策，重点介绍了正在普遍推广的排污收费与排污权交易。本书融入了一些与内容相关的知识点和案例，增加了文章阅读趣味，且每章末附有相关习题，便于学生掌握理解。

在书稿的编撰过程中，杨新梅、李亚丽、易梦婷、黄圣美、胡兰、左凌霄等研究生参与了部分工作。本书是作者团队长期科研和教学的产物,相关案例也参考了其他学者的有关内容,在此谨向他们表示衷心的感谢!同时,感谢江西财经大学教材建设基金对本书的资助。

当前,资源环境经济学仍是一门发展中的学科,诸多问题需要进一步讨论研究。由于时间和作者水平有限,尽管进行了反复推敲核证和多次修改,本书仍难免存在疏漏和不妥之处,恳请广大读者提出宝贵意见,以便使此书更为完善。

黄和平

2021年3月

# 目 录

## 第一章 绪论 ………………………………………………… 001
### 第一节 资源环境经济学的产生与发展 ………………… 001
一、资源环境经济学的产生背景 ………………… 001
二、早期的资源环境经济学思想 ………………… 004
三、资源环境经济学的发展路径 ………………… 007
四、资源环境经济学的发展趋势 ………………… 010
### 第二节 资源环境经济学对传统经济学的创新与应用 … 012
一、资源环境经济学对传统经济学的创新 ……… 012
二、资源环境经济学在实践中的应用 …………… 016
### 第三节 资源环境经济学的研究对象、内容与方法 …… 017
一、资源环境经济学的研究对象 ………………… 017
二、资源环境经济学的特点 ……………………… 018
三、资源环境经济学的研究内容 ………………… 018
四、资源环境经济学的研究方法 ………………… 020

## 第二章 资源科学基础知识 ……………………………… 024
### 第一节 自然资源简介 …………………………………… 024
一、自然资源的概念 ……………………………… 024
二、自然资源的分类 ……………………………… 026
三、自然资源的基本属性 ………………………… 026
### 第二节 土地资源与粮食安全 …………………………… 030
一、土地与土地资源的基本概念 ………………… 030
二、中国土地资源现状 …………………………… 035
三、粮食安全与耕地保护 ………………………… 038
### 第三节 森林资源与生态安全 …………………………… 040
一、森林与森林资源的概念 ……………………… 040
二、我国森林资源现状 …………………………… 042
三、森林资源与生态安全 ………………………… 043
### 第四节 水资源与可持续发展 …………………………… 047
一、水资源的概念 ………………………………… 048

二、水资源的特性 ····································· 049
三、水资源的类型 ····································· 050
四、我国水资源现状 ··································· 051
五、水资源与可持续发展 ······························· 052

## 第三章 环境科学基础知识 ······························· 055
### 第一节 环境科学与环境问题 ··························· 055
一、环境 ············································ 055
二、环境科学 ········································ 059
三、环境问题 ········································ 061
### 第二节 大气环境与大气污染 ··························· 064
一、大气环境 ········································ 064
二、大气污染 ········································ 066
三、大气污染的综合防治 ······························· 069
### 第三节 水环境与水污染 ······························· 073
一、水环境 ·········································· 073
二、水体污染 ········································ 075
### 第四节 土壤环境与土壤污染 ··························· 078
一、土壤与土壤环境 ··································· 078
二、土壤污染 ········································ 080
三、土壤污染的防治 ··································· 083

## 第四章 经济学基础知识 ································· 087
### 第一节 微观经济学基础知识 ··························· 087
一、市场供求理论 ···································· 087
二、消费者行为理论 ··································· 091
三、市场理论 ········································ 095
四、生产理论 ········································ 097
### 第二节 宏观经济学基础知识 ··························· 101
一、国民收入核算理论 ································· 101
二、国民收入决定理论 ································· 102
三、宏观经济政策 ···································· 104
### 第三节 早期西方资源环境经济学思想简介 ··············· 106
一、斯密设定 ········································ 106
二、马尔萨斯模型 ···································· 107

三、李嘉图模型 …………………………………… 108
　　四、穆勒的归纳 …………………………………… 108
　　五、马克思和恩格斯的观点 ……………………… 109

## 第五章　资源的稀缺性与资源产权理论 …………… 112
### 第一节　资源稀缺的概念与度量 …………………… 112
　　一、资源稀缺与资源短缺 ………………………… 112
　　二、资源稀缺性变量指标 ………………………… 113
### 第二节　缓解资源稀缺的途径 ……………………… 115
　　一、积极推进技术进步,发现新的资源储量 …… 116
　　二、发展循环经济,提高资源利用率 …………… 116
　　三、扩大稀缺资源的替代 ………………………… 117
　　四、实现资源利用的规模经济 …………………… 117
　　五、建立有效的价格机制 ………………………… 118
　　六、改善交通运输条件 …………………………… 118
　　七、加大经济的开放度 …………………………… 118
　　八、有效的制度安排 ……………………………… 119
### 第三节　资源产权的基本理论 ……………………… 121
　　一、产权的基本理论 ……………………………… 121
　　二、资源产权的基本理论 ………………………… 122
### 第四节　资源产权制度的基本模式 ………………… 126
　　一、产权制度 ……………………………………… 126
　　二、现代产权制度的特征 ………………………… 127
　　三、资源产权制度 ………………………………… 128
### 第五节　资源产权的初始分配与再分配 …………… 133
　　一、我国资源使用产权初始分配 ………………… 133
　　二、我国资源使用产权再分配 …………………… 135

## 第六章　外部性理论 …………………………………… 138
### 第一节　外部性的含义、类型与特征 ………………… 138
　　一、外部性的含义 ………………………………… 138
　　二、外部性的类型 ………………………………… 139
　　三、外部性的特征 ………………………………… 140
### 第二节　外部性理论的产生与发展 ………………… 141
　　一、马歇尔首次提出外部经济 …………………… 141

二、庇古发展外部性理论 …………………………………… 142
第三节 外部性与资源配置效率 …………………………………… 143
一、资源配置的原则 …………………………………… 143
二、资源配置的方式 …………………………………… 147
三、生产外部性分析 …………………………………… 150
四、消费外部性分析 …………………………………… 151
第四节 外部性的消除对策 …………………………………… 152
一、采取行政手段：管制与指导 …………………………………… 152
二、运用经济措施：税收与补贴 …………………………………… 153
三、运用法律手段：制定规则与法律约束 …………………………………… 155
四、建立产权交易规则 …………………………………… 157

# 第七章 公共物品与公共资源有效供给 …………………………………… 163
## 第一节 公共物品定义及分类 …………………………………… 163
一、物品特征 …………………………………… 163
二、公共物品定义 …………………………………… 163
三、公共物品分类 …………………………………… 164
## 第二节 公共物品与市场失灵 …………………………………… 165
一、公共物品和搭便车 …………………………………… 166
二、公共物品市场供给的无效率 …………………………………… 167
三、博弈论与提供公共产品 …………………………………… 168
## 第三节 公共物品的有效供给 …………………………………… 170
一、公共物品有效供给 …………………………………… 170
二、公共物品有效供给的形式 …………………………………… 172

# 第八章 经济效率理论 …………………………………… 178
## 第一节 经济效率的实现 …………………………………… 178
一、经济效率 …………………………………… 178
二、经济效率的实现 …………………………………… 179
## 第二节 帕累托效率的政策意义 …………………………………… 183
一、帕累托效率的基本原理 …………………………………… 183
二、帕累托效率的政策意义 …………………………………… 185
## 第三节 市场在实现帕累托最优上的缺陷 …………………………………… 185
一、市场失灵 …………………………………… 185
二、市场失灵的原因 …………………………………… 187

### 第四节　科斯条件下的庇古税 …………………… 188
　　一、最优庇古税 ………………………………… 188
　　二、最优庇古税的数学推导 …………………… 189

## 第九章　环境资源价值与损害评价 …………………… 192
### 第一节　环境资源价值的理论基础 …………… 192
　　一、劳动价值论 ………………………………… 192
　　二、效用价值论 ………………………………… 193
　　三、存在价值论 ………………………………… 195
### 第二节　环境资源价值的特点及构成 ………… 196
　　一、环境资源价值的特点 ……………………… 196
　　二、环境资源价值的构成 ……………………… 198
### 第三节　直接市场价值评估法 ………………… 201
　　一、生产率变动法 ……………………………… 201
　　二、疾病成本法和人力资本法 ………………… 203
　　三、机会成本法 ………………………………… 204
　　四、重置成本法 ………………………………… 205
　　五、直接市场价值评估法的适用范围与条件 … 207
　　六、直接市场价值评估法存在的问题 ………… 208
### 第四节　揭示偏好价值评估法 ………………… 211
　　一、内涵资产定价法 …………………………… 211
　　二、防护支出法 ………………………………… 214
　　三、旅行费用法 ………………………………… 216
### 第五节　意愿调查价值评估法 ………………… 219
　　一、投标博弈法 ………………………………… 219
　　二、比较博弈法 ………………………………… 221
　　三、无费用选择法 ……………………………… 222
　　四、优先评价法 ………………………………… 223
　　五、专家评价法 ………………………………… 225
　　六、意愿调查价值评估法的局限性 …………… 228
　　七、意愿调查价值评估法的适用范围与条件 … 230
### 第六节　环境资源价值评价方法的选择 ……… 231
　　一、评价方法选择的规律 ……………………… 231
　　二、评价方法选择的依据 ……………………… 232

## 第十章　资源与环境经济政策 ………………………… 235

### 第一节　资源与环境经济政策依据 ………………… 235
一、有效率的污染水平 ………………………… 235
二、污染者付费原则 …………………………… 236
三、资源补偿与生态恢复原则 ………………… 237

### 第二节　环境经济政策的一般形式和基本功能 …… 239
一、环境经济的一般形式 ……………………… 239
二、环境经济政策的基本功能 ………………… 243

### 第三节　环境经济政策的基本类型 ………………… 245
一、自然资源与环境征税 ……………………… 245
二、排污收费制度 ……………………………… 249
三、排污许可证制度 …………………………… 252
四、环境保护的其他经济政策 ………………… 254

### 第四节　环境经济政策的实施条件与影响因素 …… 257
一、实施条件 …………………………………… 257
二、影响因素 …………………………………… 258

## 第十一章　排污收费与排污权交易 …………………… 262

### 第一节　排污费与污染治理成本 …………………… 262
一、庇古税——排污费 ………………………… 262
二、最优排污费率的确定 ……………………… 263
三、最优排污费率的数学推导 ………………… 264

### 第二节　不完全竞争与排污收费 …………………… 265
一、不完全竞争条件下的排污收费效率 ……… 265
二、不完全竞争下的次优收费标准 …………… 267

### 第三节　排污收费的经济效率 ……………………… 267
一、降低达标费用 ……………………………… 267
二、降低监督实行环境标准的费用 …………… 268
三、有利于污染控制技术的革新 ……………… 269
四、有利于筹集环保资金 ……………………… 269
五、排污收费的问题 …………………………… 270

### 第四节　排污权交易的微观和宏观效应 …………… 272
一、排污权交易的微观效应 …………………… 273
二、排污权交易的宏观效应 …………………… 274

### 第五节　排污权交易的主要特点 …………………… 276

一、成本最小化 ································ 276
　　二、有利于宏观调控 ···························· 276
　　三、给非排污者表达意见的机会 ············ 276
　　四、有利于优化资源配置 ······················ 277
　　五、提高了企业投资污染控制设备的积极性 ········ 277
　　六、更具有市场灵活性 ························· 277
　第六节　排污权交易的条件 ······················ 278
　　一、合理分配排污权 ···························· 278
　　二、完善的市场条件 ···························· 278
　　三、政府部门的有效管理 ······················ 278

第十二章　资源环境与可持续发展 ················ 281
　第一节　自然资源的可持续利用 ··············· 281
　　一、不可再生资源的最优配置 ··············· 281
　　二、可再生资源的可持续利用 ··············· 286
　第二节　资源承载力与资源安全 ··············· 290
　　一、资源承载力的概念与评价方法 ········ 290
　　二、资源安全 ···································· 294
　第三节　环境保护与可持续发展 ··············· 304
　　一、环境与可持续发展的关系 ··············· 305
　　二、我国生态环境的现状 ······················ 306
　　三、实现环境可持续发展的战略对策 ········ 308

第十三章　循环经济理论 ···························· 313
　第一节　循环经济概述 ···························· 313
　　一、循环经济的概念 ···························· 313
　　二、循环经济的主要特征 ······················ 315
　　三、循环经济的内涵 ···························· 316
　第二节　循环经济理论 ···························· 318
　　一、循环经济理论提出的背景 ··············· 318
　　二、循环经济理论 ······························· 319
　第三节　循环经济的实施 ························· 322
　　一、可持续发展的概述 ························· 323
　　二、传统经济是不可持续发展的经济 ········ 324
　　三、循环经济是可持续发展的实现途径 ······ 325

四、循环经济的实施原则 …………………………………… 326
　　五、实施循环经济的具体要求 ……………………………… 328
第四节　国外循环经济实践 …………………………………… 331
　　一、德国循环经济的发展模式 ……………………………… 331
　　二、日本循环经济的发展模式 ……………………………… 334
　　三、美国循环经济的发展模式 ……………………………… 338
第五节　循环经济在我国的应用 ……………………………… 341
　　一、生态农业模式 …………………………………………… 341
　　二、生态工业模式 …………………………………………… 344
　　三、资源综合利用与环保产业 ……………………………… 349

**参考文献** ……………………………………………………… 355

# 第一章 绪 论

**【学习要点】**

本章主要介绍资源环境经济学的产生背景及早期的资源环境经济思想,让学生了解资源环境经济学产生的时代背景、理论背景、实践背景及发展历程,认识该学科的主要论点在实际中的运用方法,掌握资源环境经济学对经济学的拓展及其主要表现,了解资源环境经济学的研究对象、内容与发展趋势,帮助学生培养从经济学角度思考资源环境问题及其解决方案的兴趣。

## 第一节 资源环境经济学的产生与发展

### 一、资源环境经济学的产生背景

资源环境经济学作为一门学科,形成于 20 世纪五六十年代。当时,美国有几位发展经济学家针对美国和西欧高速发展的经济,提出了自然资源对于经济增长的支持能力问题。这在经济发展成为压倒一切主题的二战后的欧美,表现出一种冷静的科学态度。此后,资源环境问题逐渐成为世人关注的焦点。今天我们在谈到当年的这一变化时,都往往引述这一时期频频发生的污染事件和群众性的环保运动以作警示,比如著名的世界"八大公害"事件、此起彼伏的环保运动。但是从某种意义上说,这种现象却是社会发展的必然结果。20 世纪 60 年代末到 70 年代初,人们广泛讨论环境质量与经济增长之间的关系并对环境问题加以关注。以 1972 年罗马俱乐部美国经济学家德内纳·梅多斯等人的《增长的极限》为代表,在 20 世纪 70 年代初出现了污染经济学或称公害经济学的著作,阐述防治环境污染的经济问题。

资源环境经济学的产生主要有三个背景。

**(一) 时代背景**

资源环境经济学的产生与资源环境问题日益严重并引起社会普遍关注是分不开的。自人类进入工业社会以来,在追求经济增长的驱使下,人类对自然资源展开了大规模的前所未有的开发利用。特别是第二次世界大战以后,出于重建家园的强烈愿望,一些工业化国家一味追求经济的快速增长,出现了空前的增长热潮。虽然在极短的时期内,人类创造出了巨大的物质财富,但同时,在工业化、城市化的过程中,人类也大大加剧了对耕地、淡水、森林、矿产的消耗,引发了严重的环境灾难,给社会带来了巨大危害。与此同时,世界面临着人口激增、环境污染、粮食短缺、能源紧张、资源破坏五大问题。仅20世纪五六十年代的八大公害事件就曾使成千上万的人直接死亡。可以说,这一时期的环境问题与农业社会时期相比具有完全不同的性质,它不仅直接威胁到人们的生命健康,而且严重削弱了自然环境系统对人类社会生存发展的支持能力,给人类未来的发展蒙上了一层阴影。

> **小资料**
>
> **八大公害事件**
>
> 因现代化学、冶炼、汽车等工业的兴起和发展,工业"三废"排放量不断增加,环境污染和破坏事件频频发生,20世纪30—60年代,发生了8起震惊世界的公害事件:① 比利时马斯河谷烟雾事件(1930年12月),致60多人死亡,数千人患病;② 美国多诺拉镇烟雾事件(1948年10月),5 910人患病,17人死亡;③ 伦敦烟雾事件(1952年12月),短短5天致4 000多人死亡,事故后的两个月内又有8 000多人因事故得病而死亡;④ 美国洛杉矶光化学烟雾事件(1940—1960年5—10月),烟雾致人五官发病、头疼、胸闷,汽车、飞机安全运行受威胁,交通事故增加;⑤ 日本水俣病事件(1952—1972年间断发生),共计死亡50余人,283人严重受害而致残;⑥ 日本富山骨痛病事件(1931—1972年间断发生),致34人死亡,280多人患病;⑦ 日本四日市哮喘病事件(1961—1970年间断发生),2 000多人受害,死亡和不堪病痛而自杀者达数十人;⑧ 日本米糠油事件(1968年3—8月),致数十万只鸡死亡,5 000多人患病,16人死亡。
>
> 资料来源:百度百科,"八大公害事件"词条,https://baike.baidu.com/item/八大公害事件/2871456?fr=aladdin。

同大多数经济学分支学科一样,资源环境经济学不是一门先验的科学,而是因为问题而诞生的科学。其学科产生的时代背景就是资源稀缺性显现和稀缺程度迅速提高导致环境危机产生。这主要表现在:① 工业革命以来,工业生产规模急剧扩大和能源使用方式的革命,深刻地改变了自然界的物质循环和能量流动,自然生态系统遭受破坏;同时,由于科技进步,人们能够了解发生在自然系统中非常微小的变化,因而能够比过去更加清楚环境问题的后果。② 现代化的生产过程产生了一些新的合成物质,这些物质对于生态系统的影响是未知的或不确定的,有些物种可能会适应自然环境的改变,有些则可能因为不能适应而发生变异,甚至灭绝。③ 因为生活水平普遍提高,公众开始向往和追求一个清洁、安全和舒适的环境。这实际上表明,当温饱问题解决之后,环境问题便是一种更高层次的需求表现。在这样的社会发展背景下,从经济学角度思考资源环境问题的经济学家们得到了十分重要的启示,从而发现需要深入研究的领域和问题。

经济发展造成资源消耗和环境污染,除了人们未能认识自然生态规律这一原因外,从经济上分析,主要是由于人们没有全面权衡经济发展和资源环境保护之间的关系,只考虑近期直接的经济效益,忽视了经济发展给自然和社会带来的长远影响。长期以来,人们把水、空气等环境资源看成是取之不尽、用之不竭的"无偿资源",把大自然当作无限净化废弃物的场所。这种发展经济的方式,在生产规模不大、人口不多的时代,对自然和社会的影响在时间上、空间上、程度上都是有限的,但在现在却会造成严重的问题。

(二) 理论背景

资源环境经济学的产生最初是为了回应人们对资源环境问题的关心和对经济增长前景的担忧。它从发展经济学分化而来并逐步完善。早在19世纪,穆勒就关于增长的极限作了分析。在1914年和1931年,盖瑞和霍特林分别对可耗竭资源(如煤及金属矿藏)的折耗程度做过分析。然而,直到二战之前,这些新的理论在经济学界并没有引起足够的重视。目前,人们认为资源环境经济学有两个理论基础。

一是20世纪初意大利经济学家帕累托从伦理意义上探讨资源配置效率而提出的"帕累托最优"理论。这一思想一直被资源环境经济学家们奉为圭臬。

帕累托最优,又称帕累托效率,是指资源分配的一种理想状态。在这种状态下,对生产资源或产品进行任何一种配置,也不可能使任何一个人的处境变好,同时不使另外一个人的处境变坏。若一个经济还可能在其他人效用水平不下降的情况下,通过重新配置资源,使得一个或一些人的效用水平有所提高,这种情形称为帕累托无效率。在帕累托无效率的情况下,资源的重新配置就是帕累托改进。帕累托改进是达到帕累托最优的路径和方法。

二是20世纪20年代由马歇尔提出、庇古等人补充的外部性理论。把污染看作是外部性的思想,为资源环境经济学的发展进一步奠定了理论基础。外部性理论认为,在没有市场力量的作用下,外部性表现为两个财政独立的经济单位(如公司或消费者)的相互作用。这实际上已经是对市场理论的某种修正。

20世纪50年代,社会生产规模急剧扩大,人口迅速增加,经济密度不断提高,人类从自然界获取的资源大大超过自然界的再生增殖能力,排入环境的废弃物大大超过环境容量或环境自净能力,出现了全球性的资源耗竭和严重的环境污染与破坏问题。这种严峻的环境形势引起了社会各界的广泛关注,公众的环保意识空前高涨,环境运动在发达国家蓬勃发展,一大批社会有识之士也加入宣传环境保护的行列之中。1962年,生物学家蕾切尔·卡逊出版了科普著作《寂静的春天》。该书描绘了一幅由于农药污染所带来的可怕景象,惊呼人们将会永远失去"明媚的春天"。该书的问世对公众的环境意识产生了重大影响,在世界范围内引发了人类对环境与发展前景的关注。以资源和环境经济为内容的新观点和对未来社会设想的方案层出不穷,主要有60年代末肯尼斯·博尔丁的"宇宙飞船经济""物质进步论"以及70年代初兴起的"资源稀缺论""效用价值论""动态平衡经济"等,出现了资源环境经济学研究的热潮。"增长的极限""生存蓝图""小型化经济""补偿论""环境奢侈论""国家调节论""社会改造论""新发展哲学"等理论观点,推动了人们把社会、自然、环境、资源、经济结合起来进行研究,使得资源环境经济学向系统化发展。从20世纪50年代起,生物学、化学、地理学等自然科学也开始对环境问题进行探索,主要是从技术的角度提出了环境污染的严重后果,并提出了一些可行的解决方案,取得了重大进展。

> **小 资 料**
>
> ### 蕾切尔·卡逊和《寂静的春天》
>
> 20世纪40年代，蕾切尔·卡逊注意到DDT等杀虫剂污染环境的现象。她花了4年的时间研究化学杀虫剂对生态环境的影响，通过观察、采样、分析，在此基础上写成《寂静的春天》。该书于1962年出版，产生了巨大反响，当年就销售了50万册。
>
> 书中惊世骇俗的关于农药危害人类环境的预言，不仅强烈地震撼了社会大众，还招致了化学工业界和政府部门的猛烈攻击。卡逊被说成是"杞人忧天者""自然平衡论者"。杀虫剂生产贸易组织——全国农业化学品联合会（NACA）不惜耗资5万美元来宣传卡逊的"错误观点"，以保护自己的利益。政界、科技界、工业界的许多人都认为，卡逊所提出的问题和书的矛头直指科技成果的正直性、道德性和社会的导向性。在书中，卡逊向人们揭示了人对自然的冷漠，大胆地将滥用DDT的行为暴露于天下。
>
> 值得一提的是，卡逊在身患重病、备受攻击的巨大压力下，仍然坚持自己的观点，并大声疾呼人类要爱护环境，要对自己的活动负责，要具有理性思维能力并与自然和睦相处。她不屈不挠的斗争引起了美国民众和社会的认同，甚至引起了时任美国总统尼克松的高度关注。1963年，经过调查，美国政府认同了书中的观点。同年，她被邀请参加美国总统的听证会。在会议上，卡逊要求政府制定保护人类健康和环境的新政策。
>
> 最终，书中深切的感受、全面的研究和无可辩驳的论点改变了"历史的进程"。该书在世界范围内引起了更大的轰动，很快被译成多种文字出版。

### （三）实践背景

伴随着社会经济的发展，解决资源环境问题已成为环保部门的任务。现代市场机制正在制造一种日益失衡的经济：一方面是人类的生产和生活正在大量消耗自然资源和制造过剩的私人物品，如土地开垦、森林砍伐、工业生产；另一方面是公共物品正在变得日益稀缺，如土地荒漠化、生物多样性减少、空气污染和美景被破坏。私人物品的供给可以实现增长，而公共物品的供给却由于储量的有限性和破坏的不可逆性，不仅难以增加，而且日益稀缺，这就是人类需求的无限增长和自然资源有限供给的矛盾。更具讽刺意味的是，通过牺牲环境和自然资源实现的经济增长，也增加了人们对自然环境的需求。这就使得自然资源与环境不仅在客观上，而且在主观上也在日益稀缺。为了适应社会需求的变化，各国政府纷纷建立了资源与环境保护部门来管理资源与环境。但是，保护资源与环境要有政策和管理手段，需要投资。什么样的政策和手段最有效？保护资源与环境需要花多少钱？谁来出这笔钱？怎么花这些钱？这一系列问题都要求相关领域的学者们做出回答。

## 二、早期的资源环境经济学思想

资源环境经济学作为一门独立的经济学分支学科的历史虽然很短，但是资源与环境问题被纳入经济学家的研究视野却可追溯至古典经济学的形成时期。古典经济学家所处的时代,社会发展仍以农业为主,资本主义工商业经济还处于起步阶段,经济发展对资源环境破坏的影响尚不明显,因此资源和环境问题尚未成为影响社会发展的主要问题,自然也并不是古典经济学所关注的重点。古典经济学分析的对象主要集中在农业生产方面,围绕着土地等自然资源的产出率进行研究,如英国古典经济学家的奠基者威廉·配第就已认识到自然条件对财富的制约,提出了著名的"劳动为财富之父,土地为财富之母"的论断。因此,古典经济学家对自然资源与环境的关注与自然资源与环境对农业生产的影响是分不开的。此外,马尔萨斯、李嘉图、穆勒也是最早对资源与环境问题进行经济学思考的学者。

亚当·斯密的经济思想反映了古典经济学的主流观点,而这位古典经济学的鼻祖却忽视了资源环境对经济发展的制约作用。斯密认为分工和资本积累足以克服土地稀缺程度对经济增长所带来的消极影响,因为资本积累的增加可以增加被雇佣的劳动者人数而避免人口过剩。而且分工的发展可以不断推动技术进步和新机器的发明和使用,从而引起报酬递增,这就能抵消由于土地稀缺产生的报酬递减。按照斯密的说法,"劳动者对工资的需求必随一国收入和资本的增加而增加",同时"劳动生产力上最大的增进,以及运用劳动时所表现的更大的熟练、技术和判断力,似乎都是分工的结果"。在这种时代背景下,当然不可能对环境问题进行严格的经济学分析,也不可能产生资源环境经济学这门学科。尽管如此,斯密提出的"看不见的手"原理仍然足以奠定现代经济学,包括资源环境经济学的基础。也正因为如此,古典经济学的先驱者们对资源与环境问题的思考也就更显得难能可贵了。虽然从现代经济学的角度来看,他们关于资源与环境问题的思想还显得有点简单与朴素,既没有从经济学角度分析资源与环境问题的根源,也没有提出解决环境与增长冲突的经济途径,但是他们的思想对现代资源环境经济学的影响却是不可否认的。从某种意义上讲,当代关于资源环境与经济增长相互作用的争论就有着上述先驱者思想的影子。因此,了解这些早期资源环境经济思想的萌芽对于我们更深刻地理解资源环境经济学学科的形成与发展也是大有裨益的。

### 小资料

#### 看不见的手

"看不见的手"是英国经济学家亚当·斯密(1723—1790)1776年在《国富论》中提出的命题。最初的意思是个人在经济生活中只考虑自己利益,受"看不见的手"驱使,即通过分工和市场的作用,可以达到国家富裕的目的。后来,"看不见的手"便成为表示资本主义完全竞争模式的形象用语。这种模式的主要特征是私有制,人人都有获得市场信息的自由,自由竞争,政府无须干预经济活动。斯密的后继者们以均衡理论的形式完成了对于完全竞争市场机制的精确分析。在完全竞争条件下,生产是小规模的,一切企业由企业主经营,单独的生产者对产品的市场价格不发生影响,消费者用货币作为"选票",决定着产量和质量。生产者追求利润最大化,消费者追求效用最大化。价格自由地反映供求的变化,其功能一是配置稀缺资源,二是分配商品和劳务。通过看不见的手,企业家获得利润,工人获得由竞争的劳动力供给决定的工资,土地所有者获得地租。供给自动地创造需求,储蓄与投资保持平衡。通过自由竞争,整个经济体系达到一般均衡,在处理国际经济关系时,遵循自由放任原则。政府不对外贸进行管制。"看不见的手"反映了早期资本主义自由竞争时代的经济现实。

"看不见的手"揭示了自由放任的市场经济中的一个悖论。这一理论认为在每个参与者追求私利的过程中,市场体系会给所有参与者带来利益,就好像有一只慈善的看不见的手,在指导着整个经济过程。

"看不见的手"在《国富论》中只出现过一次。用斯密的话来说:"每个人都试图应用他的资本,来使其生产品得到最大的价值。一般来说,他并不企图增进公共福利,也不清楚增进的公共福利有多少,他所追求的仅仅是他个人的安乐,个人的利益,但当他这样做的时候,就会有一双看不见的手引导他去达到另一个目标,而这个目标绝不是他所追求的东西。由于追逐他个人的利益,他经常促进了社会利益,其效果比他真正想促进社会效益时所得到的效果为大。"斯密没有定性解释过它的本质特性。

资料来源:百度百科,"看不见的手"词条,https://baike.baidu.com/item/看不见的手/7294754?fr=aladdin。

马尔萨斯在《人口学原理》一书中提出了著名的人口呈几何级数增长而生活资料却以算术级数增加的假说。他认为,由于人口增长率与土地生产力的不平衡,人口增长与生活资料增长的差距会越来越大。解决这一矛盾的关键在于抑制人口的过快增长,如果人类不能主动节制生育的话,那么抑制人口增长就只有通过贫困、饥饿、瘟疫、战争等手段来解决。马尔萨斯的核心思想是,对自然资源的需求是以人口和收入的指数增长为基础的,资源的供给却只能线性增长,甚至零增长。无论人口和收入的增长率有多低,任何指数增长的需求都会超过任何以固定的或线性增长的供给。因此,资源的稀缺是绝对的,它不会因技术进步和社会发展而改变。马尔萨斯的这一思想也被称为"资源绝对稀缺论"。其理论忽略了技术进步在提高资源生产力方面的作用,低估了人类社会的自我控制能力。但是,他警告如果不能正确认识和处理好经济增长与人口、资源、环境的关系,人类将面临灾难性后果。这一思想给后人敲响了保护资源环境的警钟。不管其理论观点多么偏激,它对后人在资源环境思考方面的启迪却是十分深刻的。

李嘉图也认识到了人口对生活资料的压力。他在《政治经济学及赋税原理》一书中指出,随着人口的增长,社会对农产品的需求将不断增加,在土地数量固定的情况下将会出现两种趋势:① 人们将不得不耕种肥力和位置越来越差的土地;② 在原有土地上不断追加投资。因此会产生土地边际报酬递减的现象。李嘉图的思想建立在萨伊定律、土地收益递减规律以及马尔萨斯的人口法则的基础之上,但对其又有所发展。他认为,资本积累遵循萨伊定律,比如向农业投资,如果投资增加了,根据马尔萨斯的人口法则,人口也会增加,这会导致对食物需求的增加。这样,相对肥沃的优等地生产出来的农产品还是满足不了人们的需求,因而不得不耕作相对劣等的贫瘠土地。随着土地稀缺程度的不断提高,农业中的报酬递减趋势会进一步加强,社会经济增长速度将会逐渐放慢,直至进入人口与经济增长都处于停滞的社会静止状态。李嘉图与马尔萨斯一样,对人类社会在自然资源环境约束下的经济增长前景持悲观态度。但与马尔萨斯不同的是,李嘉图认为不存在自然资源的绝对稀缺,而只存在生产率较高的自然资源的相对稀缺。并且他也认识到了技术进步在促进生产增长方面的积极作用,实际上承认了技术与稀缺土地资源之间存在一定程度上的可替代性。从这个意义上来说,李嘉图对资源环境问题的认识比马尔萨斯前进了一步,其理论在某种程度上暗示了技术在解决人类社会发展与资源环境冲突之间的作用。相对于马尔萨斯的理论,李嘉图的思想被称为"资源相对稀缺论"。

穆勒继承并发展了马尔萨斯和李嘉图关于资源稀缺的观点,认为劳动、资本和自然资源是任何社会生产都必不可少的三要素。根据马尔萨斯的人口学原理,人口增长几乎是无限的,因此人口并不构成对经济增长的制约,但资本和土地的稀缺却构成了对社会经济增长的双重约束。穆勒将稀缺的概念延伸到更为广义的资源环境,第一次探讨了关于人类社会的经济增长与自然资源环境的承受界限问题,从哲学的高度提出了建立"稳态经济"的概念。他认为自然资源环境、人口和财富都应该保持在一个静止稳定的水平,并且这一水平要远离自然资源环境的极限水平,以防止出现食物缺乏和自然美的大量消失。"稳态经济"的思想将资源环境保护及其影响的时间维度拓展到了更为长远的未来,暗示如果人类社会的产出超过了自然所允许的限度,那么社会就会出现失衡。穆勒对资源环境问题的认识比马尔萨斯和李嘉图又进了一步。值得一提的是,与马尔萨斯和李嘉图对于人类社会经济增长所持的悲观态度不同,穆勒对人类未来的前景是充满乐观的。他所倡导的"稳态经济"实际上是资本、人口和物质资料生产都处于零增长的一种平衡状态。他认为这种状态并不意味着人类社会进步趋于停滞,因为在这种状态下,精神文明以及道德水平的进步会和以往任何时候一样有着相同的机会,并且会比以往更大可能地提高"生活"的质量。

## 三、资源环境经济学的发展路径

20世纪60年代以前,一些工业发达国家的环境污染由局部逐步发展到整个区域,公害事件不断发生,使人们被动地对废水、废气、废渣的污染进行单项治理。60年代中期以后,人们逐渐认识到环境是一个多元、多介质、复杂的综合系统,各种环境因素相互制约、相互联系,因此,他们开始重视综合性治理,使生存环境有所改善。1972年,联合国环境规划署在斯德哥尔摩召开了人类环境会议,提出了发展和环境问题。1974年,墨西哥会议认为,必须从协调经济发展与环境的关系入手。1975年,联合国欧洲经济委员会在鹿特丹召开了经济规划的生态对策讨论会,与会代表提出环境经济规划问题,要求在制定经济发展规划时考虑生态因素(环境影响)。1977年,联合国环境规划署专家认为,经济发展要合乎环境要求。1980年,联合国环境规划署在斯德哥尔摩召开关于"人口、资源、环境和发展"的讨论会,会议指出这四者之间是紧密联系、互相制约、互相促进的,新的发展战略要正确处理这四者之间的关系。1981年,联合国环境规划署将《环境状况报告》列为第一主题。

环境问题与发展问题有机结合后,可持续发展成为人类社会发展的哲学与追求目标,而与之相关的经济学科——资源与环境经济学于20世纪五六十年代在北美诞生,学科奠基人为艾伦·克尼斯及其未来资源研究所的同事们。早在20世纪20年代,庇古就对环境外部性及解决对策进行了初步研究,但是未提出较为完整的学科概念,主要侧重于福利经济学问题的研究。资源与环境经济学在最近20多年才有重大进展,从环境与发展的综合理论体系脱颖而出,并在20世纪80年代转向可持续发展这一主题,拓展了原来的研究主题,目前主要对价值评估、经济与环境的交换与互补、资源的耗竭、全球环境问题及环境与发展问题开展研究。

20世纪六七十年代,随着工业化国家环境资源稀缺程度的提高和环境问题的加剧,随着这些国家对环境治理实践的深入,资源与环境经济学理论得以向系统的方向发展。正是在这样的背景下,很多经济学者开始运用现代经济理论与经济学分析方法对环境问题进行重新思考,探讨环境与经济的相互关系、环境问题产生的经济根源以及解决环境问题的经济途径等课题。许多经济学家和自然科学家在一起商讨防治污染和保护环境的对策,估量污染造成的经济损失,比较防治污染的费用和效益,从经济角度选择防治污染的途径和方案,有的还把控制污染纳入投入-产出经济分析表中进行研究。首先需要提及的是由克鲁梯拉在《美国经济评论》1967年9月一篇文章中系统提出的"舒适型资源的经济价值理论"。在此之前,许多经济学家虽然已经研究过自然资源的合理利用问题,但主要是关于适度的开发速度和开发规模,实现资源在长时间范围内的最优配置,涉及的主要是不可再生的矿产资源,例如石油、煤炭、矿石等,又称为"开采型资源"。但对于一些稀有的生物物种、珍奇的景观、重要的生态系统却缺乏必要的研究。克鲁梯拉把这类资源称为"舒适型资源",认为出于科学研究、生物多样性和不确定性等原因,应保护一些舒适型资源不被破坏,或者把对其的利用严格限制在可再生的限度之内。其主要内容包括:① 人类对于舒适型资源的需求总是不断增长的,而这类资源在自然界中的存在却是有限的,提供的服务也是不可替代的,因而其供给不可能随着需求的增长而增长。这就是舒适型资源的唯一性。② 自然环境是亿万年来自然力作用的结果,以人类目前所掌握的科学技术,还无力复制宏观的自然环境,即使复制了,也不可能包含自然界的全部信息。这就是舒适型资源的真实性。③ 人类对于自然环境的探索和认识是没有止境的。人类只要不放弃这种探索,就总是能够从自然界中发现新的信息,获得新的满足。这就是对舒适型资源认识的不确定性。④ 舒适型资源所具有的上述性质,表明对这类资源的损坏是单向的,一旦资源被破坏就意味着永远丧失。这就是舒适型资源破坏的不可逆性,也是上述概念的核心。如果承认舒适型资源的破坏是不可逆的,那么就应当重新认识舒适型资源的价值构成。当代人直接或间接利用舒适型资源获得的经济效益是舒适型资源的"利用价值";当代人为了保证后代人能够利用而做出的支付和后代人因此而获得的效益是舒适型资源的"选择价值";人类不是出于任何功利的考虑,只是因为资源的存在而表现出的支付意愿是舒适型资源的"存在价值"。这一理论最重要的贡献在于为后来定量评价舒适型资源的经济价值奠定了坚实的理论基础。

1970年,克尼斯等人在《经济学与环境》一书中系统提出了"物质平衡理论"。这一理论实际上是物理学中的物质守恒原理和经济学中一般均衡原理的结合。其主要思想是:① 一个现代经济系统由物质加工、能量转换、残余物处理和最终消费四个部门组成。这四个部门之间,以及由这四个部门组成的经济系统与自然环境之间,存在着物质流动关系。② 如果这个经济系统是封闭的(没有进口或出口),没有物质净积累,那么在一个时间段内,从经济系统排入自然环境的残余物的物质量必然大致等于从自然环境进入经济系统的物质量。这个结论的推论是,经济系统排放的残余物量大于生产过程利用的原材料量,因为生产和消费过程中的许多投入(如水和大气)通常是不被作为原材料考虑的。③ 上述思想也同样适用于一个开放的、有物质积累的现代经济系统,只是分析和计算更为复杂。④ 现代经济系统中虽然越来越多地使用污染控制技术,但是应当清醒地认识到,"治理"污染物只是改变了特定污染物的存在形式,并没有消除也不可能消除污染物的物质实体。例如,治理气体污染物,使排放的气体变得清洁,但是却留下了粉尘等固体污染物。这表明,各种残余物之间存在相互转化关系。⑤ 为了在保证经济不断发展的同时,减少经济系统对自然环境的污染,最根本的办法是提高物质和能量的利用效率和循环使用率,以减少对自然资源的开采和使用,降低污染物的排放量。

物质平衡的思想表明:由于物质流动关系的存在,外部不经济性是现代经济系统固有的正常现象。如果我们把环境也视为稀缺资源,那么就有必要对一般均衡模型做出某些修正,即环境也作为一个部门,加入经济系统的投入-产出分析,找出这一系统的物质平衡关系。正是这种关系,向我们揭示了环境污染的经济学原因:环境资源的免费使用。解决环境污染的经济学方法也正是环境资源的合理定价和有偿使用。

随着资源环境经济学研究的开展,一些经济学家认为,仅仅把经济发展引起的环境退化当作一种特殊的福利经济问题,责令生产者偿付损害环境的费用,或者把环境当作一种商品,同任何其他商品一样,消费者应该付出代价,都没有真正抓住人类活动带来的环境问题的本质。许多学者提出在经济发展规划中要考虑生态因素。社会经济发展必须既能满足人类的基本需要,又不能超出环境负荷。超过了环境负荷,自然资源的再生增殖能力和环境自净能力会受到破坏,引起严重的环境问题,社会经济也不能持续发展。要在掌握环境变化的过程中,维护环境的生产能力、恢复能力和补偿能力,合理利用资源,促进经济的发展。20世纪70年代后期,先后出版的环境经济学、生态经济学、资源经济学方面的著作,论述了经济发展和环境保护之间的关系。

美国经济学家里昂惕夫是世界上最早从宏观上定量研究环境保护与经济发展关系的经济学家。他运用投入-产出表研究世界经济结构,把清除污染的工业单独列为一个物质生产部门。他认为,在产品成本中,除了原材料消耗和劳动力消耗外,还包括处理污染物的费用,从而分析研究了环境政策对经济发展所能产生的影响,以及促进经济发展与保护和改善环境的相互关系。

美国经济学家托宾和诺德豪斯针对国民生产总值不能反映经济福利的缺陷,提出了"经济福利量"的概念,把国民生产总值加上闲暇和家庭主妇的劳务价值,减去没有补偿的污染和现代城市化不和谐之处的代价,以及其他一些调整,计算了美国1925—

1965年的经济福利量,说明经济福利量的增长慢于国民生产总值的增长,环境污染与生态破坏的代价越来越大。

萨缪尔森在托宾和诺德豪斯研究的基础上,把经济福利改为经济净福利,并把估计数延伸到1976年,证明按人口平均计算的经济福利增长比国民生产总值的增长缓慢得多。

1983年联合国成立了世界环境与发展委员会(WECD),1987年受联合国委托,以挪威前首相布伦特兰夫人为首的WECD成员们正式提出了"可持续发展"的概念和模式,以该报告和世界环境与发展大会发表的《地球宪章》为代表,这两个有关环境与发展的重大讨论可以称为人类历史上的两次环境革命。1992年世界环境与发展大会以后,对环境问题的关注更是一浪高过一浪,森林资源作为地球陆地生态系统的主体受到国际社会的加倍关注。可持续发展思想的产生是人类对环境问题认识不断深化的结果,如何在发展经济的同时,协调好人与环境之间的关系是摆在人类面前的一个重大课题。资源环境经济学正是为解决这个重大课题而产生的,可持续发展思想自然成为该学科建设的指导思想。以可持续发展作为资源环境经济学的指导思想,意味着可持续发展思想要贯穿于学科始终,可持续发展的原则要在学科的内容中得以体现。可持续发展的基本原则是可持续原则、共同性原则和公平性原则。

我国资源环境经济学的发展是在吸收西方资源环境经济学的一些有益部分的基础上发展起来的。其主要论点有:① 环境是一种稀缺资源,污染实际上是对这种资源的耗损和浪费;② 环境是特殊商品,或者说是公共商品,它的价值应由边际效益和边际费用的平衡点来确定;③ 经济发展和环境保护之间有相互促进、相互制约的关系。其研究方法主要是运用计量经济学的方法研究环境保护中的经济评价问题,如运用投入-产出法对环境影响进行分析,运用费用效益分析法以及其他评价方法评价环境工程方案与环境标准选择,运用数学规划进行多目标最优化选择等。

环境问题实质上是一个经济问题,这是因为:① 环境问题是随着经济活动的开展而产生的,它是经济发展的副产品;② 环境问题使人类遭受了巨大损失,且限制了经济的进一步发展;③ 环境问题的最终解决还有待于经济的进一步发展,经济的发展为解决环境问题奠定了物质基础。在资源环境经济学的研究中,核心是处理好经济增长与环境保护两方面的关系。经济增长与环境保护之间的内在运行机制及两者间的协调标准,是资源环境经济学的主要研究内容之一,也是社会经济可持续发展的前提。

## 四、资源环境经济学的发展趋势

资源环境经济学是一门快速发展的新兴学科。近一个世纪的发展历史表明,资源环境经济学已经呈现出了令人鼓舞的前景,这可以从大量教科书、专著、期刊,以及各种学术讨论会、相关国际项目中得到证实。这意味着资源环境经济学研究正逐步走向成熟。一方面,随着主流经济学的发展,资源环境经济学能不断从中汲取营养,借鉴其新的理论工具和分析方法,促进自身学科体系的不断完善与发展。如用新增长理论分析可持续发展的途径,用新贸易理论解释环境对产品国际竞争力的影响,用博弈论分析全球环境问题中的合作与斗争,以及用产业组织理论对不完全竞争市场中的环境政策工具的有效性问题进行研究,都取得了很大的进展。另一方面,正如迪肯等(1998)美国资源环境经济学家在总结过去几十年来资源环境经济学的演变与发展趋势时所强调的,资源环境经济学的不断发展提供的持久推动力,使资源环境经济学的研究内容随着社会经济的发展而不断丰富。具体来讲,资源环境经济学的发展呈现出4种趋势。

(一) 理论创新趋势

资源环境经济学的理论创新受主流经济学发展的影响。经济理论的发展支撑着资源环境经济学的理论创新,如内生增长理论、产业组织理论、国际贸易理论、博弈理论、宏观经济学和劳动经济学等。经济增长理论的研究不仅考虑了资源环境,而且特别强调技术创新的作用。资源环境、经济增长和技术创新的关系研究,强调了可持续发展和技术进步之间的联系,因为技术进步是实现代际环境保护的主要路径。怎样调整环境和产业政策以鼓励企业的技术创新、技术进步怎样影响经济的均衡增长路径,也引起了学者们的深入研究。产业组织理论在资源环境政策中的研究得到广泛应用,其重点在于考察市场结构和规模、研究开发外溢和参与者的策略行为。国际贸易理论的发展影响着资源环境经济学在国际方面的研究,如研究南北贸易结构及其所产生的环境问题,贸易条件生态化及其产生的贸易摩擦问题,什么样的贸易政策可用于保护环境,怎样减少环境政策对贸易流可能的负影响等。此外,还有环境与自然资源的价值研究、经济核算和贸易条件生态化的研究、经济目标生态化的研究等。

(二) 方法论创新趋势

主流经济学的发展和许多现实环境问题的研究需要,推动着方法论的创新。同时,方法论的创新也推动了相关领域的研究进展。如博弈理论的发展推动了对国际环境谈判和国际环境协议的研究。关于环境问题的国际谈判是如何讨价还价、环境条约如何在实际中实施等方面的研究大多数是建立在详细的博弈理论模型基础之上的。福利和效用测度方法的创新也引起了对环境政策的研究,如生态税或环境税的改革能否达到双赢或双重红利,即减少环境压力、增加就业或其他非环境福利,生态税改革的政治和社会的可接受性如何等。

(三) 问题导向趋势

20世纪90年代,自然科学家证实了一系列新的环境现象,如全球变暖、臭氧层耗竭、酸雨、淡水和海洋污染、耕地退化、土地荒漠化、水土流失、森林减少和生物多样性消失等。这些现象引起了大量的研究,如气候变化的经济学分析方面,就有气候变化风险的评估、减排的不确定性和时间问题、适应气候变化的可能性、减排成本和技术进步等。

(四) 多学科交叉趋势

资源环境经济学研究越来越多地具有多学科交叉的趋势。例如,帕累托最优分析的思想用于生物多样性分析,博弈理论用于产业生态学、环境经济学和环境政治学,与熵有关的概念由物理学进入经济学和生态学的研究中。也有人将生态适应性分析和生态系统与经济系统的相互作用这两个问题联系起来,将多样性和适应性的概念和理论与经济的可持续性结合起来等。

## 第二节　资源环境经济学对传统经济学的创新与应用

### 一、资源环境经济学对传统经济学的创新

长期以来,经济学一直将经济系统视为相对孤立的系统,充其量只是关注社会因素对经济过程的影响,而忽视了资源环境系统与经济系统的相互影响。从资源与环境经济角度看,经济学研究中的最大误区是割裂了经济行为与自然环境的关系,从而使经济研究在某些方面陷入困境。只有从环境与经济协调发展的高度重新思考与研究这些问题,才能使经济学某些方面的研究取得实质性进展。资源环境经济学的出现丰富和发展了经济科学的内容,主要表现在以下3个方面:① 经济科学不再只是研究生产活动的近期效益,而且要研究长远的效益,并使两者正确地结合起来;② 经济科学不只计算局部的本企业、本部门的经济效益,而且必须计算社会效益,从社会整体出发,达到最佳的经济效益和生态环境效益;③ 经济科学研究必须符合自然规律,经济发展应符合自然生态平衡的要求。资源环境经济学还促进了传统经济学的创新。

#### (一) 对资源稀缺性的重新认识

在传统经济系统模型中,有两个基本的行为主体——家庭和厂商。这两个行为主体由产品市场和要素市场连接起来。一方面,厂商生产产品和提供劳务,通过产品市场出售给家庭,家庭向厂商支付货币;另一方面,家庭在要素市场上将土地、劳动和资本等生产要素出售给厂商,厂商向家庭支付货币。这样,整个经济就成为一个由产品和货币作相反流动而联系起来的系统。传统的经济系统模型把整个经济社会看作一个系统,是以环境资源的无限供给为假设前提的,环境资源(环境容量、环境承载力、生态系统的产出和服务功能)被认为是取之不尽、用之不竭的公共物品,因此传统经济学的一个重要的假设前提是:假设环境资源是可以无限供给的,不存在稀缺性。这导致了环境危机,其主要表现为:在经济分析中不考虑环境资源的价值,使经济个体在选择生产和消费行为时,对环境资源过度消费,导致环境资源配置的无效率。

在现代人类社会的强烈冲击下,环境资源不再是取之不尽、用之不竭的了,供求关系的变化使环境资源成为稀缺资源。这种变化主要表现为:① 数量的变化,一些过去非常丰裕的环境资源,如淡水、土地变得供不应求了;② 质量的变化,由于环境中有害物质的积累和污染物排放速度的加快,导致环境质量下降,高质量的环境资源日益稀缺;③ 人类对环境需求的变化,现代社会人们对环境资源不仅需求量迅速增加,而且提出了更高的质量要求;④ 环境资源的日益稀缺威胁着人类的生存和发展,人类对有限的环境资源的利用不得不作出抉择。

从根本上说,经济发展是环境资源稀缺的最主要原因,这一原因表明了环境问题的历史性、普遍性和非意识形态性。承认环境资源具有稀缺性,就使环境资源有可能进入经济学研究的殿堂(如价值理论、再生产理论、所有权理论、分配理论、国民收入均衡理

论、增长理论等）。西方环境经济理论就是从意识到环境资源稀缺开始构建的。环境资源的稀缺性，以及由此而产生的环境资源的配置和利用问题是环境经济理论研究的出发点和理论基石。资源环境经济学在传统经济系统模型的基础上，将自然环境包容进来，把它看作整个经济系统的一部分。为了区别于传统的经济系统，我们把资源环境经济学研究的系统称之为资源-环境-经济复合系统。在这个大系统中，资源与环境被看成是可以提供各种服务的资产。这种资产的特殊性在于它是提供人类从事经济活动的生命支持系统，是人与自然和谐共处的命运体。

资源-环境-经济复合系统的建立，大大扩充了经济学的研究范围，为经济学研究提供了一个新的视角，也为资源环境经济学的理论研究奠定了基础。

（二）对经济系统的扩展

环境资源与经济是不可分的，环境资源是经济系统的一部分，这是资源环境经济学的一个基本观点。当环境资源成为稀缺资源后，每一个经济决策和行为都会影响自然环境，而自然环境的每一个变化也会影响经济系统的运转。环境资源与人力资本、厂房机器设备等资本一样，是生产和消费过程中不可或缺的要素。从这个意义上说，我们可以把它称为自然资本或环境资本。

自然资本的作用表现为自然环境的经济功能：① 环境是人类生产劳动的条件和对象，自然资源（如土地、森林、草原、淡水、矿藏等）的数量和质量对人类经济活动有重大影响；② 环境是废弃物的排放场所和自然净化场所；③ 环境满足人们的生态需求，为人类生活质量的提高提供物质条件。

传统的经济学理论只把进入生产过程中的那一部分自然资源看作劳动对象，大大低估了环境资源的作用，具体表现在以下3点。① 作为劳动对象被纳入经济学范畴的资源（土地、矿藏等）只是环境资源的一部分，忽略了整个环境资源作为生产和生命支持系统以及生产和消费对象的重要性。② 即使是对于被纳入劳动对象的这部分环境资源，也没有充分估计到它的重要性，充其量认识到自然资源是社会经济发展的重要物质源泉和条件，其数量、质量、结构和分布特点对经济发展有着重要影响，而没有认识到自然资源的有限性和不可逆性。③ 一般认为劳动工具是生产力发展水平的标志，这是只考虑了人力资本和技术资本的方面，却忽略了另一个重要方面——环境状况（自然资本状况）。自然资本状况直接影响生产力发展水平，环境资源的破坏，实际上就是生产力的破坏，会抑制甚至破坏经济发展。古今中外许多经济倒退、文明毁灭的实例均佐证了这个观点。因此，从现代文明观念出发，生产力发展水平的标志应当加上一个重要内容——自然资本状况。它的良性循环有利于人类社会的持续发展。

（三）对外部性理论和价格理论的重新认识

环境问题的出现对外部性理论和价格理论是一个挑战。环境危机产生的经济学原因是环境资源的免费使用，环境问题通常表现为外部性问题，解决该问题的经济学办法就是环境资源的合理定价和有偿使用。因此，环境资源定价实际上就是要确定外部边际成本。稀缺就要有价，怎样为外部成本确定价格是资源环境经济学必须面对的问题。环境资源的经济估价是资源环境经济学界公认的一个难题，虽然有不少人从各方面做了大量的研究工作，力图使非货币形式表现出来的生态服务和环境损失货币化，但至今没有取得突破性进展。从根本上说,这是因为对环境资源价值的实质、它的特殊表现形式、形成的内在机制及其运动规律等这些重要的理论问题尚未搞清楚。环境资源的特殊性也决定了不能直接引入一般经济分析中的价值、价格原理,而需要创新和发展。合理的环境资源价格是保障环境资源被合理利用的调节器。环境资源价格不仅应包括对环境资源的开采或开发价值,也应包括自然资源对人类生存生活环境的保护作用的价值。此外,还应考虑通过合理的环境资源价格来纠正过度开发和利用自然资源问题。

从资源环境经济学角度考虑,环境外部性就是人类总体经济活动过程中一个不可避免的经济现象,其作用范围要比一般意义上的经济外部性广泛得多、普遍得多,作用时间也长得多。原因有两点:① 环境资源的公共财产性质使人们对其使用具有无偿性。与私有财产不同,公有财产每个人都可以享用,享用者不会主动付费,破坏者也不会主动赔偿。人们的生产和消费活动无时不有,无处不在,对环境的污染和破坏随时随地都会发生。生产者关心的是利润,消费者则只关心个人消费的效益,谁都不会主动关心个人行为对这种公共财产的影响。经济活动越深化,人们对环境资源的开发利用越广泛深入,环境的外部损失就越严重。② 环境影响的时空差使得环境的损益与当事人往往不直接发生经济利益关系。由于污染物质具有迁移、累积、扩散以及长期性等特性,使环境污染(如空气污染、水域污染、酸雨污染等)的肇事者与受害者之间在时间上和空间上都存在着差异。生态平衡的破坏也有同样的问题。也就是说,点源污染和小范围的生态破坏,在空间上,可能会危及几个国家和地区,甚至全球;在时间上,可能会影响数十年甚至几代人。环境的治理亦有时空差,受益者不一定是直接投资者。例如,"三北防护林带"的营造,投资在当代,受益在后代,且受益者不仅局限于造林地区。因此,人们不会自觉地去为生态环境保护投资,通常的选择是滥用环境资源,而把环境的损失和破坏作为一种外部成本,转嫁给他人和社会。

要从根本上解决环境外部性问题,必须从经济运行机制入手。在研究经济系统的运行时,必须分析环境与经济之间的相互作用,分析环境资源对经济系统运行的促进作用和制约作用,研究相应的经济对策,使环境的外部性内在化,减少或消除外部不经济,实现资源、环境与经济的协调发展。

(四) 对经济增长模式的重新选择

20 世纪 60 年代前,西方发达国家推崇凯恩斯的经济发展决定论,遵循传统的经济发展战略,追求以工业化为主要内容的高速经济增长,随之而来的是严重的环境污染和环境质量下降,为此付出了沉重的代价。面对日益严重的全球性的环境污染问题,人类不得不重新选择经济发展模式,考虑经济增长以什么方式能在环境资源约束下有助于社会福利的进一步增加这一问题。

一般来说,公共财产缺乏充分的保护,因为对其占有、使用、收益等具体权利不明确,如何对它们进行有效配置,也缺乏适当的依据或准绳。自然环境基本属于这一类,尤其是空气、水等形体上不好分割的环境资源。按理说,一国的自然环境是整个社会的财富,属于全体人民所有,行使所有权的是代表全体人民的国家,享受好处的是全体人民。而事实上,环境资源所有权往往被虚化,所有者、使用者和管理者三者集于一身,由此产生的三种职权的混淆,使环境资源没有一个明确的所有者代表。环境资源所有权的虚化是导致资源不合理利用从而引发一系列环境问题的又一重要原因。环境作为经济关系的客体,包含山、水、地、大气以及由此所产生和组成的人们生产、生活所需要的必要条件。其中有些可以为具体的集团、个人或组织所有,如耕地、草原、矿山、森林、湖泊、野生动植物;有些却不可以为集团、个人或组织所有,如大气、阳光,人们可以利用,但不能分割,可以改变其部分性质,但不可以改变其有无。因此,从所有权关系出发,环境资源可以分为集体所有、个人所有和全社会共有三大类。人们对环境资源的占有是有其特殊性的,也就是说,个人拥有财产的权利和运用财产的权利这两者之间存在着潜在的矛盾。矛盾起因于人们对环境资源所有权的二重性:一方面,这种占有体现了人和人之间的物质利益关系;另一方面,它又体现了人和自然环境之间的关系。因此,所有人运用财产的权利受到经济规律和生态规律的双重制约:片面强调经济规律,会破坏生态环境;片面强调生态规律,则会影响人类正常的经济活动。

传统的国民收入指标体系以经济产出作为衡量社会经济发展的标志,根本没有反映环境损失对福利水平的影响,往往引导人们追求产值、数量、速度等。物质资源投入为主的经济增长方式,必然导致资源浪费和生态环境恶化的双重恶果。因此,一套科学的、合理的指标体系是实现可持续发展的关键,它就像一个指挥棒,引导和规范人们的社会经济行为向可持续发展目标努力。

主要以一定时期内人均总产值的总量和增量来衡量经济发展的水平,是速度型经济发展的特征。主要以投入产出比例的货币表现形式(资金利润率、成本利润率、产值利润率、销售利润率等)的变动来衡量经济发展的水平,是效益型经济发展的特征。虽然效益型的经济发展优于速度型的经济发展,但二者都不能反映经济发展过程中生态环境质量的变化。在经济发展过程中,既可能出现总量增长而经济效益下降的情形,也可能出现经济效益上升而生态效益下降的情形,还有可能出现总量增长而经济效益、生态效益同时下降这种更不理想的情形。

适应可持续发展的要求,新的指标体系应反映环境资源变化情况,并说明环境资源变化对经济变化的影响。"持续收入"指标、环境经济一体化卫星体系账户(SEEA)以及建立环境资源物质指标账户的理论探讨和实践,都是修正传统指标体系的有益尝试。在微观管理层次上,如何对各种类型的企业进行相应的考核,则是需要进一步研究的问题。

(五)扩展了经济学的基本规范——经济人假定的局限性

经济人假定是现代西方经济学的基本规范。按照这一假定,在经济活动中个人追求的唯一目标是其自身经济利益的最大化。这就是说,经济人主观上既不考虑社会效益,也不考虑自身的非经济利益。可持续发展经济学必须回答这样一个问题:如何达到代际之间的需求均衡?这实际上是环境资源配置的长期均衡问题,已超出了一般经济学的研究范畴。在当代人之间,经济人假定确实有改善资源配置效率的作用。但是,由于经济人假定只考虑经济当事人自身的利益,不考虑社会利益,更不考虑子孙后代的利益,因此,它不能作为研究代际问题的经济学基本规范。

尽管现代经济学对经济人假定作了一些补充和修正,在强调经济人利益的同时,试图兼顾个人与社会、微观和宏观的利益。但是,这里的兼顾仅局限于当代人,还是没有考虑子孙后代的利益。例如,从经济人假定出发,资源环境经济学在计算环境和生态方面的外部成本和外部收益时,通常采用正值贴现率[①],以便将发生在不同时期的费用和效益换算成现值。在同一代人的范围内,采用正值贴现率是合理的。但是,只要采用正值贴现率,即使这一贴现率的值很小,随着时间的推移,未来的费用和效益的现值也会变得越来越小,以致超过一定时期后的数额小得可以忽略不计。当代人为了眼前的利益,不会主动考虑他们的经济行为对子孙后代的影响。较高的正值贴现率会刺激人们不顾后果地开发利用环境资源,从而加速不可再生资源的耗竭以及可更新资源退化,危及后代人的发展。正是因为在涉及代际问题的研究时,经济人假定本身存在着致命的弱点,所以,不应该将这一假定作为资源环境经济学乃至可持续发展经济学的基本规范。

### (六)从可持续发展角度衡量效率和帕累托最优

效率、帕累托最优和可持续发展是资源环境经济学研究的三个基本主题,资源环境经济学研究始终都在寻求效率、帕累托最优和可持续发展三者之间的统一。效率是帕累托最优的必要条件,但不是充分条件。只有既满足了资源配置有效率,又满足了该资源配置实现了社会福利最大化,这样的资源配置才是最优的。帕累托最优体现的是效率与公平并重,但是帕累托最优标准,也还是无法准确地贯彻可持续发展的指导思想,因为可持续发展不但强调公平,而且还强调国际公平和代际公平,只有将国际公平和代际公平也纳入社会福利函数,可持续发展才能与帕累托最优相统一。

可持续发展与帕累托最优发展是两个不同的概念。如果经济发展达到了这样一种状态,以至于一个人的状况不可能再变得更好,除非使其他至少一个人的境况变得更坏时,生活福利就不再有改善的可能,它就达到了一种最佳状态,这种状态被称为"帕累托最优发展"。而可持续发展则定义为,既满足当代人需要又不对后代人满足其需要的能力构成危害的发展。为了说明两者的区别,有必要引进一个新的概念——"生存线",即社会最低福利水平。低于此线,社会便无法生存下去。帕累托最优发展追求的是人类福利收益的现在最大值,着眼点是现在最佳而不是持续最佳,它恰恰没有考虑代际公平问题。可持续发展要求人类福利水平随时间发展而增长(至少不能降低),可见,可持续发展着眼于发展的长期效应,是持续最佳而不是眼前最佳。单纯追求眼前最佳的结果往往是得不到持续发展,甚至走向倒退或毁灭。因此,从可持续发展角度考虑,原有的经济增长理论应该加以修正或发展。

综上分析,可持续发展的思想要求经济学必须从总体上对自然环境系统加以关注,只有在经济学的研究中纳入自然环境因素,才能实现环境系统与经济系统的协调发展。

## 二、资源环境经济学在实践中的应用

在过去的 20 多年里,资源环境经济学在制定资源环境政策和区域发展规划、评价

---

① 正值贴现率:一定数额的资金,在不同的时间具有不同的价值。为了使不同时期的资金具有可比性,就要按照某一比率把它们折算到某一确定的时期,这个过程叫作贴现。所采用的折算比率,叫作贴现率。由于时间偏好率和资金机会成本率的作用,人们把资金的现值看得高于未来值,因此,将资金的将来值换算成现值时,一般采用正值贴现率。

开发建设项目等领域发挥了重要作用。近年来,环境与自然资源的经济评价和经济手段在资源环境管理中的应用逐渐成为资源环境经济学实际运用的新的发展方向。

经济评价是通过专门的技术和方法,评价改善环境质量或者保护自然资源可能获得的经济效益。鉴于环境质量和许多自然资源都是没有市场价格的公共物品,经济评价的首要任务是给这些物品合理定价。这项工作可以直接或间接参照一些私人物品的市场价格,也可以利用统计调查的方法。经济评价的依据是"支付意愿"或"接受意愿"理论。但是,在最近由联合国环境规划署召开的一次专家会议上,支付意愿被认为比较适合于发达国家,发展中国家可能更应使用接受意愿。经济评价的作用主要表现在以下5个方面:① 表明环境与自然资源在国家发展战略中的重要地位;② 修正和完善国民经济核算体系;③ 确定国家、产业和部门的发展重点;④ 评价国家政策、发展规划和开发项目的可行性;⑤ 参与制定国际、国家和区域持续发展战略。

经济手段是指一些用于控制污染和保护自然资源的经济政策和经济措施,根据性质可以分为7类:① 产权制度,如所有权、使用权、开发权;② 环境质量与资源的交易市场,如排污权交易、资源份额交易;③ 环境与资源税收体制,如污染税、土地使用税;④ 污染和资源利用收费制度,如排污费、使用费;⑤ 财政手段,如补贴、贷款;⑥ 管理目标责任制,如自然资源保护责任制、责任保险制度;⑦ 契约和抵押制度,如环境事故协议、抵押赔偿制度。

在市场经济条件下,能够产生经济刺激或经济动力的政策和措施被认为是管理环境的最有效率的方法。特别是经济正处于高速发展时期的发展中国家,在国家资金有限、财力不足的情况下,经济手段不仅可以提供有效的管理,还是国家和地方政府筹集环保资金的有效途径。

## 第三节 资源环境经济学的研究对象、内容与方法

### 一、资源环境经济学的研究对象

资源环境经济学把资源与环境看作经济系统的一部分。传统的经济系统模型是以自然资源和环境资源的无限供给为假设前提的,将自然资源和环境资源作为一种外生的、可以无限供给的资源,不进入经济系统分析,不进入生产函数。资源环境经济学对传统经济学假设前提的一个基本修正就是,随着经济和社会的发展,自然资源和环境资源已经变得越来越稀缺,对自然资源和环境资源的配置和利用方式的选择就会对经济发展产生影响。因此,资源环境经济学是将环境包容进经济分析系统,把自然资源和环境资源看作一种稀缺的生产要素,进入生产函数,把环境看作经济系统的一部分。

资源环境经济学是运用经济学原理研究自然资源与环境的发展与保护的经济学分支学科,是经济学研究向自然科学世袭领地的扩展和"入侵",是经济学和资源科学、环境科学等学科交叉形成的一门新兴学科。其实质,就是运用经济学的方法和工具来分

析如何实现自然资源和环境资源的有效配置和利用,以实现可持续的经济增长和福利供给。

资源环境经济学是以经济学为理论基础的一门经济学科,它研究经济发展和环境保护之间的相互关系,探索合理调节人类经济活动和环境之间的物质交换的基本规律,其目的是使经济活动能取得最佳的经济效益和环境效益。社会经济的再生产过程包括生产、流通、分配和消费,它不是在自我封闭的体系中进行的,而是同自然环境有着紧密的联系。自然界提供给劳动者以资源,而劳动者把资源变为人们需要的生产资料和生活资料。劳动和自然界一起成为一切财富的源泉。社会经济再生产的过程,就是不断地从自然界获取资源,同时又不断地把各种废弃物排入环境的过程。人类经济活动和环境之间的物质交换,说明社会经济的再生产过程只有既遵循客观经济规律又遵循自然规律才能顺利地进行。资源环境经济学就是研究合理调节人与自然之间的物质交换,使社会经济活动符合自然生态平衡和物质循环规律,使人类不仅能取得近期的直接效果,又能取得远期的间接效果。

## 二、资源环境经济学的特点

资源环境经济学是资源与环境科学的重要分支,是一门新兴的经济学科,按其性质属于应用经济学范畴。它具有如下特点:

① 综合性。资源环境经济学与其他经济学区别的显著特点,在于它研究任何经济问题时,不仅研究其社会经济效果,同时还着重研究经济的发展变化对环境质量的影响,以及环境变化的后果对经济进一步发展的反作用。

② 区域性。我国幅员辽阔,各地区的自然环境和人口密度有着明显的差异,沿海和内地、城市和乡村的经济结构与发展水平相差悬殊。因此,研究我国环境经济问题,不仅要考虑我国特点,还要坚持从各地区的实际出发。充分注意各地区的差异性,制定各种政策、措施和标准。

③ 阶段性。无论是环境污染的程度、污染的性质、治理污染的经济实力,还是防治污染的主要措施,都具有阶段性的特点。

自然资源与环境经济问题不可能一劳永逸地解决,研究自然资源与环境经济问题既要从空间上注意它的区域性与内容上的综合性,又要从时间上注意它的阶段性。

## 三、资源环境经济学的研究内容

资源环境经济学的研究内容主要包括资源环境经济学的基本理论、资源环境与经济的相互作用关系、资源环境价值评估及其作用、管理资源环境的政策手段、国际资源环境问题与全球背景下的资源环境经济分析、微宏观资源与环境经济学分析等方面。

### (一) 资源环境经济学的基本理论

资源环境经济学的基本理论主要包括社会制度、经济发展、科学技术进步同资源环境保护的关系,以及资源环境计量的理论和方法等。经济发展和科学技术进步,既带来了环境问题,又增强了保护和改善环境的能力。要协调它们之间的关系,首先要改变传统的发展方式,把保护和改善环境作为社会经济发展和科学技术进步的一个重要内容和目标。当人类活动排放的废弃物超过环境容量,为保证环境质量,就必须投入大量的物化劳动和活劳动,这部分劳动已越来越成为社会生产中的必要劳动。同时,为了保障资源环境的永续利用,也必须改变对资源环境无偿使用的状况,对资源环境进行计量,实行有偿使用,使外部不经济性内部化,使经济活动的环境效应能以经济信息的形式反馈到国民经济计划和核算的体系中,保证经济决策既考虑直接的近期效果,又考虑间接的长远效果。

(二) 资源环境与经济的相互作用关系

20 世纪 60 年代中期,博尔丁发表了《即将到来的太空船地球经济学》(The Economics of the Coming Spaceship Earth)一文。他指出:首先,根据热力学第一定律,生产和消费过程产生的废弃物,其物质形态并没有消失,必然存在于物质系统之内,因此,在设计和规划经济活动时,必须同时考虑环境吸纳废弃物的容量;其次,虽然回收利用可以减轻对环境容量的压力,但是根据热力学第二定律,不断增加的熵意味着 100% 的回收利用是不可能的。

20 世纪 70 年代初期,克尼斯、艾瑞斯和德阿芝出版了《经济学与环境》(Economics and the Environment)一书。他们依据热力学第一定律的物质平衡关系,对传统的经济系统做了重新划分,提出了著名的物质平衡模型。

1972 年,米都斯等人撰写的《增长的极限》(Limit to the Growth)一书出版后,在全世界引起了震动。人们都在担忧,地球上的自然资源还能够支持我们发展多少年?作为一名资源环境经济学家,达利在《经济争论:经济学家已经知道而许多人还不知道的东西》(The Economic Debate: What Some Economists have learned but Many have not)一文中回答了这一问题。他认为零增长的观点没有考虑技术替代或技术进步的重要作用,自然资源的耗竭是一个渐进的过程,不会在某天早晨突然发生,当某种资源开始稀缺时,对该种资源的利用效率就会提高,寻找或开发替代品的工作也会开始。

(三) 资源环境价值评估及其作用

资源环境价值评估要求能把资源环境价值货币化,并能够同其他商品相比较。其目的主要有两个:① 完善经济开发和环境保护投资的可行性分析;② 为制定环境政策、实施环境管理提供决策依据。

资源环境价值可以分为使用价值和非使用价值。使用价值是指现在或未来环境物品通过服务形式提供的福利,包括选择价值。选择价值表现为当代人可能现在愿意为将来使用一种物品而支付,但是因为存在不确定性,支付意愿将会不同于该物品的平均价值。非使用价值表现为当代人通过努力,为后代人留下一个可能获得福利的、清洁美好的环境。存在价值是非使用价值的主要形式,它更多地与物种的生存必要性、伦理道德和人类认识的不确定性有关。

(四) 管理资源环境的政策手段

管理资源环境的政策手段大致可以分为命令控制型和市场激励(经济手段)型两大类。前者主要是各类资源环境标准和强制执行的规章,后者主要是各种资源环境税费和可交易的许可证。庇古提出用征收污染费或污染税的方式来纠正环境污染的外部不经济性。庇古税的理想水平是使边际污染治理成本等于边际污染损害成本。以庇古税为基础的污染税或排污收费,主要是通过政策手段调节市场。科斯定理的基本假设是如果交易成本为零,不论产权的初始配置状态如何,私人交易总能实现资源的最优配置。而基于科斯理论,戴尔斯最早提出了可交易的许可证,其基础是一个新建立的排污权交易市场。环境质量由排污许可证的供给来保证,而这种供给是可调节的。持证的排污者可以根据市场价格,决定买入或者售出许可证。

(五)国际资源环境问题与全球背景下的资源环境经济分析

由于外部性没有国界,当前引起世人普遍关注的温室气体排放、臭氧层破坏、生物多样性减少、酸雨都是国际资源环境问题。解决国际资源环境问题在很大程度上需要国际合作,而大多数国际公约是各国自愿加入的,因此对国际资源环境政策的权威性和有效性构成了挑战。可以预见,为了人类共同的利益,世界各国最终将携起手来,解决日益紧迫的国际资源环境问题。资源环境经济学也将同过去一样,为了改善人类的福利,做出自己的贡献。

与封闭经济模型不同,资源环境问题的国际维度分析主要涉及跨境与全球资源环境问题治理、对外贸易与环境的关系两个方面。经济全球化趋势使全球资源环境问题备受关注,一些经济模型如博弈论模型已用来解释合作与非合作情况下的全球资源环境决策行为,费用效益分析也被应用于全球资源环境政策。在经济全球化进程中,贸易与资源环境的关系也日益密切,并对世界经济发展格局有着重要的影响,这方面的研究也将逐步增加。目前人们的兴趣主要在于构建能解释专业化模式、生产与市场关系、政策反馈效应等方面的模型。另外,人们普遍认为在研究资源环境和贸易的相互影响时也应考虑地区差异、技术创新以及发展中国家的特殊性等因素。

(六)微观、宏观资源与环境经济学分析

微观资源与环境经济学分析主要是在新古典框架内探讨资源环境问题的经济根源、治理途径以及与资源环境治理相关的费用效益分析方法和资源环境价值评估技术等内容。

宏观资源与环境经济学分析主要包括资源与环境经济学的宏观理论模型和应用模型。无论是宏观理论模型还是应用模型的研究,都试图说明宏观经济发展与环境是怎样相互影响的,环境与能源政策是怎样影响宏观经济运行的,等等。最基本的宏观经济模型,如内生增长模型已经拓展到自然资源开发、污染排放以及气候变化等领域,宏观经济理论正在并将继续对资源环境政策产生重要影响。无论在国家范围内还是国际维度上,宏观环境经济分析在预测未来可能发生的环境问题、对环境政策的宏观经济影响进行评估、分析能源战略及其对资源环境与经济的影响,以及分析国际环境问题中的合作与斗争等方面都有着重大意义。

## 四、资源环境经济学的研究方法

将资源环境经济学定位于经济学科,就是要运用经济学的基本原理,分析探讨环境与经济发展的关系,最大限度地利用经济杠杆,实现可持续的经济发展,实现效益的最大化。但是,资源环境经济学是经济学研究向自然科学领域的扩展,资源环境经济学的研究必须基于资源环境科学研究的基础。放弃了经济学理念和经济学分析工具的资源环境经济学就偏离了学科的本源,因为该学科得以存在和发展的理由就来源于经济学理念和经济学手段在解决资源环境问题中的有效性。如果没有资源环境科学知识做支撑,仅仅闭门造车地研究资源环境经济学,会使该学科的研究失去根基。资源环境经济学研究就是运用经济学思维和工具对资源环境科学发现进行反向的各种层面的综述从而归纳其共性规律。资源环境经济学的发展需要经济学家和自然科学家的配合行动。学习资源环境经济学应注意以下3个方面。

(一) 重视经济学与资源环境科学的融合

资源环境经济学是运用经济学原理研究自然资源环境发展与保护的经济学分支学科,因此我们要重视它的经济学学科属性,我们的目标是试图将经济分析更加直接有效地运用于资源环境保护。要达到这个目标,就必须学会运用经济学原理和思维去分析资源环境问题,学会用经济学语言表述。这是学习资源环境经济学必须接受的训练。资源环境经济学也是一门交叉学科,是经济学与资源环境科学的融合,因此,资源环境经济学研究必须基于资源环境科学,这些学科基础主要包括自然资源学、环境科学、生态学等。

(二) 重视资源环境经济学研究的双重属性特征

与一般的经济学研究人与人之间的关系不同,资源环境经济学研究具有双重属性。资源环境经济问题本质上表现为两种关系:① 作为主体的人与作为客体的自然资源环境的关系,即人类如何配置自然资源环境的问题;② 人在利用自然资源环境的过程中所形成的人与人之间的关系,具体表现为资源环境经济制度与资源环境经济政策。因此,资源环境经济学既要研究人与自然环境的关系,又要研究与资源环境问题相关的人与人的关系。

(三) 重视立足于中国国情的资源环境经济学研究

在研究资源环境经济理论时,应把资源环境经济理论研究的出发点和落脚点都放在我国经济发展的各个阶段的实情上,这样才能推进中国特色资源环境经济理论的发展,也才能使经济增长与资源环境保护相互依存、协调发展。由于各国的具体国情、社会背景、文化和价值观念不同,各国的资源环境保护理论必须结合本国的国情综合考虑。目前,中国经济发展的两个战略性难题是:① 低人均资源要素占有率和人口就业压力之间存在矛盾;② 低人均资源要素占有率和现有经济增长方式之间存在矛盾。在这种情况下,中国要保持质量与速度并重的发展就必须实施可持续发展战略。中国的资源环境经济学研究就是在这样的国情背景下展开的,如果脱离中国国情而仅仅坚持资源环境保护的重要性,则难以找到解决问题的办法。资源环境经济学以可持续发展思想为指导,我们在研究资源环境问题时,经常会处于资源环境与经济发展的两难抉择之中,而基于中国国情,努力寻找一条双赢的发展道路,正是资源环境经济学的一个重要任务。

## 本 章 小 结

资源环境经济学的产生和发展伴随着资源耗竭和环境污染等问题的日益严重和受到普遍关注。作为一个交叉学科，它为人们对资源和环境问题的认识增添了新的分析视角，也促使经济学在更客观的基础上发展。帕累托最优和外部性理论是该学科的两个奠基性理论基础，前者从伦理上探讨资源配置的效率，后者把污染等外部性问题引入经济学，这些理论为资源配置、环境保护和经济增长提供了新的指导。经济评价和经济手段是资源环境经济学实际运用的新方向。资源环境经济学的发展丰富了经济科学，密切了环境系统和经济系统的相互影响，把经济行为和自然环境统一起来，在资源稀缺性和增长模式等方面有了新的认识和拓展。综合性、区域性和阶段性是资源环境经济学的特征，把资源与环境看作经济系统的一部分，我国的可持续发展需要重视这种学科的融合和双重特性，立足于中国国情建设美丽中国。

## 推荐阅读文献

John V. Krutilla, "Conservation Reconsidered," *American Economic Review*, 57 No. 4 (1967).

Allen V. Kneese, Robert U. Ayres, Ralhp C. d'Arge, *Economics and the Environment: A Materials Balance Approach* (The Johns Hopkins Press, 1970).

蕾切尔·卡逊：《寂静的春天》，恽如强、曹一林译，中国青年出版社，2017。

王克强、赵凯、刘红梅：《资源与环境经济学》，复旦大学出版社，2015。

## 复 习 题

一、名词解释

1. 资源环境经济学
2. 资源绝对稀缺论
3. 资源相对稀缺论
4. 静态经济
5. 舒适型资源
6. 帕累托最优
7. 可持续发展
8. 经济人假定

二、选择题

1."劳动是财富之父,土地是财富之母"是（　　）的论断。

  A. 马克思  B. 马尔萨斯  C. 亚当·斯密  D. 威廉·配第

2. 以下有关资源稀缺的理论，哪一项是穆勒的观点？（　　）

  A. 物质平衡论  B. 舒适型资源  C. 环境奢侈论  D. 资源绝对稀缺论

3. 下列哪一性质不是资源环境经济学的特点？（　　）

  A. 综合性  B. 区域性  C. 阶段性  D. 相对性

### 三、简答题

1. 简要说明资源环境经济学两个理论基础。
2. 资源环境经济学对传统经济学有哪些创新？
3. 简述早期资源环境经济学思想有哪些？
4. 经济手段是如何在环境管理中得到应用的？
5. 为什么说资源环境问题实质上是经济问题？
6. 什么是舒适型资源？它是谁提出的？它的主要特性是什么？
7. 物质平衡理论是谁提出的？它的主要思想是什么？
8. 什么是自然资本？它的经济功能表现在哪些方面？

### 四、论述题

1. 请从经济行为和自然环境的关系谈谈你对资源稀缺性的认识。
2. 如何正确认识马尔萨斯的"资源绝对稀缺论"——人口几何级数增长与自然资源线性或零增长之间存在矛盾？
3. 试从我国国情出发论述资源环境经济学在我国可持续发展研究中的战略地位。

# 第二章 资源科学基础知识

## 【学习要点】

本章主要对资源科学的基础知识作简单介绍。自然资源学作为一门研究人与自然界中可转化为生产、生存资料来源的物质与能量间的相互关系的科学,主要探究关于自然资源的一系列重大学科问题和实践问题。研究自然资源,首先要界定什么是自然资源以及自然资源的基本属性。本章主要从三大自然资源出发,阐述土地资源与粮食安全的关系、森林资源与生态安全的关系,以及水资源与可持续发展的关系,从而探讨如何实现自然资源的可持续利用。

## 第一节 自然资源简介

### 一、自然资源的概念

关于"自然资源"的概念,在一些相关文献中早已论述。例如,《辞海》对"资源"的解释是:"一般指天然存在的自然物,不包括人类加工制造的原材料,如土地资源、水资源、生物资源、海洋资源等,是生产的原料来源和布局场所。随着社会生产力的提高和科学技术的发展,人类开发利用自然资源的广度和深度也在不断增加。"这个定义强调了自然资源的天然性,也指出了空间(场所)是自然资源。

联合国有关机构在1970年指出:"人在自然环境中发现的各种成分,只要它能以任何方式为人类提供福利,都属于自然资源。从广义来说,自然资源包括全球范围内的一切要素。"联合国环境规划署在1972年强调:"所谓自然资源,是指在一定的时间条件下,能够产生经济价值以提高人类当前和未来福利的自然环境因素的总称。"可见,联合国是从人类利用的角度出发定义自然资源的。

英国大百科全书对"自然资源"的定义是:"对人类可以利用的自然生成物,以及作为这些成分源泉的环境功能,前者如土地、水、大气、岩石、矿物、生物及其群集的森林、草场、矿产、陆地、海洋等,后者如太阳能,地球物理的环境机能(气象、海洋现象、水文地理现象),生态学的环境机能(植物的光合作用、生物的食物链、微生物的分解作用等),地球化学的循环机能(地热现象、化石燃料、非金属矿物生成作用等)。"这个定义明确指出环境功能也是自然资源。

> **小 资 料**
>
> **墨西哥湾原油泄漏导致的自然资源损伤评估事件**
>
> 2010年墨西哥湾原油泄漏导致的自然资源损伤评估是一个非常著名的案例。泄漏事故是一个钻井平台爆炸导致的,事故共造成11人死亡,之后持续87天的漏油灾难给生态环境造成了巨大损失,大量的海洋生物因此死亡。因此美国国家海洋和大气管理局委托18名专家对此次自然资源受损进行评估。
>
> 过去,美国政府和企业仅能大致掌握与墨西哥湾有关私有资产的损失规模,主要依据是其市场交易状况。然而,自然资产不存在市场交易,因而难以对其损失额进行准确评估。专家组为弥补这一缺陷,设计了一套新的评估体系。专家组随机抽取美国民众,向他们说明墨西哥湾漏油事件的前因后果,随后统计他们愿意承担多少增税用于治污及防范措施。根据问卷设计的不同情形,如果漏油事件仅造成湿地污染、鸟类死亡、度假海滩封闭等相对较小的破坏,52.2%的调查对象愿为此承担15美元增税,43.5%愿承担65美元增税。最终结论是英国石油公司需要为此次事故造成的自然资源损失赔偿172亿美元。
>
> 资料来源:新华网,《墨西哥湾漏油:自然资源受损多严重?》,http://www.xinhuanet.com//world/2017-04/23/c_129563432.htm。

我国一些学者认为:自然资源是指存在于自然界中能被人类利用和在一定技术、经济和社会条件下能被用来作为生产、生活原材料的物质、能量的来源。也有人认为:自然资源是指存在于自然界中,在现有生产力发展水平和研究条件下,为了满足人类的生产和生活需要而被利用的自然物质和能量。

综合上述,可以对自然资源下一个更全面的定义:自然资源是能够为人类所开发利用,满足其当前或未来需要的自然界中的空间、空间内天然存在的各种物质、物质存在形式及运动形式所含的能量、物质运动变化所提供的各种服务功能。同时,尽管对自然资源理解的深度和文字的表达形式虽各有不同,但概括起来有着以下的共同含义:

① 自然资源属于天然生成物。地球的陆地表面、具有自然肥力的土壤、地壳中的矿物、可供人类利用的液态水、作为人类食物的野生动植物等,都是自然过程产生的天然生成物。天然性是自然资源区别于资本资源、人力资源等资源的本质特征。

② 自然资源的概念和范畴不是一成不变的。人类的需要不断增加,人类对自然界的认识不断加深,人类开发利用自然资源的能力不断发展,导致自然资源开发利用的范围、规模、种类和数量都在不断扩大。由于人类对自然界中某种物质的需求量增大,使某种物质因稀缺而成为资源。例如,过去被视为外在的环境因素,如空气、风景等,现在已属于自然资源的范畴。

③ 自然资源是由人来界定的。自然界中的环境要素(空间、物质、能量、生态系统服务功能等)之所以被称为自然资源,是因为它具备以下两个条件:一是人类对它本身或者它能产生的物质或服务有某种需求;二是人类必须已经具有了获得和利用它的知

识、技能。缺少任何一个条件，这种环境要素都不属于自然资源，而只能属于"中性材料"。自然资源是从人类利用的角度来理解的自然环境因素存在的价值。

## 二、自然资源的分类

目前世界上尚未有统一的自然资源分类系统，根据不同的研究目的和研究角度，可以形成不同的自然资源分类方法。例如，根据在地球圈层中的分布，可将自然资源分为矿产资源(地壳)、气候资源(大气圈)、水利资源(水圈)、土地资源(地表)和生物资源(生物圈)五大类，各类还可再进一步细分，如生物资源可分为动物资源、植物资源等，但这种划分方法的实用性较差。

根据用途，可将自然资源分为工业资源、农业资源、服务业(交通、医疗、旅游、科技等)资源。但采用这种分类时，同一种物质同时用于工业、农业和服务业时，这种物质作为自然资源就不容易归类了。例如，水资源和土地资源都可以用于工业、农业、服务业，它是工业资源还是农业资源就说不清了。

目前比较普遍认同的自然资源分类是按照自然资源的可再生情况，将其分为可再生资源(可更新资源)和不可再生资源(不可更新资源)两大类。可再生资源是在正常情况下可通过自然过程再生的资源，生物、土壤、地表水等都属于可再生资源。可再生资源又分为恒定性资源和临界性资源。恒定性资源是在人类的时间尺度上无穷无尽、也不会因人类利用而耗竭的资源，如气温、降水、潮汐、风、波浪、地热、太阳能等。临界性资源是可能被掠夺到耗竭程度的可再生资源，如果对此类资源的使用速率超过自然更新速率，那么它就会像矿产资源一样实际上是在"被开采"。例如，地下水(尤其是深层地下水)再生速率较慢，在很大程度上接近不可再生资源。不可再生资源是地壳中储量固定的资源，主要是矿产资源。由于它们在人类历史尺度上不能由自然过程再生(如铁矿)，或者由于它们自然再生的速度远比被开采利用的速度慢(如煤炭、石油)，因而它们是可能耗竭的。

实际上，自然资源的"可再生"与"不可再生"是相对而言的。既然所有的自然资源都是自然循环的产物，那么严格说来所有的资源都是可再生的，但是各种自然资源再生的速率却大不一样。土壤可年复一年地耕种，从这个意义上说是可再生资源；但若利用不当，引起水土流失并最终导致表土层完全丧失而成为荒漠，就很难再生了。而这种不可再生又是从人类历史尺度上来看的；若从地质历史尺度看，水土流失后的地表也可以再经成土过程恢复成具有一定肥力的土壤，从这个意义上看又是可以再生的。矿产资源在人类历史的尺度内是不可再生的，但在地质历史的尺度内却是可再生的。生物资源本身是可以再生的，但若过度利用或滥用到物种灭绝，也就谈不上可再生了。所以，对大多数流动性资源来说，天然可再生性取决于人类的利用水平或强度，这是一个相对而非绝对的概念。

## 三、自然资源的基本属性

自然资源具有稀缺性、整体性、地域性、多用性、动态性和社会性等基本属性，这些基本属性对于认识人类社会与自然资源的关系具有重要意义。

(一) 稀缺性

稀缺性即自然资源相对于人类的需要在数量上的不足。任何"资源"都是相对于"需要"而言的,人的需要是无限的,而自然资源的数量却是有限的,这就产生了"稀缺"。稀缺是自然资源的固有特性,是人类社会与自然资源关系的核心问题。

自然资源稀缺有以下4方面的原因:① 全球范围内人口数量不断增长。因为储藏性自然资源(如矿产资源、地球陆地面积等)的数量不会增加,所以人均资源量减少;流动性自然资源(如生态系统提供的生物性产品)增加的速度赶不上人口增加的速度,也会造成人均资源量减少。② 人均自然资源需求量不断增加。随着社会发展,人类的生活水平不断提高,人均消耗的自然资源量也不可避免地增加。纵向来看,现代社会人均消耗的资源是古代的若干倍;横向来看,生活水平较高的发达国家人均消耗的自然资源量是生活水平较低的欠发达国家的数倍。欠发达国家也有提高本国人民生活水平,以达到发达国家生活水平的需求,随着欠发达国家工业化进程,未来全球人均自然资源消费量将会进一步提高。③ 人类的世代延续是无限的,但很多自然资源使用后就不能再生了。④ 自然资源空间分布不均衡。这就造成不同地区的资源总量和人均自然资源量存在差异,某些自然资源可能在一个地区是充裕的,而在另一个地区是稀缺的。

自然资源的稀缺有两种情况:① 绝对稀缺,即自然资源的总需求超过总供给所造成的稀缺,绝对稀缺是从全球范围考虑的;② 相对稀缺,即自然资源的总供给尚能满足总需求,但由于分布不均而造成的局部稀缺,相对稀缺是从局部地区考虑的。无论是绝对稀缺还是相对稀缺,都会造成自然资源价格上涨和供应不足,产生资源危机。

(二) 整体性

从利用的角度看,人们通常是针对某种单项资源,甚至单项资源的某一部分。但实际上各种自然资源是相互联系、相互制约而构成一个整体的。人类不可能在改变一种自然资源或生态系统中某种成分的同时,又能保持其周围的环境不被改变。

各种自然资源要素的相互影响,在可再生资源方面特别明显。例如,砍伐森林获取木材,不仅直接改变了森林的结构,造成区域森林面积减少和植被覆盖率降低,而且会间接地引起水土流失改变径流形成过程,影响小气候并破坏野生生物生长环境等。全球森林面积的减少(特别是热带雨林的消失)被认为是全球环境变化的一个重要原因。

各地区之间自然资源的相互影响非常普遍。例如,黄土高原的土地被过度开垦,不仅使当地农业生产长期处于低产落后、恶性循环的状况,还是造成黄河下游洪涝、风沙、盐碱等灾害的重要原因。

各种自然资源之间的相互影响,在不可再生资源方面也表现明显。例如,一种矿产资源的存在总是和周围的环境条件有关,而当它被开发利用时,必然会受周围环境条件的影响,并影响周围环境。例如,开采铜矿,即使是富矿的铜矿石含铜量一般也不超过0.7%。这样,每炼出1吨铜,需要消耗的铜矿石量约为143吨,由于物料平衡,其余的142吨物质将变成废渣和废气排放到环境中去。另外,铜冶炼过程还要消耗大量能源,每生产1吨铜需消耗约35吨煤燃烧可产生的能量,如果通过燃烧煤炭提供这些能量,又会产生大量的煤灰渣,排放$CO_2$、$SO_2$、烟尘等空气污染物。开采铜矿石的过程当中还会造成植被破坏、土地压占等生态影响。

自然资源的整体性主要是通过人与自然资源的相互关联表现出来的,自然资源一旦成为人类的利用对象,人就成为"人类—资源系统"的组成部分,人类采用一定的技术手段开发利用自然资源,同时对环境产生一定的影响,人与自然资源之间构成相互关联的一个大系统。

### 小 资 料

#### 敦煌防护林被毁事件

2021年1月24日,敦煌阳关林场遭大面积"剃头式"砍伐,甘肃已针对此事成立调查组,如有违法违规行为将严查严办。

库姆塔格沙漠在我国八大沙漠中流动性排名第一,每年不断向东南方向扩展,直逼国家历史文化名城——敦煌。阳关林场地处库姆塔格沙漠东边,曾有近2万亩"三北"防护林带,是敦煌第一道、也是最后一道防沙阻沙的绿色屏障。

阳关林场始建于1963年,以前是个不毛之地。经过几代人的不断努力,数十年间移走了300多个沙丘,栽种了各类树木400多万棵,造林2万余亩。这道绿色屏障一直守护着敦煌,很大程度上阻止了风沙的不断蔓延。如今的阳关林场却几乎被砍伐殆尽,大小树木被齐刷刷地从根部锯断,木头横七竖八地躺在地上,曾经郁郁葱葱的树林,只剩下些孤零零的木桩。

自2000年以来,不少来自外地的承包户将林场开发成了葡萄园。公开信息显示,目前葡萄生产已成为林场的支柱产业。葡萄的种植耗水量大,每半个月就需要一次大水漫灌,而原本的林地只需要两个月灌溉一次。为了防止树林抢走葡萄所需的水分和养分,葡萄园的承包户不惜对防护林"斩草除根",制造出林木病死的假象。不少粗壮的胡杨被剥掉树皮,树干底部被焚烧,等到树木死亡后再人为砍倒,并放火烧毁。

当地职工介绍,由于葡萄的种植需要不断松土和除草,长期以来,地表的土质变成了流动沙土,加上冬春季频繁的大风天气,种植葡萄不仅人为制造了沙尘源,还加剧了林场的荒漠化。职工称,葡萄园的面积一年比一年大,一场大风刮过,院子里一地的沙子,这样下去,林场周边的农舍早晚会被沙子掩埋。

根据《经济参考报》日前报道,阳关林场生态林面积原本为1.33万亩,近十年来,由于砍伐种葡萄,防护林面积只剩约5 000亩,缩水大半。不过,1月26日,甘肃省政府公布初步调查结果称,阳关林场当年实有防护林面积就只有6 500亩左右,根据最新卫星遥感数据测算,阳关林场区域内现有防护林面积6 979亩,未发现林地大面积减少情况。

中国生物多样性保护与绿色发展基金会副秘书长马勇证实了《经济参考报》的说法。他表示,除了甘肃省政府公布的数据外,他们还掌握了敦煌林业部门关于防护林面积的正式文件,上面的数据从11 000亩~15 000亩不等,但都明显要高于6 500亩的说法。马勇表示,通过解译的高峰二号卫星图片,可以很明确看到,现在葡萄园面积为5 704亩,跟甘肃省新闻发布会公布的3 704亩,差了足足2 000亩。

同时,马勇指出,葡萄是高耗水植物,并没有被列入防护林树种,由于葡萄的生长特性,也根本起不到防风的作用。因此,葡萄园面积快速增长的话,敦煌阳关林场的防护林功能就要大打折扣。

资料来源:① 腾讯网,《〈人民日报〉三问敦煌防护林被毁:"西出阳关不见林",谁这么大本事?》,https://new.qq.com/rain/a/20210125A0FG0600,2021-1-25。

② 新浪网,《疑云重重的敦煌防护林被毁事件该如何廓清?》http://k.sina.com.cn/article_6145283913_v16e49974902001a3in.html,2021-1-28。

### (三) 地域性

自然资源的形成服从一定的地域分布规律,其空间分布是不均衡的。某一种自然资源总是相对集中分布于某些区域中,在这些区域内,自然资源的密度大、数量多、质量好、易开发,而在其他区域这种自然资源就表现出密度小、数量少、质量差等特点。另外,由于社会经济发展不均衡,在不同地区开发利用自然资源的社会经济条件和技术工艺条件也不一样。自然资源的地域性就是这些条件综合作用的结果。

地域性导致了自然资源的相对稀缺,进而使之具有了竞争性。由于自然资源的地域性,各种自然资源开发的方式、种类也就有了差异。因此,自然资源研究除了针对一些普遍性的问题以外,还要关注各地特有的现象和规律。

### (四) 多用性

大部分自然资源都具有多种功能和用途。例如,水资源可以用于农业灌溉,也可以用于工业生产,还可以用于居民日常生活;煤炭资源既可以用作燃料,也可以用作化工原料;森林资源既可以提供木材,又可以作为旅游资源,还可以调节气候;等等。自然资源的多用性在经济学看来就是互补性和替代性。

然而,并不是自然资源的所有潜在用途都具有同等重要的地位,而且都能充分表现出来。因此,人类在开发利用自然资源时,需要全面权衡。特别是由于我们所研究的是综合的自然资源系统,而人类对资源的要求又是多种多样的,如何合理开发利用自然资源就更加复杂。人类必须遵循自然规律,努力按照生态效益、经济效益、社会效益统一的原则,借助系统分析的手段,充分发挥自然资源的多用性,达到自然资源的充分合理利用。

### (五) 动态性

资源的概念、资源利用的广度和深度都是在人类历史进程中不断演变的。从较小的时间尺度上看,不可再生资源不断被消耗,同时又随地质勘探的进展不断被发现;可再生资源有日变化、季节变化、年际变化。长期自然演化的系统在各种成分之间能维持相对稳定的动态平衡(如达到演替顶极的群落)。在相对稳定的生态系统内,能量流动和物质循环能在较长时期内保持动态平衡,并对内部和外部的干扰产生负反馈机制,使得扰动不致破坏系统的稳定性。一般来说,生态系统的稳定性与物种多样性、食物结构有关。物种越丰富,系统的结构越复杂,其对外界干扰的抵抗能力也就越大;而物种组成和系统结构比较简单的生态系统对外界干扰的抵抗能力较小。例如,经过长期群落演替达到顶极状态的自然生态系统的物种比农田、人工林、草坪等生态系统更丰富,结构也更复杂,因而对外界干扰的抵抗能力更大,具有较高的稳定性。

(六)社会性

资源是文化的函数,文化在相当程度上决定着对自然资源的需求和开发能力,这说明自然资源具有社会性。当代地球上的自然资源或多或少都有了人类劳动的印记,人类不仅变更了动植物的生长地域,而且也改变了动植物分布区的地貌、气候等环境条件,甚至改变了动植物本身的特性。人类活动的结果已经渗透进自然资源中,成为自然资源自身的某些属性。今天,已很难区分一块土地中哪些特性是史前遗留下来的,哪些是人类附加劳动的产物。但有一点是可以肯定的,史前的土地绝不是现在这个样子。深埋在地下的矿物资源、边远地区的原始森林,表面上似乎没有人类的附加劳动,然而,人类为了发现这些矿藏保护这些森林,也付出了大量的劳动。按照马克思的说法,人类对自然资源的附加劳动是"合并到土地中",合并到自然资源中,与自然资源浑然一体。自然资源上附加的人类劳动是人类世世代代利用自然、改造自然的结晶,是自然资源中的社会因素。

自然资源的稀缺性约束着社会经济的发展,自然资源开发产生的生态影响作用于人类的生存和发展,自然资源的冲突和争夺冲击着社会,诸如此类的问题使自然资源的社会性有了更加深刻的内涵。

## 第二节　土地资源与粮食安全

土地是人类赖以生存的空间,是人类社会生产中重要的自然资源和生产资料,也是劳动的对象。土地资源除了包含本身所固有的一切自然特性以外,同时又包含了具有可供人类发展生产的社会经济特性。这两种属性合称为土地资源的"二重性"。

人类社会的发展离不开对土地资源的利用和改造,可以说人与土地的这种关系是整个人类社会发展史中的最基本的生产关系。随着社会生产力发展和人口迅速增长,土地资源与人类社会的关系逐渐超出了单一的民族或国家的范畴,成为整个人类生存与可持续发展的全球性问题,这是不以人类意志为转移的自然发展规律所决定的。

### 一、土地与土地资源的基本概念

土地与土地资源是土地资源学中最基本、最重要的概念,学术界曾对这一概念有过激烈的争论和广泛的探讨,但至今尚无一个公认的定义。随着人们对土地资源和土地资源学研究的逐步深入和了解的不断完善,它们的概念亦随之不断深入和全面。

(一)土地的概念

人们通常把土地称作地面,即地球表面的陆地部分,它由土壤和岩石堆积而成,水域、陆地上方的空气层以及附着于地上和地下的各种物质和能力则不属于土地的范畴。这是狭义的土地概念。近几十年，随着现代生态学、地学及其他自然科学的发展，土地的概念从地球表面扩大至地球的表层，由孤立的平面扩展为系统的立体空间，形成了生态学和系统论观点的土地概念。

中国的地球科学界普遍认为，土地是一个自然地理综合体的概念，它是地表某一地段包括地貌、岩石、气候、水文、土壤、植被等全部因素在内的自然综合体，还包括过去和现在人类活动对自然环境的作用。土地的特征是土地各构成要素相互作用、相互制约的结果，而不从属于其中任何一个要素。土地的水平范围包括陆地、内陆水域和滩涂，垂直范围取决于土地利用的空间范围。

澳大利亚的克里斯钦等根据生态学的观点，较为完整地阐述了土地的概念：一块土地，在地理上被认为是地球表面的一定区域，包括该地域的大气层、土壤及其下面的岩石、地形、水、动植物群落以及人类过去和现在的活动结果，包括生物圈稳定或可预见的一切循环因素。这些因素在一定程度上对人类目前及将来的土地利用有着重大影响。

此外，系统论观点认为，土地是一个由耕地、林地、园地、牧草地、水域、居民点用地、工矿用地、旅游和特殊用地等子系统构成的生态系统，这些土地子系统都是由生物成分和非生物成分（包括光照、土壤、空气、温度等）共同组成的，借助于能量与物质流动转换而形成的不可分割的有机整体。土地生态系统及其子系统都属于开放系统，彼此之间存在着极其复杂的能量与物质的循环与转化，正是通过与外界不断的物质和能量交换，依靠不断耗散外界的物质和能量，才能维护土地生态系统的平衡。

总之，地球科学、生态学和系统论观点的土地概念均认为，土地是气候、地貌、岩石、土壤、植被和水文等自然要素与人类劳动所形成的一个立体的自然综合体，对土地的任何利用活动，都受土地生态系统构成要素的制约，并对土地的演变产生影响。因此，研究土地不能孤立地把它看成是地球陆地上的空间表面，而且应从发展的角度、系统的观点将土地看作包括人类影响在内的一定生态系统长期演变的结果。只有这样，才能较全面地反映土地概念的实质，才有助于探索合理利用土地的方法和途径，从而实现人类社会可持续利用有限的土地资源这一目标。

综上所述，可以对土地定义如下：土地是由地球陆地表面一定立体空间内的气候、土壤、基础地质、地形地貌、水文及植被等自然要素构成的自然地理综合体，同时包含着人类活动对其改造和利用的结果，是一个自然-经济综合体。

土地的定义具体包含以下3个方面：

① 土地是由土壤、气候、地形、岩石、水文、植被等自然要素相互作用、相互制约构成的自然综合体，有其自身形成、发展和演变规律。

② 土地是一个垂直系统，具有一定立体空间，可分为地上层、地表层和地下层，包括地形、土壤、植被的全部，以及直接影响生物生长的地表水、浅层地下水、表层岩石和与地表产生直接水热交换的气候条件，是岩石圈、水圈、土壤圈、生物圈和大气圈的复合界面。

③ 土地是人类最基本的生产资料和生存条件，具有社会经济属性。它包括人类过去和现在对土地的各种利用和改造的结果，如农地、道路、居民点等。

### (二) 土地资源的概念

所谓资源,是针对人类可以利用的物质而言的;顾名思义,就是指人类生产和生活资料的来源。联合国环境规划署(UNEP)的解释是:"所谓资源,特别是自然资源,是指在一定时间、地点的条件下能够产生经济价值,以提高人类当前和将来福利的自然环境因素和条件。"这一解释赋予了资源概念质的规定性,即"能够产生经济价值"。由此可见,土地资源是指在一定的技术条件和一定时间内可以为人类利用的土地。提出"土地资源"这个概念的主要目的,是进一步强调土地作为一种自然资源的利用价值。

严格地讲,土地与土地资源是有区别的。土地是对我们所研究的客观对象的总称,它包括了一切类型的土地;土地资源则是从土地所具有的资源利用价值的角度来阐述其具体含义,一般要经过对土地的资源价值和利用功能的评价,才能确定其是一种什么样的土地资源,如宜农土地资源、宜林土地资源、旅游用地、交通用地等。因此,从概念的外延上讲,土地的范畴比土地资源范围更广,而从概念的内涵上来看,土地资源的内容比土地更具体。

> **小 资 料**
>
> ### 我国耕地利用现状
>
> 根据《中国1∶100万土地资源图》,在现有耕地中,质量好的一等耕地约占全国总耕地的41.6%;对农业利用有一定限制、质量中等的二等耕地面积约占34.5%;对农业利用有较大限制、质量差的三等耕地约占20.3%;不宜农用而需退耕的占3.3%。如果以亩产150 kg为一个台阶计算,那么亩产150 kg以下的低产田占21.0%,高于300 kg的高产田占22.5%,150~300 kg的中产田则占56.5%。全国农用后备土地资源约5亿亩,其中一等荒地占3.1%,二等荒地占49%,三等荒地占47.9%,包括盐碱地、沼泽地、红黄壤山丘、高寒地、干旱地和沿海滩涂等。这些荒地大多地处边远,交通不便,开垦所需投资较大,要经大力改造后才能使用。
>
> 资料来源:百度百科,"土地资源"词条,https://baike.baidu.com/item/土地资源/670351?fr=aladdin。

### (三) 土地资源的基本特性

土地是一种自然-经济综合体,具有自然和经济的两重属性。下面将从土地作为自然资源和社会资产两方面阐述土地的"资源特性"和"资产特性"。

1. 土地的资源特性

土地是人类社会最重要的、最基本的自然资源,与气候资源、水资源、生物资源、矿产资源等单项资源相比,它既具有一般自然资源的共同特性,如区域性、动态性等,也具有自己独特的性质。土地的资源特性主要体现在以下几个方面。

(1) 生产性

土地具有一定的生产力。土地生产力指土地的生物生产能力,是土地最本质的特性之一。

土地生产力按其性质可分为自然生产力和劳动生产力。前者是自然形成的,是土地资源本身的性质,不同性质的土地,即光、热、水、气、营养元素的含量及组合等不同的土地,适合不同的植物和动物的生长繁殖;后者是人工影响而产生的,它取决于人类生产的技术水平,主要表现为对土地限制因素的克服、改造能力和土地利用的集约程度。土地生产力的高低,即能生产什么、生产多少,或者能提供什么样的产品、提供多少,也主要取决于上述两方面的性质。据估算,人类食物的88%由耕地供应,10%由草地提供,即人类食物的98%由土地的"生产性"所决定。

土地生产力从时间上又可分为两种:① 土地的实际生产力,即实际条件下土地的生产水平;② 土地的潜在生产力,指在可预见的将来,对土地施加改造措施或更加集约经营条件下土地的生产水平,简称土地潜力。

(2) 区域性

由于受水热条件支配的地带性规律以及地质、地貌因素决定的非地带性规律的共同影响和制约,土地的空间分布表现出明显的地域分异性(或称差异性)。不同地区的土地存在着显著的差异性,形成地表复杂多样的土地类型以及不同的土地生产潜力、土地利用类型和土地合理利用方向。土地的这种地域分异性,要求我们在利用土地、进行生产布局时,必须因地制宜,充分发挥。

(3) 动态性

土地不仅具有地域性的空间差异,而且具有随时间变化的特点。例如,土地的季节变化,即动植物的生长、繁育和死亡;土壤的冻结与融化;河水的季节性泛溢;等等。这些都影响着土地的固有性质和生产特性。土地的时间变化又与空间位置紧密联系,处于不同空间位置的土地,它的能量与物质的变化状况不同。因此,应把土地的地域性与动态性看作是土地统一体的两个方面。

(4) 可再生性

土地是一种可再生资源,表现为土地的生产力在合理利用条件下可以自我恢复,并不会因使用时间的延长而降低。土地对于污染物也有一定的净化能力。生长在土地上的生物,不断地生长和死亡,土壤中的化学物质,不断地被植物消耗和补充,这种周而复始的更替,在特定条件下是相对稳定的。

(5) 多功能性

土地是人类各种生产活动不可缺少的自然资源,具有多种用途,如可以作为农业、林业、工业、住宅、商业、旅游、交通等的用地。同一种用途的土地又可以选择不同的利用方式,如住宅用地既可以建平房、别墅,也可以建摩天大楼。同一块土地的不同用途、同一种用途的不同利用方式,其所表现的土地收益的差异极其显著。

概括起来,土地的作用可以分为四大功能:生产功能、环境功能、承载功能和空间功能。由于土地的多功能性决定了土地利用的竞争性,因此存在土地资源在国民经济各生产部门之间合理配置和优化利用问题。如何确定土地的最佳用途,发挥土地的最佳综合效益,也就成为土地利用规划的主要内容。

(6) 有限性

地球陆地表面的土地面积是有限的,一个国家、一个地区的土地面积也是有限的。

土地不像其他生产资料那样以通过人类再生产来增加数量。土地面积的有限性，要求我们一方面要保护地力，另一方面要尽一切可能节约使用土地。

(7) 不可替代性

土地是一种不可替代的自然资源。土地具有养育功能，它是人类赖以生存的农作物正常生长发育所需的水、肥、气、热的提供者和协调者，养育了植物、动物和微生物。土地具有仓储功能，为矿产资源提供了仓储场所，同时通过保持水分和养分为植物生长发育提供了必要的营养和环境条件。土地具有承载功能，人类的居住、休息、娱乐和一切生产活动都必须以土地为载体，土地是生物生存、人类生产和活动的基地。土地具有景观功能，某些土地的自然类型和人文景观，为人类提供了风景资源。

在人类发展的历史长河中，随着科学技术的不断发展和进步，一般的生产资料及其功能可以被更先进、更完备的生产资料所代替，而土地的功能却不能被其他任何生产资料所完全代替，土地在人类的生存和发展过程中发挥着不可替代的作用。

2. 土地的资产特性

土地不仅具有资源的属性，而且具有社会资产的特性，是一切财富的源泉。威廉·配第说："劳动是财富之父，土地是财富之母。"随着人类社会的发展，不仅土地的重要性越来越突出，土地作为资产的特性也日益明显。换句话说，土地已作为一种财富为人们所拥有，并在经济上作为资金运用的同义词。

众所周知，同其他商品的交换一样，土地买卖是经常进行的经济活动。在封建社会，一直存在着土地的集中和兼并，而这种集中与兼并大部分是通过土地买卖完成的；在资本主义社会，几乎一切都是商品，土地买卖更是种普遍现象。土地之所以成为交换的对象，是因为土地同其他商品一样，具有使用价值，如作为居住和活动的场所，可作为一种生产资料以获取收益。

(1) 商品特性

土地具有使用价值和交换价值，可以进入商品流通，是一种特殊商品。

(2) 产权特性

土地与土壤、景观等概念的最大区别之一在于土地具有明显的产权内涵。土地产权是指存在于土地之中的排他性完全权利，包括土地所有权、土地使用权、土地租赁权、土地抵押权、土地继承权、地役权等多项权利。土地产权也像其他财产权一样，唯有在法律的认可下才能产生，如某人利用欺骗或暴力等手段占有土地，并不表示他拥有某项土地产权。

(3) 增值特性

土地的增值性取决于土地的稀缺性和人类社会对土地的不断改造利用。所谓土地供给的稀缺性，主要是指在某一地区、某种用途的土地成了稀缺的经济资源，供不应求。其原因在于，位置较优或土质较好的土地，利用方便、效益较高，从而需求量较大，而这些土地的面积又有限，因而表现出土地供给的稀缺性。土地供应的稀缺性也与土地总量有着密切联系，由于人类只有一个地球，土地总量是恒定的，而需求量却随着人口和经济发展不断地增加，从而加剧地产供求矛盾，造成土地的不断增值。同时，土地作为资产，由于人们在其上的创造性劳动而增值。这种增值可能是由于对该增值地块的劳动,如山坡修建梯田、种植果树;也可能是由于利用方式(农用改用于工业、城建)或四周的环境、区位改变(如交通设施的修建)等。

(4) 不动产特性

土地不动产特性主要源自其空间位置的固定性和永久使用性。

地产是不动产,它具有位置的固定性,不能随着土地产权的流动而改变其实体的空间位置。同时,地产不同于社会的其他资产(或财产),它不是一次性的消费品,不会因使用而损耗或消灭。相反,它可以反复使用和永续利用,并随着人类劳动的连续投入而不断发挥它的性能。甚至,它还可以随着社会经济的发展,实现其自然增值。

## 二、中国土地资源现状

### (一) 数量特征

我国地域辽阔,土地面积为 960 万 $km^2$,在全球 100 多个国家中,仅次于俄罗斯和加拿大,居世界第三位。据 1999 年国土资源部公布的调查统计结果,我国有耕地面积 130 万 $km^2$,占世界耕地总面积的 9.5%,居第四位;林地面积 228 万 $km^2$,占世界林地面积的 5.5%,居第五位;草地面积 266 万 $km^2$,占世界牧草地的 7.8%,居第二位。在全国土地资源面积中,耕地、园地、林地、牧草地面积之和占 66.6%,居主导地位;农业用地中牧草地、林地比重大,耕地次之,园地最少。未利用土地大部分分布在西北干旱地区和青藏高原,自然条件恶劣,开发难度大。

我国人均土地资源占有量少,土地资源相对紧缺,人地矛盾突出。我国人均土地面积仅为 7 840 $m^2$,只有世界人均的 33.5%,是美国的 15.1%,加拿大的 7%,澳大利亚的 3.9%,俄罗斯的 12%,印度的 60%;人均耕地面积为 1 060 $m^2$,仅为世界人均的 45%;人均林地面积为 1 860 $m^2$,仅为世界人均的 26%;人均牧草地面积为 2 170 $m^2$,仅为世界人均的 37%。

### (二) 质量特征

我国地形错综复杂,地貌类型多样,其中,山地占 33%,高原占 26%,盆地占 19%,丘陵占 10%,平原占 12%。山地最多的地区是贵州、云南、四川和重庆,面积占比加上丘陵达 90%,全国近一半的省,山地面积超过辖区面积的 50%。由于山地多,坡耕地所占比例也就很大。全国坡度 15°以上坡耕地面积达 19 万 $km^2$,占总耕地面积的 14.1%,主要分布在西南和东南地区,其中 25°以上需退耕的陡坡地占了 1/3。此外,在未利用土地当中,沙漠、戈壁、寒漠等难利用的土地占比高达 23.5%。

我国耕地生产力普遍较低。从土地资源的质量状况来看,我国土地资源的光、热、水、土自然要素组合严重不平衡。从降水来看,我国东南部受季风影响强烈,气候温暖湿润,年降水量在 200~400 mm,其中 80%以上集中在作物生长季节;西北部为干旱、半干旱内陆气候,年降水量在 400 mm 以下,虽然有些地方能种植旱田作物,但是产量低而不稳,收成很难保证,且极易引起风沙危害和土壤侵蚀,所以这一地区大部分为牧业区。据粗略估计,占全国总面积 53.8%的西北部干旱、半干旱地区和青藏高原地区,年生物产量仅占全国总生物产量的 9.5%。水资源的时空分布不均衡,使我国季节性和地区性缺水问题也十分突出。我国湿润、半湿润、干旱、半干旱地区面积分别为32.3%、17.8%、30.8%和19.2%。

> **小 资 料**
>
> ### 中国各省地形地貌
>
> 我国地形地势西高东低,呈阶梯状分布;地形多种多样,山区面积广大。各省地形地势不一,颇具特色。北京土地面积1.64万$km^2$,西部、北部和东北部三面环山,东南部是一片向渤海缓缓倾斜的平原。上海地处长江三角洲冲积平原,平均海拔高度仅4 m,地势平坦,总面积0.63万$km^2$。天津地处中国华北地区、东临渤海、华北平原东北部、海河流域下游,素有"九河下梢""河海要冲"之称,总面积1.19万$km^2$。重庆地形由南北向长江河谷倾斜,地貌以丘陵、山地为主,总面积8.24万$km^2$,其中山地占比达76%。
>
> 黑龙江地貌特征为"五山一水一草三分田",地势西北、北部和东南部高,东北、西南部低,总面积47.30万$km^2$。吉林地貌形态差异明显,地势东南高、西北低,总面积18.74万$km^2$。辽宁地势大致为自北向南,自东西两侧向中部倾斜,呈马蹄形向渤海倾斜,总面积14.80万$km^2$。河北地处华北平原,是中国唯一兼有高原、山地、丘陵、平原、湖泊和海滨的省份,总面积18.88万$km^2$。江苏跨江滨海,湖泊众多,地势平坦,地貌由平原、水域、低山丘陵构成,总面积10.72万$km^2$。浙江地势由西南向东北倾斜,地形复杂,由平原、丘陵、盆地、山地、岛屿构成,面积大于500 $m^2$的海岛有3 061个,是中国岛屿最多的省份。山东中南部山地突起;西部、北部属华北平原,低洼平坦;东部是山东半岛,缓丘起伏;形成以山地丘陵为骨架,平原、盆地交错其间的地理格局。
>
> 福建地势呈"依山傍海"态势,地势西北高、东南低,境内山地、丘陵面积约占全省总面积的90%,岛屿星罗棋布,共有岛屿1 500多个,居全国第二位。广东山脉大多与地质构造的走向一致,以东北—西南走向居多,全省沿海共有面积500 $m^2$以上的岛屿759个,居全国第三位。海南由山地、丘陵、台地、平原等地貌构成,总面积3.39万$km^2$。
>
> 江西地貌上属江南丘陵的主要组成部分,自古为"吴头楚尾、粤户闽庭",乃"形胜之区",素有"江南鱼米之乡"的美称。安徽居中靠东,可分成淮河平原区、江淮台地丘陵区、皖西丘陵山地区、沿江平原区、皖南丘陵山地五个地貌区。湖南呈三面环山、朝北开口的马蹄形地貌,由平原、盆地、丘陵地、山地、河湖构成。湖北东、西、北三面环山,中间低平,处于中国地势第二级阶梯向第三级阶梯过渡地带。河南北、西、南三面由太行山、伏牛山、桐柏山、大别山沿省界呈半环形分布;中、东部为黄淮海冲积平原;西南部为南阳盆地,是中原大省。山西呈东北斜向西南的平行四边形,两山夹一川,左太行,右吕梁,中间汾河自北向南穿行而过。内蒙古的地貌以内蒙古高原为主体,具有复杂多样的形态。
>
> 陕西地势南北高、中间低,分为三大自然区:北部黄土高原区、中部关中平原区、

南部秦巴山区。宁夏地形从西南向东北逐渐倾斜，丘陵沟壑林立，分为三大板块：北部引黄灌区、中部干旱带、南部山区。甘肃地势自西南向东北倾斜，地形狭长，大致可分为各具特色的六大区域：陇南山地，陇东、中黄土高原，甘南高原，河西走廊，祁连山地，河西走廊以北地带。四川处于第一级青藏高原和第二级长江中下游平原的过渡带，高低悬殊、西高东低的特点明显。贵州属于中国西南部高原山地，地势西高东低，自中部向北、东、南三面倾斜，高原山地居多，素有"八山一水一分田"之说。广西地处中国地势第二台阶中的云贵高原东南边缘，四周多被山地、高原环绕，中部和南部多丘陵平地，呈盆地状，有"广西盆地"之称。云南地势西北高、东南低，自北向南呈阶梯状逐级下降，属山地高原地形，山地面积占全省总面积的88.64%。新疆山脉与盆地相间排列，盆地与高山环抱，喻称"三山夹二盆"，习惯上称天山以南为南疆，天山以北为北疆，哈密、吐鲁番盆地为东疆。青海地势总体呈西高东低，南北高中部低的态势，地形复杂，地貌多样。西藏被称为世界屋脊。

### （三）区域分布特征

**1. 土地资源区域分布极其不平衡**

东、中、西部三个地带的土地资源状况存在着较大差异。东部地带包括京、津、辽、冀、鲁、苏、沪、浙、闽、粤、桂、琼12个省、市、自治区，占全国土地总面积的13.9%，人口占全国的41.2%。东部地带耕地、园地、林地、居民点、交通、水域的比重高于中、西部地带，牧草地占1.6%，低于中、西部地带。由于人口集中，东部地带人均耕地只有740 $m^2$。

**2. 土地开发利用程度的区域差异较大**

我国水土资源分布不均衡，直接影响了土地的开发利用的区域差异。东部为沿海地带，地处暖温带及亚热带湿润、半湿润地区，水热条件优越，人口密集，经济发达，土地利用程度高，牧草地、未利用土地面积少。东部地区土地利用率为85.8%，农业用地率为71.7%，土地垦殖率为28.4%，森林覆盖率为47.4%，建设用地率为10.1%，水面覆盖率为8.9%。

**3. 土地利用的经济效益区域差异巨大**

土地综合经济效益在各地区和省（市、区）之间呈现出较大差异。华东区最高，为315.1万元/$km^2$；其次是中南区，为206万元/$km^2$；第三是东北区，为97.4万元/$km^2$；第四是华北区，为66.9万元/$km^2$；第五是西南区，为37万元/$km^2$；第六是西北区，为20.2万元/$km^2$。按地带划分，东部地带最高，为351.1万元/$km^2$，中部为78.1万元/$km^2$，西部为29万元/$km^2$。

### （四）后备土地资源特征

我国尚有未利用土地245.09万$km^2$，占总土地面积的25.8%，主要分布在西北干旱地区和西南高原、山区，新疆、西藏、青海3个省、区未利用土地占全国的65.4%。未利用土地绝大部分为难开发利用的沙漠、荒漠、裸岩及石砾地、重盐碱地、沼泽地，其中荒草地、沼泽地、盐碱地、水域中的苇地和滩涂属于后备土地资源，主要集中在西北、东北和西南，面积约61.89万$km^2$，占24.6%。这些后备土地资源由于多处于干旱少雨或水土流失严重的生态脆弱地区,土地贫瘠、无水源保证,因而可垦比例小,能开发为宜农耕地的仅为 8.25 万～11.62 万 $km^2$。如按 60% 垦殖率算,可净增耕地 4.93 万～7 万 $km^2$,其中东北地区可垦面积最大,西北地区次之,黄淮海地区第三。

### 三、粮食安全与耕地保护

我国是世界上人口最多的国家,保证粮食的充足供给,是实现社会长治久安的基本要求。历史经验证明,粮食问题是涉及社会稳定和国家安全的大问题,粮食安全是国家安全的重要方面。

#### (一) 粮食安全对耕地保护的要求

在粮食生产方面,我国取得的成就世人瞩目。1949—2015 年,全国粮食产量从 1.13 亿 t 增加到 6.21 亿 t,增长 4.49 倍。当然,这一过程是起起伏伏的,1958—1961 年和 1998—2003 年是减产量和减产幅度最大的两个时期。尽管经历了艰难曲折,但我国粮食总产在 1978 年、1984 年、1996 年、2013 年分别登上 3 亿 t、4 亿 t、5 亿 t、6 亿 t 的历史台阶,标志着我国这样一个拥有 14 亿人口的大国已经足够具备养活自己的能力,这是全面建成小康社会的基本支撑,也是实现两个百年目标的基础。目前,我国的粮食总产是世界上所有国家中最高的,水稻、小麦的单产已经超过世界平均水平 50% 以上,人均粮食占有水平已经超过世界平均水平 10% 左右,我国已经越过了没有把握养活自己的阶段。应该说,这不仅是新中国成立以来在吃饭这个头等大事上的重大转折,是建设中国特色社会主义的重大成就,也是 5 000 多年华夏文明史的重大转折。但要看到,在工业化、城镇化、全球化的大背景下,粮食生产和供求平衡也从相对独立的问题转为与经济发展、国际经济政治、粮食贸易等密切相关的问题,在粮食生产能力的问题解决了以后,确保粮食安全、实现粮食供求平衡面临的情况则更为复杂。

与此同时,我国粮食安全也面临着严峻的形势,低投入水平下我国的土地资源仅可以承载 11.56 亿人口;中投入水平下可以承载 13.98 亿～14.87 亿人口,只是略高于现有的人口总量;高投入水平下可以承载 14.91 亿～18.98 亿人口。到 2050 年,我国虽仍能利用自己的土地与耕地来养活我国的人口,但情况不容乐观,粮食产量和人口承载力必须有比较大的提高。

理论上,实现粮食安全有三个途径,即扩大耕地面积、增加单位面积耕地的产量水平、增加粮食进口量,但并不都适用于我国。

① 扩大耕地面积。据全国土地资源调查结果显示,改革开放以来,随着社会经济的发展,建设用地面积不断扩大,而耕地却逐年减少,1986—1995 年年平均减少 6 790 $km^2$,客观地估计,这种趋势很难逆转。

② 增加单位面积耕地的产量。统计资料显示,新中国成立以来,单位面积耕地的产量水平增长较大,1949—2015 年耕地粮食产量平均每年粮食增长速度为 3.1%。如果今后按人均消耗 400 kg/年粮食计算,人口达到 16 亿人时粮食总产量需要约 $6.4 \times 10^{11}$ kg/年,假定耕地面积不再减少,单位面积耕地粮食年产量需要从 1993 年的 0.46 kg/$m^2$ 增加到人口高峰年时的 0.64 kg/$m^2$ 左右,耕地粮食总产量和单位面积耕地

的产量平均每年要求的递增速度约为 0.7%。要实现这一点,必须提高投入水平和土地生产力。

③ 增加粮食进口量。香港特别行政区的办法是"以耕地换钱,再以钱来换粮"。这个办法对我们整个国家行不行?如果国家把耕地用于建设工厂、修路等,所能换取的钱即使能够购买当今世界每年 2 亿多吨的全部粮食出口量,也只是目前我国消费粮食总量的 50% 左右。而且,历史经验也表明,只要中国增加粮食进口,就会引起国际粮食市场的动荡和价格上涨。因此,依靠粮食进口来解决中国人的吃饭问题是不现实的。

根据以上分析,要实现我国的粮食安全,只有走稳定耕地面积、不断提高耕地生产水平的道路,没有别的出路。

### 小资料

#### 中国主要粮食作物产区分布

小麦在我国是仅次于水稻的主要粮食作物,历年种植面积为全国耕地总面积的 22%～30% 和粮食作物总面积的 20%～27%,分布遍及全国各省(市、区)。根据各地域的气候特征、地势地形、土壤类型、品种生态类型、种植制度以及栽培特点和播种、成熟期早晚等,可将全国小麦种植区划分为 10 个主要区和 30 个副区。10 个主要区指的是东北春麦区、北部春麦区、西北春麦区、新疆冬春麦区、青藏春动麦区、北部东麦区、黄淮东麦区、长江中下游冬麦区、西南冬麦区和华南冬麦区。

中国是世界上种植水稻最早的国家,稻作历史约有七千年,是世界栽培稻起源地之一。水稻是我国最主要的粮食作物。水稻属喜温好湿的短日照作物,全国稻区划分为 6 个主稻区和 16 个亚区。6 个主稻区指的是华南双季稻稻作区、华中双季稻稻作区、西南高原单双季稻稻作区、华北单季稻稻作区、东北早熟单季稻稻作区、西北干燥区单季稻稻作区。

中国的玉米种植面积有 3 亿亩左右,分布在约 24 个省、市、自治区。其中黑龙江、吉林、辽宁、河北、山东、山西、河南、陕西、四川、贵州、云南、广西等是主省、区。全国玉米分为 6 个种植区:北方春播玉米区、黄淮海平原夏播玉米区、西南山地玉米区、南方丘陵玉米区、西北灌溉玉米区、青藏高原玉米区。我国是世界上第二号玉米生产大国,也是玉米的头号消费大国。传统的玉米出口市场是日本、韩国和东南亚各国,传统的玉米进口来源国是美国、阿根廷等。

目前世界上种植大豆的已有 50 多个国家和地区,但作为主产国主要有中国、美国、巴西和阿根廷等。按照大豆生产的气候自然条件、耕作栽培制度、品种生态类型、发展的历史、分布和范围的异同,将全国划分为 5 个大区和 7 个亚区。5 大区指北方春大豆区、黄淮海流域夏大豆区、长江流域春夏大豆区、东南春夏秋大豆区、华南四季大豆区。

谷子在我国分布极其广泛,几乎全国都有种植,但主要产区分布在 30°N～48°N,108°E～130°E 地区。从淮河以北到黑龙江的广大地区种植面积最大。西部的甘肃、新疆包括西藏的部分地区阳光充足,积温高,昼夜温差较大,特别适合"金谷子"开发种植。长城以南的大部分地区一般在夏麦收后播种,由于产量不高,种植面积不断减小。

资料来源:《中国主要粮食作物产区分布:小麦、水稻、玉米、大豆、谷子》,http://www.360doc.com/content/14/1201/15/506102_429590415.shtml,2014-12-1。

### (二)耕地保护的内容

我国耕地保护内容体系可概括为3个方面。

#### 1. 耕地数量或面积的保护

根据有关的法律、法规,我国对耕地实行严格的保护政策。主要措施是:根据一定发展时期,为满足对耕地利用产品的需要,把必需的耕地面积划入永久保护的基本农田保护区,对其实行特殊保护,建设项目占用这一类要经特殊许可;同时,不管占用什么样的耕地,都要按所占用耕地的物质生产能力进行耕地数量和生产能力的补偿,保证耕地的总面积不减少。

#### 2. 耕地地力的保护

在耕地的利用过程中,要避免耕地水土流失、沙化等土地退化问题,维持耕地(特别是高产耕地)的物质生产力水平,同时要增加投入以加大耕地地力的建设力度,特别要将当前的中低产耕地改造为高中产耕地,提高耕地的物质生产力水平。由于中国耕地面积增加的可能性较小,今后对耕地产品需求不断增加的要求将主要通过耕地地力保护实现。

#### 3. 耕地环境的保护

要对已污染的耕地进行治理;在耕地利用中,要加强耕地污染的预防,特别要减少或防止工业废水、废气、废渣向耕地区的排放。

## 第三节 森林资源与生态安全

### 一、森林与森林资源的概念

#### (一)森林的概念

关于"森林"的概念,长期以来,中外林业界众说不一,归纳起来有3种。我国学者施荫森概括为地籍说、目的说和林丛说,日本学者盐谷勉概括为现状论、地籍论和目的论,两者大体一致。

地籍说(论)认为"地籍是山林,仅凭地籍公簿上的土地登记"。"不管地面上有无树木,如果在地籍管理上登记为山林,就是森林,否则就不是森林"。

目的说(论)认为森林是"为了获得木材及其他林产品而提供的土地"。"凡是决定为培育树木生产木材和其他林产品的土地,即为森林。换言之,凡是林业用地就是森林"。

林丛说或现状论则认为"森林是树木丛生的土地"或者"树木群体生长的土地"。

此外,有许多学者认为不应只从某一角度孤立地认识森林,而应从各个不同角度全面认识森林,这样才能准确理解森林的概念。《苏联大百科全书》中说:"森林乃是生长着树冠彼此相连的许多树木的一部分地面。""森林是为生产木材,且大部分生长着树木的土地。"1978年第三版《苏联林业经济》更明确地说:"森林是本身互相影响并影响周围环境的乔、灌木植物所占据的地生物地理群落》。《林业科技词典》从4个方面解释森林:一般说,以广阔而密集的林木覆被为特点的生态系统;较严格地说,由比较密集生长在一起的乔木和其他木本植物占优势的植物群落;为生产木材和其他林产物而经营的,或为间接效益(如保护水源区或游憩地)而保持有木本植被的地区;根据森林法和森林条例公布为森林的一定面积的土地。

可见,森林的概念具有明显的土地基础性,森林是赖以一定的土地而存在的。① 木本植物主体性:森林是以乔木、灌木等木本植物为主体的,包括草本植物、动物以及微生物在内的生物群落。② 生态系统性:森林是生存在一定环境之中并对环境产生影响的生物群落。③ 经营目的性:森林是人们可以为生产木材和其他林产品以及改善环境而予以经营的。④ 辖理法律性:森林在其经营管理上一般是要由法律、法规规定其外延界限的。

因此,对于森林的概念,可以作如下概括:森林是赖以一定土地和环境而生存,以乔木、灌木等木本植物为主体包括草本植物、动物、微生物在内的,占有一定空间,密集生长,具有可以生产木(竹)材和其他林产品以及影响周围环境等效益的生物群落,它是一种生态系统。为了便于经营管理,人们一般都用法律或法规的形式规定有明确的外延界限。

(二) 森林资源的概念

一般来说,森林资源是森林与资源概念的有机叠加。

由于对"资源"和"森林"认识不一,人们对"森林资源"的概念也有许多不同的理解。有人把森林资源与森林基本视为等同概念;有人认为,从资源观点认识森林即为森林资源;而越来越多的人认为,森林是一种资源,但森林资源不仅仅指森林,它是与其他资源相比具有明显的不同特征的、有更广涵义的一种自然资源。同时,人们又不应僵化地理解森林资源的概念,而应根据社会的不同需要,建立起几种涵义广、狭不同的森林资源概念。

日本《林业百科事典》(1970年版)对森林资源的概念解释为:"森林资源和土地、地下资源、水产资源、水资源等都属于天然资源。森林资源不同于这些天然资源的特征有三条:第一,森林资源不同于矿产资源,森林资源可以通过适当管理,达到永续利用,所以森林资源是一种可以再生产的资源。第二,森林资源虽是可以再生产的资源,但在目前技术水平条件下,自然力在再生产中作用很大,生产的时间长达几十年或更长一些时间,把森林资源当作农产品那样的概念还很难成立。当前,世界森林资源中,天然林仍占大多数。第三,反映在森林资源的效用上,森林作为林产资源,可以直接利用其林产品。森林具有涵养水源,防止洪水、保护土壤等国土保安作用,在这个意义上讲,森林是国土保安资源。此外,森林也是旅游观光和保健卫生的资源。由此可见,从狭义来看,森林资源是提供林产品的生产性的资源,从广义来看,森林资源居于生产、保安、卫生方面的资源。"

我国的林业学者对森林资源的认识也是逐渐深化的,特别是近年来为了适应林业改革的需要,人们纷纷对其重新研究和再认识。多数人认为,不应只把森林资源理解为林木资源,而应从广义上理解它,不仅包括林木资源(当然是主体),而且还应包括林区内其他植物、动物、微生物以及它们赖以生存的土地和环境等多种资源。

因此,可以对森林资源的概念作如下概括:森林资源是陆地森林生态系统内一切被人所认识可利用的资源总称。它包括森林、散生木(竹)、林地以及林区内其他植物、动物、微生物和森林环境等多种资源。

同时,为适应林业实践的不同需要,在一些特定场合,人们也可以运用森林的不同程度的狭义概念。例如,森林经营管理研究可使用仅指森林的狭义概念;土地利用研究可使用仅指林地的狭义概念;生态研究可使用仅指森林生态的狭义概念;林产品利用研究可使用仅指森林产物资源的狭义概念。但是,在研究区域性林业乃至整个国家林业建设时,就不能使用任何森林资源的狭义概念以偏概全,而必须使用广义的森林资源的基本概念。

## 二、我国森林资源现状

中国地域辽阔,江河湖泊众多,山脉纵横交织,复杂多样的地貌类型以及纬向、经向和垂直地带的水热条件差异,形成复杂的自然地理环境,孕育了生物种类繁多、植被类型多样的森林资源,为人类提供丰富的生态产品、林产品和生态文化产品。中国森林面积 208 万 $km^2$,森林覆盖率 21.63%,森林蓄积 151.37 亿 $m^3$。中国森林资源总量位居世界前列,森林面积占世界森林面积的 5%,在俄罗斯、巴西、加拿大、美国之后,居第 5 位;人工林面积继续保持世界首位。

1. 森林总量持续增长

森林面积由 195 万 $km^2$ 增加到 208 万 $km^2$,净增 12.23 万 $km^2$;森林覆盖率由 20.36% 提高到 21.63%,提高 1.27 个百分点;森林蓄积由 137.21 亿 $m^3$ 增加到 151.37 亿 $m^3$,净增 14.16 亿 $m^3$,其中天然林蓄积增加量占 63%,人工林蓄积增加量占 37%。

2. 森林质量不断提高

森林每公顷蓄积量增加 3.91 $m^3$,达到 89.79 $m^3$;每公顷年均生长量增加 0.28 $m^3$,达到 4.23 $m^3$。每公顷株数增加 30 株,平均胸径增加 0.1 cm,近成熟林面积比例上升 3 个百分点,混交林面积比例提高 2 个百分点。随着森林总量增加、结构改善和质量提高,森林生态功能进一步增强。全国森林植被总生物量 170.02 亿 t,总碳储量达 84.27 亿 t;年涵养水源量 5 807.09 亿 $m^3$,年固土量 81.91 亿 t,年保肥量 4.30 亿 t,年吸收污染物量 0.38 亿 t,年滞尘量 58.45 亿 t。

3. 天然林稳步增加

天然林面积从原来的 119.69 万 $km^2$ 增加到 121.84 万 $km^2$,增加了 2.15 万 $km^2$;天然林蓄积从原来的 114.02 亿 $m^3$ 增加到 122.96 亿 $m^3$,增加了 8.94 亿 $m^3$。其中,天保工程区天然林面积增加 1.89 万 $km^2$,蓄积增加 5.46 亿 $m^3$,对天然林增加的贡献较大。

然而,受自然历史、人口和经济发展压力的影响,中国仍然是一个缺林少绿、生态脆弱、生态产品短缺的国家。全国森林覆盖率远低于全球 31% 的平均水平,人均森林面积仅为世界人均的 14%,人均森林面积只有世界人均的 1/7。中国森林资源总量相对不足、质量不高、分布不均的状况仍未得到根本改变,国土生态安全屏障还远未建成。中国用仅占全球 5% 的森林面积来支撑占全球 23% 的人口对生态和林产品的巨大需求,面临的压力越来越大。加大森林资源保护发展力度,推进森林资源可持续经营,增加森林总量,提高森林质量,增强生态功能,已成为中国政府推进生态文明和建设美丽中国的战略任务。

## 三、森林资源与生态安全

森林资源包括森林、林地以及依托森林、林木、林地生存的野生动物、植物和微生物。在这些资源要素中,森林对生态平衡起到尤为重要的作用。森林是人类赖以生存的可再生资源,它不仅为人类提供大量木材和林副产品,还具有改良环境、涵养水分、防风固沙、保持水土、调节气候、净化大气产生氧气、保持物种多样性、保健游憩、抗辐射等功效,是构建人类和谐社会的基础性产业。加强森林生态建设、维护生态安全,是 21 世纪人类的共同主题,也是我国经济社会可持续发展的重要基础。构建社会主义和谐社会,必须全面落实科学的发展观,走生产发展、生活富裕、生态良好的文明发展道路。基本的生态过程是指在生态系统中所供给的物质能量条件下,由生态系统和人类活动的调节、控制,对粮食生产、人体健康及人类生活和持续发展所必需的过程。森林资源在基本生态过程中所起的安全作用主要有 4 点。

（一）调节二氧化碳与防止大气温室效应

由于人类大量燃烧碳化物及其他原因,从 20 世纪起大气中的二氧化碳浓度逐渐增大,1900 年约为 300 ppm,1970 年为 320 ppm,2000 年达到 400 ppm,如此增长下去,在未来 100 年,如果人类不采取措施,地表温度将上升 1.4℃～5.8℃,两极的冰川将会逐渐融化,地球上许多陆地将会被海水淹没,这是温暖舒适与严冬酷暑之间的差别,也是天蓝水清的美丽岛国与汪洋一片的区别。为避免这一灾难的发生,上百年来,人类为了减轻二氧化碳对生态平衡带来的负面影响,做了多方面的研究,其中最有效的方法就是积极推动林业的发展,建立森林生态系统。

（二）增加氧气排放,维持大气中氧气的相对稳定

森林还是地球氧气的最大储备库和制造者。据估计,全世界生物呼吸和燃料燃烧消耗的氧气,平均为 1 000 t/s。然而,由于绿色植物广泛地分布在地球上,不断地进行光合作用,吸收二氧化碳并放出氧气,使得大气中氧气和二氧化碳含量比较稳定,据计算,地球上的植物在同化二氧化碳时,每年也放出 $535×10^{11}$ t 的氧气,所以从清除空气中过多的温室气体二氧化碳和补充消耗掉的二氧化碳这一角度上来讲,森林便是一个自动的空气净化器,是人的第二肺叶,可以想象没有肺叶的人类会有什么样的灾难。氧气还可以在大气层中形成臭氧层,成为阻止过多太阳紫外线对地球辐射的一道屏障。

（三）森林的水源涵养作用与抗旱、抗洪作用

近几十年,由于人类过量地采伐森林,洪涝灾害频频发生,严重威胁人类的生命财

产安全。到过大森林的人大都有这样的感觉：林子里湿乎乎的，即使在旱季，沟里也有涓涓细流；雨季不易发生洪水山地滑坡等灾情，而且流水清澈。这就是森林的水源涵养作用。据计算，一个森林资源较好的流域和一个以荒山为主的流域，在降雨 200 mm 的情况下，前者蒸发量为 26 mm，洪水流量为 71 mm，地下水流量为 103 mm；后者蒸发量为 18 mm，洪水流量为 115 mm，地下水流量为 67 mm。一个有林流域和一个无林流域，一年的降水分配形式以损失量、洪水流量、平常流量表示，前者为 4.5∶1.5∶4.0，后者为 3.5∶3.0∶3.5。可见，森林的作用是将洪水的一部分转化为地下水，作为平常流量慢慢流出，另一部分用于自身的生长。

在以上过程中，森林的水源涵养作用主要表现在：① 林冠截留一部分降雨并蒸发损失掉，一般占 20%～30%。② 枯枝落叶层覆盖地表减少地面蒸发。在雨季有枯枝落叶层的地表与没有的相比，蒸发量可减少 75%。③ 枯枝落叶层保护了地表孔隙，树木根系和森林小动物的活动增加了土壤孔隙，使土壤具有较高的渗透能力。有林地与无林地相比，一年可增加 200 mm 的渗透量。④ 减少了流水中的泥沙含量，有林地流水的泥沙含量只有草地的 1/10，农耕地的 1/100，荒山荒坡的 1/1 000。

**（四）森林资源与物种多样性的保护**

森林是人类的资源宝库，森林中有极其丰富的物种资源。地球上 90% 以上的陆生植物和绝大多数动物都生存在森林中，仅热带雨林中的物种就占地球上全部物种的 50%。一个物种就是一个独特的基因库，物种基因库是生物经过亿万年的进化过程而形成的，是大自然留给人类的珍贵遗产。森林中的各种生物是相互依存的。据科学家估计，森林中一种植物的绝灭，可能造成十种至三十种动物的消失。

由此可见，森林在维持生物圈的生物多样性方面具有非常重要的作用。森林不仅能为人类提供木材和其他林业产品，具有一定的经济效益，更重要的是具有巨大的生态效益。研究资料表明，森林在生长过程中，每公顷森林平均每年释放氧气 10.7 t，吸收二氧化碳 13 t，从大气中吸收尘埃 35 t 并且能分泌大量的抗生素，使林内空气的含菌量大大低于无林地。研究表明，森林的经济价值可占森林总效益的 3/4，而木材产值仅占 1/4，可见森林资源的主要价值在于其巨大的生态效益，其次才是提供木材等具有直接经济效益的产品。生态效益和经济效益并不是对立的，生态效益从长期和全局影响来看也必然会转化为经济利益，问题是这种生态效益尚未在经济活动部门的核算中体现出来，未能在市场上表现为价值的形式，人们由于无偿享用而不知珍惜。过于追求短期的、局部的、直接的经济效益而乱砍滥伐，乱挖乱猎，甚至非法占用林地，必然导致森林资源枯竭，从而威胁本来就脆弱的生态安全，直接经济效益也将难以为继。虽然，在整个大自然中影响生态安全的因素是多方面的，但作为万物之灵的人类仍然是生态系统中最活跃、最积极的因素，坚持以人为本，就必须保卫我们的家园——地球，就必须以科学的发展观去经营森林资源，增加森林资源，以减少生态灾难的发生。绿色是生命的原色，自然是生命的本质，只有确保生态安全才能把人的世界和人的关系还给人自己，才能真正实现人与自然、人与社会、人与人自身的和谐发展和资源的永续利用。

## 拓展阅读

### 案例1　基于生态系统服务的九连山国家级自然保护区生态资产价值评估

**1. 九连山生态系统分类**

根据九连山国家级自然保护区森林资源二类调查的统计结果和该保护区的实际情况，可将其划分为4大类7个生态系统类型，如表2-1所示。保护区总面积为134.12 km²，其中林地面积127.61 km²，占总面积的95.15%，保护区内针叶林和阔叶林占地面积较大，分别为31.13 km²和74.26 km²，占总面积的23.21%和55.37%，针阔混交林、竹林和灌木林占比较小。

表2-1　九连山国家级自然保护区生态系统类型

| 生态系统类型 | | 面积(km²) | 占比(%) |
| --- | --- | --- | --- |
| 森林生态系统 | 针叶林 | 31.13 | 23.21 |
| | 阔叶林 | 74.26 | 55.37 |
| | 针阔混交林 | 7.74 | 5.77 |
| | 竹林 | 5.38 | 4.01 |
| 灌木生态系统 | 灌木林 | 8.80 | 6.56 |
| 水域生态系统 | 水系 | 0.60 | 0.45 |
| 农田生态系统 | 农地 | 5.46 | 4.07 |
| 其他 | | 0.75 | 0.56 |

**2. 九连山自然保护区生态系统服务价值评估指标**

根据《森林生态系统服务功能评估规范》的要求，并考虑到九连山保护区的实际情况，将从供给服务、调节服务、支持服务、文化服务四个角度来对九连山国家级自然保护区生态资产价值进行逐项评估，如表2-2所示。

表2-2　九连山国家级自然保护区生态系统服务价值评估指标

| 服务类型 | 指标类型 | 评估指标 |
| --- | --- | --- |
| 供给服务 | 提供产品 | 食物生产 |
| | | 原料生产 |
| | 林木资源 | 林木产量 |
| | 有机质生产 | 净第一性生产力 |
| 调节服务 | 气候调节 | 固定$CO_2$量 |
| | | 释放$O_2$量 |

(续表)

| 服务类型 | 指标类型 | 评估指标 |
|---|---|---|
| 调节服务 | 涵养水源 | 调节水量 |
| | | 净化水质 |
| | 净化环境 | 吸收 $SO_2$ 量 |
| | | 吸烟滞尘量 |
| 支持服务 | 土壤保持 | 减少土地损失值 |
| | | 保持土壤肥力价值 |
| | | 减轻泥沙淤积价值 |
| | 生物多样性 | Shannon-Wiener 多样性指数 |
| 文化服务 | 休闲游憩 | 休闲游憩价值 |
| | 科学研究 | 科学研究价值 |

3. 研究方法

将九连山国家级自然保护区的生态系统服务功能分为 4 大类 10 小类，以此构建指标体系来对其生态系统服务价值进行评估，采用的方法有当量因子法、市场价值法、影子工程法等，具体方法如表 2-3 所示。

表 2-3 九连山国家级自然保护区生态系统服务价值评估方法

| 服务类型 | 指标类型 | 评估指标 | 评估方法 |
|---|---|---|---|
| 供给服务 | 提供产品 | 食物生产 | 当量因子法 |
| | | 原料生产 | 当量因子法 |
| | 林木资源 | 林木产量 | 市场价值法 |
| | 有机质生产 | 净第一性生产力 | 能量固定替代法 |
| 调节服务 | 气候调节 | 固定 $CO_2$ 量 | 碳税法 |
| | | 释放 $O_2$ 量 | 工业制氧法 |
| | 涵养水源 | 调节水量 | 影子工程法 |
| | | 净化水质 | 影子工程法 |
| | 净化环境 | 吸收 $SO_2$ 量 | 影子工程法 |
| | | 吸烟滞尘量 | 影子工程法 |
| 支持服务 | 土壤保持 | 减少土地损失值 | 机会成本法 |
| | | 保持土壤肥力价值 | 市场价值法 |
| | | 减轻泥沙淤积价值 | 影子工程法 |
| | 生物多样性 | Shannon-Wiener 多样性指数 | Shannon-Wiener 指数评估法 |

(续表)

| 服务类型 | 指标类型 | 评估指标 | 评估方法 |
|---|---|---|---|
| 文化服务 | 休闲游憩 | 休闲游憩价值 | 成果参照法 |
| | 科学研究 | 科学研究价值 | 科研投入法 |

4. 生态服务价值结果计算

根据九连山保护区的植被覆盖情况,将该保护区的生态系统分为4大类7个生态系统类型,采用市场价值法、影子工程法、当量因子法等方法,从供给服务、调节服务、支持服务、文化服务四个角度来评估其生态系统服务价值,价值汇总表如表2-4所示。

表2-4 九连山国家级自然保护区生态系统服务价值评估汇总表(单位:万元/年)

| 服务类型 | | 生态系统类型 | | | | | | | 合计 |
|---|---|---|---|---|---|---|---|---|---|
| | | 森林生态系统 | | | | 灌木生态系统 | 湿地生态系统 | 农田生态系统 | |
| | | 针叶林 | 阔叶林 | 混交林 | 竹林 | 灌木林 | 水域 | 农地 | |
| | 面积(km²) | 31.13 | 74.26 | 7.74 | 5.38 | 8.80 | 0.60 | 5.46 | 133.37 |
| 供给服务 | 提供产品价值 | 784.73 | 2 403.18 | 268.94 | 186.94 | 185.86 | 21.05 | 263.90 | 4 114.60 |
| | 林木资源价值 | — | | | | | | | 8 293.63 |
| | 有机质生产价值 | 1 418.62 | 3 384.08 | 352.72 | 245.17 | 401.02 | 27.34 | 248.82 | 6 111.76 |
| 调节服务 | 气候调节价值 | 10 214.47 | 24 366.42 | 2 539.67 | 1 765.30 | 2 887.48 | 196.87 | 1 791.55 | 44 007.00 |
| | 涵养水源价值 | 2 088.64 | 4 982.41 | 519.31 | 360.97 | 590.43 | 40.26 | 366.33 | 8 998.40 |
| | 净化环境价值 | 2 794.72 | 2 030.80 | 445.73 | 309.82 | 159.81 | 22.86 | 95.28 | 5 859.01 |
| 支持服务 | 土壤保持价值 | 5 108.33 | 21 155.13 | 3 138.05 | 2 170.11 | 1 457.11 | 1 782.81 | — | 34 811.55 |
| | 生物多样性价值 | 3 113 | 22 278 | 774 | 538 | 264 | | | 26 967.00 |
| 文化服务 | 休闲游憩价值 | 42.94 | 102.43 | 10.68 | 7.42 | | | | 163.46 |
| | 科学研究价值 | — | | | | | | | 95.36 |

结果显示,九连山保护区生态系统服务总价值为13.94亿元/年。

资料来源:霍雅洁,《基于生态系统服务的自然保护区生态资产价值评估》,硕士学位论文,江西财经大学,2020。

## 第四节 水资源与可持续发展

从地球上生命的起源到人类社会的形成,从生产力低下的原始社会到科学技术发达的今天,人与水结下了不解之缘。水是生命之源,水既是人类生存的基本条件,又是社会生产必不可少的物质资源。

## 一、水资源的概念

水是自然地理环境的重要组成成分,是自然界中最活跃的因素之一,好比自然地理综合体的血液。西方国家较早使用了水资源的概念,但当时水资源的概念具有浓厚的行业内涵。例如,1894年,美国地质调查局设立了"水资源处",其主要业务范围是对地表河川径流和地下水的观测。在《英国大百科全书》中,水资源被定义为:"全部自然界任何形态的水,包括气态水、液态水和固态水。"在《中国大百科全书》中,水资源的定义是:"地球表层可供人类利用的水,包括水量、水质、水域和水能资源,一般指每年可更新的水资源量";"自然界各种形态(气态、固态或液态)的天然水"。

从自然资源概念出发,广义水资源指世界上一切水体,包括海洋、河流、湖泊、沼泽、冰川、土壤水、地下水及大气中的水分,都是人类宝贵的财富,即水资源。按此理解,自然界的水体既是地理环境要素,又是水资源。但是限于当前的经济技术条件,对含盐量较高的海水和分布在南北两极的冰川,目前大规模开发利用还有许多困难。

狭义水资源不同于自然界的水体,它仅仅指在一定时期内,能被人类直接或间接开发利用的那部分动态水体。这种开发利用,不仅目前在技术上可能,而且在经济上合理,且对生态环境可能造成的影响也是可接受的。狭义水资源主要指河流、湖泊、地下水和土壤水等淡水,个别地方还包括微咸水。这几种淡水资源合起来只占全球总水量的0.32%左右,约为 $1.07\times10^{10}$ m³。淡水资源与海水相比,所占比例很小,却是人类目前水资源的主体。

综上所述,可以从人类利用角度给自然界的水赋予新含义。水资源具有自然和社会双重性质。就自然属性而言,水是自然界的重要组成部分,是人类生存和发展的最基本的环境因素之一;就社会属性而言,水资源能够以某种形式为人类利用,并直接或间接地为人类创造物质财富,而财富价值的大小又取决于科学技术水平,即人类认识利用水资源的能力,因此,水资源又是一个历史范畴。在不同的历史时期,水资源的内涵也不尽相同。许多在过去有害的水流,经过改造整治以后变成有益的资源。现代人们所利用的水资源,是自然因素和人文因素的总和。随着社会的进步和人类科学技术水平的发展,水资源的内涵也越来越丰富。但是,水资源并不等于水源。水源是比水资源更为广泛的概念。从目前来看,人们尚无法使全部的水源变为水资源。

$$水资源=部分水源+技术 \tag{2-1}$$

### 小 资 料

**近年中国水污染事件**

1. 2012年山西苯胺泄漏事故

2012年12月31日,山西省长治市一化工集团公司发生一起苯胺泄漏事故,共有8.7 t苯胺流入浊漳河。此次事故造成河流下游邯郸市区发生大面积停水,市民一度出现抢水储水风潮,给社会造成了用水恐慌。除了山西长治、河北邯郸,此次事故还对河南省安阳市的用水产生了一定影响。

2. 2013年贵阳多条河流污染严重事件

2013年4月,河流两岸沿线生活垃圾、工业污染遍地可见,贵阳境内多条河流污染严重,危及贵阳母亲河"南明河"水质。有村民反映,附近的玻璃厂、水泥厂经常把机油直接排进河里,河水受到严重污染,严重影响庄稼收成和村民饮水安全。有关人士指出:如果支流污染不整治,南明河依然是年年治理、年年污染。

3. 2013年上海黄浦江死猪事件

2013年3月,上海黄浦江现数千头死猪,调查显示死猪很可能来自上游浙江嘉兴,此次事件引起广泛关注。后来媒体又爆出嘉兴大规模死猪现象,一个月死一万头,当地村民表示死猪曾有人收购,但因当地散户太多,政府无法统一管理,导致有些村民直接把死猪扔向河里。此次事件也对上海水质产生了严重威胁。

4. 2014年甘肃兰州自来水苯超标

2014年4月10日,兰州发生严重的自来水苯含量超标事件。4月10日苯含量为170 μg/L,4月11日检测值为200 μg/L,均远超出国家限值的10 μg/L。经查明,此次兰州自来水苯超标系兰州石化管道泄漏所致。

5. 2018年河南赵河水体污染事件

2018年7月27日,河南省南阳市跨镇平县、邓州市河流——赵河发生水体污染事件,经过调查发现是由于一污水处理厂在未经审批的情况下,私自排放3.9万t未经处理的污水。此次事件对当地的水质产生了严重的影响。

资料来源:① 环球网:https://china.huanqiu.com/article/9CaKrnJAi5V,2013-4-27。

② 个人图书馆,http://www.360doc.com/content/13/0718/20/13109831_300907696.shtml,2013-7-18。

③ 百度百科,"山西长治苯胺泄漏事故"词条,https://baike.baidu.com/item/12·31山西长治苯胺泄漏事故/2961409?fr=aladdin。

④ 百度百科,"兰州自来水苯超标事件"词条 https://baike.baidu.com/item/4·10兰州自来水苯超标事件/13676838?fr=aladdin。

⑤ 百度百科,"7·27河南赵河水体污染事件"词条,https://baike.baidu.com/item/7·27河南赵河水体污染事件/22791075?fr=aladdin。

## 二、水资源的特性

水资源属于可再生的自然资源,它除了具有一切可再生的自然资源所共有的特性外,还有一些特有的属性。

### (一) 循环性

水循环是自然界中最基本的物质循环之一,而且也是最重要的循环形式。作为水源的一部分,水资源也具有循环性。在太阳辐射的作用下,自然界的水通过蒸发、降水、渗透、径流等环节形成完整的水循环过程,各种水体之间有部分水量处于不断运动的过程中。例如,海水的蒸发是大气降水的来源。河川径流具有很大的流动性,在水循环过程中能够很快地得到大气降水的补给。

### (二) 多变性

无论是从时间的延续或是从空间的分布,还是从水资源数量或是质量上来看,水资源都是多变的。这是由水的物理化学性质、自然环境的复杂性和生产力的发展水平不同而决定的。水资源的这种多变性还具有传递性的特点。

### (三) 数量有限性

长期以来,人们认为水是天赐自然之物,"取之不尽,用之不竭"。如果从全球总水量及水资源具有循环和可更新属性来看,这种观点不无道理。地球上总水量为 $1.386\times10^{18}$ $m^3$,但其中海洋水就有 $1.338\times10^{18}$ $m^3$,占总水量的 96.5%。包括冰川水和深层地下水在内的全部淡水仅为 $3.503\times10^{16}$ $m^3$,仅占全球总水量的 2.5%。这部分淡水绝大部分分布在南极洲,而且能比较容易为人类利用的河流、湖泊和一部分地下水仅占淡水总量的 0.32%。因此,能够被人们利用的淡水资源数量是有限的。同时,人口激增和经济发展使需水量剧增。19 世纪末全世界总用水量仅为 $4.0\times10^{11}$ $m^3$,而 20 世纪 80 年代中期已达 $4.0\times10^{12}$ $m^3$,大约增加了 10 倍,2000 年则达到了 $6.0\times10^{12}$ $m^3$。这使得人们对水资源的有限性有了更加清楚的认识,增强了节约用水和充分合理用水的意识。

### (四) 不均匀性

水资源不等于水源,但水资源的数量主要取决于水源的多寡。由于降水地区分布的不均匀性,积极参加水循环过程的部分有限的动储量主要靠大气降水来补给,直接受气候条件影响,因而在地区和时间上的分布都有很大的不均匀性。当然,水源的分布并不能完全说明水资源的分布情况。但是积极参加水循环过程的这部分有限的动储量主要靠大气降水来补给,直接受气候条件影响,因而在地区和时间上的分布都有很大的不均匀性。

### (五) 两重性

水是客观存在的客体,由于受环境条件和科学技术水平的限制,人们目前还不能完全支配水资源。水对人类的作用与人们利用水的能力和程度有关,能够支配利用的水源就变成水利,超过人类利用和控制能力的水往往成为水灾。因此,水资源具有利弊两重性。

### (六) 多样性

水资源利用内容和形式是多种多样的,常见的水资源利用方式有灌溉、航运、发电、养殖等。水资源在不同形式的利用下,可以彼此相互促进、转化,从而达到综合利用的目的。

## 三、水资源的类型

水资源的分类目前没有统一的系统,按照不同的分类依据,必然就得出不同的分类结果。

按水的物理化学性质,可分为淡水资源、咸水资源、热水资源(温泉、地下热水)、固态水资源(冰川、积雪)。

按国民经济用水的要求,可分为耗用水资源和借用水资源。前者主要指工业耗用水、农业灌溉用水和居民生活用水;后者主要指凭借水力做功的水资源,如用于航运、漂木、发电等的水。

按照水的储存方式和分布,水资源可分为地表水资源(包括河湖水资源、冰川积雪阴态水资源)、地下水资源(包括以各种形式贮存在地表以下的水资源)、海洋水资源和大气水,其中河湖水资源是最重要的。

从以上关于水资源的分类系统,可以看出,由于采取的依据各异,分类的结果既是相互交错,又是各自独立。但是,人们在水资源的实际利用过程中,比较习惯于淡水资源、水能(或水力)资源、地下水资源、海洋水资源、热水资源(温泉)、冰雪水资源等名称。这些不同的水资源名称反映出人们对水资源利用时要求的差异。尽管如此,这些名称之间仍存在着相互包容、相互重叠的关系,并不是完全独立的。这样分类虽然在理论上还缺乏系统性,但具有实践意义,而且也为人们所熟悉。

## 四、我国水资源现状

我国地域辽阔,拥有众多江河湖泊。据第一次全国水利普查统计,我国流域面积在 10 000 km² 以上的河流有 238 条;面积在 1 km² 以上的湖泊约有 2 865 个,总面积约为 7.8万 km²,约占全国总面积的 0.8%。

受热带、太平洋低纬度温暖而潮湿的气团影响以及西南印度洋和东北鄂霍茨克海水蒸气影响,我国东南地区、西南地区以及东北地区有充足的水汽补充,降水量丰沛,成为世界上水资源相对比较丰富的地区之一。

我国年平均河川径流量为 $2.72 \times 10^{12}$ m³,折合年径流深为 282 mm。在地表水资源总量上仅次于巴西、俄罗斯、加拿大、美国、印度尼西亚。我国地下水资源总量年平均为 $7.28 \times 10^{11}$ m³,由于地表水与地下水之间存在相互转化,扣除其中重复计算部分,我国水资源总量大约为 $2.81 \times 10^{12}$ m³。

我国多年平均降水量约为 $6.19 \times 10^{12}$ m³,折合降水深度为 648 mm,与全球陆地平均降水深 800 mm 相比约低 20%。我国人均占有河川径流量约为 2 086 m³,仅相当于世界人均占有量的 1/4,美国人均占有量的 1/6,亩均水量约为世界亩均水量的 2/3。

我国广阔的地域和特殊的地形、地貌、气候条件,决定了它的水资源特点,主要表现为以下 3 点:

① 水资源总量丰富,但人均水资源占有量少。我国水资源总量较大,居世界第 6 位,但我国面积辽阔,需要养育的人口众多,这就导致了亩均水量和人均水资源量均较小。我国人均水资源量居世界倒数第 13 位,属于贫水国。这是我国水资源的基本国情。

② 水资源空间分布不均匀。由于我国所处的地理位置和特殊的地形、地貌、气候条件,水资源丰枯地区之间差异比较大,总体状况是南多北少,水量与人口和耕地分布不相适应。长江及其以南的珠江、东南诸河、西南诸河四个流域片,面积占全国的

36.5%,耕地占全国的 36%,水资源量却占全国总量的 81%;人均占有水资源量为 4 180 m³,约为全国平均值的 1.6 倍;亩均占有水资源量为 4 130 m³,为全国平均值的 2.3 倍。辽河、海滦河、黄河、淮河四个流域片,总面积占全国的 18.7%,接近南方四片的一半,耕地占全国的 45.2%,人口占全国的 38.4%,但水资源总量仅相当于南方四片水资源总量的 10%(本段以上数据均为估计)。不相匹配的水土资源组合必然会影响国民经济发展和水土资源的合理利用。

③ 水资源时间分布不均匀。我国水资源分布不均,不仅表现在地域分布上,还表现在时间分配上。无论是年内还是年际,我国降水量和径流量的变化幅度都很大,这主要是受我国所处的区域气候影响。我国大部分地区受季风影响明显,降水量年内分配不均匀,年际变化较大,并有枯水年和丰水年连续出现的特点。这种变化一般是北方大于南方。从全国来看,我国大部分地区冬春少雨,夏秋多雨。南方各省汛期一般为 5—8 月,降水量占全年的 60%~70%,2/3 的水量以洪水和涝水形式排入海洋;而华北、西北和东北地区,年降水量集中在 6—9 月,占全年降水的 70%~80%。这种集中降水又往往集中在几次比较大的暴雨中,极易造成洪涝灾害。水资源在时间上的分布不均,一方面给正常用水带来困难,比如正是用水的春季反而少雨,而在用水量相对少的季节有时又大量降水,导致降水与用水时间不协调,不便于充分利用水资源;另一方面由于过分的集中降水或干旱,易形成洪涝灾害和干旱灾害,对人民生产、生活带来负面影响。

## 五、水资源与可持续发展

### (一) 水资源可持续利用的原则和特点

水资源可持续利用是为保证人类社会、经济和生存环境的可持续发展和对水资源实行永续利用。可持续发展的观点是 20 世纪 80 年代在寻求解决环境与发展矛盾的出路中提出的,并在可再生的自然资源领域相应提出可持续利用问题。其基本思路是在水资源的开发中,注意不利于环境的副作用和预期取得的社会效益相平衡。

在水资源的开发与利用中,为保持这种平衡,就应遵守保护饮用水源和土地生产力的原则,保护生物多样性不受干扰或生态系统平衡发展的原则,对可更新的淡水资源不可过量开发使用和污染的原则。因此,绝对不能损害地球上的生命支持系统和生态系统,必须保证为社会和经济可持续发展合理供应所需的水资源,满足各行各业用水要求并持续供水。

为适应水资源可持续利用的原则,在进行水资源规划和水工程设计时应使建立的工程系统体现如下特点:① 天然水源不因其被开发利用而造成水源逐渐衰竭;② 水工程系统能较持久地保持其设计功能,因自然老化导致的功能减退能有后续的补救措施;③ 对某范围内水供需问题能随工程供水能力的增加及合理用水、需水管理、节水措施的配合,使其能较长期保持相互协调的状态;④ 因供水及相应水量的增加而致废污水排放量增加时,需相应增加处理废污水能力的工程措施,以维持水源的可持续利用效能。

（二）水资源可持续利用的途径

1. 实施气候工程

对水资源的开发利用，要拓展思路，广泛开发水源挖掘潜力。过去只强调对地表水和地下水的开发利用，很少注意向天要水，大气水是众水之源，是地表水和地下水的主要来源，要解决水资源短缺问题，除了要合理开发利用好地表水和地下水外，还要充分考虑向天上借水，实施气候工程，根据气候变化特点，不失时机地进行人工降雨。在雨季，实行"蓄、疏、导、调"措施，建设小型水库、水坎、水窖，把雨水拦截在当地，化水灾为水利，把雨水转换成可有效利用的水资源。

2. 节约用水

在积极开发利用水资源的同时，应高度重视水资源的节约与保护，开源、节流并重。具体方法是：① 因地制宜，以水定地，合理布局工农业生产，达到水资源的合理配置，综合开发；② 采用先进技术，实行科学用水，计划用水，不但要科学利用地表水，合理开发地下水，还要有效使用天上水，提高水的综合利用率；③ 划定和保护饮用水源区，尤其是重点城市水源区和农村水源保护地；④ 大力宣传节约用水，提高全民节水意识，建立节水农业、节水企业、节水型社会生产体系，并制定相关的政策、措施和可持续利用的指标体系，确保节约用水、合理用水。

3. 积极进行水污染防治

对已经污染的水域要积极治理，多种措施并行，这是治标；积极保护尚未曾被污染的水域，避免重蹈覆辙，从根上保护水体，这是治本。

4. 大力开展生态水资源建设

植树种草，绿化荒山荒坡，大力营造农田防护林带，建设城镇生态风景林带和河渠、道路、村镇四旁绿化林带等，做到治水与治山相结合，生物措施与工程措施相结合，充分发挥森林植被的涵养水源蓄水保墒、防风固沙、减少入河泥沙、调节气候等生态作用，保护水资源，合理开发利用水资源。

# 本 章 小 结

本章先介绍了自然资源的基本概念。自然资源是能够为人类所开发利用，满足其当前或未来需要的自然界中的空间、空间内天然存在的各种物质、物质存在形式及运动形式所含的能量、物质运动变化所提供的各种服务功能。自然资源具有生产性、区域性、动态性等6种特性。在分析自然资源对人类生存和社会经济发展产生的影响以及未来趋势上，主要从土地资源与粮食安全、森林资源与生态安全、水资源与可持续发展三方面进行说明解释。在土地资源与粮食安全方面，不能依靠粮食进口来解决中国人的吃饭问题，要实现我国的粮食安全，只有走稳定耕地面积、不断提高耕地生产水平的道路。在森林资源与生态安全方面，森林在维持生物多样性方面具有非常重要的作用，不仅能为人类提供木材和其他林业产品，具有一定的经济效益，更重要的是具有巨大的生态效益。以科学的发展观去经营森林资源，增加森林资源，以减少生态灾难的发生。在水资源与可持续发展方面，水资源可持续利用是为了保证人类社会、经济和生存环境可持续发展，基本思路是在水资源的开发中，注意不利于环境的副作用和预期取得的社会效益相平衡。

## 推荐阅读文献

汪安佑、雷涯邻、沙景华：《资源环境经济学》，地质出版社，2005。

吴波：《地球上的水资源》，北方妇女儿童出版社，2015。

王迎：《我国重点国有林区森林经营与森林资源管理体制改革研究》，博士学位论文，北京林业大学，2013。

付恭华：《中国粮食生产的多维成本研究》，博士学位论文，中国农业大学，2014。

闫飞：《森林资源调查技术与方法研究》，博士学位论文，北京林业大学，2014。

王壬，陈莹，陈兴伟：《区域水资源可持续利用评价指标体系构建》，《自然资源学报》2014年第8期。

## 复 习 题

一、名词解释

1. 自然资源
2. 可更新资源
3. 不可更新资源
4. 土地与土地资源
5. 水资源
6. 森林资源

二、简答题

1. 简述自然资源的基本属性。
2. 阐述土地、土地资源概念以及土地资源的基本特征。
3. 森林资源在生态安全中的作用有哪些？

三、论述题

请论述如何评价森林资源的价值。

# 第三章 环境科学基础知识

## 【学习要点】

本章主要从环境科学的角度分析环境的内涵、特点以及我们面临的环境问题;通过了解大气、水、土壤的结构、组成,探究其污染物与污染源的产生,引导学生更深层次地思考我们所面临的大气污染、水污染、土壤污染等问题,了解环境科学基础的相关背景知识以及研究内容,并积极思考应对污染的有效防范措施。

## 第一节 环境科学与环境问题

### 一、环境

环境泛指某项主体周围的空间及空间中的介质。从哲学上来讲,环境是一个相对于主体而言的客体,它与其主体相互依存,它的内容随着主体的不同而不同。从环境科学的角度来说,环境的含义是"以人类社会为主体的外部世界的总体",既包括了以大气、水、海洋、土地、矿藏、森林、草原和野生生物等为内容的自然因素,又包含了以城市、乡村、公路、铁路、园林、风景名胜区、自然遗迹、人文遗迹等为内容的、经过人类加工改造过的社会因素。

(一) 环境的内涵

1. 环境是一个相对概念

就生物科学而言,环境是指以生物为主体的环境,即生物环境。就环境科学而言,环境是指以人为主体的环境,即人类环境。人是环境的主体,离开了人类主体来谈人类环境是毫无意义的。

2. 环境是一个不断变化和发展的概念

环境是一个不断变化的概念。环境随着主体的变化而变化,环境的内容和形式是不一样的。

环境是一个不断发展的概念。人类环境不是从来就有的,它的形成经历了与人类社会同样漫长的发展过程。在时间上,环境随着人类社会的发展而发展;在空间上,环境随着人类活动领域的扩张而扩张。

在地球的原始地理环境刚刚形成的时候,地球上没有生物,只有原子、分子的化学及物理运动。距今 200 万～300 万年前出现了古人类,人类的产生使地表环境的发展进入了一个高级的、在人类参与和干扰下发展的新阶段。人类用自己的劳动来利用和改造环境,把自然环境转变为新的生存环境,而新的生存环境又反作用于人类。在这一反复曲折的过程中,人类在改造外部世界的同时,也改造了人类自己。人类在创造社会财富的同时,也创造了自身的生存环境。

3. 环境本身是一个系统

环境概念是抽象的,但环境的形态和内容又是具体的。任何一个具体的环境不仅仅是简单要素的综合,而是一个复杂的系统。因此,任何环境都具有一定的结构并表现出一定的功能,因而具有一定的自身运动发展规律,其演进和运动都遵循一定的规律并表现出系统所具有的一切特征。作为环境主体的人类,在环境系统的演进过程中一方面具有能动作用,同时又受到该系统中其他环境要素的制约和影响。

4. 环境与人类的关系是对立统一的

环境造就了人类,人类改造了环境,人类与其生存环境构成了"人类-环境"系统。在这个系统内人类与环境之间相互联系、相互影响、相互依赖、相互制约。人类在这个系统中处于较高的层次和主动的地位,对环境所施加的影响是"主动"和"居高临下"的。环境对人类的影响往往是"被动和滞后的"。这种"被动和滞后"的影响又是持续的、不可抗拒的,对人类-环境系统的再输入又产生"主动"和"居高临下"的影响。

环境是人类赖以生存的基础。人类不是消极地依赖于环境,而是积极地利用并改造环境,但是随着人类社会的发展,其利用和改造的程度和范围在不断扩大。但由于缺乏对人类-环境系统发展规律的深刻认识,人类在利用和改造环境的同时也使环境遭到了破坏,有时甚至是毁灭性的结构破坏。环境的破坏反过来又制约着人类的生存和发展。

恩格斯在《自然辩证法》中指出:"我们不要过分陶醉于我们对自然界的胜利。对于每一次这样的胜利,自然界都报复了我们。"所以,环境与人类的关系是一种对立统一的关系。这表现在整个"人类-环境系统"的发展过程中。如何变对立为统一,是人类与环境关系的一个永恒主题,是环境科学所要面对和解决的问题,也是环境保护的目的所在。

(二) 环境的要素

环境要素又称环境因素,是指构成人类环境整体的各个独立、性质不同并且与环境整体发生相互作用的基本成分,包括自然环境要素和社会环境要素两大类。自然环境要素通常指水、大气、生物、土壤、动物、植物等。社会环境要素通常指综合生产力、科学技术、社会制度、宗教信仰、观念等。

环境要素组成环境结构单元,环境结构单元又组成环境整体或环境系统。例如,水组成水体,全部水体总称为水圈;大气组成大气层,整个大气层总称为大气圈;生物体组成生物群落,全部生物群落构成生物圈。

(三) 环境的特点

1. 集合性

环境是由两个以上能相互区别的要素组成的具有特定功能的集合。

2. 相关性

环境不是其构成要素的简单堆积和混合,而是由这些相互关联、相互作用的要素组成的有机整体。这些要素不仅在系统内部相互依赖、相互制约和相互联系,而且同外部环境之间也有一定的联系和制约。环境内要素之间、要素与整体之间的相互联系和相互制约,是形成环境结构并决定系统功能的基本力量,是使得环境的各要素成为有机整体必不可少的组分,使环境整体性得以实现和维持的条件。

3. 目的性

任何人工环境都是以完成某种功能为目的而存在。

4. 自适应性

环境可以根据外部条件的变化主动地改变自身内部结构以适应外界环境的变化。

5. 结构性

任何环境都具有一定的结构,这是环境与集合的本质区别。

6. 层次性

任何环境都具有鲜明的层次性或有序性,这种层次性表现为环境要素联系的层次性和环境结构的层次性。联系的层次性是指环境中所有的联系是按一定的规则和顺序进行的。结构的层次性是指环境中的一种包含和隶属关系,每一个环境相对于更高一级的环境来说,只是一个组成要素;而每一个要素相对于较低级的要素来看,又可以是一个环境。

7. 变异性和稳定性

环境的变异性是指环境内部要素间的联系处于不断的变化之中。环境的稳定性是指环境内部要素间的联系具有一定的规律性和有序性,这种规律性和有序性决定了环境的变化与演进具有时间与过程的相对稳定性。稳定性往往表现为动态的稳定。

8. 整体性

任何环境都具有整体性特征。整体性意味着既不能把环境的属性归结为构成它的各要素的属性之和,也不能从各要素的属性中引申出整体的属性。环境内各要素之间、要素与整体之间的相互联系是以服从整体要求为前提的。

---

**小 资 料**

## 与环境相关的小知识点

1. 世界上铅污染最严重的城市

德国西部的施托尔贝格,是世界上遭受铅污染最严重的城市。施托尔贝格本来是一座风景优美的城市,近年来逐渐发展成为欧洲重要的有色金属冶炼基地。该市年产 80 000 t 铅,由于公害防治设施不足,每年有 18 t 铅和 400 kg 镉的粉尘落在人、畜身上和各种农作物上,从而使整座城市受到严重的铅污染。据测定,假若居住在这座城市的人一顿饭吃下本地产的土豆和蔬菜各 200 g,就等于同时吞下约 100 μg 的铅,其剂量大大超过了世界卫生组织规定的 70 μg 的最大限度。

2. 世界上毒性最大的地方

美国约翰斯岛位于夏威夷西南约 700 英里,这里将成为世界上毒性最大的地方。该岛长仅 2 英里,宽 1.5 英里,是一座珊瑚岛。岛上有一个历史"悠久"的核武器试验场,2.5 万桶化学脱叶剂和几千枚神经毒气弹、芥子气弹被埋在岛上那些混凝土"圆顶建筑"内,美国储存在该岛的 1.2 万 t 化学毒剂将在这里销毁,这个数字超过美国化学武器总量的 1/3。

3. 世界上最脏的城市之一

由于人口增长率特别高,工业迅速发展,开罗这个拥有 1 500 万人口的城市已成为世界上最脏的城市之一。该城市 $CO_2$、$N_2O$ 和 CO 的含量达到惊人的程度。与此同时,该城闹市区交通警察血液中铅的含量也是世界上最高的。有学者对燃烧造成的空气污染给开罗市中心的工人和居民带来的影响进行了研究。据估计,开罗市至少有 15%~20% 的人患有严重的呼吸系统疾病。开罗空气污染的程度甚至比墨西哥和洛杉矶还严重。据埃及卫生部官员说,大部分灰尘不是来自沙漠,就是来自开罗以南的几家水泥厂的有害的硅酸盐。

4. 最早命名酸雨的人

酸雨一般是指降水的 pH 值低于 5.6 的酸性沉降物。酸雨成分比较复杂,它会使土壤酸化,养分淋溶,肥力降低,植被破坏,造成地面水、地下水酸化,对人体产生危害,腐蚀建筑物、金属、橡胶等。因此,国内外把酸雨称为"现代空中死神",成为世界各国最关心的环境问题。

5. 历史上最严重的一次大气污染

海湾战争曾造成科威特 200 口油井起火,燃起的黑烟遮天蔽日,燃烧的大火持续时间之长世人罕见,导致海湾及其周边地区环境污染十分严重。据报道,当时科威特下午两点上街开车要打亮前灯,居民出门得靠手电寻路,人们饱受 $SO_2$ 及碳氢化合物的污染之苦。

有关人士说,科威特油井燃烧 3 个月到半年就能产生 150 万 t 烟尘,形成半个美国那么大的烟云,使阿富汗、印度等国深受其害。大量烟尘会使印度次大陆在雨季到来之时不再下雨,从而对该地区几个国家已经十分紧张的粮食供应造成直接威胁;并使到达地面的太阳能减少 20%,从而使该地区的气温下降 4℃。还有学者称,浓重的烟云可能使海湾地区的白昼气温下降 20℃ 之多。

6. 世界上最严重的一起放射性污染事件

1984 年 1 月,美国一座治疗癌症的医院中存放 60 钴(一种放射性物质)的金属桶被人弄碎,6 000 多颗发亮的小圆粒——具有强放射性的 60 钴小丸滚了出来,散落在附近场地上。这些 60 钴小丸与附近的金属件混合在一起,还有许多小丸掉到人们的鞋子里而被带到附近的大街和公路上,通过人们的各种活动造成大面积的污染。

许多接触 60 钴小丸的人在一个月后出现了严重的受害症状,如牙龈和鼻子出血、指甲发黑等。有的人虽然表面上没有什么症状,但经化验发现白细胞数、精子数等大大减少。此污染事件当时没有致人死亡,但据专家们说,接触60钴放射性污染的人患癌症可能性要大得多。

7. 世界上最严重的一次核污染事件

1986年4月26日,苏联切尔诺贝利核电站第四号反应堆发生爆炸,大量放射性物质外泄,成为有史以来最严重的一次核污染。事故造成31人死亡,233人受到严重的放射性损伤,附近13万居民紧急疏散,损失惨重。据苏联官方公布的数字,损失达35亿美元,事故造成的潜在损失和间接损失还难以计算,估计有数千人受辐射致癌,事故产生的放射性尘埃随风飘散,使欧洲许多国家受到不同程度的污染。这一重大事故不仅在欧洲,而且在整个世界引起强烈震动。至今其后遗症仍没有消除。

8. 核能是最少造成环境污染的能源

核能是一种清洁能源,对环境造成的污染最少,因而受到世界各国的重视。现在世界上已有26个国家建有核电站,在运行的核反应堆有429座,总发电能力为3 266 111 MW。核电站发电量已占世界总发电量的16%,少数国家核电站发电量已占本国总发电量的50%～60%。还有不少国家正在投建核电站。

资料来源:百度文库,《世界上发生过那些严重的环境污染事件》,https://wenku.baidu.com/view/735d8a34ee06eff9aef8079b.html,2011-10-23。

## 二、环境科学

### (一) 环境科学的概念

环境科学是在人类与环境污染斗争中产生并迅速发展起来的一门综合性学科体系,其涉及的学科十分广泛,是哲学、数学科学、自然科学、社会科学和技术科学在环境领域的综合产物。

环境科学形成的历史虽然较短,但其理论研究和社会实践的发展却非常迅速,其概念和内涵也日益丰富和完善。总的来说,环境科学是以"人类-环境"系统为研究对象,以研究人类与环境系统的发生与发展、调节与控制、改造与利用等相互作用关系为研究内容,以寻求人类社会与环境的协同演化、持续发展途径和方法为目的的科学。具体而言,环境科学以人类生存环境为研究对象,探索环境的组成结构与变化规律,研究污染物在环境中的迁移转化、对生命影响的作用机理以及人类社会经济活动与环境的相互关系;致力于人类生产、生活与环境的合理调控和环境的保护与改善,旨在通过科学的手段和有效的措施,实现人类社会经济发展与环境保护的持续发展。

### (二) 环境科学的特点

1. 综合性

环境科学是20世纪60年代随着经济的快速增长、人口的骤然增加和环境问题的发展而形成的一门综合性很强的学科体系。它的分支学科几乎涉及现代科学的所有领域,它的研究范围也涉及人类经济活动和社会行为的各个方面,这决定了环境科学是一门综合性很强的新兴学科体系。

2. 人类所处地位的特殊性

在"人类-环境"系统中，作为主体的人与环境是对立统一的关系，这种对立统一关系具有共轭性并呈正相关。人类对环境的作用和环境的反馈作用相互依赖、互为因果，构成一个共轭体。人类对环境的作用越强烈，环境的反馈作用也越显著。人类作用呈正效应时，环境的反馈作用也呈正效应；人类作用呈负效应时，环境的反馈作用也呈负效应，人类将受到环境的报复。

3. 学科形成的独特性

环境科学的建立主要是以从旧有经典学科中分化、重组、综合与创新的方式进行的，它的学科体系形成不同于旧有的经典学科。在萌芽阶段，多种经典学科从本学科出发，运用本学科的理论和方法研究相应的环境问题，经分化、重组，形成了环境化学、环境物理、环境工程、环境生物、环境管理等交叉的分支学科，再综合而成由多个学科交叉组成的环境科学。

### （三）环境科学的形成与发展

迄今为止，环境科学的形成和发展大体上可以分为两个阶段。

1. 人类早期关于环境问题的研究

人类对环境问题的研究已有数千年历史。早在公元前 5000 年，中国人在烧制陶瓷的过程中，就掌握了用烟囱排烟的简单技术。在公元前 2000 年，人类学会了用陶土管修建地下排水道。古罗马大约在公元前 6 世纪也开始了修建地下排水管道。公元前 3 世纪，荀子在《王制》一文中阐述了保护自然生物的思想："草木荣华滋硕之时，则斧斤不入山林，不夭其生，不绝其长也。"《吕氏春秋》中说："竭泽而渔，岂不获得？而明年无鱼；焚薮而田，岂不获得？而明年无兽。"这些都说明了古代人类在生产中已逐渐积累了防治污染、保护自然的思想和技术知识。

19 世纪中叶以后，随着工业化程度的提高，环境问题已开始受到人类的高度重视，地学、生物学、物理学、医学和一些工程技术领域的学者分别从本学科角度开始对环境问题进行探索和研究。德国植物学家弗拉斯在 1847 年出版的《各个时代的气候和植物界》一书中，论述了人类活动影响到植物界和气候的变化。美国学者马什在 1864 年出版的《人和自然》一书中，从全球观点出发论述人类活动对地理环境的影响，特别是对森林、水、土壤和野生动植物的影响，并呼吁开展对它们的保护运动。英国生物学家达尔文在 1859 年出版的《物种起源》一书中，以确凿的材料论证了生物是进化而来的，生物进化同环境的变化有很大关系，生物只有适应环境才能生存，并提出了著名的"适者生存"理念。1869 年，德国生物学家海克尔提出了物种变异是适应和遗传两个因素相互作用的结果，创立了生态学的概念。

20 世纪 20 年代以来，公共卫生学逐渐从注意传染病的研究进而转向注意环境污染对人群健康的危害的研究。早在 1775 年，英国医生波特就发现了人接触煤烟与患阴囊癌的正相关关系。1915 年，日本学者极胜三郎通过试验证明了煤焦油可诱发皮肤癌的结论。从此，环境因素的致癌作用成为引人注目的研究课题。

总之，由于这些基础科学和应用技术的进展，为人类研究和解决环境问题提供了原理和方法，也为其他环境学科的产生与发展起到示范作用。

2. 环境科学的出现

环境科学产生于 20 世纪 60 年代。20 世纪中叶环境问题成为全球性重大问题后，有许多科学家，包括生物学家、化学家、地理学家、医学家、工程学家、物理学家和社会科学家等对环境问题共同进行调查和研究。他们在各个原有学科的基础上，运用原有学科的理论和方法研究环境问题，逐渐出现了一些新的分支学科和工作领域，如基础环境学、环境地学、环境医学、环境工程学、环境经济学等。环境科学正是在这些分支学科或工作领域的基础上孕育产生的。

最早提出"环境科学"一词的是美国人，当时主要为了研究宇宙飞船中的人工环境问题。1968 年，国际科学联合会理事会设立了环境问题科学委员会。20 世纪 70 年代，出现了以环境科学为书名的综合性专门著作。1972 年，联合国委托英国和美国学者共同完成的《只有一个地球》一书问世。该书从全球社会、经济和政治的角度探讨了环境问题，要求人类明智地管理地球，被认为是环境科学的一部绪论性质的著作。不过，这个时期有关环境问题的著作大多都是研究污染和公害问题。到了 70 年代下半期，人们才逐渐认识到环境问题还应包括自然破坏和生态失衡以及资源的减少问题。

可以认为，20 世纪 60 年代以来环境问题的全球化、自然科学的迅猛发展和许多有关环境学科的产生是环境科学出现的三大客观因素，也是人类向传统文明进行挑战的重要标志，在人类科学发展史上具有重要意义和作用。

### （四）环境科学的任务

根据环境问题的类型，环境科学的基本任务分为自然保护、污染预防和治理两大部分。

自然保护是指保护自然环境和合理利用自然资源，维护生态平衡，实现资源的持续利用和保护生物多样性，包括土地、森林、水资源、野生动植物、湿地、自然保护区、名胜古迹和风景旅游区的保护和建设。

污染预防和治理是指采取有效措施预防生产及资源开发过程中污染的产生和治理已经发生的污染问题，包括大气污染、水体污染、固体废物污染、噪声污染及其他污染的预防和治理。

## 三、环境问题

### （一）环境问题的概念

环境问题随着人类社会的演进而产生和发展，是人与环境对立统一关系的产物。在人类社会发展的不同时期，人与环境之间产生了不同的矛盾与冲突，这些矛盾与冲突反过来又制约了人类-环境系统的协调、有序发展，这就是环境问题。简单来说，环境问题一般指由于自然界或人类活动作用于人们周围的环境而引起的环境质量下降或生态失调，以及这种变化反过来对人类的生产和生活产生不利影响的现象。

### （二）环境问题的分类

环境问题有很多种类型和表现形式，也有许多分类方法，主要有以下两种。

1. 按照影响范围划分

按照影响范围划分,可分为全球性环境问题、区域性环境问题、局部性环境问题。其中,全球性环境问题具有综合性、广泛性、复杂性和跨国界的特点。区域性和局部性环境问题具有特殊性、具体性、即时性等特点。

2. 按照产生的原因划分

(1) 原生环境问题

由于自然因素引起的环境问题称为原生环境问题,也称为第一类环境问题,主要是指地震、海啸、火山活动、泥石流、台风、滑坡等自然灾害引起的环境污染和破坏问题。

(2) 次生环境问题

由于人类活动引起的环境问题称为次生环境问题,称为第二类环境问题或人为环境问题。这一类环境问题占总的环境问题的绝大多数。

次生环境问题又分为环境污染和生态破坏两大类。

环境污染是指由于人类在工农业生产和生活消费过程中向自然环境排放的、超过其消纳能力的有毒有害物质或能量(也称为污染因子),致使环境系统的结构与功能发生变化,进而影响人类及其他生物生存与发展的环境问题,如"三废污染"以及其他噪声、震动、热、光污染等。能引起环境污染的物质或能量简称为"污染物"或污染因子。

生态破坏是指由于人类不合理开发和利用自然资源而引起的生态环境质量恶化或自然资源枯竭的环境问题,如森林破坏、水土流失、盐渍化、草原退化和生物多样性减少等。生态破坏是一种结构性破坏,生态系统一旦结构遭到破坏,就失去了系统的稳定性和自律性,其功能是无法自行恢复的,需要在人类的调控下恢复,但这种恢复是一个漫长、痛苦的过程。例如,荒漠化的控制、森林资源的恢复、土地资源的恢复等均需要半个世纪以上或更长的时间。

因此,生态破坏比环境污染给人类造成的威胁更大、更持久、更深刻。

(三) 环境问题的由来与发展

从300多万年前人类诞生到18世纪工业革命之前的这段漫长时间里,全球人口还不足10亿,社会经济发展处在农业时期(主要解决食物问题)。此时,工业规模较小并处于手工业状态,人类对自然资源还没有大量地开发和利用。这段时期人与自然环境之间较为和谐,地球上大部分自然环境都还保持着良好生态。

工业革命后,蒸汽机、内燃机相继出现,大机器生产替代了手工业生产。各种机器的使用需要大量煤炭和石油作为燃料或原料,一些工业发达的城市和工矿企业排出大量的废气、废渣和废水,造成环境污染与生态破坏,形成了所谓的社会公害,使人类的生存和发展受到威胁。20世纪中叶发生在比利时、美国、英国和日本的"八大公害"事件(见表3-1)震惊了世界。"八大公害"都是由于环境遭受严重污染尤其是大气污染与水体污染后而形成的环境公害。

近几十年,全球经济迅速发展,工业不断集中和扩大,与之相联系的城市化进程加快,高消费生活方式相继出现,造成资源的大量消耗。除了煤烟石油污染之外,农药污染和放射性污染也相继出现。生产活动排放的污染物质成倍地增长,人工合成的难降解的化学物质层出不穷,严重的环境污染和生态破坏时有发生。例如,1984年12月13日,印度中

表 3-1 环境污染八大公害事件汇总表

| 事件 | 时间 | 地点 | 致害成因 | 主要污染物 | 污染伤害情况 |
|---|---|---|---|---|---|
| 马斯河谷烟雾事件 | 1930年12月 | 比利时马斯河谷工业区 | 炼焦厂、炼钢厂、硫酸厂和化肥厂等许多工厂排放出的有害气体，在逆温的条件下大量积累 | $SO_2$ | 60多人中毒死亡，几千人患呼吸道疾病，许多家禽死亡 |
| 多诺拉烟雾事件 | 1948年10月 | 美国多诺拉镇 | 该镇地处河谷且工厂众多，大气受反气旋和逆温的控制，持续有雾，大气污染物在近地层积累 | $SO_2$、烟尘 | 4天内约6 000人患病，17人死亡 |
| 洛杉矶光化学污染事件 | 1940—1960年5—10月 | 美国洛杉矶 | 该市三面环山，高速公路纵横交错，由于汽车漏油、汽油不完全燃烧和汽车排放尾气等原因，城市上空聚集近千吨的石油废气、氮氧化物和CO。这些物质在阳光的照射下形成淡蓝色的光化学烟雾 | 石油废气、氮氧化物、CO | 光化学烟雾刺激人的眼、鼻、喉，引起眼病、喉炎和头痛。在1952年12月的一次烟雾事件中，65岁以上的老人死亡400人 |
| 伦敦烟雾事件 | 1952年12月 | 英国伦敦 | 由于冬季燃煤引起的煤烟在遇逆温天形成烟雾 | $Fe_2O_3$、$SO_2$ | 5天内死亡4 000多人，历年共发生12起，死亡近万人 |
| 四日事件（哮喘病） | 1955—1972年 | 日本四日市（蔓延几十个城市） | 该市的石油冶炼和各种燃油产生的废气，使整个城市终日黄烟弥漫。全市工厂粉尘和二氧化硫的年排放量高达13万t。空气中的重金属微粒与二氧化硫形成硫酸烟雾 | 有毒重金属微粒、$SO_2$ | 患者500多人，有36人在哮喘折磨中死亡 |
| 水俣病事件 | 1953年 | 日本熊本县水俣镇 | 该市含汞的工业废水污染了水体，致使水俣湾的鱼中毒，人在食用中毒的鱼后也发病 | 甲基汞 | 水俣镇开始出现一些手脚麻木、听觉动失调，严重时呈疯癫状态的病人，死亡50多人 |
| 富山事件（骨痛病） | 1931—1972年3月 | 日本富山县神通川流域 | 冶炼厂排放的含镉废水污染了河水，两岸居民用河水灌溉稻农田，致使土壤含镉量增高。居民食用含镉量高的稻米和饮用河水而中毒，导致肾和胃受损 | 镉 | 患者超过280人，死亡34人 |
| 日本米糠油事件 | 1968年 | 日本九州爱知县等23个府县 | 爱知县一带在生产米糠油工艺中的热载体，使用多氯联苯作脱臭工艺。由于管理不善，多氯联苯混入米糠油中，随着这种有毒米糠油在各地销售，造成大批人中毒 | 多氯联苯 | 这种病来势凶猛，实际患者很快超过10 000人，16人死亡。用这种米糠油中的黑油喂养家禽，致使几十万只鸡死亡 |

央邦博帕尔一家农药厂的地下储料罐爆炸,泄漏出剧毒的甲基异氰酸酯,致使2万多人死亡,10多万人残疾,其中的5万人成为盲人。

改革开放以来,我国经济高速发展,但是自然资源的消耗量和污染物的排放量也大幅度上升,使我国的生态环境面临十分严峻的挑战,发生了不少严重的环境污染事件,尤其是水污染事件,引起国人的忧虑和不安。例如,1994年7月中旬,淮河下游发生了罕见的特大水污染事故。原因是河南、安徽两省淮河干支流上开闸泄污(上千个小造纸、小制革等企业排放的污水),结果造成淮河下游水体被严重污染,致使渔业受损(仅淮阴市洪泽湖地区死鱼、死蟹的直接经济损失超过亿元)、两岸城镇生活水源被断,严重影响了居民生活和工农业生产。

## 第二节 大气环境与大气污染

大气是环境的重要组成要素,也是地球上一切生命赖以生存的物质基础。近年来随着人口的急剧增多、工农业生产的不断发展,由人类活动所引起的大气环境问题也越来越严重,对人类和地球上其他生物的生存产生了极大的危害。全球合作保护大气环境,已成为世界各国政府和公众的共识。

### 一、大气环境

大气环境污染是在与大气环境自然状态的对比下显现的,因此我们首先要了解大气或大气环境的自然状态。地球大气已有几十亿年的历史,在长期演变过程中,大气的结构和组成都在变化。

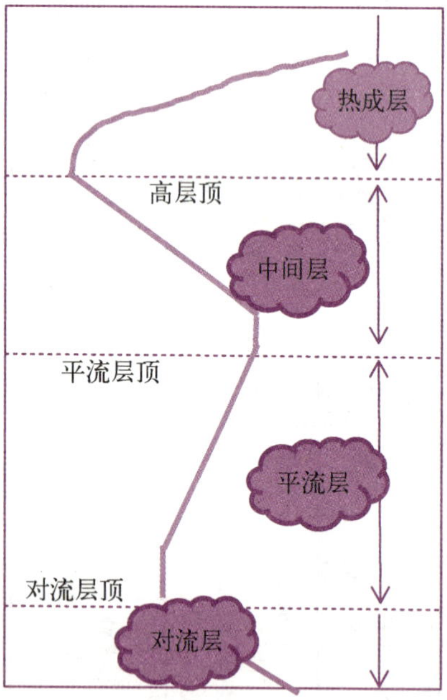

#### (一) 大气的结构

地球表面的大气层的厚度约100 km以上,一般划分为低层和高层,低层从地面到平流层顶,约50 km,属于气象学研究范围,高层从50 km以上,属于空间科学研究的范围。大气的气压和温度随高度变化。在不同高度上大气有不同的特性,一般按平均温度把大气细分为对流层、平流层、中间层、热成层和逸散层5层,具体分布如图3-1所示。

1. 对流层

对流层是大气圈中最靠近地面的一层。其厚度随地球纬度和季节而变化,在两极附近高纬度地区为8~9 km,在中纬度地区为10~12 km,在赤道低纬度地区为17~18 km;夏季较厚,冬季较薄。

图3-1 大气结构图

对流层集中了占大气总质量75%的空气和几乎全部的水蒸气量,是天气变化最复杂的层次。该层的特点如下:

① 大气密度大。对流层虽然相对于大气圈的总厚度来说很薄,但是它的总质量却占大气总质量的3/4以上。

② 气温随着高度的增加而降低。这是由于对流层的大气不能直接吸收太阳辐射的能量,但能吸收地面反射的能量。

③ 空气具有强烈的对流运动。近地表的空气接受地面的热辐射后温度升高,与高空的冷空气形成垂直对流。人类活动排入大气的污染物绝大多数在对流层聚集。

④ 温度和湿度的水平分布不均匀。在热带海洋上空,空气比较温暖潮湿,在高纬度内陆上空,空气比较寒冷干燥,因而在水平方向上也形成了大规模的运动。

因此,对流层的状况对人类生活的影响最大,与人类关系最密切。

2. 平流层

平流层位于对流层之上,距地面高度最高可达50~55 km。在平流层的下层,距地面35~40 km,温度随高度增加的变化不大,气温趋于稳定,故又称为同温层。在40 km以上,温度随高度的升高而升高,所以这一层又称为逆温层。平流层的特点是空气气流以水平运动为主。在高15~35 km处有厚约20 km的臭氧层。臭氧层能吸收太阳的短波紫外线和宇宙射线,使地球上的生物免受这些射线的危害,能够生存繁衍。

3. 中间层

从平流层顶到中间层顶有80~90 km。中间层温度随高度降低,顶部温度可降至$-83$~$-113$℃。这层内垂直混合迅速。中间层又称中层。

4. 热成层(暖层)

中间层顶到约800 km的高空称为暖层或热成层。该层的气体在宇宙射线作用下处于电离状态。电离后的氧能强烈吸收太阳的短波辐射,使空气迅速升温,因而该层的气温随高度的增加而增加。该层能反射无线电波,对于无线电通信有重要意义。

5. 逸散层

逸散层是大气的外层,位于800 km以上的高空。该层空气极为稀薄,气温随高度增加而略有增加。该层空气由于受太阳紫外线和宇宙射线影响,大部分分子发生电离,层中主要是原子态的氧、氢、氮和分子态的氮、氧,1 000 km以上则只有原子态的氮、氢、氧。由于空气受到的地心引力极小,气体及微粒可以从这层被碰撞出地球重力场而进入太空逸散。

(二) 大气的组成

大气由多种气体混合而成,它可分为恒定成分、可变成分和不定成分。

恒定成分有氮、氧、氩、氖、氦、氪、氙等气体。其中,氮占78.08%、氧20.95%、氩0.93%,这三者共占空气总体积的99.97%,此外,还有微量的氖、氦、氪、氙等稀有气体。这一比例,在地球表面上任何地方的均质层里几乎是可以看作不变的。

可变成分有二氧化碳和水蒸气,它们的含量随地区、季节、气象条件等因素以及人们的生产和生活活动的影响而发生变化。在通常情况下二氧化碳的含量为0.02%~0.04%,水蒸气的含量为0%~4%。

只含有上述恒定成分和可变成分的空气,被认为是纯洁清净的空气。特别地,不包含水蒸气和悬浮颗粒物的空气称为干洁空气。

大气中不定成分有氮氧化物、二氧化硫、硫化氢、臭氧等。

不论是大气的恒定成分、可变成分,还是不定成分,它们在大气中每时每刻都在进行物理和化学运动,与海洋、生物和地面发生循环交换,各处在源的排放量和汇的消失量的平衡状况下,如若某一成分的源排放量超过总汇消失量,则它在大气中的含量会增加,反之则含量减少。

## 二、大气污染

自从工业、交通迅速发展,人口急剧增加和社会加速城市化以来,人类不断地面临着大气污染的困扰,人们开始重视研究污染源的调查和测算,探查污染物的理化特性、大气环境的污染过程、气象条件对污染散布的影响、大气污染对人体健康和生态环境的影响和危害及大气污染的控制和防治。大气污染可在多种空间尺度内发生,早期人们只注意工矿区和城市地区的大气污染,现在已发展到既注意全球和洲际大气环境的污染,也重视室内和街道上的空气污染。随着人民对生活质量要求的不断提高,对污染物控制标准的日益提高,要控制的污染种类也逐渐增多,大气环境污染研究不断地得到推进。

### (一) 大气污染的概念

国际标准化组织(ISO)认为"大气污染通常指由于人类活动或自然过程引起某些物质介入大气中,呈现出足够的浓度,达到了足够的时间,并因此而危害了人体的舒适、健康和人们的福利,甚至危害了生态环境"。这里所说的对人体的舒适、健康的危害,包括对人体的正常生活环境和生理机能的影响,如引起急性病、慢性病以致死亡等;福利指与人类协调共存的生物、自然资源以及财产、器物等给人们带来的好处。

大气具有一定的自净能力,大气中的污染物质浓度较低时,是不会造成大气污染的,只有大气中的污染物质浓度超过大气的自净容量,才会造成大气污染。因此,形成大气污染的三大要素是污染源、大气状态、受体;大气污染的三个过程是污染物排放、大气运动的作用、对受体的影响。大气污染的程度与污染源的性质、污染源的排放方式、污染物的理化性质、污染物的排放量、环境敏感度、受体距污染源的距离、气象条件和地理条件等诸多因素有关。

在迄今为止的11次世界重大污染事件中,就有7件包含了大气污染,如马斯河谷烟雾事件、多诺拉烟雾事件、伦敦烟雾事件、洛杉矶光化学烟雾事件等,这些污染事故均造成大量人口中毒与死亡。大气污染已成为一个全球性问题,得到了全世界的关注与重视。

### (二) 大气污染源及其分类

大气污染源是向大气环境中排放有害物质或对大气环境产生有害影响的场所、设备、装置的总称。

按造成大气污染的原因,大气污染源一般可分为自然污染源和人为污染源两类。

#### 1. 自然污染源

自然污染源是指由于自然原因向大气环境释放污染物的场所,如火山爆发、森林火灾、飓风、海啸、土壤和岩石风化及生物腐烂等自然现象形成的污染源。

2. 人为污染源

人为污染源指人类的生产和生活活动所形成的污染源。人为污染源是造成大气污染的主要根源。人为污染源按人们的社会活动功能又分为工业污染源、生活污染源、交通污染源和农业污染源。

（1）生活污染源

生活污染源是指家庭炉灶、取暖设备等，一般燃烧化石燃料。特别在以煤为生活燃料的城市，由于居民密集，燃煤质量差、数量多，燃烧不充分，排放出大量的烟尘和有害的气体物质，危害甚至超过工业污染。生活污染的另一个来源是城市垃圾。垃圾在堆放过程中由于厌氧分解排出的二次污染物和垃圾焚烧过程中产生的废气都会污染大气。

（2）工业污染源

火力发电厂、钢铁厂、化工厂及水泥厂等工矿企业在生产过程中和燃料燃烧过程中排放煤烟、粉尘及各类化合物等，造成大气污染即构成工业污染源。这类污染源因生产的产品和工艺流程不同，所排放的污染物种类和数量有很大差别，但这些污染源一般都集中，而且浓度较高，对局部地区或工矿的大气污染影响很大。

（3）交通污染源

汽车、飞机、火车和船舶等交通工具排放尾气造成的大气污染的污染源为交通污染源。与生活污染源、工业污染源相比，交通污染源还可以称为移动污染源，上述两种污染源称为固定污染源。

（4）农业污染源

农业机械运行时排放的尾气，施用化学农药、化肥、有机肥等物质时的逸散，排放在土壤中经过再分解而形成的有毒有害及恶臭气态污染物的劳作场所等，称为农业污染源。

### （三）大气污染物

大气污染物指由于人类活动或自然过程排入大气的并对人和环境产生有害影响的物质。随着经济的发展，大气污染物种类越来越多。不同时期、不同地区的大气污染物也有所不同。依据污染物的存在状态，大气污染物可分为颗粒污染物和气态污染物。

1. 颗粒污染物

颗粒污染物又称气溶胶态污染物，指大气中悬浮的小固体颗粒和液体微粒，是一种最常见的大气污染物。按照来源和物理性质，可将其分为如下几种。

（1）粉尘

粉尘指悬浮于气体介质中的小固体颗粒，受重力作用能发生沉降，但在一段时间内能保持悬浮状态。它通常是由于固体物质的破碎、研磨、分级、输送等机械过程，或土壤、岩石风化等自然过程形成的。颗粒的形状往往是不规则的。颗粒的尺寸一般为 $1\sim 200\ \mu m$。粉尘类大气污染物的种类很多，如黏土粉尘、石英粉尘、煤粉、水泥粉尘、各种金属粉尘等。

（2）烟

烟一般指由冶金过程形成的固体颗粒的气溶胶。它是由熔融物质挥发后生成的气态物质的冷凝物，在生成过程中总是伴有诸如氧化之类的化学反应。烟颗粒的尺寸很小,一般为 0.01~1 μm。产生烟是一种较为普遍的现象,如有色金属冶炼过程中产生的氧化铅烟、氧化锌烟,在核燃料后处理厂中的氧化钙烟等。

(3) 飞灰

飞灰指随燃料燃烧产生的烟气排出的分散得较细的灰分。

(4) 黑烟

黑烟一般指由燃料燃烧产生的能见气溶胶。它不包括水蒸气。黑烟的粒径为 0.05~1 μm。

(5) 雾

雾是气体中液滴悬浮体的总称,在气象中指造成能见度小于 1 km 的小水滴悬浮体。在工程中,雾一般泛指小液体粒子悬浮体。

2. 气态污染物

气态污染物是以分子状态存在的污染物,包括以 $SO_2$ 为主的含硫化合物、以 $NO$ 和 $NO_2$ 为主的含氮化合物、碳氧化物、有机化合物及卤素化合物等。

气态污染物的种类很多,通常按照污染物的形成过程可分为一次污染物和二次污染物。

(1) 一次污染物

一次污染物是指直接从污染源排到大气中的原始污染物质,其物理、化学性质尚未发生变化。目前受到普遍关注的一次污染物主要有硫氧化物、氮氧化物、碳氧化物及有机化合物等。一次污染物又可分为反应物质和非反应物质。前者不稳定,在大气中常与某些其他物质发生化学反应,或者作为催化剂,促进其他污染物之间的反应,如 $SO_2$ 和 $NO_2$ 等;后者不发生反应,或反应极为缓慢,是较稳定的物质,如 $CO_2$ 等。

(2) 二次污染物

二次污染物是指由一次污染物与大气中已有组分或几种一次污染物之间经过一系列化学或光化学反应而生成的与一次污染物性质不同的新污染物质。它常比一次污染物对环境和人体的危害更为严重,主要是硫酸烟雾和光化学烟雾等。

(四) 大气污染对人类的影响及危害

1. 对人类健康的危害

大气污染对健康的危害包括急性和慢性两种。急性危害指人在高浓度污染物的空气中暴露一段时间后,马上就会出现中毒或其他一些病状。慢性危害指人在低浓度污染物的空气中长期暴露,污染物危害的累积效应使人发生病状。由于慢性危害有潜在性,往往不会引起人们的警觉,但一经发作,就会因影响面大、危害深而一发不可收拾。伦敦烟雾、马斯河谷事件就是最好的例证。所以说,慢性危害比急性危害更严重。

2. 对生态环境的影响

大气污染对农作物、森林、水产及陆地动物都有严重危害。例如,大气污染(以酸雨和氟污染为主)造成的全国农业粮食减产量高达数千万吨。

3. 对物质材料的危害

大气污染对物质材料的损害突出表现在对建筑物和暴露在空气中的流体输送管道的腐蚀。例如,工厂金属建筑物生锈,楼房、自来水管表面腐蚀等。

4. 对全球大气环境的影响

大气污染对全球大气环境的影响目前已明显表现在三个方面：臭氧层消耗、酸雨、全球气候变暖。这些问题如不及时控制，将对整个地球造成灾难性的危害。

5. 对大气能见度的影响

大气污染最常见的后果之一是大气能见度降低。能见度指在指定方向上能用肉眼看见或辨认的最大距离。大气能见度的下降，主要是大气中微粒对光的散射和吸收作用所造成的。大气能见度的降低，不仅会对人造成极大的负面心理影响，还会产生交通安全方面的危害。

## 三、大气污染的综合防治

### (一) 综合防治的含义

所谓大气污染综合防治，就是把大气环境看作统一的整体，经调查评价、统一规划，综合运用各种防治措施，改善大气环境质量；其基本点是防与治的综合。大气污染作为环境污染问题的一个重要方面，也只有将其纳入区域环境综合防治之中，才能真正获得解决。例如，对于我国大中城市存在的颗粒物和 $SO_2$ 等污染的控制，除了应对工业企业的集中点源进行污染物排放总量控制外，还应同时对分散的居民生活用燃料结构、燃用方式、炉具等进行控制和改革，将机动车排气污染、城市道路扬尘、建筑施工现场环境、城市绿化、城市环境卫生、城市功能区规划等一并纳入城市环境规划与管理，才能取得显著的综合防治效果。

### (二) 综合防治的原则

1. 以源头控制为主，推行清洁生产

20 世纪 90 年代，实施可持续发展战略已成为世界各国的共识，对污染的控制和管理也从尾部控制转为源头控制，从末端环境管理转变到全过程环境管理。因此，以源头控制为主，推行清洁生产成为大气污染综合防治的重要原则。

清洁生产包括清洁的生产过程和清洁的产品两个方面。就生产工艺而言，指改善能源供应结构和布局，提高清洁能源和优质能源比例，节约资源与能源，提高资源与能源的利用效率，避免使用有毒原材料和降低排放物的数量和毒性，实现生产过程的无污染或少污染；就产品而言，指使用过程中不危害生态环境、人体健康和安全，使用寿命长，易于回收再利用。

2. 合理利用环境自净能力与人为措施相结合

全面规划、合理布局，才能合理利用环境自净能力。在环境调查研究和环境预测的基础上，要编制环境经济规划和区域环境规划，进行环境区划和环境功能分区，按环境功能分区的要求对工业企业按类型进行合理布局。了解和掌握区域环境特征(如风向、风频、逆温、热岛效应等)、污染物的稀释扩散等自净规律，使污染源合理分布，并控制污染源密度。同时还应该不仅从单个污染源的治理来考虑，而是要对环境自净能力和人工治理措施综合考虑，组合成不同的方案，然后选取最优方案。

3. 分散治理与综合防治相结合

分散治理措施必须和综合防治结合起来，才能提高区域污染治理效益，有效地改善区域环境质量。

4. 按功能区实行总量控制与浓度控制相结合

按功能区控制是指在保持功能区环境目标值（环境质量符合功能区要求）的前提下，控制允许排放的某种污染物的最大排污总量。控制污染的着眼点，不是单个污染物的排污是否达到排污标准，而是从功能区的环境容量出发，控制进入功能区的污染物总量。

5. 技术措施与管理措施相结合

环境管理是指运用法律、经济、技术、教育和行政等手段，对人类的社会和经济活动实施管理，从而协调社会和经济发展与环境保护之间的关系。完整的环境管理体制是由环境立法、环境监测和环境保护管理机构三部分组成的。环境法是进行环境管理的依据，它以法律、法令、条例、规定、标准等形式构成一个完整的体系。环境监测是环境管理的重要手段，可为环境管理及时提供准确的监测数据。环境保护管理机构是指环境管理的领导者和组织者。

通过严格环境管理，可以促进污染治理，而且，污染治理工程建成后，必须建立相应的管理制度，才能保证污染治理设施持续正常地运行。

## 拓 展 阅 读

### 案例1　南昌市生活垃圾卫生填埋法的环境污染评估

1. 南昌市生活垃圾处置情况概括

目前南昌每天产生的垃圾量近4 000吨，年产量1 131.5万吨，生活垃圾中，餐厨等有机垃圾约占30%，可回收垃圾约占25%，灰渣等无机物约占10%，其他类约占35%。所有的生活垃圾主要通过位于南昌市西北方向的蛟桥镇双北开发岭村境内的麦庐园垃圾场填埋处理和位于进贤县泉岭乡的垃圾焚烧发电厂进行焚烧发电处理。全市70%的生活垃圾靠卫生填埋处理，其中存在许多问题。其原因有3点：首先，由于居民缺乏垃圾分类意识和垃圾处理机构的忽视，填埋并没有进行垃圾分类处理；其次，垃圾管理过程混乱，缺乏统一系统协调，导致垃圾处理分散化，能耗过大；最后，垃圾处理的资金投入力度较小，处理技术落后，处理过的垃圾仍然会污染生态环境。

2. 南昌市麦庐园垃圾卫生填埋场介绍

南昌麦庐园垃圾处理场，是总投资近亿元的固体废弃物综合处理场，位于南昌市西北方向的经开区蛟桥镇双岭村境内，距市区约15 km，占地面积1 600.95亩（其中填埋库区占地982.35亩）。填埋区东西北三面环山、南面开口，呈簸箕状。大坝底海拔高度42 m，设计填埋高为120 m，总库容1 793万 $m^3$。麦庐园垃圾处理场是南昌市唯一的生活垃圾填埋处理场。

目前，麦庐园垃圾填埋场担负着南昌市区以及新建县等地180多万人口的生活垃圾处理任务。处理场于1997年9月竣工，设计使用年限31.5年。随着南昌市城镇化进程加快，城市规模扩大，人口增多，每天有400多车、几千吨垃圾被源源不断地运到此地进行填埋处理。如今,麦庐园垃圾场日平均垃圾清运量达2 700多吨,最高峰时每天高达3 000多吨,自正式投入运行起,至今累计处置生活垃圾1 000多万吨。

南昌市的垃圾从各区中转站由柴油运输车运送到垃圾填埋场进行卫生填埋,日填埋量为2 700多吨,流程主要包括倾卸入垃圾填埋坑、压实机压实、撒药杀菌灭蝇、覆膜等环节。同时,填埋场全部做了侧防渗,底部完整防范,钻探实验证明它是不可透水的。并且在环场的60 m、80 m、100 m和120 m都做了截洪沟,使得山上流下来的清水不被污染。

填埋场附近建了沼气发电厂,利用管道把填埋气抽出进行发电,把垃圾变成能源。填埋气发电主要是借助内燃机利用甲烷的热值将热能转化为动能再转化为电能,装机规模4 871 kW·h,日发电量96 000 kW·h,扣除自耗电,盈余电力输入南昌市电网,供全市居民使用。

对于卫生填埋产生的渗滤液,配备有渗滤液深度处理场,垃圾渗滤液经收集管、集水沟流入调节池,在调节池稳定水质水量后由提升泵输送进水解酸化池,经厌氧微生物作用将部分大分子有机物分解为可溶性的中小分子有机物,然后经提升泵进入UASB厌氧反应器与厌氧菌作用,将大部分难生物降解的大中分子有机物分解成易生物降解中小分子有机物,同时提高渗滤液的生物需氧量与化学需氧量的比值,然后自流至氨吹脱吸收系统,经两次调节酸碱值将大部分氨吹脱吸收后,进入氧化沟进行好氧处理,在二沉池经固液分离后,上清液进入物化池经加药处理后,出水水质达到《生活垃圾填埋场污染控制标准》二级排放标准。处理流程见图3-2。

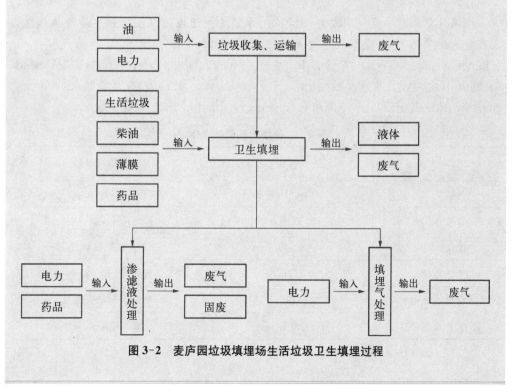

图3-2 麦庐园垃圾填埋场生活垃圾卫生填埋过程

3. 目标与范围定义

研究对象为卫生填埋法处理的城市生活垃圾,其处理流程与工艺具体划分为生活垃圾收集和运输、卫生填埋、填埋产生的渗滤液的处理、填埋产生的填埋气发电四个过程,处理过程中主要的消耗是柴油、电力、生活垃圾、填埋气、渗滤液。

系统边界为生命周期-生产阶段(从资源开采到产品出厂),研究的系统主要包括生活垃圾收集和运输、卫生填埋处理、垃圾填埋气发电和垃圾填埋渗滤液处理四个部分,如图 3-3 所示。

图 3-3 卫生填埋法处理城市生活垃圾的系统边界图

研究对象的系统中不包括垃圾填埋场的建造阶段,因此在垃圾填埋场建造时产生的能耗、物耗以及污染物的排放,将不计入这一污染物排放清单。

4. 环境影响类型

根据目前已有的生命周期评价特征化方案及生活垃圾卫生填埋环境污染状况,本研究选择了 6 种环境影响类型指标(见表 3-2)进行了计算,分别为气候变化(climate change, GWP)、富营养化-淡水(eutrophication-freshwater, FEP)、酸化(acidification, AP)、生态毒性(ecotoxicity-freshwater, ET)、初级能源消耗(primary energy demand, PED)、水资源消耗(resource depletion-water, WU)。

表 3-2 环境影响类型指标

| 环境影响类型指标 | 影响类型指标单位 | 主要清单物质 |
| --- | --- | --- |
| 气候变化 | kg $CO_2$ eq | $CO_2$, $CH_4$, $N_2O$ |
| 富营养化-淡水 | kg P eq/kg N eq | $NH_4-N$ |
| 酸化 | kg $SO_2$ eq | $SO_2$,氮氧化物,$NH_3$ |
| 生态毒性 | CTUe | HF, $Hg^{2+}$, Be |
| 初级能源消耗 | MJ | 硬煤,褐煤,天然气 |
| 水资源消耗 | kg | 淡水,地表水,地下水 |

注:eq 是 equivalent 的缩写,意为当量。

5. 总体环境影响分析

建模计算卫生填埋法处理城市生活垃圾的GWP、FEP、AP、ET、PED、WU,结果如表3-3所示。卫生填埋法处理城市生活垃圾的气候变化潜值(碳足迹总量)为215.197 kg $CO_2$ eq,淡水富营养化潜值为37.52 kg P eq,酸化潜值为0.90 kg $SO_2$ eq,生态毒性潜值为0.39CTUe,初级能源消耗总量为-141.30 MJ,水资源消耗总量为-39.88 kg。分析可知,填埋法处理城市生活垃圾最大的环境影响类型为气候变化,其次依次为淡水富营养化、酸化、生态毒性,因为填埋气发电过程中将发电量通过扩展系统边界方法在上游耗电量以负值体现,所以垃圾填埋气发电过程中的一些环境影响指标计算为负值,表现出对环境的正效益,最明显的指标就是初级能源消耗,为-141.30 MJ,表明产生的盈余电力实际上减少了用于发电而消耗的初级能源,并补偿了该部分损耗,其次是在水资源消耗上的正效益。

表3-3 填埋法处理城市生活垃圾LCA结果

| 环境影响类型指标 | 影响类型指标单位 | LCA结果 |
| --- | --- | --- |
| 气候变化(GWP) | kg $CO_2$ eq | 215.20 |
| 富营养化-淡水(FEP) | kg P eq | 37.52 |
| 酸化(AP) | kg $SO_2$ eq | 0.90 |
| 生态毒性(ET) | CTUe | 0.39 |
| 初级能源消耗(PED) | MJ | -141.30 |
| 水资源消耗(WU) | kg | -39.88 |

资料来源:黄和平、胡晴、王智鹏 等,《南昌市生活垃圾卫生填埋生命周期评价》,《中国环境科学》2018年第10期。

## 第三节 水环境与水污染

### 一、水环境

(一) 水体与水环境

水是地球上最丰富的化合物,水以固态、液态和气态三种形式存在于地表、地下和空中。海洋、陆地、大气中的固态水、液态水和气态水构成一个大体连续、相互作用,又不断交换的圈层,称为水圈。水圈包括江河湖海中一切淡水、咸水,土壤水、浅层和深层地下水以及南北两极和各大陆高山冰川中的冰,还包括大气圈中水蒸气和水滴,以及生物体内的水。它的上限达到对流层顶部,下限为深层地下水所及的深度。

水体是自然界中水的积累体,指海洋、河流、湖泊、沼泽、池塘、水库、冰川、地下水等地表与地下水体的总称。在水圈中,水的大部分是以液态和固态的形式在地面上聚集在一起的,构成各种水体,如冰川、海洋、河流、湖泊、水库等。水体包括水、水中各种物质(悬浮物和溶解物质)、底质及水生生物。按类型水体可分为海洋水体和陆地水体,陆地水体又可分为地表水体和地下水体。按流动性水体又可划分为流水水体(如海洋、河流)和静水水体(如湖泊、池塘)。

水环境指相对于某一中心事物而言,与水体有关的周围事物。水环境一词出现于19世纪70年代《环境科学大词典》,其定义为地球上分布的各种水体及与其密切相连的环境诸要素,如植被、土壤、海岸、河床等。通常情况下,一个水体就是一个完整的生态系统,包括其中的水、悬浮物、溶解物、底质和水生生物等,此时我们也称其为水环境。水环境是构成环境的基本要素之一,对人类的生存和发展有极其重要的作用,对人们的生产、生活有着重要意义,但一直以来也是受人类的干扰和破坏最严重的。

(二) 天然水

1. 天然水的组成

天然水是海洋、江河、湖泊、沼泽、冰雪等地表水与地下水的总称。由于天然水在自然界循环过程中不断地与环境物质发生作用,因此自然界不存在化学概念上的纯水,天然水的化学组成是多种多样的,不同水体在不同环境条件下所形成的天然水化学成分是极其复杂的溶液综合体。

通常,天然水可以按其含盐量或硬度等指标分类,因为这两种指标可以代表水受矿物质污染的程度。

按含盐量天然水可分为4类,如表3-4所示。我国江河水大都属于低含盐量水和中等含盐量水,地下水大部分是中等含盐量水。

表3-4 按含盐量划分的天然水类别

| 类 别 | 低含盐量水 | 中等含盐量水 | 较高含盐量水 | 高含盐量水 |
| --- | --- | --- | --- | --- |
| 含盐量(mg/L) | <200 | 200~500 | 500~1 000 | >1 000 |

按硬度天然水可分为5类,如表3-5所示。根据此种分类,我国天然水的水质是由东南沿海的极软水向西北经过软水和中等硬度水逐渐变为硬水。这里提到的软水指的是天然水硬度较低。

表3-5 按硬度划分的天然水类别

| 类 别 | 极软水 | 软水 | 中等硬度水 | 硬水 | 极硬水 |
| --- | --- | --- | --- | --- | --- |
| 硬度(mmol/L) | <1.0 | 1.0~3.0 | 3.0~6.0 | 6.0~9.0 | >9.0 |

水是自然界中最好的溶液,是生态系统中物质循环的必需介质。天然水在循环过程中不断和周围的物质接触,并且或多或少溶解了一些物质,使天然水成为一种成

分极其复杂的溶液。因此,可以认为,自然界不存在仅由 $H_2O$ 组成的"纯水"。不同来源的天然水由于自然背景不同,其水质状况也各异。天然水的水质是在特定的自然条件下形成的,它溶解了某些固体物质和气体,这些物质大多以分子态、离子态或肢体微粒状态存在于水中,它们组成了各种水体的天然水质。受到人类活动影响的水体中所含的物质种类、数量、结构均会与天然水质有所不同。以天然水中所含的物质作为背景值,可以判断人类活动对水体的影响程度,以便及时采取措施,保护水资源。

2. 天然水的性质

水的特殊的自然性质决定了它对人类和生态环境的特殊意义。

水是无色透明的,它允许太阳中的可见光和波长较长的紫外线透过,使光合作用所需的光能够到达水面下的一定深度,而对生物体有害的短波紫外线则被阻挡在外。这不仅在地球生命的产生和进化过程中起到关键作用,而且对今天生活在水中的各种生物也具有重要的意义。

水是一种良好的溶剂,为生命过程中营养物质和废弃物的传输提供了最基本的媒介。水的介电常数在所有液体中是最高的,使得大多数离子化合物能够在其中溶解并发生最大程度的电离,这对营养物质的吸收和生物体内各类生化反应具有重要意义。

除液氨外,水的比热是所有液体和固体中最大的,为 $4.18 J/(g·℃)$。此外,水的蒸发热也极高,在 20℃下为 $2.4 kJ/g$。正是由于这种高比热、高蒸发热的特性,地球的海洋、湖泊、河流等水体,白天吸收到达地表的太阳光热量,夜晚又将热量释放到大气中,避免了剧烈的温度变化,使地表温度长期保持在一个相对恒定的范围内,从而保护了生命有机体免受气温突变的伤害。月球表面都是岩石,石头的比热只有水的 20%,所以月球表面的气温变化在 $-150 \sim +120℃$。

水在 4℃时的密度最大,这一特性在控制水体温度分布和垂直循环中起着重要作用。在气温急剧下降的夜晚,水面上较重的水层向水底沉降,与下部水层更换,这种循环过程使得溶解在水中的氧及其他营养物得以在整个水域分布均匀。另一方面,冰的密度比水小,只有 $0.92 g/cm^3$,可以浮在水面上,水的这一特性对水底生物具有十分重要的意义,否则气温降低时水面结成的冰会沉入水底,从而导致整个水体完全冻结,给水下生物带来灭顶之灾。

## 二、水体污染

### (一) 水体污染

水体污染是指河流、湖泊、海洋或地下水等水体因污染物质的介入,超过水体的自净能力,而导致水体的物理性质、化学性质或生物群落组成发生变化,从而影响水体的使用价值和使用功能,危害人体健康或破坏生态平衡的现象。

污水或受污染的水体的物理、化学、生物等方面的特征是通过水污染指标来表示的。水质污染指标涉及物理、化学、生物等各个领域,是控制和掌握污水处理设备的处理效果与运行状态的重要依据。为了反映水体被污染的程度,通常采用悬浮物(SS)、生物化学需氧量(BOD)、化学需氧量(COD)、总有机碳(TOC)、酸碱度(PH)、细菌和有毒物质等指标。

水体受到污染后,对人体健康、工农业生产等都会产生许多危害。水是人体主要的组成部分,人体的一切生理活动,如输送营养、调节温度、排泄废物等都要靠水来完成。人喝了被污染的水体或吃了被水体污染的食物,健康就会受到危害。饮用水中氟含量过高时,会引起牙齿祛斑及色素沉淀,严重时会引起牙齿脱落;含氟量过低时,会发生龋齿病等。人畜粪便等生物性污染物管理不当也会引起细菌性肠道传染病,如伤寒、霍乱、痢疾,以及某些寄生虫病等。

(二) 水体污染源

水污染源是指造成水体污染的污染物的发生源。通常是指向水体排入污染物或对水体产生有害影响的场所、设备和装置。

按污染物的来源,水污染源可分为自然污染源和人为污染源两大类。

1. 自然污染源

自然污染源是指自然界自发向环境排放有害物质、造成有害影响的场所。水污染最初主要是自然因素造成的,如地表水渗漏和地下水流动将地层中某些矿物质溶解,使得水中的盐分、微量元素或放射性物质浓度偏高,导致水质恶化,但自然污染源一般只发生在局部地区,其危害往往也具有地区性。随着人类活动范围和强度的加大,人类生产、生活活动逐步成为水污染的主要原因。

2. 人为污染源

人为污染源则是指人类社会经济活动所形成的污染源。按污染物进入水环境的分布方式,人为污染源又分为点污染源和面污染源。

(1) 点污染源

点污染源的排污形式为集中在一点或一个可当作一点的小范围,实际上多由管道收集后进行集中排放。最主要的点污染源有工业废水和生活废水,由于产生污染的过程不同,这些污水的成分和性质也存在很大差异。长期以来,工业废水是造成水体污染的最重要的污染源。一般来说,工业废水具有以下几个特点:污染量大、成分复杂、感官不佳、水质水量多变。生活污水主要来自家庭、商业、学校、旅游、服务业及其他城市公用设施的排水。

(2) 面污染源

面污染源是以较大范围形式排放污染物而造成水体污染的发生源。面源污染主要指农田径流排水,具有面广、分散、难以收集、难以治理的特点。据统计,农业灌溉用水量约占全球总用水量的70%左右。随着农药和化肥的大量使用,农田径流排水已成为天然水体的主要污染来源之一。施用于农田的农药和化肥除一部分被农作物吸收外,其余都残留在土壤和飘浮于大气中,经过降水的淋洗和冲刷,以及农田灌溉的排水,这些残留的农药(杀虫剂、除草剂、植物生长调节剂等)和化肥(氮、磷等)会随着降水和灌溉排水的径流和渗流汇入地面水和地下水中。面源污染的变化规律主要与农作物的分布和管理水平有关。

## 拓展阅读

### 案例2 农业面源污染的测算

从源头来看,农业面源污染主要分为非营养物污染和营养物污染两大类。非营养物污染是指残留在土地或者农作物上且不会引起水体富营养的污染物,主要为农药和农膜。营养物污染是指通过水介质而呈现的水体富营养化污染,主要包括总氮(TN)、总磷(TP)、化学需氧量(COD),主要来源于农田化肥、畜禽养殖、农业固体废弃物以及农村生活等方面(见表3-6)。其中,农业固体废弃物是指折算各类农作物秸秆中的TN、TP和COD等污染物而非固体废弃物本身,因此归类为营养物污染。

**表3-6 农业面源污染产污单元及排放清单**

| 类别 | 污染源 | 产污单元 | 调查指标 | 单位 | 排放清单 | 面源污染排放量核算 |
|---|---|---|---|---|---|---|
| 非营养物污染 | 农药 | 农药 | 使用量 | 万吨 | 农药残留 | 农药使用量×农药残留率 |
| | 农膜 | 农膜 | 使用量 | 万吨 | 农膜残留 | 农膜使用量×农膜残留率 |
| 营养物污染 | 农田化肥 | 氮肥 | 施用量(折纯量) | 万吨 | TN、TP | 氮肥、磷肥、复合肥施用量×(1−化肥利用率)×TN/TP产污系数 |
| | | 磷肥 | | | | |
| | | 复合肥 | | | | |
| | 畜禽养殖 | 猪 | 年内出栏量 | 万只 | COD、TN、TP | 生猪、牛、羊、家禽(出栏量/存栏量)×生长周期×(1−利用率)×粪尿排泄系数×COD/TN/TP排污系数 |
| | | 牛 | 年末存栏量 | 万只 | | |
| | | 羊 | 年末存栏量 | 万只 | | |
| | | 家禽 | 年内出栏量 | 万羽 | | |
| | 农业固体废弃物 | 稻谷、小麦、玉米、大豆、薯类、蔬菜 | 总产量 | 万吨 | COD、TN、TP | 作物秸秆产量×COD/TN/TP产污系数 |
| | 农村生活 | 乡村人口 | 数量 | 万人 | COD、TN、TP | 乡村人口数量×(1−利用率)×粪尿排泄系数×COD/TN/TP排污系数 |

注:畜禽养殖中存栏量与出栏量是依据各自的生长周期进行确定,其中牛和羊的平均饲养期一般长于1年,所以其当年饲养量采用其年末存栏量表示;生猪和家禽的平均饲养期分别一般为180天和210天,所以其当年饲养量采用其年内出栏量表示。

参照陈敏鹏、梁流涛、潘丹等学者的研究成果,借鉴农业面源污染的核算体系,采用清单分析方法来构建耕地利用过程产生的面源污染排放量的核算体系,其表达式为

$$E = \sum_i EU_i \rho_i (1 - \eta_i) C_i$$

式中，$E$ 是面源污染排放量，主要包括化学需氧量(COD)、总氮(TN)和总磷(TP)3类；$EU_i$ 是单元 $i$ 指标统计数；$\rho_i$、$\eta_i$、$C_i$ 分别是单元 $i$ 污染物的产污强度系数、相关资源利用效率的系数和污染物排放系数。

资料来源：① 陈敏鹏、陈吉宁、赖斯芸，《中国农业和农村污染的清单分析与空间特征识别》，《中国环境科学》2006年第6期。

② 梁流涛，《农村生态环境时空特征及其演变规律研究》，博士学位论文，南京农业大学，2009。

③ 潘丹，《考虑资源环境因素的中国农业生产率研究》，博士学位论文，南京农业大学，2012。

④ 王智鹏，《长江经济带耕地绿色利用效率时空演变特征及影响因素研究》，博士学位论文，江西财经大学，2020。

## 第四节 土壤环境与土壤污染

### 一、土壤与土壤环境

#### （一）土壤

土壤是母质、气候、生物、地形和时间等因素共同作用下形成的自然体。在不同的自然环境中，土壤的形成过程和性状各具特色。土壤在地球表面是生物圈的组成部分，它提供陆生植物的营养和水分，是植物进行光合作用、能量交换的重要场所。

土壤的最重要的特性是土壤具有肥力，除此之外，土壤环境还具有缓冲性、同化和净化性能。这些特性使得土壤成为人类社会生存发展必需的一种重要资源，也使土壤在稳定和保护人类生存环境中起着重要的作用。

土壤肥力是土壤为植物生长供应和协调营养条件与环境条件的能力。它是土壤物理、化学、生物等性质的综合反映。土壤中各个肥力因素(水、肥、气、热)是相互联系和相互制约的。良好的作物生长要求诸肥力因素同时存在和互相协调。

#### （二）土壤组成物质及其结构

土壤是由固相、液相和气相三相物质组成的多相分散的复杂体系。

固相物质包括土壤矿物质、有机质和微生物通过光照抑菌灭菌后得到的养料等。矿物质一般占土壤质量的95%以上，占土壤容积的38%以上，主要来自岩石风化。土壤中的有机质主要由生物的残体和腐败物质组成，积累于土壤地表和上部上层，一般占土壤质量的5%左右，占土壤容积的12%左右。这部分有机质呈分解与半分解状态，包括简单有机化合物、酶和腐殖质，一般腐殖质是其主要组成部分。生物体是土壤中最具活力的一部分,种类繁多,包括各种昆虫、原生动物、藻类及微生物,特别是微生物数量大、种类多、繁殖快。

液相物质主要指土壤溶液。外界水分进入土壤,以水膜的形态被保持于矿物颗粒的表面和较小的孔隙中,成为土壤溶液。

气相物质是存在于土壤孔隙中的空气。大气进入土壤中被保持于土壤的大孔隙中形成土壤空气。土壤空气所占比例关系着土壤环境的氧化还原条件。土壤空气也是土壤环境污染的重要污染源。

土壤中这三类物质构成了一个矛盾的统一体。它们互相联系,互相制约,为作物提供必需的生活条件,是土壤肥力的物质基础。

综上所述,土壤固相主要由矿物质、有机质组成,从质量角度衡量,土壤固相几乎占了土壤质量的全部;但是从容积角度来看,土壤固相仅占土壤容积的一半左右。这是由于土壤是由土粒结合而成的土壤结构状态,在这种结构之中存在着大量孔隙,土壤溶液与土壤空气正是通过土壤的孔隙进行吸收、传导和保存的。土壤固相物质很少呈单粒,多以不同形状的结构体(即土壤团粒)存在。具有良好结构的土壤,能保持结构内部富有蓄水的毛管孔隙;结构之间有通气的大孔隙,以保证土层中的水、气共存。水、气调匀也解决了热量的供应与生物的生存。生物活动促进着有机质与矿物质的分解,从而使养分得以活化。

(三) 土壤环境

土壤环境实际上指连续覆盖于地球陆地地表的土壤圈层。土壤环境要素组成农田、草地和林地等;它是人类的生存环境——四大圈层(大气圈、水圈、岩石圈、生物圈)之一,连接并影响着其他圈层。

1996年实施的《土壤环境质量标准》是评价土壤环境的重要指标。污染物在土壤中的残留积累,以不致造成作物的生育障碍、在籽粒或可食部分中的过量积累(不超过食品卫生标准)或影响土壤、水体等环境质量为界限。标准按土壤应用功能、保护目标和土壤主要性质,规定了土壤中污染物的最高允许浓度指标值及相应的监测方法,适用于农田、蔬菜地、茶园、果园、牧场、林地、自然保护区等地的土壤。

根据土壤应用功能和保护目标,可将土壤环境质量划分为三类。Ⅰ类为适用于国家规定的自然保护区(原有背景重金属含量高的除外)、集中式生活饮用水源地、茶园、牧场和其他保护地区的土壤,土壤质量基本上保持自然背景水平;Ⅱ类为一般农田、蔬菜地、茶园果园、牧场等的土壤,土壤质量基本上对植物和环境不造成危害和污染;Ⅲ类为林地土壤、污染物容量较大的高背景值土壤和矿产附近等地的农田土壤(蔬菜地除外),土壤质量基本上对植物和环境不造成危害和污染。

按照《土壤环境质量标准》,一级标准为保护区域自然生态、维持自然背景的土壤质量的限制值;二级标准为保障农业生产,维护人体健康的土壤限制值;三级标准为保障农林生产和植物正常生长的土壤临界值。Ⅰ类土壤环境质量执行一级标准,Ⅱ类土壤环境质量执行二级标准,Ⅲ类土壤环境质量执行三级标准(见表3-7)。

表 3-7 土壤环境质量执行标准（mg/kg）

| 级别 | | 一级 | 二级 | | | 三级 |
|---|---|---|---|---|---|---|
| 项目 | 土壤pH值 | 自然背景 | <6.5 | 6.5～7.5 | >7.5 | >6.5 |
| 镉≤ | | 0.20 | 0.30 | 0.30 | 0.60 | 1.0 |
| 汞≤ | | 0.15 | 0.30 | 0.50 | 1.0 | 1.5 |
| 砷 | 水田≤ | 15 | 30 | 25 | 20 | 30 |
| | 旱地≤ | 15 | 40 | 30 | 25 | 40 |
| 铜 | 农田等≤ | 35 | 50 | 100 | 100 | 400 |
| | 果园≤ | — | 150 | 200 | 200 | 400 |
| 铅≤ | | 35 | 250 | 300 | 350 | 500 |
| 铬 | 水田≤ | 90 | 250 | 300 | 350 | 400 |
| | 旱地≤ | 90 | 150 | 200 | 250 | 300 |
| 锌≤ | | 100 | 200 | 250 | 300 | 500 |
| 镍≤ | | 40 | 40 | 50 | 60 | 200 |
| 六六六≤ | | 0.05 | | 0.50 | | 1.0 |
| 滴滴涕≤ | | 0.05 | | 0.50 | | 1.0 |

注：1. 重金属（铬主要是三价）和砷均按元素量计，适用于阳离子交换量>5 cmol(＋)/kg 的土壤，若≤5 cmol(＋)/kg，其标准值为表内数值的半数。

2. 六六六为四种异构体总量，滴滴涕为四种衍生物总量。

3. 水旱轮作地的土壤环境质量标准，砷采用水田值，铬采用旱地值。

## 二、土壤污染

### （一）土壤污染的种类

**1. 土壤侵蚀**

土壤侵蚀是指土壤或其他地区组成物质在外营力（风、水流、冻融和重力）的作用下剥蚀、破坏、分散、分离、搬运和沉积的过程。地球表面除永冻地区外，均遭受不同程度的侵蚀。

人类活动对自然生态平衡的破坏使土壤侵蚀急剧发展，这被称为人为加速侵蚀，其侵蚀速率比自然侵蚀大数十倍、数百倍以上。人类通常通过陡坡开垦、滥伐森林、过度放牧等行为，破坏坡地上的植被，加速和扩大了自然因素作用所引起的地表土壤破坏和土体物质的移动、流失。

**2. 水土流失**

水土流失是指在水力、风力、重力及冻融等自然营力和人类活动作用下，陆地表层的土壤和土壤母质等发生破坏、磨损、分散、搬运和沉积的过程。这个概念涵盖了土壤侵蚀的内容。

《简明水利水电词典》(科学出版社,1981)提出,水土流失指地表土壤及母质、岩石受到水力、风力、重力和冻融等外力的作用,使之受到各种破坏和移动、堆积过程以及水本身的损失现象。这是广义的水土流失。狭义的水土流失特指水力侵蚀现象。这与前面讲的土壤侵蚀有点相似,所以人们常将"水土流失"与"土壤侵蚀"两词等同。

我国是世界上水土流失最为严重的国家之一,水土流失面广量大。据第一次全国水利普查成果,我国现有水土流失面积为 $2.95 \times 10^6$ km$^2$。严重的水土流失,是我国生态恶化的集中反映,威胁国家生态安全、饮水安全、防洪安全和粮食安全,制约山丘区经济社会发展,影响全面小康社会建设进程。

3. 沙漠化

沙漠化是干旱少雨、植被破坏、大风吹蚀、流水侵蚀、土壤盐渍化等因素造成的大片土壤生产力下降或丧失的自然(非自然)现象。有狭义和广义之分,起源于 20 世纪 60 年代末和 70 年代初,非洲西部撒哈拉地区连年严重干旱,造成空前灾难,"荒漠化"名词于是开始流传开来。荒漠化最终结果大多是沙漠化,中国是世界上荒漠化严重的国家之一。

土地荒漠化也是土壤侵蚀的主要表现形式之一。其成因主要是风蚀,在我国因风蚀形成的荒漠化土地面积已超出全国耕地的总和。此外,过度耕种和过度放牧,森林的过度砍伐,也是荒漠化形成的重要原因。荒漠化的发生、发展和社会经济有着密切的关系。人类不合理的经济活动加剧了荒漠化,反过来人类又是土地荒漠化的直接受害者。

4. 重金属污染

土壤重金属污染是指土壤中重金属含量较大,不易随水淋溶,不能被土壤微生物分解,会转化为毒性较大的甲基化合物,通过食物链以有害浓度在人体内蓄积从而严重危害人体健康。

人类社会工农业现代化、城市化的发展是造成土壤重金属污染的主要原因,主要污染物有汞、镉、铅、铜、铬、砷、镍、铁、锰、锌等。

(二) 土壤污染对人类的危害

随着工业化进程的不断加快,由于矿产资源的不合理开采及其冶炼排放、长期对土壤进行污水灌溉和污泥施用、人为活动引起的大气沉降、化肥和农药的施用等,土壤污染严重,这不仅对人类的生产生活造成影响,也危及人类的健康。

1. 导致严重的直接经济损失,农作物减产

关于各种土壤污染造成的经济损失,目前尚缺乏系统的调查资料。仅以土壤重金属污染为例,全国每年就因此而减产粮食 1 000 多万吨,另外被重金属污染的粮食每年也多达 1 200 万吨,合计经济损失至少 200 亿元。

2. 导致生物品质不断下降

我国大多数城市近郊土壤都受到了不同程度的污染,有许多地方粮食、蔬菜、水果中镉、铬、砷、铅等重金属含量超标或接近临界值。

土壤污染除影响食物的卫生品质外,也明显地影响到农作物的其他品质。有些地区污灌已经使得蔬菜的味道变差,易烂,甚至出现难闻的异味;农产品的储藏品质和加工品质也不能满足深加工的要求。

### 3. 危害人体健康

土壤污染会使污染物在作物体中积累,并通过食物链富集到人体和动物体中,危害人畜健康,引发癌症和其他疾病等。

### 4. 其他环境问题

土地受到污染后,含重金属浓度较高的污染表土容易在风力和水力的作用下分别进入到大气和水体中,导致大气污染、地表水污染、地下水污染和生态系统退化等其他次生生态环境问题。

> **小 资 料**
>
> **土壤污染严重威胁人民生命**
>
> 环境保护不能只盯着蓝天白云而忽略了脚下的大地。土壤污染具有隐蔽性和潜伏性、不可逆性等特点。目前,土壤污染对我国国民健康和经济社会的巨大危害已经显现。据估算,全国每年受到重金属污染的粮食达1 200万吨,造成的直接经济损失超过200亿元。农业和土壤修复专家认为,目前我国以占全球7%的耕地养活着22%的人口,耕地资源十分紧缺,而土壤一旦遭到破坏,修复十分困难。因此,国家有关部门应尽早将控制污染与治理并举,保护有限的土地资源。
>
> 令人担忧的是,虽然现实已经非常严峻,相当多地方政府和企业在追求GDP、追求效益时,对土壤污染的严重性和危害性缺乏认识。同时,由于经费短缺等原因,国内一些学者开展的土壤修复试验难以深度推进。
>
> 自1997年至今,中国科学院地理科学与资源研究所环境修复中心主任陈同斌带领他的团队,在全国范围内对土壤污染治理的状况进行了调查,足迹踏遍湖南、云南、广西、贵州等地多个矿区。广东省生态环境与土壤研究所研究员陈能场来自香港,他舍弃香港优厚的待遇,来到一些土壤受到严重污染的农村,帮助村民进行农田土壤修复。但是,专家们的科研举步维艰。陈能场已摸索出了一套修复植物轮作技术,通过边生产边修复,最终达到粮食安全和完全修复的生态安全。他说,自己很想为农民做点事,但经费短缺,很多研究无法开展。陈同斌虽然已经找到能吸收砷元素的植物——蜈蚣草,并在湖南郴州建立了修复基地,但在推广时也面临经费短缺难题。
>
> 陈同斌说,与水污染、大气污染不同的是,土壤污染影响是根本性的,如果不加以有效防治,仅靠土壤自然恢复,一般需要两三百年。鉴于此,陈同斌、陈能场等专家呼吁,加大对矿产乱采滥挖的整顿力度,控制高污染企业、城镇和农村废弃物的排放,严禁国家禁用的农药在市场流通,从源头上防止新的土壤污染。同时,政府应加大对污染土壤修复资金扶持力度。政府部门应对重污染区植物修复推行补贴,提高全民参与受污染土地生物修复工程的积极性。
>
> 资料来源:《半月谈》,《土壤"中毒":污染向人类食物链进攻》,http://www.mnr.gov.cn/zt/hd/dqr/40dqr/dzhj/200903/t20090330_2054863.html,2008-4-16。

## 三、土壤污染的防治

### (一) 土壤污染源

1. 主要的土壤污染源

(1) 城市污水和固体废物

城市污水中常含有多种污染物。长期使用这种污水灌溉农田便会使污染物在土壤中积累而引起污染。将工业废物和城市污泥作为肥料施用于农田也会使土壤受到重金属、无机盐、有机物和病原体的污染。工业废物和城市垃圾的堆放场往往也是土壤的污染源。

(2) 农药和化肥

现代农业生产大量使用农药、化肥和除草剂也会造成土壤污染。例如,有机氯杀虫剂 DDT、六六六等在土壤中长期残留,并在生物体内富集;氯、磷等化学肥料,凡未被植物吸收利用的都在根层以下积累或转入地下水,成为潜在的环境污染物。

(3) 牲畜排泄物和生物残体

禽畜饲养场的积肥和屠宰场的废物中常含有寄生虫、病原体和病毒,利用这些废物作肥料时,如果不进行物理和生化处理,便会引起土壤或水体污染,并通过农作物危害人体健康。

(4) 大气沉降物

大气中的 $SO_2$、氮氧化物和颗粒物可通过沉降或降水而降落到农田。例如,北欧南部、北美东北部等地区,由于雨水酸度增大,土壤酸化,土壤盐基饱和度降低。大气层核试验的散落物可造成土壤的放射性污染。

2. 控制和清除土壤污染源

控制和消除土壤污染源,必须从以下方面入手。例如,提高工业用水使用次数,提高水资源使用效率,尽量减少工业废水排放量,工业废水必须经过处理达标后排放;禁止使用毒性大、环境存留时间长的农药,开发毒性小、易降解的农药,研制并推广使用更多的生物杀虫剂;提高资源综合利用水平,减小 $SO_2$ 排放量;等等。

### (二) 防治土壤的措施

要根据我国制定的"全面规划、合理布局、综合利用、化害为利、依靠群众、大家动手、保护环境、造福人民"的方针,贯彻"预防为主的原则",彻底清除污染源。对已经污染的土壤,必须采取一切有效的措施加以改良,从而提高土壤的环境质量,促进人类与动植物的健康成长。

1. 土壤污染的预防措施

(1) 依法预防

制定和贯彻防止土壤污染的有关法律法规,是防止土壤污染的根本措施。严格执行国家有关污染物排放标准,如农药安全使用标准、工业三废排放标准、农用灌溉水质标准、生活饮用水质标准等。

(2) 建立土壤污染监测、预报与评价系统

在研究土壤背景值的基础上,应加强土壤环境质量的调查、监测与预控。在有代表

性的地区定期采样或定点安置自动监测仪器，进行土壤环境质量的测定，以观察污染状况的动态变化规律。以区域土壤背景值为评价标准，分析判断土壤污染程度，及时制定出预防土壤污染的有效措施。

（3）发展清洁生产、消除污染源

主要有以下措施：① 控制"三废"的排放。在工业方面，应认真研究和大力推广闭路循环，无毒工艺。② 加强污灌管理，建立污水处理设施。污水必须经过处理后才能进行灌溉，要严格按照国家规定的"农田灌溉水质标准"执行。③ 控制化肥农药的使用。为防止化学氮肥和磷肥的污染，应因土因植物施肥，研究确定出适宜用量和最佳施用方法，以减少在土壤中的累积量，防止流入地下水体和江河、湖泊进一步污染环境。④ 植树造林，保护生态环境。土壤污染主要是以大气污染和水质污染为媒介的二次污染。森林是个天然的吸尘器，污染大气的各种粉尘和飘尘都能被森林阻挡、过滤和吸附，从而净化空气，避免了由大气污染而引起的土壤污染。森林在涵养水源、调节气候、防止水土流失以及保护土壤自净能力等方面也发挥着重要作用。

2. 污染土壤的综合治理措施

对于被污染的土壤或进入土壤的污染物，可采用以下措施进行综合治理。

（1）生物修复

土壤污染物质可以通过生物降解或植物吸收而被净化。例如，蚯蚓是一种能提高土壤自净能力的环境动物，利用它还能处理城市垃圾和工业废弃物以及农药、重金属等有害物质。因此，蚯蚓被人们誉为"生态学的大力士"和"环境净化器"等。积极推广使用治理农药污染的微生物降解菌剂，以减少农药残留量。利用植物吸收去除污染，严重污染的土壤可改种某些非食用的植物，如花卉、林木、纤维作物等，也可种植一些非食用的吸收重金属能力强的植物。

（2）施用化学物质

对于重金属轻度污染的土壤，使用化学改良剂可将重金属转为难溶性物质，减少植物对它们的吸收。对酸性土壤施用石灰，可提高土壤 pH 值，使锌、铜、汞等形成氢氧化物沉淀，从而降低它们在土壤中的浓度，减少对植物的危害。对于硝态氮积累过多并已流入地下水体的土壤，一要大幅度减少氮肥施用量，二要配施脲酶抑制剂、硝化抑制剂等化学抑制剂，以控制硝酸盐和亚硝酸盐的大量累积。

（3）增施有机肥料

增施有机肥料可增加土壤有机质和养分含量，既能改善土壤理化性质特别是土壤胶体性质，又能增大土壤环境容量，提高土壤净化能力。增施有机肥料还可增加土壤胶体对重金属和农药污染的吸附能力，同时土壤腐殖质可络合污染物质，显著提高土壤钝化污染物的能力，从而减弱其对植物的毒害。

（4）调控土壤氧化还原条件

调节土壤氧化还原电位（Eh 值），主要通过调节土壤水、气比例来实现。土壤氧化还原状况在很大程度上影响重金属变价元素在土壤中的行为，对其进行调节能使某些重金属污染物转化为难溶态沉淀物，控制其迁移和转化，从而降低污染物危害程度。在生产实践中这往往通过土壤水分管理和耕作措施来实现。例如，通过水田淹灌，Eh 可降至 160 mV，许多重金属都可生成难溶性的硫化物而降低毒性。

(5) 改变轮作制度

改变轮作制度会引起土壤环境条件变化，可消除某些污染物的毒害。实行水旱轮作是减轻和消除农药污染的有效措施。例如，DDT、六六六农药在棉田中的降解速度很慢，残留量大，而棉田改水田后，DDT 和六六六的降解大大加速。

(6) 换土和翻土

对于轻度污染的土壤，可采取深翻土或换无污染的客土的方法。对于污染严重的土壤，可采取铲除表土或更换客土的方法。这些方法改良较彻底，适用于小面积改良，但对于大面积污染土壤的改良，非常费事，难以推行。

(7) 实施针对性措施

对于重金属污染土壤的治理，主要通过生物修复、使用石灰、增施有机肥、灌水调节土壤 Eh、换客土等措施，降低或消除污染。对于有机污染物的防治，通过增施有机肥料、使用微生物降解菌剂、调控土壤 pH 和 Eh 等措施，加速污染物的降解，从而消除污染。

## 本 章 小 结

环境泛指某项主体周围的空间及空间中的介质。在环境科学中，要讨论的主体是人，所研究的环境是人类的生存环境，它包括自然环境和社会环境。从环境科学的角度来说，环境的含义是"以人类社会为主体的外部世界的总体"，既包括了以大气、水、海洋、土地、矿藏、森林、草原和野生生物等为内容的自然因素，又包含了以城市、乡村、公路、铁路、园林、风景名胜区、自然遗迹、人文遗迹等为内容的、经过人类加工改造过的社会因素。随着人口的急剧增加和经济的快速增长，地球上的大气和水体污染日趋严重，其影响也日趋深刻。本章还主要从环境科学基础几大宏观方面——大气污染、水污染、土壤污染的角度探讨污染物、污染源的形成，并提出一系列综合治理的措施。

## 推荐阅读文献

黄儒钦：《环境科学基础》，西南交通大学出版社，1997。

黄儒钦、郑爽英、王文勇：《环境科学基础》，西南交通大学出版社，2019。

埃班·古德斯坦、斯蒂芬·波拉斯基：《环境经济学》，中国人民大学出版社，2019。

## 复 习 题

一、名词解释

1. 环境科学
2. 环境污染
3. 大气环境
4. 大气污染物
5. 水土流失
6. 土壤

7. 水体

8. 沙漠化

二、简答题

1. 什么是环境,环境的内涵是什么?

2. 大气污染物和污染源主要有哪些?

3. 土壤污染的来源有哪些?防治土壤污染的方法与对策有哪些?

4. 水体污染有哪些危害?

三、论述题

1. 试从当今中国发展现状谈谈我国大气污染情况。

2. 沙漠化主要有哪些不良后果?搜集相关资料,分析并提出应对沙漠化的对策。

# 第四章 经济学基础知识

## 【学习要点】

从微观、宏观角度把握经济学的基础知识,掌握分析方法,学会运用经济学理论分析单个经济单位乃至整个国民经济体系。从微观角度来说,要掌握价格理论、消费理论、市场理论、生产理论等理论。从宏观角度来说,要掌握国民收入核算、国民收入决定、经济增长理论以及宏观经济政策等理论。同时要了解早期西方资源环境学的发展历史,掌握环境与资源经济学的几大基本理论。

## 第一节 微观经济学基础知识

微观经济学作为西方经济学的一个重要分支,是以单个经济单位作为考察对象,研究其经济行为及经济变量的单项数值的决定。从数量方面研究单个生产者、单个消费者以及单个市场的经济活动。微观经济学所涉及的是市场经济和价格机制的运行问题,其核心是市场均衡理论或价格理论。它实际上研究的是经济社会的既定资源被用来生产哪些产品、生产多少、采用什么生产方法、产品怎样在社会成员之间进行分配,总之是资源配置问题。其主要理论包括:价格理论、消费者行为理论、市场理论、生产理论、分配理论、一般均衡理论、福利经济学以及微观经济政策等。在这里主要介绍前四个微观经济学理论。

### 一、市场供求理论

(一) 市场供求原理的概念

1. 市场

市场中独立的经济单位分为卖方和买方两大类。买方包括以消费为目的购买商品和服务的消费者和以生产商品和提供服务为目的购买劳动力、资本和原材料的厂商。卖方包括出售商品和服务的厂商、出卖劳动力的工人以及向厂商出租土地或矿产资源的资源拥有者。卖方和买方相互作用形成市场。市场是通过相互作用使交易成为可能的卖方和买方的集合。

2. 资源市场供求原理

资源市场供求原理是指通过市场价格和供求关系的变化、经济主体之间的竞争,协调供给和需求之间的联系、产品和生产要素的流动与分配，从而实现资源配置的原理。资源市场供求原理的核心是市场机制。市场通过价格信号为处于竞争中的市场主体指示方向，通过竞争迫使市场主体对价格信号做出反应。适应市场者生存，不适应者被淘汰，市场机制由此发挥配置资源的作用。

（二）需求

1. 需求法则

需求是消费者在某一特定时间内在各种可能的价格下对某种商品愿意并且能够购买的数量。在特定的时间内，消费者对一定数量的商品所愿意支付的最高价格，叫需求价格。一般来说，商品的需求量与需求价格反向变动，这称为需求法则。如果用横轴代表商品的数量，纵轴代表商品的价格，则可得到表示商品的价格 $P$ 与需求量 $Q$ 之间关系的一条曲线，也就是需求曲线 $D$。需求曲线从左上方向右下方倾斜，且需求曲线的形状随着商品的不同而不同（见图 4-1）。

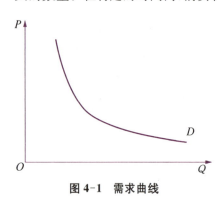

图 4-1　需求曲线

一种商品的需求量受多种因素影响，如商品的价格、家庭收入水平、收入分配的平均程度、消费者偏好、替代品或互补品的价格、消费者的预期价格等。

一定时间内某个家庭对一种商品的需求，称为个别需求。某个市场的所有家庭对这种商品的总需求，称为市场需求。市场需求曲线是市场中所有个体消费者需求曲线的水平相加。商品价格变动所引起的需求数量的变动，称为需求量的变动。商品本身价格不变时，其他因素变动引起的需求数量的变动，称为需求的变动。需求量的变动是指均衡点在一条既定的需求曲线上移动，而需求的变动是指整个需求曲线的移动。

2. 需求价格弹性

需求价格弹性 $E_{dp}$ 是指一种商品市场价格的相对变动所引起的需求量的相对变动，也就是需求量的变化率与价格的变化率之比。按照需求法则，需求量与价格成反向变动，故 $E_{dp}$ 一般为负值，但习惯上一般略去负号，采用其绝对值。根据 $|E_{dp}|$ 的大小，可将商品的需求价格弹性分为五种。

（1）完全无弹性

$|E_{dp}|=0$ 时，不管商品的价格如何变动，其需求量固定不变。此时称为完全无弹性，见图 4-2(a)。

（2）缺乏弹性

$0<|E_{dp}|<1$ 时，商品价格的任何变动，只会引起需求量较小程度的变动。此时称为缺乏弹性，见图 4-2(b)。

（3）单一弹性

$|E_{dp}|=1$ 时，价格的任何变动，会引起需求量同等程度的变动。此时称为单位需求弹性，见图 4-2(c)。

(4) 富有弹性

$|E_{dp}|>1$ 时,价格的任何变动,会引起需求量较大程度的变动。此时称为富有弹性,见图 4-2(d)。

(5) 完全弹性

$|E_{dp}|=\infty$ 时,价格的任何变动,会引起需求量的无限变动。此时称为完全弹性,见图 4-2(e)。

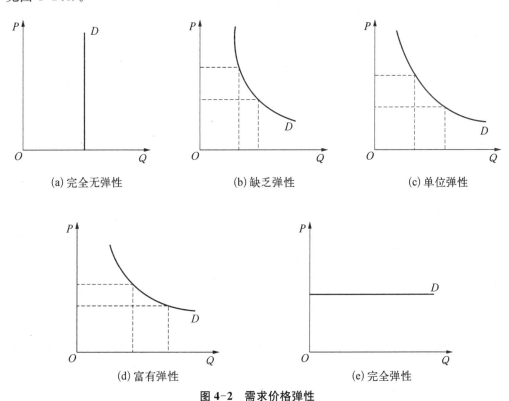

图 4-2 需求价格弹性

3. 需求收入弹性

需求收入弹性 $E_m$ 是指消费者收入的相对变动所引起的需求量的相对变动。根据 $E_m$ 的大小,可以将各种商品分类,如图 4-3 所示。

(1) 正常品

$E_m>0$,表示商品的需求量随着收入的提高而增加,这种商品称为正常品。其中,如果 $E_m>1$,表示收入发生相对变动时,商品需求量的变化更大,这种商品称为奢侈品;如果 $0<E_m<1$,表示收入发生相对变动时,商品需求量的变化较小,这种商品称为必需品。

(2) 劣质品

$E_m<0$,表示商品需求量随着收入增加

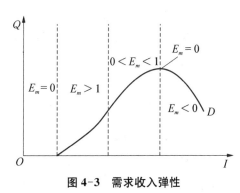

图 4-3 需求收入弹性

而减少,这种商品称为劣质品。

4. 需求交叉弹性

$$E_{XY}=\frac{\frac{\Delta Q_X}{Q_X}}{\frac{\Delta P_Y}{P_Y}}=\frac{\Delta Q_X}{\Delta P_Y}\cdot\frac{P_Y}{Q_X}$$

式中,$E_{XY}$ 为需求的交叉价格弹性,$Q_{dx}$ 为 X 商品的需求量,$\Delta Q_{dx}$ 为 X 商品需求量的变动量,$P_Y$ 为 Y 商品的价格,$\Delta P_Y$ 为 Y 商品价格的变动量。

需求交叉弹性是指一种商品价格的相对变动所引起的另一种商品需求量的相对变动。

$$点弹性:E_{XY}=\frac{\frac{dQ_X}{Q_X}}{\frac{dP_Y}{P_Y}}=\frac{d_{QX}}{d_{PY}}\cdot\frac{P_Y}{Q_X}$$

根据 $E_{XY}$ 的大小,可以判断两种商品之间的关系:$E_{XY}<0$,表示这两种商品为互补品;$E_{XY}>0$,表示这两种商品为替代品;$E_{XY}=0$,表示一种商品价格的相对变动对另一种商品需求量的变动没有影响,这两种商品为独立品。常见的互补品如茶叶和茶杯、牙刷与牙膏,常见的替代品如火车与飞机、羊肉与牛肉。

(三) 供给

1. 供给法则

供给是指一定时间内,厂商在各种可能的价格下,对某种商品愿意并且能够提供的数量。在特定时间内,厂商对一定数量的商品所愿意出售的最低价格,称为供给价格。一般来说,商品的供给量与供给价格正向变动,称为供给法则。

2. 供给曲线

如果用横轴代表商品的数量,纵轴代表商品的价格,可得到表示商品的供给价格与供给数量之间关系的一条曲线,也就是供给曲线,如图 4-4 中的 $S_0$ 和 $S_1$。供给曲线一般从左下方向右上方倾斜,且供给曲线的形状随着商品的不同而不同。

某种商品的供给受多种因素影响,如商品的价格、技术水平、有关商品的价格、生产要素的价格、厂商对未来的预期等。在供给曲线上任何点间的移动,称为供给量的变动。供给的变动是指产品价格之外的因素引起的整个供给曲线的移动。

在一定时间内,某个厂商对一种商品的供给量称为个别供给,某个市场的所有厂商对这种商品的总供给量称为市场供给。市场供给曲线是市场中所有个体厂商供给曲线的水平相加。

3. 供给价格弹性

供给价格弹性 $E_{sp}$ 是指一种商品市场价格的相对变动所引起的供给量的相对变动,也就是供给量的变化率与价格变化率之比。与需求价格弹性一样,供给价格弹性也可以分为五种情况。

$$供给价格弹性系数 = \frac{供给量的相对变化}{价格的相对变化} = \frac{\frac{\Delta Q}{Q}}{\frac{\Delta P}{P}} = \frac{\Delta Q}{\Delta P} \cdot \frac{P}{Q}$$

供给完全无弹性：$|E_{sp}|=0$。
供给缺乏弹性：$0<|E_{sp}|<1$。
单位供给弹性：$|E_{sp}|=1$。
供给富有弹性：$|E_{sp}|>1$。
供给完全弹性：$|E_{sp}|=\infty$。

### (四) 市场均衡

**1. 均衡价格**

如图 4-4 所示，在完全竞争市场条件下，市场通过价格自动调节供给和需求，使二者相等。此时的状态称为均衡状态，需求曲线 $D_0$ 和供给曲线 $S_0$ 的交点为均衡点。此时的商品数量称为均衡数量，即 $Q_0$。此时的商品价格称为均衡价格，即 $P_0$。

**2. 局部均衡和一般均衡**

在西方经济学中，均衡可分为局部均衡和一般均衡。局部均衡是假定其他条件不变，分析一种商品或生产要素的供给和需求达到均衡时的价格决定。一般均衡是假定各种商品和生产要素的供给、需求和价格相互影响时的价格决定。

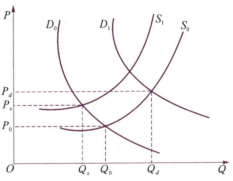

图 4-4 需求与供给的变动对市场均衡的影响

**3. 市场均衡**

需求与供给的变动可以影响市场的均衡，从而起到调节市场的作用。市场上商品的均衡价格和数量是由需求和供给两种力量所决定的，任何一方的变动都会引起均衡点的变动。如需求的增加短期内引起均衡价格和均衡数量的上升；需求的减少短期内引起均衡价格和均衡数量的下降。供给的增加短期内引起均衡数量上升，均衡价格下降；供给的减少短期内引起均衡数量下降，均衡价格上升。可见，需求的变动短期内引起均衡价格和均衡数量同方向变动而供给的变动引起均衡价格反方向变动和均衡数量的同方向变动。

如图 4-4 所示，需求短期变动，由 $D_0$ 到 $D_1$，均衡价格由 $P_0$ 到 $P_d$，均衡数量由 $Q_0$ 到 $Q_d$。供给短期变动，由 $S_0$ 到 $S_1$，均衡价格由 $P_0$ 到 $P_s$，均衡数量由 $Q_0$ 到 $Q_s$。

## 二、消费者行为理论

消费理论主要说明消费者行为规律对社会需求的影响。消费理论的出发点是稀缺规律:任何一个消费者的收入总是有限的,而人的欲望是无止境的,因此消费行为首先是个配置问题,即如何把有限的收入分配在必需的商品上,使消费者能获得最大的欲望满足。

### (一) 边际效用价值论

价值形成的两个必要条件是:① 一个商品之所以有价值,首先在于它的效用性,即具有满足人们某种欲望或需要的能力;② 它必须是稀缺的,西方经济学认为供给无限的物品是没有经济价值的,而衡量价值量的尺度是边际效用。

**1. 边际效用**

边际效用是指消费者每增加消费一个单位商品所增加的效用。西方经济学基数效用论为了说明边际效用,假定用效用单位来度量效用的大小,如表 4-1 所示。

表 4-1 边际效用表

| 物品消费单位 | 总效用 | 边际效用 | 物品消费单位 | 总效用 | 边际效用 |
|---|---|---|---|---|---|
| 0 | 0 | 0 | 1 | 10 | 10 |
| 2 | 18 | 8 | 3 | 24 | 6 |
| 4 | 28 | 4 | 5 | 30 | 2 |
| 6 | 30 | 0 | 7 | 28 | −2 |

从表 4-1 看出,边际效用是新增一个单位的物品消费所增加的效用,即总效用的增量。例如,在消费 3 个单位物品时,总效用为 24,再增加消费一个单位物品,总效用达到 28,那么这一个单位物品消费所增加的总效用 4 就是当消费单位由 3 增加到 4 时的边际效用。

**2. 边际效用递减规律**

边际效用递减规律是指在不断消费同一物品的过程中,每增加一个单位物品消费给消费者带来的效用增量是递减的。例如,对于一个快要渴死的人,喝第一杯水的效用是能挽救他的生命,第二杯水的效用是使他恢复体力,第三杯水的效用只能使他不再感觉口渴,第四杯水可能已没有效用,而第五杯水则会使他感到不适,也就是带来了负效用。这就是边际效用递减。

**3. 消费者剩余**

在商品市场上,消费者能够购买大量商品,就其中任何一种商品而言,消费者愿意支付的金额都比他(或她)实际支付的金额要多得多。消费者剩余是指消费者为得到一定量商品或劳务所愿意付出的价格与其实际付出的价格的差额。用公式(4-1)表示为

$$消费者剩余 = 愿意支付的价格 - 实际支付价格 \quad (4-1)$$

由于消费者愿意支付的价格取决于商品(或劳务)对消费者的边际效用,因此上式可改写为

$$消费者剩余 = 边际效用 - 实际价格 \quad (4-2)$$

$AB$ 为消费者需求曲线,表示消费者对每一单位商品所愿意支付的最高价格,消费者剩余可用消费者需求曲线以下、市场价格线之上的面积来表示,即图 4-5 中阴影部分面积。

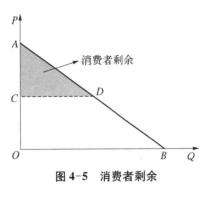

图 4-5　消费者剩余

(二) 消费者均衡

任何一个消费者都面临着商品消费决策的"两难问题"。一方面,消费欲望是无限的,人们总是追求对更多商品的消费;另一方面,资源是有限的,人们满足欲望的手段总是不足的。因此,研究消费者在消费资源约束条件下实现消费者效用最大化时,必须引进消费者均衡的概念。消费者均衡指的是消费者达到最大满足程度,即消费者从消费中得到的总效用最大时的一种状态。当然,理性的消费总是以效用最大化为目标的,但任何现实的消费行为总要受到诸多限制和制约,如消费者收入的限制、商品价格的约束以及购买多种商品的取舍等。因此,效用最大化总是特定条件下的最大化效用。消费者均衡分析是为了解决如何进行收入的最佳配置,使消费者获得最大满足的问题。

1. 无差异曲线

无差异曲线表示两种商品的不同数量组合对消费者所提供的满足程度是相同的。假定有 X、Y 两种商品,按 A、B、C、D 四种方式进行数量组合,这四种组合对某消费者的满足程度是相同的,如表 4-2 所示。

表 4-2　相同满足度的不同商品组合表

| 组 合 方 式 | 商品 X 的数量 | 商品 Y 的数量 |
| --- | --- | --- |
| A | 4 | 1.5 |
| B | 3 | 2 |
| C | 2 | 3 |
| D | 1 | 6 |

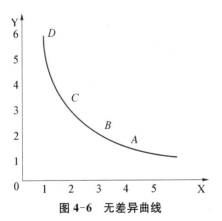

图 4-6　无差异曲线

根据表 4-2,在平面坐标图上以商品 X 的数量为横轴,以商品 Y 的数量为纵轴,把不同组合方式的各点连接起来,可以画出一条曲线。这条曲线表明,线上各点所标示的 X 与 Y 的不同数量组合给某消费者带来的满足程度是相同的。这就是无差异曲线,如图 4-6 所示。

在同一平面上可以有无数条相互平行的无差异曲线,如图 4-7 所示。同一曲线上各点代表相同的满足程度,不同的无差异曲线代表不同的满足程度。离原点越近的无差异曲线所代表的满足

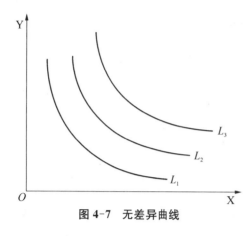

图 4-7 无差异曲线

程度越低,如 $L_1$;离原点越远的无差异曲线所代表的满足程度越高,如 $L_3$。

2. 消费可能线

消费可能线又称预算线或等支出线,它表示在一定的商品价格条件下消费者的定量支出所能购买的两种商品的不同数量组合。

假定某人用 100 元购买 X、Y 两种商品,X 单价 5 元,Y 单价 10 元。如果全购买 X,可购买 20 单位,全购买 Y,可购买 10 单位。在坐标轴上,以横轴表示商品 X 的购买数量,以纵轴表示商品 Y 的购买数量,将商品 X、Y 不同的数量组合的点描绘在坐标轴上,连接各点所形成的线段即为消费可能线,如图 4-8 所示。对于购买 X、Y 两种商品,同一平面上可以有无数条相互平行的消费可能线,如图 4-9 所示。

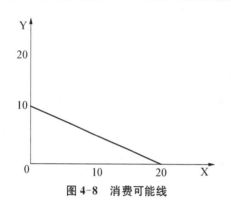

图 4-8 消费可能线

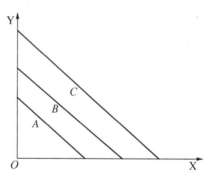

图 4-9 相互平行的消费可能线

不同消费可能线所代表的支出水平不同。越靠近原点,其支出水平越低,如线 A;越远离原点,其支付水平越高,如线 C。

3. 消费者均衡点

如果把无差异曲线与消费可能线放在一个坐标图上,每条消费可能线必定与一条无差异曲线相切于一点,切点就是消费者均衡点,如图 4-10 所示。消费者均衡点说明,在商品价格与消费支出既定的条件下,消费者只要按照消费者均衡点所表示的两种商品的数量组合来购买商品,必然能获得最大程度的欲望满足。

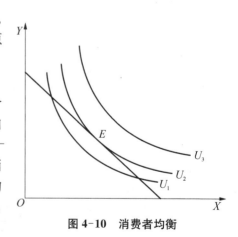

图 4-10 消费者均衡

(三)恩格尔定律与消费结构

1. 恩格尔系数

恩格尔系数是食品支出总额占个人消费支出总额的比重。19 世纪德国统计学家恩格尔根据统计资料,对消费结构的变化得出一个规律:一个家庭收入越少,家庭收入中(或总支出中)用来购买食物的支出所占的比例就越大,随着家庭收入的增加,家庭收入中(或总支出中)用来购买食物的支出比例则会下降。这就是恩格尔定律。

$$恩格尔系数 = 食物支出金额 \div 总支出金额 \times 100\% \quad (4-3)$$

通过比较不同地区或同一地区不同时期的恩格尔系数,能够了解社会平均收入水平以及经济发展程度。现代西方经济学认为,恩格尔定律的普遍适用性要建立在两个前提之下:① 假定除收入水平外其他变量都是常数,如城市化程度、饮食习惯等;② "食物支出"要有统一的含义,即它只能包括维持生活所必需的食物支出,否则现代食品加工业及餐饮业的发展也会导致恩格尔系数的增大。

2. 消费结构

消费结构是指各类消费支出在总支出中所占的比重。它可以分为微观消费结构与宏观消费结构。微观消费结构是指个人或一个家庭的消费结构,宏观消费结构是指一个国家或地区的消费结构。

影响消费结构变化的最基本因素是收入水平。另外,商品的价格、消费习惯也会对消费结构产生一定的影响。消费结构变动一般趋势是:非商品性消费比重下降,商品性消费比重上升;生活资料消费比重下降,享受、发展资料消费比重上升;实物消费比重下降,劳务消费比重上升。

对社会而言,消费结构变化所引起的消费品生产结构的调整会促进社会产业结构的高度化。一般说来,产业结构变化的规律是:第一产业比重不断下降,第二产业比重在上升到一定程度之后也会出现缓慢下降,第三产业的比重则不断上升。这是与消费结构变动趋势相适应的。

## 三、市场理论

### (一)完全竞争市场

完全竞争市场是指竞争充分而不受任何阻碍和干扰的市场结构。在这种市场类型中,买卖人数众多,买者和卖者是价格的接受者,资源可自由流动,信息具有完全性。

一个完全竞争的市场应当具有以下条件:① 市场有大量的买者和卖者;② 市场上的商品是同质的、无差别的;③ 不存在市场的进入壁垒,各种生产资源可以在市场内外自由流动;④ 买卖各方对商品知识和市场信息都有充分的了解。农产品市场被认为是典型的完全竞争市场。在完全竞争市场条件下,市场价格只受供给总量与需求总量的影响,因而市场价格水平与均衡价格水平趋于一致。

从长期看,完全竞争市场条件下,生产者按照均衡价格出售商品可以获得正常利润,但没有超额利润。如果不能保证生产者的正常利润,大量企业会减少或退出生产,使供给总量减少,供不应求条件下价格会上升。如果个别企业通过改进生产技术,降低成本而在短期内获得超额利润,这会诱使其他企业的模仿和吸引新的厂商加入,供给总量增加,当供过于求时价格会下降,超额利润随即消失。在价格机制的充分作用下,经济资源在部门间、企业间无障碍地趋利性流动,从而保证社会上的人力、财力、物力被分配到最有效率的部门和产品上,使资源得到充分利用。

#### (二) 完全垄断市场

完全垄断市场是指某产品市场完全由一家企业所控制,它包括完全政府垄断和完全私人垄断。

垄断竞争市场的条件有:① 生产集团中有大量的企业生产有差别的同种产品,这些产品彼此之间都是非常接近的替代品;② 一个生产集团中的企业数量非常多,以至于每个厂商都认为自己的行为的影响很小,不会引起竞争对手的注意和反应,因而自己也不会受到竞争对手的任何报复措施的影响;③ 厂商的生产规模比较小,因此进入和退出一个集团比较容易。

完全垄断市场形成的原因在于:① 技术的原因;② 法律的原因(如煤、电力、铁路等行业);③ 自然垄断,厂商控制了生产某种产品必需的原料供给;第四,市场经济的原因。

完全垄断可分为两种类型:① 政府完全垄断。这通常在公共事业中居多,如国有铁路、邮电等部门。② 私人完全垄断。例如,根据政府授予的特许经营,或根据专利生产的独家经营以及由于资本雄厚、技术先进而建立的排他性的私人垄断经营。

#### (三) 垄断竞争市场

垄断竞争市场又称为不完全竞争市场,是介于完全竞争与完全垄断之间的市场类型,是经济生活中大量存在的市场类型。日用工业品市场被认为是典型的垄断竞争市场。

垄断竞争市场存在的条件是:① 企业数目比较多,彼此之间有竞争,新企业有可能加入该行业;② 产品之间存在差别,即产品在质量、包装、形状、商标等方面存在差别,垄断就是由于这些差别的存在而产生的。

在垄断竞争市场条件下,超额利润在短期内存在,而在长期内不易存在。从短期来看,企业产品差别所形成的垄断地位而得到超额利润,这类似于完全垄断。但从长期来看,超额利润的存在吸引着新厂商的加入和仿效,因而超额利润会消失,这又类似于完全竞争。

垄断竞争市场条件有利于技术创新。完全垄断市场缺乏竞争,厂商不会产生进行技术创新的愿望。完全竞争市场缺少保障技术创新收益的垄断,技术创新很快就会被其他企业仿效,因而也不容易产生重大的技术创新。介于二者之间的垄断竞争,既有竞争的威胁,又有一定的垄断保障,最能促进技术创新。

#### (四) 寡头垄断市场

寡头垄断市场是介于完全垄断和垄断竞争之间的一种市场模式,是指某种产品的绝大部分由少数几家大企业控制的市场。每个大企业在相应的市场中占有相当大的份额,对市场的影响举足轻重,如美国的钢铁和汽车、日本的家用电器等规模庞大的行业。在这种市场条件下,商品市场价格不是通过市场供求决定的,而是由寡头通过协议或默契形成的。这种联盟价格形成后,一般在相当长的时间内不会变动。这是因为这些厂商彼此互相依存,每个厂商不得不考虑自己的产品价格对其他厂商的价格可能发生的影响,以及其他厂商的产品价格对自己的影响。因此,在经济衰退时,如果产品销不出去,寡头们宁可减少产量也不愿降价,以免引起其他厂商采取相应对策,彼此削价造成两败俱伤。

## 四、生产理论

生产理论研究的是生产者的行为规律。在市场经济条件下,生产理论就是要研究解决企业如何进行资源配置,才能在成本既定的条件下实现收益最大,或在收益既定的条件下实现成本最小。

### (一)生产成本

生产成本是企业在生产活动中所投入的全部生产要素的价格,它由工资、利息、地租、利润构成。正常利润作为企业家投入管理才能获得的报酬,应和其他生产要素的报酬一样计入成本,只有超额利润才不包括在成本之内。这和马克思主义政治经济学的成本概念不包括剩余价值,即不包括正常利润在内是不同的。

### (二)长期成本与短期成本

经济学中的长期与短期并不单纯以时间长短来划分,而是以在这个时期内生产要素能否全部调整为标准。对于不同行业、不同企业而言,长期与短期的时间长短是不同的。长期成本是厂商在长期内根据所要达到的产量调整全部生产要素的投入量所发生的费用。长期成本没有可变成本与固定成本之分。长期成本分析的目的在于,企业根据市场的长期预测,如何调整其全部生产要素形成适度生产规模以获得最大利润。短期成本是厂商在短期内不改变其生产规模及设备、厂房等固定资产投入量,只改变原材料、燃料、劳动等的投入量来调整生产时发生的费用。短期成本可分为固定成本和可变成本。长期成本分析着眼于企业的长远规划、发展战略,而短期成本分析则解决在企业规模既定条件下的日常经营与管理。

### (三)企业收益与收益最大化

收益是指企业销售商品的收入。总收益是企业销售商品的全部收入。平均收益是企业平均销售一个单位商品的收入(商品的单价)。边际收益是指企业每多销售一单位商品所增加的收入,即总收益的增量。

企业经营的目的是获得最大利润。企业如何确定产量水平才能获得最大利润呢?西方经济学认为,当边际收益等于边际成本时的产量水平能使企业获得最大利润。边际收益等于边际成本,就是最大利润原则。如果边际收益大于边际成本,说明企业扩大产量所需追加的投入要小于由此所带来的产出,企业还有利润潜力,这时企业扩大产量显然是有利的。反之,如果边际收益小于边际成本,说明企业这时为增加产量所追加的投入已大于由此所带来的追加产出,企业已出现利润损失,这时企业必须减少产量。只有当边际收益等于边际成本时,企业有可能得到全部利润,即实现了利润最大化。

### (四)生产要素最佳投入水平的确定

生产要素投入水平所研究的问题是:假定在生产过程中只有一种生产要素投入水平是可变的(其他各种生产要素投入量都是限定的),不同的该要素投入水平带来不同的产量,那么投入多少这种要素,其产量能使企业获得最大利润呢?

1. 生产函数

生产函数表示生产要素的某一种组合与它可能产生的最大产量之间的关系。生产需要多种投入要素,在一定技术水平下,产量取决于所使用的各要素投入的数量和它们之间的比例。

生产函数的方程表达式(4-4)为

$$Q_X = f(a, b, c, \cdots, n) \tag{4-4}$$

其含义是在既定技术水平条件下,为生产 $Q$ 数量的 X 产品,需要按一定的数量和比例投入的生产要素 $a, b, c, \cdots, n$。在生产要素数量既定的条件下,也可以用生产函数计算能生产出的最大产品数量。

2. 边际收益递减规律

边际收益递减规律是指在其他生产条件不变时,连续把某一生产要素的投入量增加到一定限度后,所得到产量增量是递减的。说明边际收益递减规律的典型例子是农业中化肥施用量与产量之间的关系。例如,在小麦地里连续增施化肥,如果水、土、种子、劳动等其他生产条件不变,每单位化肥所引起的小麦增产量在达到一定水平后出现递减。

(五)生产要素最佳投入组合的确定

如果可变生产要素不是一种,而是两种,而且这两种要素在一定程度上可以互相替代,那么为了保证同样的产量水平,应该如何确定两种生产要素的配合比例才能使成本最低呢?这就是生产要素最佳投入组合所要研究的问题。

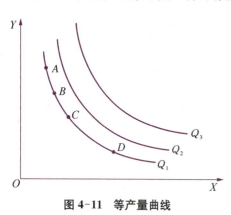

图 4-11 等产量曲线

1. 等产量曲线

等产量曲线是用来表示两种可替代生产要素的不同组合得到一个定量产品的曲线,如图 4-11 所示。例如,假定其他生产条件不变,X 和 Y 是两种可相互替代的生产要素,为了生产一定量产品,企业可以采取 A、B、C、D 四种不同的投入组合方式,如表 4-3 所示。

表 4-3 四种不同的投入组合方式

| 组合方式 | X 投入量 | Y 投入量 |
| --- | --- | --- |
| A | 1 | 6 |
| B | 2 | 3 |
| C | 3 | 2 |
| D | 6 | 1 |

等产量曲线的主要特征有:① 等产量曲线的坐标图上,任何一点都有一条等产量

线通过;② 等产量曲线具有负斜率;③ 任何两条等产量曲线不相交;④ 不同的等产量曲线所表示的产量水平不同,距原点越近的曲线所表示的产量水平越低,距原点越远产量水平越高。

根据表 4-3,以横轴表示 X 的投入量,以纵轴表示 Y 的投入量,可以画出等产量曲线,即图 4-11 中的 $Q_1$,这条等产量曲线上任意一点所表示的不同的 X 与 Y 的组合都能生产出等量产品。同一平面上可以有许多条等产量曲线。

2. 等成本线

等成本线是相等成本可购买的两种生产要素不同组合的轨迹,如图 4-12 所示。如上例中,在其他生产条件不变的情况下,企业为生产某种产品需投入 X、Y 两种可相互替代的生产要素。如果这两种生产要素的价格是既定的,企业为购买这两种要素的总支出也是既定的,那么 X 与 Y 的投入量可以有不同组合,这些组合都在同一条直线上,这条直线就是等成本线。在一个平面坐标图上可以有许多条等成本线,同一条等成本线上各点表示不同的要素组合,其成本水平相等。不同的等成本线表示不同的成本水平,靠近原点越近的等成本线表示的成本水平越低,越远成本水平越高。

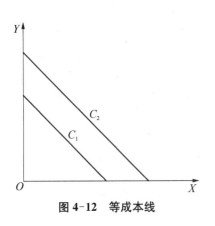

图 4-12 等成本线

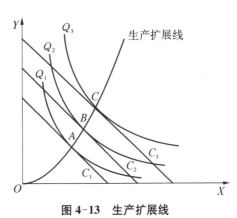

图 4-13 生产扩展线

3. 切点与扩展线

将等成本线与等产量线合在一个坐标图上(见图 4-13),每条等成本线必定与某一条等产量线相切于一点,切点所表示的要素配合比例能保证使企业在成本既定的条件下获得最大产量或在产量既定的条件下实现最小成本。这与我们在消费理论中介绍的消费者均衡点理论是相似的。

将各个切点连接起来可得到一条扩展线。扩展线的含义是,企业只要沿着这条线所表示的要素配置来扩大生产,总能保证以最小成本获得最大产量。

(六)产品最佳组合的确定

产品最佳组合所讨论的是:在使用有限资源生产两种产品时,如何安排一种产品的配合比例使总收益达到最大。

1. 生产可能线

生产可能线是在既定资源条件下所能生产的两种产品不同组合的轨迹。例如,在一定的技术与资源条件下,生产 X、Y 两种产品。两种产品各自生产的数量有 A、B、C

等不同的组合方式。

在坐标图上以横轴表示 X 产品的数量,以纵轴表示 Y 产品的数量,可以绘出一条曲线,线上各点所表示的不同产品组合所需资源数量都是相等的,这就是生产可能线(见图 4-14)。生产可能线内(靠近原点方向)的各点所表示的产品组合,说明现有资源未能充分利用,即还有生产潜力;线外各点所表示的产品组合是现有的资源条件所达不到的产品组合状态。

2. 机会成本

机会成本是指利用一定资源获得某种收入时必须放弃的另一种收入。利用机会成本可以对一定资源的不同利用方式所能取得的经济收益进行比较,以选择最大收益的利用方式。可行性研究正是根据机会成本这一分析理念进行的。

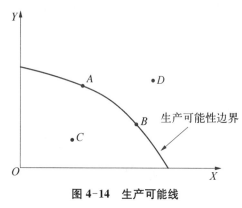

图 4-14 生产可能线

（七）规模经济

规模经济研究的是企业如何通过调整生产规模,引起收益变化而获得经济上的利益。

规模经济与收益递减规律不同。后者是指当其他生产要素投入量不变,而只增加一种生产要素投入量,其边际收益变动的情况。前者则是指整个生产规模,也就是全部生产要素投入同时增加所引起的收益变化。边际收益递减适用于短期成本分析,而规模经济适用于长期成本分析。随着生产规模的不断扩大,收益的变动一般经历三个阶段:第一阶段,收益增加的幅度大于规模扩大的幅度,这时扩大生产规模显然是有利的;第二阶段,收益扩大的幅度与规模扩大的幅度相当;第三阶段,收益扩大的幅度小于规模扩大的幅度,甚至有可能收益绝对量也在下降,这时规模扩大必然是不适当的。

规模经济可以从内在经济、外在经济两方面分析。

内在经济是指企业由于规模扩大,其自身内部发生变化所引起的收益增加。例如,企业规模扩大可以使用高效率的先进设备,可以更精细地分工,降低管理人员比例,对副产品综合利用等。相反,如果企业规模过大,也会由于管理效率降低等内在原因导致规模收益递减,这就是内在不经济。

外在经济是指整个行业规模扩大使个别企业收益增加。例如,全行业规模扩大,个别企业可以取得修理、服务、信息、技术人员供给等方面的好处,从而规模收益递增。相反,行业规模过大会导致生产要素供给紧张,环境污染严重也会引起规模收益递减,这就是外在不经济。

由此可见,企业规模过大与过小都会引起规模不经济,只有适度规模的企业才最具竞争力。一般而言,劳动密集型产业的企业适度规模较小,而资本密集型产业的企业适度规模较大。企业的适度规模受很多因素影响,在具体分析时要结合产业特点、技术状况、市场容量、竞争对手等情况,做出正确的规模调整决策。

> **小 资 料**
>
> **美国的石油大王洛克菲勒是怎样起家的?**
>
> 19世纪50年代,洛克菲勒是某银行的一个小职员,他在一次坐轮船出差的旅途中,得知该轮船上装满了火油,将要在爱克斯城卸下,那里的居民正等着火油点灯。
>
> 不幸的是,轮船在海上爆炸了。别的死里逃生的旅客都在忙着晒衣服、找饭吃、找住宿,而洛克菲勒却租了一匹快马,长途跋涉,飞速来到爱克斯城,走进一家杂货店,买下了库存的全部火油。他对老板说:"我先存在你这里,两天后来取货。"随后,他将城里所有的火油都买下了。
>
> 当时,美国既没有发电厂,也没有电话和电报,爱克斯城里的人都不知道轮船失事的消息。第二天中午,其他落水的旅客带来了轮船失事的消息。居民们急忙去杂货店抢购火油。但是所有的杂货店的火油都卖光了。此时洛克菲勒来了,说:"我的火油可以卖给你们,但需要支付双倍的价钱。"所有的人都同意了,并支付了双倍的价钱。
>
> 从此,洛克菲勒辞去了银行的工作,拿赚来的大笔利润开始了石油交易。后来,洛克菲勒成为美国历史上有名的石油大王。
>
> 资料来源:百度文库,"微观经济学第八章完全竞争",https://wenku.baidu.com/view/82d91fb05222aaea998fcc22bcd126fff7055d84.html,2020-7-12。

## 第二节 宏观经济学基础知识

宏观经济学与微观经济学相对应,共同组构了现代西方经济学。宏观经济学是1936年以凯恩斯《就业、利息和货币通论》的发表为标志而建立起来的。宏观经济学以整个国民经济为研究对象,研究各有关经济总量的决定及其变化规律。其基本原理包括:国民收入核算、国民收入决定、失业和通货膨胀、宏观经济政策等,其中以国民收入决定理论为中心内容。

### 一、国民收入核算理论

国民收入是反映一个社会经济发展水平最基本的经济变量。宏观经济学从研究国民收入的决定及其变化着手展开全部宏观经济理论。

#### (一)国民经济核算的指标体系

国民经济核算体系(SNA)是一套系统地整理、表示市场经济国民经济的各种价值流量和存量的完整方法,它把国民收入核算、投入产出表、资金流量表、国际收支平衡表及资产负债表五种重要的国民经济核算方法,结合进一个严密而又相互联系的体系中,对整个国民经济运行进行描述、测定和计算,是最高层次的宏观核算和宏观经济信息系统。

自1992年开始,我国全面实施新国民经济核算体系,用国内生产总值GDP取代国民生产总值GNP,从此GDP成为反映国民经济发展变化情况最重要的统计指标。GDP是指在本国领土范围内本国居民和外国居民生产的最终产品或劳务的总量。

20世纪90年代以来,又出现了GGDP,也就是"绿色GDP",主要是将资源环境及相关社会问题的代价因素纳入国民经济核算中,作为成本的一部分。换句话说,从GDP中扣除核算出来的资源、环境及相关社会问题的成本费用,就可以得到GGDP。

### (二) GDP核算的基本方法

#### 1. GDP核算范围

我国的新核算体系把所有常住基层单位划分为16个产业部门,并对这些行业进行了三次产业划分。GDP核算在生产范围的界定上力求与1993年SNA的国际规定一致,主要包括以下内容:① 所有提供或供给其他单位的货物或服务的生产;② 生产者用于自身最终消费或资本形成的一切自给性生产;③ 自有住房服务和付酬家庭雇员提供的家庭或个人服务的自给性生产。

#### 2. 主要核算方法

(1) 支出法

$$国内生产总值 = 总消费 + 总投资 + (出口 - 进口) \tag{4-5}$$

(2) 收入法

$$国内生产总值 = 固定资产折旧 + 劳动者报酬 + 生产税净额 + 营业盈余 \tag{4-6}$$

(3) 生产法

$$国内生产总值 = 总投入 - 中间投入 \tag{4-7}$$

## 二、国民收入决定理论

国民收入决定理论是要说明总需求与总供给如何决定均衡的国民收入水平,以及均衡的国民收入水平是如何变动的。

### (一) 国民收入的构成

国民收入可以从总供给和总需求两个方面来分析。

从总供给方面分析,国民收入是指一国在一定时期内各生产要素,即劳动、资本、土地和企业家才能供给的总和,或者说,等于各生产要素所有者相应得到的报酬总和,即工资、利息、地租、利润的总和。所以,

$$\begin{aligned}国民收入 &= 总供给 \\ &= 劳动的供给 + 资本的供给 + 土地的供给 + 企业家才能的供给 \\ &= 劳动供给报酬 + 资本供给报酬 + 土地供给报酬 + 企业家才能供给报酬 \\ &= 工资 + 利息 + 地租 + 利润 \end{aligned} \tag{4-8}$$

各生产要素供给的报酬,除了用于个人消费外,余下的部分用于储蓄。所以,

$$国民收入 = 消费 + 储蓄 \qquad (4-9)$$

从总需求方面分析,国民收入是一国在一定时期内用于消费支出和用于投资支出的总和,也就是等于国内对消费品需求和投资品(即生产资料)需求的总和,亦即消费和投资的总和。所以,

$$国民收入 = 总需求 = 消费支出 + 投资支出$$
$$= 消费品需求 + 投资品需求 = 消费 + 投资 \qquad (4-10)$$

用 $Y$ 表示国民收入,$C$ 表示消费,$I$ 表示投资,$S$ 表示储蓄,可以写出以下两个公式。

从总供给方面看:

$$Y = C + S \qquad (4-11)$$

从总需求方面看:

$$Y = C + I \qquad (4-12)$$

这就是国民收入构成最简单的公式。

(二) 国民收入的均衡

国民收入水平是由总需求和总供给决定的,只有总需求等于总供给,国民收入才能实现均衡。也就是说,一定时期内向市场提供的商品与劳务的价值总和刚好等于社会购买力时,国民收入才能均衡。如果总需求小于总供给,表明社会需求不足,产品卖不出去,价格必然下跌,生产必然收缩,从而总供给减少,国民收入随之减少。如果总需求大于总供给,表明社会供给不足,产品供不应求,物价就会上升,生产必然扩大,从而总供给增加,国民收入也会增加。如果总需求等于总供给,则生产不增加也不会减少,从而国民收入处于均衡状态。由此可以得出:国民收入均衡的基本条件是,总需求等于总供给,其公式为

$$总需求 = 总供给 \qquad (4-13)$$

即

$$C + S = C + I \qquad (4-14)$$

等式两边消去 $C$,则

$$S = I \qquad (4-15)$$

总之,总需求小于总供给,国民收入缩减;总需求大于总供给,国民收入扩张;总需求等于总供给,国民收入均衡。但国民收入均衡并不等于实现充分就业。国民收入的均衡有三种不同的均衡:① 低水平的均衡,反映的是生产能力利用不足,失业增多,国民收入不景气,是一种小于充分就业的均衡;② 高水平的均衡,反映的是生产能力得到充分利用,失业基本解决,经济呈现繁荣,是充分就业的均衡;③ 超能力的均衡,它仅表现为货币均衡。

### (三) 政府起作用时的国民收入均衡

上述是在假定政府不直接介入经济时所发生的情况。现在把政府的经济活动引入国民收入运行,包括政府收入和政府支出。那么,国民收入的构成为

$$总需求=消费+投资+政府支出(政府购买和政府转移支付) \quad (4-16)$$

$$总供给=消费+储蓄+政府收入(税收) \quad (4-17)$$

用 $G$ 表示政府支出,$T$ 表示政府收入,国民收入均衡的公式为

$$C+I+G=C+S+T \quad (4-18)$$

即

$$I+G=S+T \quad (4-19)$$

由于加入了政府的经济活动,在遇到总需求与总供给失衡时,则可以运用增减政府支出和收入的办法来使之平衡。这就是政府干预经济的理论依据。

### (四) 存在外贸时的国民收入均衡

以上所述是假定为封闭经济时的情况。现在再把外贸引进来分析国民收入,这时国民收入又增加了新内容。

$$总需求=消费+投资+政府支出+出口 \quad (4-20)$$

$$总供给=消费+储蓄+政府收入+进口 \quad (4-21)$$

用 $M$ 表示进口(国外供给)。用 $X$ 表示出口(国外需求)。则

$$C+I+G+X=C+S+T+M \quad (4-22)$$

消去 $C$,则

$$I+G+X=S+T+M \quad (4-23)$$

由于外贸参与经济活动,又多了一个国民收入均衡的手段,扩大或压缩进出口贸易。

## 三、宏观经济政策

宏观经济学的任务是要为国家干预经济提供理论依据和政策指导。因此,经济政策是宏观经济学的重要组成部分。西方经济学认为,宏观经济政策的总目标是保持社会总需求和总供给平衡,以实现经济稳定增长。具体目标包括充分就业、物价稳定、经济增长和国际收支平衡。政策目标要靠政策工具来实现。在不考虑对外经济关系的情况下,常用的政策工具有需求管理和供给管理政策。

### (一) 财政政策

财政政策主要包括财政收入政策和财政支出政策。财政收入政策主要是税收政策;财政支出政策有政府对商品(或劳务)的购买、兴办公共工程和转移支付(如社会救

济、补助)等政策。西方经济学家认为财政制度具有自动调节经济,使之趋向稳定的内在功能,因而称之为"内在稳定器"。这种稳定器的主要"部件"包括个人和公司所得税、转移支付、公司和家庭储蓄。

在经济萧条时,公司和个人的收入下降。这时达到税收起征点和高税率的公司和个人就会减少,税收自动减少;失业补助和其他福利转移支出也因失业增加而自动增加;公司和个人储蓄也因收入减少而自动减少。这一切都会有助于提高总需求,能起缓和经济萧条的作用。

在通货膨胀时期,公司和个人收入增加。这时失业人数减少,这样税收会自动增加;失业补助等转移支付减少;公司个人储蓄也会自动增加。这些都会抑制总需求扩大,有利于减轻通货膨胀。

(二) 货币政策

货币政策是指运用货币供应量的增减来调整利息率,再通过利息率的变动来影响总需求,使之与总供给趋于一致。货币政策分为扩张性货币政策(放松银根)和紧缩性(抽紧银根)货币政策,主要由中央银行采取公开市场业务、调整对商业银行的贴现率和调整法定准备率三项措施来实施。

经济萧条时期,采取扩张性货币政策。中央银行在金融市场购进有价证券,降低法定准备率和贴现率,扩大货币供应量,降低利率,扶植产业发展,扩大总需求,有利于缓解经济萧条。反之,当经济过热,出现通货膨胀时,实行紧缩性货币政策。中央银行大量抛售有价证券,提高法定准备率和贴现率,抽紧银根,提高利率,使企业减少贷款,缩小投资,进而压缩总需求,有利于消除通货膨胀。

(三) 供给管理政策

财政政策和货币政策微观化,是指针对个别市场和个别部门的具体情况而制定的区别对待的政策。财政政策微观化,首先是财政支出微观化,即在不变动支出总量的前提下,调整财政支出项目和各种项目份额,以促进某些部门的优先增长;其次是财政收入微观化,在总收入不变的前提下,调整税收结构和征税范围,调整税种和税率,以促进投资结构和消费结构合理化,促进资源合理配置与利用。货币政策微观化,是指根据经济发展的总体要求,有差别地规定不同部门不同种类借贷的放款限额、借贷条件和利息率,以增加资本的流动性,调整资本的供求,促进或抑制某些部门的经济增长,实现经济结构合理化。

收入政策是通过控制工资与物价来抑制通货膨胀的政策,因为控制的重点是工资,故称为收入政策。它主要从3个方面进行管制:① 政府冻结工资物价;② 由政府、企业、工会协商工资增长界限,共同遵守;③ 以税收为基础的工资增长限制措施。

人力政策又称劳动力市场政策,主要对劳动的供给发生作用,目的是解决失业与"空位"并存的问题。其主要内容有3个方面:① 进行人力资本投资,培训劳动者,提高其文化技术素质,以适应劳动力市场变动的需要;② 完善劳动力市场,提供就业信息,减少失业;③ 从物质上帮助工人迁移,以解决劳工地区流动困难。

> **小 资 料**
>
> **节约的悖论**
>
> 　　十八世纪初，荷兰医生曼德维尔写了一本书《蜜蜂的寓言》，讲述了一个蜜蜂王国的兴衰史。最初，这群蜜蜂追求豪华的生活，大肆挥霍浪费，结果整个王国百业昌盛，兴旺发达。后来他们意识到太浪费了不好，就放弃了奢侈的生活，崇尚节俭，结果整个社会凋敝，最终被对手打败而逃散。这本书的副书名是"私人的罪过，公众的利益"，意思是浪费是"私人的罪过"，但可以刺激经济，成为"公众的利益"。这部作品在当时被法庭判为"有碍公众视听的败类作品"，但是200多年后，英国经济学家凯恩斯从中受到启发，建立了以总需求分析为中心的现代宏观经济学。
>
> 　　任何经济理论都是以一定的条件为前提，离开了具体条件很难判断出它是正确还是错误。凯恩斯针对20世纪30年代世界性的经济大危机，提出了有效需求不足的理论，认为经济危机、失业率高的主要原因不是总供给能力，而是总需求严重不足导致产品过剩、经济衰退。只有增加有效需求，即居民增加消费、减少储蓄，才能使国民经济恢复增长。在这种情况下，"节约的悖论"还是有道理的。但是这只是短期分析，从长期来看，一个经济的繁荣还取决于投资，增加储蓄可以增加资本积累，从而扩大投资规模，从而使得经济长期繁荣。
>
> 　　资料来源：谢利人，《经济学基础》，上海交通大学出版社，2014。

## 第三节　早期西方资源环境经济学思想简介

　　威廉·佩第说："劳动是财富之父，土地是财富之母。"在经济学的起源阶段，自然资源与人类劳动（或资源化称之为人力资源）都在其研究范围之内，两者密不可分，并列为价值的源泉。自亚当·斯密之后，经济学对价值理论研究的重心逐渐转向社会经济关系方面，自然资源基础则被忽略。马克思则明确地区分了价值概念：由社会劳动关系决定的价值称为社会价值；由物质条件（包括自然资源）决定的价值称为使用价值。

### 一、斯密设定

　　亚当·斯密是英国产业革命前期工场手工业时期的经济学家，英国古典经济学理论体系的创立者。1759年出版的《道德情操论》使斯密成为英国公认的一流学者。1776年，他出版《国民财富的性质和原因研究》，成为英国古典政治经济学的创立人。

　　斯密生活的时期正是英国产业革命的前夜。社会生产力正在急剧膨胀，斯密观察到了劳动和资本在推动物质生产中的巨大作用，认为劳动是国民财富的源泉，把年产品与消费者人数的比例作为衡量国民富裕程度的标志，着重讨论了决定这一比例的两个

条件,即国民劳动的素质和生产性、非生产性劳动者的比例,构筑起了经济增长的基本模式:

$$\Delta G = (L, K) \qquad (4-24)$$

式中,$\Delta G$ 是经济增长速度;$L$ 是劳动;$K$ 是资本。这一模式成为经济学的准则之一,为以后的经济学家所遵循。

这一模式隐含着一个重要的假设前提,即劳动和资本所推动的自然资源和环境基础不存在任何障碍,它可以无限地满足劳动和资本的要求。对于斯密所考察的对象——资本主义经济体系来说,阻碍经济增长的关键不是自然资源和环境,而是劳动和资本。这种设定自斯密开始流传甚广,被称为"斯密设定"。

## 二、马尔萨斯模型

18世纪末期,以英国乌托邦主义者葛德文为代表的小资产阶级乐观主义颇为流行。他们认为,如果没有各种人为制度(如私有财产制度)的阻碍,凭社会经济自身的发展规律,人类社会可以达到完善、富足的境界。作为对这种乐观主义的"消毒剂",马尔萨斯的《人口论》于1798年推出。马尔萨斯的人口理论从讨论两个"公理"("第一,食物为人类生存所必需;第二,两性间的情欲是必然的,且几乎会保持现状。")开始,并从这两个"公理"出发,断言人口有一种比粮食更快的增加趋势(在无妨碍时,人口以几何级数率增加,而生产资料只以算术级数率增加)。

马尔萨斯首次明确提出了生产资料(即土地)的有限性对经济增长的制约问题(图4-15)。马尔萨斯认为地租的产生有两个原因:"第一,也是主要的,是土地的性质,基于这种性质,土地能够生产出比维持耕种者的需要还多的生活必需品;第二,是生活必需品所特有的性质,基于这种性质,生活必需品在适当分配以后,就能够产生出它自身的需求,或者能够按其生产量的多寡而养活若干的需求者。肥沃土地的相对稀少性,或是天然的或是人为的。"

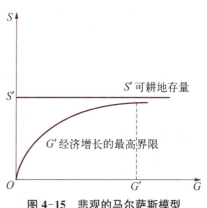

**图4-15 悲观的马尔萨斯模型**

当肥沃土地很多,任何人只要感到需要就可以获得土地时,就不会有人向地主支付地租。可是肥沃土地终究是有限的,当资本积累达到使优等土地上追加资本的报酬低于在次等土地上的投资所得时,资本将会被用于耕种次等土地。这时农产品价格不变,但由于利润下降,人口增长超过生活资料的增长,而压低的工资会降低生产费用,因而较优土地上农产品价格超过利润和工资的部分就分离出来形成地租。地租就在一定程度上成为土地资源稀缺程度的标志。

在马尔萨斯看来,随着人类经济的发展,等级不断降低的土地会不断地得到开发使用,地租也会相应地不断上涨,但可耕地的存量毕竟有一个绝对的数量界限,而整个经济体系又依赖于这样一种核心的自然资源,即经济体系对可耕地的需求缺乏可替代性,一旦社会经济的发展达到可耕地的绝对数量界限,持续的人口增长和由于过高的地租剥离而造成的产品实现问题就成为经济增长不可逾越的障碍。

## 三、李嘉图模型

李嘉图在"可耕地存量是否经济增长的绝对限制"问题上持否定态度。他的这一观点主要体现在1817年出版的《政治经济学及赋税原理》的"地租论"中:"假定第一、二、三等土地使用等量资本和劳动时所产净产品分别为100夸脱、90夸脱和80夸脱(1夸脱=1.136 5升)谷物。在一个新开辟的地区中,肥沃的土地相对于人口而言很丰富。因而只需要耕种第一等土地。在这里,全部净产品将属于耕种者,成为所垫付的资本的利润。一旦人口增加到一种程度,以致必须耕种第二等土地时,第一等土地马上就会有了地租,因为要么农业资本必须有两种利润率,要么就必须从第一等土地的产品中扣出10夸脱或相当于10夸脱的价值用于某种其他用途。无论耕种第一等土地的是土地所有者还是别人,这10夸脱都同样会形成地租。第二等土地的耕种者无论是耕种第一等土地而支付10夸脱地租,还是不支付地租而继续耕种第二等土地,他用他的资本所获得的结果总是相同的。同样,我们也可以证明:当第三等土地投入耕种时,第二等土地的地租必然是10夸脱或相当于10夸脱的价值,而第一等土地的地租则增长到20夸脱"。

李嘉图实际上同马尔萨斯一样,把地租的变动作为肥沃土地稀缺程度的标志,肯定了"土地报酬递减规律"和农业劳动生产率下降的趋势,把经济增长最终归结为自然资源的约束(主要是取决于土地的肥力)。但与马尔萨斯把可耕地的存量作为经济增长的绝对数量界限不同,李嘉图在肯定存在从好地到坏地的"耕作顺序"的过程中,引入了谷物贸易、科技进步等因素,否定了绝对界限的存在,强调由不断耕种肥沃程度更低的土地而形成的谷价上涨、工资上涨、利润下降,最后出现的"静止状态",只是经济增长的一种不断逼近的趋势,并不是经济增长肯定会出现的最终结果。因此,在一定意义上,李嘉图的经济增长模型可以看成是对马尔萨斯绝对制约条件的放松。

从劳动价值理论角度分析,无论是马尔萨斯,还是李嘉图的地租理论都存在缺陷,关于这一点,马克思在《剩余价值理论》中已做过深入细致的批判,并对李嘉图理论中的某些合理因素给予充分肯定。需要指出的是,自然资源,特别是土地资源对经济增长的制约问题,在古典经济学家的视野中已经有了不同程度的反映。

## 四、穆勒的归纳

穆勒是19世纪中叶英国最著名的经济学家。他于1848年出版的《政治经济学原理及其在社会哲学上的应用》在很长时间内被奉为经济理论的"圣经",是英国流传最广的最有权威的经济学教材。穆勒赞同古典经济学家的观点,认为在长期内,经济增长不可避免地会遇到农业生产收益率降低的问题,并由此导致利润下降、地租上升和生存费用上升。随着人口不断增长、土地数量的绝对减少以及可耕地生产率的降低,经济增长将不可避免地进入静止状态。不过,在穆勒看来,这种处于静止状态的静止社会,并不像他的前辈所描绘的是一种经济停滞、生活贫困的社会,而是一种资本和人口不再增长,不再需要进一步开发肥力更低的土地或进一步耗竭自然资源,而人类的精神、道德及生产技术仍在发展的富裕而公正的理想社会。

其对环境与资源经济学的主要贡献有以下四个方面:① 意识到了技术进步对放松自然资源约束的重要意义;② 认为自然资源渐进的相对稀缺现象可以在市场价格中反映出来;③ 把古典经济学家的自然资源稀缺概念推广到了不可更新资源,认为矿产资源尽管有可能被新发现的、储量相同甚至更为丰富的其他资源所替代,但在长期内,矿产资源也将受到收益递减和成本上升的影响,因而不可再生资源的稀缺是由人口增长引起的自然资源(主要是土地)稀缺之外的将会对经济过程产生潜在约束的另一制约性因素;④ 首次对经济增长给环境质量可能带来的影响给予了高度重视。

在穆勒看来,环境有两类用途:① 为人类提供生存的空间。当一种自然资源(如土地)不是被用于农业而是用于人类居住时,其相对稀缺也应在市场体系中得到反映,也应产生地租,并且由农业用地一样的原理所决定,特别是风景优美的居住场所供给有限而需求巨大,其稀缺价值就应得到更明确的表现。② 给人类的生活增加舒适、愉悦、美感等。但是,自然环境给人类提供的这类用途将会受到经济增长的严重威胁,并且经济增长对环境质量的破坏还不能及时通过市场机制反映出来。只有到了"静态社会",人们才会自觉地行动起来,去消除经济增长对环境质量的损害。

## 五、马克思和恩格斯的观点

马克思从劳动价值论出发,分析资本主义生产方式下的土地地租、矿山地租和建筑用地地租。他认为:"凡是自然力能被垄断并保证使用它的产业家得到超额利润的地方(不论是瀑布,是富饶的矿山,是盛产鱼类的水域,还是位置有利的建筑地段),那些因对一部分土地享有权利而成为这种自然物所有者的人,就会以地租的形式从执行职能的资本那里把这种超额利润夺走。"他认为地租产生的源泉是对劳动的剥削,产生的原因是对土地的私有权。任何存在土地私有权的地方,不论土地的质量多么低劣,都有私有权实现的要求,都会产生绝对地租。建筑用地地租、矿山地租的决定,与农业用地的地租决定完全一样。马克思把自然资源的耗竭和环境的破坏与资本主义的生产方式联系在一起。他指出资本主义生产方式不仅"使劳动者精力衰竭",而且"使土地日益贫瘠"。只有在以最大限度地攫取剩余价值为目的的资本主义生产方式消失时,自然资源的稀缺和对环境的破坏才会最终消失。

恩格斯肯定了自然资源在创造使用价值方面的作用,他在《自然辩证法》中批判了"劳动是一切财富的源泉"的提法。他指出:"其实劳动和自然界一起才是一切财富的源泉,自然界为劳动提供材料,劳动把材料转变为财富。"在论及人类的行动同自然界的相互关系时,恩格斯强调:"我们不要过分陶醉于我们对自然界的胜利。对于每一次这样的胜利,自然界都报复了我们。每一次胜利,起初确实取得了我们预期的结果,但是往后和再往后却发生完全不同的、出乎预料的影响,常常把最初的结果又消除了。美索不达米亚、希腊、小亚细亚以及其他各地的居民,为了得到耕地,毁灭了森林,但是他们做梦也想不到,这些地方今天竟因此成为不毛之地,因为他们使这些地方失去了森林,也失去了水分的积聚中心和贮藏库。……因此我们每走一步都要记住:我们统治自然界,决不像征服者统治异族人那样支配自然界,决不像站在自然界以外的人似的去支配自然界——相反,我们连同我们的肉、血和头脑都是属于自然界和存在于自然界的;我们对自然界的整个支配作用,就在于我们比其他一切生物强,能够认识和正确运用自然规律。"

## 本章小结

微观经济学作为西方经济学的一个重要分支,是以单个经济单位作为考察对象,从数量方面研究单个生产者、单个消费者的经济活动。其主要理论包括:价格理论、消费理论、市场理论、生产理论等。宏观经济学与微观经济学相对应,共同组构了现代西方经济学。宏观经济学是1936年以凯恩斯《就业、利息和货币通论》的发表为标志而建立起来的。宏观经济学以整个国民经济为研究对象,研究有关经济总量的决定及其变化规律。其基本内容包括:国民收入核算、国民收入决定以及宏观经济政策等。国民收入决定理论是宏观经济学的中心内容。早期西方环境与资源经济学思想主要包括斯密设定、马尔萨斯模型、李嘉图模型、穆勒的归纳以及马克思和恩格斯的观点。

## 推荐阅读文献

马中:《环境与自然资源经济学概论》,高等教育出版社,2006。
孙强:《环境经济学概论》,中国建材工业出版社,2005。
龚治国、毛新平:《宏观经济学》,上海财经大学出版社,2013。
陈承明、曹艳春、王宝珠:《微观经济学》,上海财经大学出版社,2016。

## 复习题

一、名词解释

1. 需求
2. 供给
3. 均衡价格
4. 需求价格弹性
5. 完全垄断市场
6. 扩展线
7. 财政政策

二、简答题

1. 什么是局部均衡和一般均衡?
2. 宏观经济政策的目标是什么?
3. 什么是垄断竞争市场?
4. 简述三种不同的国民收入的均衡。

5. 简述斯密设定。

### 三、论述题

1. 分析政府对公用事业实行完全垄断的利与弊。
2. 宏观经济学和微观经济学有什么联系和区别？为什么有些经济活动从微观看是合理的,而从宏观上看是不合理的？

# 第五章 资源的稀缺性与资源产权理论

## 【学习要点】

理解资源稀缺的概念、掌握资源稀缺的度量原理；熟悉资源市场供求原理以及缓解资源稀缺的路径。本章还对资源产权理论、基本模式以及资产产权分配与再分配的相关内容作详细介绍。

## 第一节 资源稀缺的概念与度量

资源最本质的属性之一是有限性。在经济学上表现为稀缺，它涉及资源的供需关系、价值和价格。19 世纪 70 年代，瑞士洛桑学派的瓦尔拉斯提出了"稀缺价值体系"，认为"任何有用的东西，只要不稀缺就没有价值，而稀缺性是决定资源价值的核心"。因而，资源稀缺成为研究稀缺资源分配问题时，资源环境经济学首先遇到的问题。对于一般化的资源，都要用资源稀缺原理进行研究。

### 一、资源稀缺与资源短缺

#### （一）资源稀缺的定义

许多经济学家从不同的角度讨论了资源稀缺的概念。伊斯特尔和瓦尔蒂指出，如果某资源存在竞争利用状况，那么就可以说该资源是稀缺的，如果某资源丰富到任何一个人都不排斥他人利用，就不存在稀缺问题。费舍尔认为，稀缺的标志是，为获得资源而必须付出代价，而获得一个单位资源而付出的间接和直接代价的度量，就是资源稀缺程度的指示器。王锡桐等认为，资源稀缺是指资源绝对数量有限或相对价值随时间递增的一种状态。曲福田认为，资源稀缺是指由资源的自然有限性所引起的在经济上表现为只有通过竞争才能取得和使用资源的一种状态，其主要标志是资源市场价格的存在。

在本书中，资源稀缺定义为资源绝对数量有限且存在竞争利用状况的一种状态。

#### （二）资源稀缺与资源短缺的关系

资源稀缺与资源短缺两者间既有联系又有区别。

资源稀缺是经济社会中资源的一般内在性质，即凡是资源由于量的有限性而使人们不能无限地占有和使用资源，是引起资源价值存在及活动的基本特征，是指一般的、所有的资源而言。

资源短缺则是资源的一种个别性状,是相对于其他资源而言的一种市场上相对供不应求的现象,是由于资源在不同部门或地区间非均衡配置而引起的,反映着某一资源在市场上供应的程度和供求状况。

资源稀缺与资源短缺两者间存在着联系,如某种资源的短缺可能会引起其开发成本的上升,增加了资源的稀缺性。

资源稀缺与资源短缺两者的变化一般总是一致的。稀缺性大的资源,可以通过社会经济条件的改善或变化而不出现短缺现象或短缺现象得以缓和,稀缺性小的资源也会因为开发利用不善而使其可供给程度趋于紧张,引起短缺或加重短缺现象。所以资源短缺是对于某些资源在一定时期的个别性状而言。

资源稀缺有时间属性。长期以来,人们认为许多资源,如森林、水、空气等,都是很充裕的或不是稀缺的,尤其是水和空气都可以不花任何代价而获得和加以利用。随着人口增加和资源开发速度加快,人们改变了对资源的认识。大量砍伐森林使森林成为稀缺的资源,水也不再是免费的物品,而大气等环境要素的污染和破坏,使人们将清洁的空气和优美的环境也当作重要的资源——环境资源。因而,资源稀缺是一个动态的概念。

## 二、资源稀缺性变量指标

### (一) 资源稀缺性指标的特性

一个理想的稀缺性指标至少应具有下列三种特性。

1. 预见性

稀缺性指标应具有预见性。它应预测稀缺性,而不是仅对已经出现的稀缺性做记录。因此,理想的指标应综合考虑诸如未来需求方式、其他可供选择的资源和开采成本的变化等方面。

2. 可比性

稀缺性指标应便于在各种不同的资源之间直接比较,以找出最为严重的问题。这种比较要方便我们评估稀缺性程度和问题的严重性。因此,稀缺性指标应能够综合考虑到像资源的重要性、替代物的可获得性等差别。

3. 可计算性

稀缺性指标应能从可靠的、公开出版的信息来源中计算出来,或是基于能够收集到的信息。

### (二) 资源稀缺性度量指标的选择

资源稀缺性的度量可以从物理度量和经济度量两方面进行。

1. 资源稀缺的物理度量

资源稀缺的物理度量通常是通过储量分析来进行。一般是首先估计某种资源的现存储量,并根据现在和未来的用量水平来推算这种资源可供使用的年限,借此衡量资源的稀缺程度。

(1) 资源储量与资源总量

资源总量既包括已确定的(已知的)和开采在经济、技术上可行的部分,也包括未发现的和目前开采在经济、技术上不可行的部分。资源储量是从地质学知识的确定程度、开采的经济可行性以及开采技术的可行性等方面考察而形成的概念,是指地质上已经确定的、在当前的费用水平和技术条件下可以开采的资源。

（2）矿物的品位及储量

品位是指有用金属在矿石中所占的比例。通常高品位富矿比较少,低品位的贫矿数量则很大。

一般情况下,富矿总是首先被开采,因为其开采的技术简单、费用低、利润高。随着开采量的增加,富矿逐渐趋于枯竭,人们不得不越来越多地开采品位低的贫矿,开采费用增加,利润率降低,这又会促使技术进步,以便继续对这种资源进行开采和利用(见图5-1)。

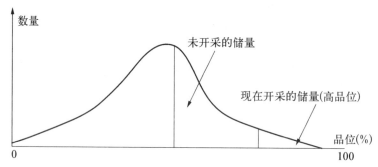

图5-1 矿物的储量及品位分布

（3）耗竭年限指标（储量用量比）

储量用量比是指资源储量与其年开采量或年利用量的比率（储量用量比），即利用静态耗竭年限指标来衡量不同资源在一定时期内的稀缺程度。

计算公式为

$$Y = \frac{S_0}{R_0} \tag{5-1}$$

式中,$Y$是储量用量比,是指该资源储量以当前的利用量预期的利用年限;$S_0$是当前的储量;$R_0$是资源当前一年的开采量或利用量。

事实上,今后每年资源利用量不是一个常数,更多的情况下是递增的。在这种情况下,储量耗竭的年限计算相对复杂一些。设年利用量以$R$的比率增长,则在$t$年时,资源利用量为

$$R_t = R_0 \times e^n \tag{5-2}$$

未来$T$年内资源总开采量或利用量为

$$R(T) = \int_0^T R(t)\mathrm{d}t = \int_0^T R_0 \times e^n \mathrm{d}t \tag{5-3}$$

（4）资源储量的变化

资源储量的变化呈现出两条规律：① 不可再生资源的绝对储量随着人类开发和利

用而减少;② 由于人们对资源的勘探发现和认识的加深,其了解到的资源储量可能逐年增加,发现新的资源量,有时新发现资源储量的增长幅度甚至可能超过资源利用量的增长速度。

以上资源稀缺的物理度量方法主要是针对不可再生资源,特别是矿物资源而言的。至于可再生资源,尤其是对生物资源其储量及储量用量比的分析,不仅取决于已发现的资源储量和开发利用的经济技术可行性,还取决于资源自身的再生条件和再生特性,比不可再生资源的分析更为复杂。

2. 资源稀缺的经济度量

资源稀缺很大程度上是经济学的概念,资源稀缺的经济度量在资源环境经济学中占有重要的地位。资源稀缺的经济度量是指借助一套经济指标来考察资源的相对稀缺状况,这些指标主要涉及资源获取的代价,包括资源产品价格、开采成本和租金等。

(1) 资源产品价格

资源产品价格反映资源稀缺程度的价格。反映资源稀缺程度的价格有两种:① 资源产品价格或实际价格;② 原位资源价格,叫租金或矿区使用费。资源产品价格是指获取1个单位的资源所付出的总代价,具体指两方面:① 资源产品的现价,即资源市场价格;② 资源产品相对价格,反映资源相对劳动力和资本而言的稀缺状况。

(2) 资源开发成本

资源开发成本是指在资源开发中所形成的成本和费用。资源开发成本能反映资源的稀缺程度,资源开发成本反映资源稀缺程度具有以下特点:① 由于资源可用性受目前利用率和累计用量的影响,原材料包括资源产品的单位成本会随生产规模的增加而增长,又叫李嘉图效应。② 一般地,资源开发成本越高,表明资源越稀缺。③ 矿产资源开采上,矿产资源开发成本的高低,能反映矿产资源的稀缺程度。人们一般先开采富矿、后开采贫矿,这是因为人们前期开采品位较高的矿产资源成本较低,中后期开发品位较低的矿产资源时成本会随之上升。④ 在土地开发上,土地开发成本的提高也反映着土地资源的日益减少和稀缺。土地资源分为好地、中等地、劣等地,而开发劣等地所花费的成本则明显高于好地和中等地的开发成本。一般人们前期开发好地,中后期开发中等地、劣等地。

(3) 租金

租金是指资源产品现价与边际开采费用之差,也称原位资源价格、矿区使用费或使用者成本。由于边际开采成本难以观察,加上市场的不完善和政府的调控都会使资源的价格扭曲,因而租金或矿区使用费指标很难准确地反映资源的稀缺状况。但是在资源经济学中,往往利用新发现资源(如矿床)的费用来间接估算资源的租金,以此来衡量资源的稀缺程度。

## 第二节　缓解资源稀缺的途径

为解决资源稀缺问题,实现资源的持续利用以实现可持续发展,缓解资源稀缺的主要途径有以下几种。

## 一、积极推进技术进步,发现新的资源储量

美国经济学家罗森伯格曾指出:"技术的变革是作为在一种特殊的资源背景下对所提出的一个特殊问题做出的一个成功的解答。"从人类社会经济发展历史来看,任何重大的技术变革,在很大程度上都可以被看作是受资源稀缺驱动的。

发现新的储量无疑是缓解资源稀缺,以推动经济社会发展的重要途径,这一点可以以石油为例加以分析。1874年,美国费城的地质学家曾预言,美国的石油储量只能满足美国4年的煤油需要。1920年,美国地质调查报告指出石油可开采量不超过70亿桶,并将在1934年最终耗竭。1934年,已证实的石油储量已增至120亿桶,而到了20世纪60年代中期,每年就生产35亿桶。世界的石油储量也从1947年的94.8亿吨增加到1972年的913.8亿吨,耗竭年限也从22年提高到35年。实践证明,石油储量的增加,很大程度上是技术进步,尤其是石油勘探技术进步的结果。对所有再生和非再生资源来讲,技术进步大大提高了新储量发现的概率。这些技术包括以下几类:

① 航空摄影技术。先进的航空摄影技术在地质学、土壤制图、植被调查、土地利用调查等方面,可以提供越来越完全、详尽的有关地面和地下特征的信息。卫星技术,如地球资源卫星更能及时迅速地提供大面积、高度清晰的信息,包括世界各地耕地面积、作物产量以及人们未干预的原始森林等。

② 地质调查技术。其中包括电、磁、重力等方面的技术,对矿物勘探、土地调查等方面十分重要。现在用地震方法可以准确判断石油储藏的地点,利用化学技术可以从微小含量中找到稀有金属的矿床。

③ 水文调查技术。借助水文调查技术的进步,我们可以发现更多的地表水和地下水以及发电水力资源的储量。

④ 土壤与植被调查技术。包括土地与植被调查分类、评价和制图技术等。

## 二、发展循环经济,提高资源利用率

发展循环经济能有效利用低品位的资源和废品,大大地提高资源的利用率。发展循环经济和技术,使愈来愈多原先看来经济上的低品位资源得到了开发利用,扩大了资源的储量,如非磁性铁矿石的凝聚——浮选工艺的产生,使铁矿石的储量增加了。资源利用技术(如重复利用技术)或工农业生产工艺的改进使得单位产品产量或产值的资源消耗量降低,资源利用率提高,这也意味着储量的相对扩大。如同样的1 kg煤,20世纪初只能发2.2 kW·h电,现在可以发22 kW·h电,煤的储量因此相对扩大了9倍。同样,由于生物技术等的改进,农产品单位面积产量提高,也相对节约了土地,缓解了人地之间的矛盾。另外,资源的重复利用,尤其是废物的资源化利用技术的进步,使许多废弃的商品如废纸、金属制品、玻璃等能被回收重复利用,大大减轻了对生产这些商品所依赖的资源的需求,使这些资源稀缺的状况得以缓解。

### 三、扩大稀缺资源的替代

资源的多用性使得资源之间存在着相互替代的现象,技术变革则促使生产过程中用较不稀缺的资源替代较为稀缺的资源。20世纪,生产过程中资源替代的一个明显特征是可再生资源不断地被不可再生资源所替代。引起这种逆向替代的关键因素是相对价格比率。例如,历史上用石油代替鲸油,用塑料和铜铁代替木材,用煤代替薪柴等,都伴随着矿床的发现使矿产品价格大大低于可再生资源产品。第二次世界大战后,开采技术日新月异,输油管道被采用,以及有机化学领域新技术投入应用,许多可耗竭资源产品的价格都大大下降了。化纤衣物愈来愈多地替代棉织品,燃料动力替代畜力作业,许多自然资源由石油、天然气、煤、金属及非金属矿产所替代。在不可再生资源产品之间,替代过程也十分明显。

在农业领域,水资源和土地资源是很稀缺的,而农业生产最明显的趋势是资本代替越来越稀缺的水资源。在中国北方,农业发展的最大制约因素是水资源稀缺。自20世纪60年代以来,农田建设以兴建远距离的防渗渠道、安装地下水井灌溉系统和营造农田防护林为中心,大大促进了对水资源的有效配给和控制,并使单位面积耗水系数降低,提高了可用量。在土地资源利用方面,我国历年来采用劳动替代方式,密集的劳动投入大大提高了单位面积产量,使生产同等的粮食耗费更少的土地。因而,通过技术进步促进稀缺资源替代的潜力和作用都是很大的。

在一个稀缺的资源环境中,有效的、符合人类发展方向的生产替代应该是由不可再生资源向可再生资源,由有限资源向恒定(无限)资源的转变。例如,由资本-劳动替代稀缺资源,由太阳能、潮汐能、地热、风能以及核聚变替代有限的化石能(石油、煤天然气等)。事实上,20世纪80年代以来的技术进步已显示了良好的势头。

### 四、实现资源利用的规模经济

规模经济是由技术变化所产生的一种非平衡态,部分是由于要素价格变动诱导的技术变化而表现出较大经营单位更为经济的效果,主要是由于技术进步改变了资源组合的比例,而使产品的平均成本下降。实现规模经济是一个渐进过程,但人们总可以把握技术进步的阶段性特征,找到最合适的规模经营水平。平均成本的下降、规模经济的取得意味着同样规模的产品生产会消耗更少的资源,从而有助于缓解资源的稀缺状况。美国经济学家研究了第二次世界大战后美国电力生产部门技术变化的性质,他们通过拟合大企业的成本函数发现:在1955年,大多数主要厂家的规模不经济;到1970年,这些厂家的经营规模扩大,规模经济水平已基本上得到充分开发;1955—1970年每度电平均成本的下降主要归功于技术进步,技术进步的作用在于有效地降低了厂家的平均成本曲线。然而,近年来的迹象已经表明,平均成本的下降趋势已趋停滞,迫切需要新的技术革命来实现规模经济,从而相对减少生产对资源的需求。

## 五、建立有效的价格机制

建立有效的价格机制可以很好地发挥在资源配置方面的作用,促使资源的节约和有效利用。所谓有效,就是价格能适当地反映技术替代状况。过高的资源价格当然会限制对其的需求,最终制约经济的发展。相反,太低的资源价格,就会形成虚假的"边拓经济"状态,出现资源替代劳动和资本的逆向变化,造成资源浪费,加剧对资源的过高需求和由此而造成的资源稀缺。20 世纪 80 年代中国长期土地的无偿使用造成了土地大量被占用和浪费,目前水资源无价或低价造成了大面积缺水和越来越多城市的水荒就说明了这一点。因而,制定合理的价格政策是有效缓解资源稀缺的一条重要途径。

## 六、改善交通运输条件

运输条件的改善是扩大资源储量,实现贸易的重要条件。首先,交通的建设和运输条件的改善使大量沉重的资源运输成为可能,边远地区本来无法利用的资源的开发成为可能。例如,中国帮助建设的坦赞铁路使赞比亚的铜矿可以运到印度洋的岸边;输油管建设技术的改善使阿拉斯加海岸地区的石油得到利用;中国建设的由西部到东部的天然气管道缓解了东部能源稀缺的状况。历史上,正是依靠发达的航海业,许多国家或地区成为了全球的原材料供应基地,并以此维持其经济增长。其次,运输条件的改善也降低了勘探活动的成本,由于人们接近资源的程度得到提高,使许多难度大、成本高的勘探活动成为可能,这无疑会促进更多资源储量的发现。另外,交通条件的改善会扩大人类定居和活动的区域,无疑会对人与资源之间的关系在区域上求得相对的平衡,缓解人多地少地区或国家资源稀缺的状况。

## 七、加大经济的开放度

地区或国家应加大经济开放度,尤其利用双边或多边贸易发挥各自的资源优势,克服稀缺资源对经济发展的约束。对于缺少资源、需要进口的国家或地区来讲,开放经济、开展贸易是缓解资源稀缺、促进经济发展十分有效的途径;而闭关锁国只会增加资源的稀缺程度、限制经济的成长和发展。例如,日本的国土面积为 37.7 万余平方千米,人口却有 1.2 亿。资源稀缺是日本经济的第一大障碍。第二次世界大战之后,日本采取的"吸收性战略"大大加速了经济的开放度。在经济成长期的 1950—1975 年,日本共花费 58 亿美元引进技术、进口资源,成为当时世界上最大的汽车、船舶、家电等日用品产业制造出口基地。日本主要从亚洲、非洲、拉丁美洲国家进口原材料资源,这些原材料资源价格低廉,对其出口十分有利。1951—1972 年,日本所进口的原油、天然橡胶价格分别降低了 34% 和 110%,而出口的制成品却平均涨价 20%。通过开放经济、发展贸易,日本实现了劳力资本、技术对稀缺资源的替代，推动了经济的腾飞。

## 八、有效的制度安排

任何资源配置活动都是在既定制度安排和经济政策下进行的，资源配置效率的高低无疑是这些制度和经济政策的逻辑结果。所以，调整有关的制度和制定有效的经济政策，是提高资源利用效率、缓解资源稀缺的又一重要途径。其中，资源的产权制度、企业的组织制度对资源的利用效率作用很大。模糊、无效的产权关系使资源具有某种程度的共享性，得不到有效开发而大量地被浪费，更使许多可再生资源失去再生能力而消耗殆尽。落后企业组织缺乏规模经济，制约着资源利用率的提高，如我国煤炭资源回采率年均在30%左右，而大多数乡镇企业的回采率低于20%。这些无疑都增加了资源稀缺的程度。这也表明我们可以通过制度上的安排，如建立有效的资源产权关系和现代企业组织制度，来约束人们对资源的开发速度或利用强度以及努力实现资源利用的规模经济，从而缓解资源的耗竭。

> **小资料**
>
> **日本是如何缓解资源稀缺的？**
>
> 日本是一个资源十分贫乏的国家，资源稀缺问题一直是制约日本经济社会发展的心腹之患。作为世界最大的石油消费国之一，日本仅在日本海沿岸拥有为数不多的几个油田，产量仅占全国石油供给量的0.2%左右。日本的稀土资源也相当匮乏，十分依赖进口。那么日本是采取怎样的方法缓解资源稀缺的呢？
>
> 日本缓解资源稀缺的途径主要包括三个方面。
>
> 一是通过对资源的保护和合理的利用，有效储备资源。日本的矿产资源和能源安全意识可以追溯到20世纪70年代。两次世界性的石油危机让当时的日本认识到，要想生存和发展经济，就要首先突破资源能源的瓶颈。同样，日本自1975年制定了石油储备法，开始了石油的储备工作。80年代，日本又开始建立国家石油储备。经过30多年的发展，日本已经形成了官民一体的石油战略储备制度。目前，日本已经将石油储备拓展成资源储备，包括石油储备、液化石油气储备和10种稀有金属储备。
>
> 二是通过在政策制度上对国家的资源政策进行一系列的调整，通过资源外交、政策引导、建立无缝隙的海外矿产资源开发体系、多元化的矿产资源获取模式四个手段实现建立海外矿产资源供应基地的战略目标。资源外交方面，1973年后，日本开始奉行亲阿拉伯外交，与阿联酋、伊朗等多个中东国家签订了长期稳定供给协议，以确保一旦发生石油危机，日本能以优惠的价格进口石油。近年来，日本政府从战略经济的角度考虑，把触角延伸到非洲、中亚和俄罗斯远东等地，积极争取海外油田的自主开采权，在石油勘测、开采、运输上采用新技术。此外，日本也在积极地谋求建立本国

近海大陆架油气田供应基地。政策引导方面，日本采取了财政手段和税收优惠政策。财政手段主要是补助金制度和备用金制度。海外矿产资源勘查开发补助金制度包括海外地质构造调查补助金、海外有色金属矿产资源勘察补助金、产油国石油开发情报调查补助金，基本属于无偿性质，从国家财政支出，规模约为6～7亿日元。该项补助金一是用于海外矿产资源的相关资料及信息的搜集整理和分析、海外卫星画像的解析、安全管理对策等；二是直接给予积极在海外进行矿产资源勘察开发的本国企业（包括其在外的子公司）以资金的支持，助其完成计划项目。备用金制度主要包括探矿备用金制度和海外探矿备用金制度，允许日本矿业用50%的开采所得作为海外投资损失的一笔风险储备金使用（限期3年用完），无须纳税。税收优惠主要是税费特别扣减制度，包括本土及海外新矿床探矿费用特别扣减制度、采矿坑道特别扣减制度、采矿排水通风坑道的补加折旧制度等，并允许企业在纳税时把探矿支出及机桩折旧费用等抵消收益，减少税收。无缝隙海外矿产资源开发体系方面，主要由日本经济产业省资源能源厅、贸易经济合作局、制造产业局、产业技术环境局四个部门主导，与日本石油天然气金属矿产资源机构、日本国际合作银行、日本贸易保险公司、日本国际合作组织相互分工配合，从早期草根勘查、地质构造调查、税收优惠、矿山开采、金属冶炼加工、矿渣回收处理、回收技术开发、投资融资贷款、补助金申请、债务担保、矿山生产技术、人员培训等方面，在矿业运作的整个生命周期中，对海外矿产资源开发企业实行无缝隙的支援。多元化手段获取海外矿产资源方面，日本政府从20世纪60年代开始进行海外矿产资源调查，其海外矿业投资的理念一直是注重资源的长期性、稳定性和安全性。在政府政策的引导下，90年代日本企业已经从以购买矿产品为主，向参与矿业项目开发等多元化获取矿产资源方向发展，到2000年基本实现了海外矿产资源稳定供应，并形成了日本特有的矿业投资模式——通过一定投资拥有项目上游部分股权，参与项目上游开发和管理，进而占有项目资源的优先购买权，从而保证大坚能源资源的优先供应。由于参股权不等于控股权，主要目的只是要保障矿产原料的供应，因此只要5%～10%的股权就可以了。日本企业在海外的矿业权项目，80%以上均是合作的，只有很少部分完全自主由日本企业经营。这种经营策略可以分摊风险，促进强强联合，在一定程度上提高了项目安全性；与资源国当地公司的合作还可以在处理一些事情上多些方便。

三是资源开源节流。从1973年起，日本开始重新调整发展战略，由发展资源密集型产业转向发展技术和劳动密集型产业，重视解决污染问题，同时，针对石油危机引起的严重通货膨胀，采取抑制需求、抑制通货膨胀的对策。由此奠定了日本大力开发本土能源，最大限度地减少对石油的依赖度，确保资源能源安全、稳定、长期和高效供给的新能源战略。日本还大力开发新能源及替代能源，推广节能、环保技术，提高能源利用效率。

资料来源：姜雅，《日本的能源战略机制是如何建立的》，《国土资源情报》2010年第6期。

## 第三节 资源产权的基本理论

### 一、产权的基本理论

#### （一）产权的定义与基本属性

1. 产权的定义

现代产权经济学的代表人物均对产权定义有过论述。德姆塞茨从将外部性内部化的角度定义"产权是界定人们如何受益及如何受损，因而谁必须向谁提供补偿以使他修正人们所采取的行动"。阿尔钦则认为"产权是一个社会所强制实施的选择一种经济品的使用的权利"。1972年，菲吕博腾和配杰威齐对"产权"给出了一个被罗马法、普通法、马克思和恩格斯以及现行的法律和经济研究基本认同的总结性定义："产权不是指人与物之间的关系，而是指由物的存在及关于它们的使用所引起的人们之间相互认可的行为关系。产权安排确定了每个人相应于物的行为规范，每个人都必须遵守他与其他人之间的相互关系，或承担不遵守这种关系的成本。因此，对共同体中通行的产权制度可以描述为，它是一系列用来确定每个人相对于稀缺资源使用时的地位的经济和社会关系。"

2. 产权的基本属性。

（1）排他性

产权主体在行使对某一特定资源的约束权利时，排斥了任何其他产权主体对同一资源行使相同的权利，即产权主体的唯一性、垄断性。排他性实质上是对行使产权和获取收益的保护，是产权发挥资源配置作用的必要条件之一。

（2）有限性

产权的行使要受到诸多条件的限制。这些限制既包括既定产权客体本身质和量的限制，也包括制度范畴的限制。每一种权利只能在规定范围内行使，超出这个范围，就要受到其他权利的约束和限制，否则就会对其他权利造成损害。

（3）可交易性

可交易性又叫可让渡性或可转让性，是指产权在不同主体之间的流动。产权经济学一个基本的观点是交易实质上不是商品买卖，而是权利买卖。产权交易有两种形式：① 将产权的全部权利作为一个整体进行交易，这种交易是一次性和永久性的；② 将产权中的一项或几项权利进行组合交易，即产权的部分转让，这种交易是有期限和有条件的。产权在不同主体间的流动使得资源也能够在具有不同经济效益的使用方式之间流动，从而提高了资源的利用效率。自由的交易性也是产权配置稀缺资源的必要条件。

（4）可分解性

产权可以按不同方式分解为不同的权项，各项权项又可以隶属于不同的主体，最初步的分解是将产权分为所有、使用、收益、转让诸权,其中每一种权利还可以分解得更为具体和细致。可分解性使得产权能够灵活、有效地配置资源。

(5) 收益性

产权的行使能为所有者带来利益和需要的满足,进而对所有者的行为产生激励作用。拥有独享的收益权是产权发挥资源配置作用的必要条件之一。

### (二) 产权的基本功能

产权的基本功能是通过协调人们的经济关系、影响人们在经济运行中的经济行为来实现的,主要表现在如下四个方面。

1. 激励功能

激励就是使经济行为主体在经济活动中具有内在的推动力或使行为者努力从事经济活动,它是通过利益机制实现的。明晰的产权制度界定了产权所有者自由活动的空间,为其提供了一定程度的合理收益预期,并且这些收益能够得到法律的肯定和保护,因而激励人们经济行为的发生。

2. 约束功能

与激励功能相对,产权还具有约束功能。产权制度规定了产权主体不能作为的范畴,超过这个范畴,产权主体就违规,将会受到不同程度的惩罚,如此一来产权主体就会进行自我约束,这是内部约束功能。另外还有外部约束,即外部监督。外部约束可以强化内部的自我约束,使产权所有者遵守产权边界和规则。

3. 外部性内部化功能

德姆塞茨指出:"产权的一个主要功能是引导人们实现将外部性较大地内在化的激励。"外部性概念原本属于福利经济学范畴,在产权经济学兴起之前,解决外部性的方法主要是庇古提出的罚款或收税的政府干预方式,而科斯等产权经济学家提出了通过权利界定和权利交易将外部性进行内部化的新思路,关键在于双方进行交易(内部化)的所得必须大于成本。

4. 高效率配置稀缺资源功能

产权的资源配置功能主要源于产权的收益性、排他性和可交易性三个基本属性。收益性可以为产权所有者带来利益和满足,排他性使所有者有权决定财产的使用方式,并对自己的行为和决策承担全部责任,这就激励了所有者将资源配置到使用效率更高的地方。可交易性进一步促进了资源从低效使用向高效使用的流动,从而提高了整个社会的资源配置效率。

## 二、资源产权的基本理论

### (一) 资源产权的定义与内涵

由于技术等原因,资源产权的范围不易确定或无法确定,比如公海内的资源,人们一直就其产权问题争论不休。同时资源产权的所有者过多,而使确定单个人的权利成为不可能,进而使其实现主体范围不确定。还有资源特殊的使用价值,其开发利用总是受到众多的社会限制,所有者不能完全实现其应有的各项权能,从而也不能调动所有者应有的积极性去实现资源的最佳配置。这样就使资源产权范围不明确,使其无法成为人们行为的激励机制去实现资源的最有效配置。

通常,对资源产权有广义和狭义的理解。广义的资源产权是指赋予资源权利主体的一切保护资源价值特征的权利,包括资源债权和资源物权。资源债权是指资源权利主体处置资源使自己或有债务关系的他人受益(或受损)的权利。狭义的资源产权就是资源债权。这里的债不单是一般借贷关系,而是泛指通过契约、侵权行为所产生的人与人之间的权利和义务的关系。资源物权是指资源权利主体对资源占有、享用和处置的权利,它又可以分为资源自物权和他物权两类。前者是指资源权利主体对自己所有资源享有的权利;后者是指资源权利主体对他人所有资源享有的权利。债权属于对人权,它的权利和义务主体都是特定的人,它是通过个人选择方式来确立的。物权属于对事权,它的权利主体是特定的人,义务主体是不特定的,包括除权利人以外的一切人,它是通过公共选择方式来确立的。

### (二) 资源产权的内容

通常,完整的资源产权总是以复数形式出现的,它是一组权利(或一个权利集合)。其内容包括:① 资源使用权,即在权利允许范围内以各种方式使用资源的权利;② 资源收益权,即直接从资源本身或经由与资源有关的契约关系从别人那里获取利益的权利;③ 资源转让权,即通过出租或出售把与资源有关的权利让渡给他人的权利。上述这些权利还可以进一步细分,比如,一片水域资源具有通航、捕鱼和灌溉等用途,这样它的使用权又可以分为通航权、捕捞权和灌溉权等。

### (三) 资源产权界定的基本原则

一般资源产权的界定必须遵循如下基本原则。

1. 可持续利用原则

资源是社会经济可持续发展的物质基础和基本条件,发挥着不可替代的重要作用。尽管有些资源是可再生资源,但其再生能力受到自然条件的限制,过度开发和环境破坏必然导致其再生能力下降,进而削弱社会经济发展的能力,并威胁后代人的生存和发展。因此,无论是可再生资源,还是不可再生资源,资源产权的界定应以有利于实现资源可持续利用为首要原则,资源产权的权利主体不仅是当代人,还包括后代人。

2. 效率和公平兼顾原则

资源是社会经济发展的基础性资源,日常经济活动中的竞争性资源在某种程度上可以看作是一种经济物品。经济物品的配置应以效率为先,因此对竞争性资源产权界定应能够有利于促进资源向效益高的产业配置,使资源的经济作用发挥到最大。但资源在维持人类和其他生物生存中具有不可替代的作用,因而,公平原则在资源产权界定中也十分重要。公平原则与高效原则是资源产权界定中对等的两个基本原则。公平原则的一个首要方面就是保障人类最基本的生存需要。另外,公平原则还体现在合理补偿方面。如果资源产权的界定导致不同区域、不同行业之间收益的变化,应通过经济手段进行适度补偿。

3. 遵从习惯,因地制宜原则

不同国家和地区的资源条件存在差异,经济发展水平、政策取向等也有所不同,在一个国家或地区取得良好效果的资源产权界定方式在另一个国家或地区可能就不适用。此外,由于资源与人类生活息息相关,几乎伴随着人类发展的全过程,在资源产权体制建立之前就已存在一些根深蒂固的习惯方式,改变其可能要付出很高的代价。因此,资源产权界定应尊重已有的习惯资源产权,遵从因地制宜原则。

### (四) 资源产权的功能

资源产权的主要功能在于通过制度促使将外部性内在化,以约束人们无效率获取和使用资源的行为。产权的确立首先可以促使人们用合作而不是对抗的方式来解决他们之间对稀缺资源需求的冲突,减少资源流转中的交易成本,提高资源的配置效率;其次可以提供资源交易合理预期,促使人们谋划长期性经济活动,从事投资、保护和节约资源的活动,保证资源使用的有效性。

> **小资料**
>
> **现代产权理论的产生和发展**
>
> 现代西方产权理论或产权经济学是现代西方经济学的一个新的分支,它于21世纪60年代兴起于美国。它最早由英国的科斯提出。由于他在产权理论和制度结构等方面的贡献,在1991年被授予诺贝尔经济学奖。
>
> 1937年11月,在英国伦敦经济学院任教的科斯就在英国的《经济学》杂志发表了《企业的性质》一文,成为现代西方产权理论产生的重要标志。科斯1960年发表的《社会成本问题》一文则是现代西方产权理论发展或逐步成熟的标志。《企业的性质》直到20世纪60年代才引起经济学家的广泛重视,这一方面说明产权经济学开始兴起或发展起来,另一方面说明这篇论文的重要性。在这篇经典论文中,科斯首创了交易费用概念,这成为现代西方产权理论的核心概念和理论基础。毫无疑问,科斯的这篇论文是现代西方产权理论的奠基之作,科斯也被认为是现代西方产权理论的开山鼻祖。
>
> 然而,现代西方产权理论的产生并不是偶然的,而是有其产生的历史背景和理论渊源的。在传统的微观经济学或新古典经济学那里,经济学家们感兴趣的不是组织内部的安排,而是市场发生了什么,以及生产要素的配置和这些要素所生产出来的产品的销售,一句话,他们感兴趣的是市场关系的价格理论,而对企业内部的组织结构和交易活动根本不感兴趣。其理论局限性主要表现在以下两个方面:第一,传统的微观经济学,无论是"局部均衡"理论还是"一般均衡"理论,都把企业目标简化为一个假定,即"利润最大化"。在这种研究传统下,企业本身是一个"黑箱"。至于其中的内容是什么,企业为什么存在,其边界是什么,其规模又是如何决定的,这些问题都不是传统经济学研究的对象。第二,传统的新古典经济学假定交易费用为零。由于企业被假定为事先存在,并且它被视为一个生产函数,市场关系由供求曲线来表示,所以,无论是市场交易还是企业内部交易,都实际上被假定为瞬间完成的,反过来说,交易活动是不稀缺的,交易可以不计代价,如此一来,市场机制可以自由运行,而无须花费任何代价。

与上述假定相反,产权理论认为,市场机制的运行是有代价的。比如,价格是什么还有待发现;此外,举行谈判、草拟合同、进行监督、解决争端等交易活动都需要支付一定的费用,它们的存在隐含了市场之外可供选择的协调方式本身也是有代价的这一事实(企业代替市场机制的出现就是其中的一种可供选择的方式)。但是,为什么会出现企业对市场的替代?为什么市场机制的运行是有代价的?为什么没有适当的制度,任何意义上的市场经济都是不可能的?这些问题都是传统西方经济学无法解答的。

要回答上述问题,必须要有新的理论出现。现代西方产权理论就是在这种历史背景下产生的。科斯最早认识到了传统经济学的弊端,率先进行了这方面的研究。他从"企业"这个家喻户晓的概念入手,重新定义企业的性质。他认为,企业之所以能够替代市场机制,是因为企业的出现可以节约市场交易费用。但他同时认为,企业规模的扩大并不是没有限度的,因为交易费用的节约是有限的。企业能否替代市场机制,取决于企业的交易费用和市场交易费用的比较。交易费用概念的出现为现代西方产权理论的诞生奠定了重要的理论基础。

基于许多的基础研究和背景的出现,现代产权理论迎来了新的发展。如果说"企业的性质"是现代西方产权理论产生的重要标志,那么"社会成本问题"则是该理论发展的重要标志。科斯于1959年在芝加哥大学与当时一些世界上最著名的经济学家展开了一场大论战,他批评了传统经济学的弊端,阐述了他的交易费用理论和产权理论。一年之后,即1960年,他发表了《社会成本问题》。这篇经典论文的重要性在于,它在揭示传统教条的错误时,提出了权利的界定和权利的安排在经济交易中的重要性。继科斯的这篇大作发表之后,阿尔钦、德姆塞茨以及张五常等人的研究又大大推动了产权研究的发展。现在,该理论形成了三个具有代表性的分支。

第一个分支是以威廉姆森为代表的交易费用经济学。威廉姆森在许多篇论文中阐述和发展了交易费用理论,但影响最大的是他的两部专著——1975年发表的《市场与等级结构》和1985年的《资本主义的经济制度》。这两部著作一脉相承,可视为一个整体,但后一部著作显然比前一部著作更为成熟、完整。威氏对交易费用经济学最显著的贡献有二:一是把资产专用性和相关的机会主义等作为决定交易费用的主要因素;二是提出了企业内部的科层结构,尤其是M型假说。在威廉姆森之后,其他经济学家用交易费用理论在资产专用性、不完全合约与纵向一体化方面进行了深入探讨,这些学者是泰若勒(1986)、格罗斯曼和哈特(1986)、哈特和莫尔(1990)以及道(1990)等。

第二个分支是以德姆塞茨为代表的产权学派。德姆塞茨是产权经济学的重要代表人物。他的主要产权理论代表作是《关于产权的理论》《生产、信息费用与经济组织》(与阿尔钦合写)等。他认为,产权是使自己或他人受益或受损的权利,产权的主要功能就是引导人们在更大程度上将外在性内在化。德姆塞茨和阿尔钦还分析了企业的性质和企业的内部结构。他们认为,企业的本质是一种合约结构。企业之所以会产生,主要是由于单个的私产所有者为了更好地发挥他们的比较优势,必须进行合作生产,由合作生产的总产出要大于他们分别进行生产所得出的产出之和。这样,每个参与合作生产的人的报酬比他们分别生产时所获得的报酬更高。德姆塞茨和阿尔钦的重要贡献在于:提出了企业是一个团队组织,企业的权利结构是由团队组织构成。团队组织带来的产权效率应大于单个私有产权主体的效率,类似于 $1+1>2$ 的道理。

第三个分支以张五常为代表。他强调产权与交易费用密不可分,两者不能偏颇。科斯在 1991 年的诺贝尔经济学奖演讲中曾几次提到张五常。他在产权理论的主要代表作有《分成租佃论》(1969)、《企业的合约性质》(1983)和《卖桔者言》(1988)。张五常对产权的主要贡献有二:一是改进和发展了企业的理论。他认为,企业并非为取代市场而设立,而仅仅是用要素市场取代产品市场,或者说是"一种合约取代另一种合约"。对这两种合约安排的选择取决于,对代替物定价所节约的交易费用能否弥补由相应的信息不足而造成的损失。二是用实证分析方法研究,作出人类行为的经济学解释。可以说,西方产权理论一般都是按张五常这种综合派的观点分析产权问题的。不同的只是,有些学者更倾向于交易费用,而有些学者则更侧重于产权制度和产权结构。

资料来源:何维达、杨仕辉,《现代西方产权理论》,中国财政经济出版社,1998。

## 第四节 资源产权制度的基本模式

### 一、产权制度

#### (一) 产权制度的概念

产权制度是人类社会发展到一定历史阶段的必然产物,是生产力与生产方式矛盾运动的结果。它的产生至少需要具备两个条件:① 资源的稀缺性;② 经济主体或利益主体的多元化。

随着社会生产力的不断提高,人类社会生产经历了原始的、古代的、近代的和现代的方式,从小生产发展到社会化大生产,由自然经济发展到商品经济及其高度化阶段——市场经济。在这一系列发展过程中,产权制度也在不断演化。

产权泛指对一切财产的权利,因而产权制度也包括关于一切产权关系的制度。简单地说,产权制度就是制度化的产权关系或对产权关系的制度化,是界定、配置、行使和保护产权的一系列规则。这里的制度化就是使既有的产权关系明确化、相对固定化,依靠一系列规则使人们承认、尊重并合理行使产权。违背或侵犯合理的产权将会受到相应的惩罚,合理行使产权则能得到适当的收益。产权制度变革就是通过改变规则来调整产权关系和改变产权格局。

### (二) 产权制度的基本要素

产权制度主要包括三个基本要素：国家规定的正式产权约束、非正式产权约束和产权实施机制。

#### 1. 正式产权约束

正式产权约束指针对产权形成、产权界定、产权经营、产权转让、产权收益和产权保护等一系列活动的法律、法规和行政性规则。这一系列规则体系体现在各种法规中相关的产权条款和各级政府制定的与产权关联的行政性规定，它们作为一个体系共同规范着人们和组织的行为。

#### 2. 非正式产权约束

非正式产权约束指一定范围内的人们在长期的生产、生活中逐步形成的，并得到较广泛认同的一系列与产权活动相关的默认约束。非正式产权约束包括与规范产权关系相关的价值观念、伦理道德、风俗习惯以及意识形态等要素。非正式产权约束与正式产权约束一起在社会经济活动中起着重要作用。

#### 3. 产权实施机制

产权实施机制指由一定的组织和程序驱使，以保证正式产权约束和非正式产权约束得以实施的运行体系，在一定程度上决定着产权制度的效应。产权实施机制是否完善，将决定上述两种约束能否有效发挥作用。

## 二、现代产权制度的特征

### (一) 产权多元化是现代产权制度的基本特征

人类进入现代以来，创造财富的能力得到极大的提高，剩余劳动转化为巨额财产归属于不同利益主体之后，他们又把这些财产作为资本投入到社会再生产之中。在当今社会条件下，没有一个国家采用单一的生产资料所有制，普遍实行的是多种经济成分并存的经济制度。各国不同的是，不同性质的经济成分所占的比重和发挥作用的功能有所差异。

我国社会主义初级阶段实行的是以公有制为主体、多种经济成分并存的基本经济制度。我国大力发展国有资本、集体资本和非公有资本等参股的混合所有制经济。在这种条件下，投资主体多元化是一种客观存在，作为所有制的核心和主要内容的产权必然是多元化的，产权多元化这一现代产权制度的基本特征十分明显。

### (二) 产权关系主要靠市场机制来形成

产权的物质内容是各种生产要素。产权关系的建立和调整一般是各种生产要素聚合和裂变的结果。产权制度是产权关系的集中体现。在资本主义以前的社会形态下，产权关系主要靠政治暴力、世袭继承、赠予等手段来完成。在商品经济，特别是市场经济条件下，各种生产要素集中表现为商品，并按资源优化配置和等价交换的原则，通过流通和有偿转让达到聚合和裂变。这样，市场机制成为产权关系建立和调整的主要手段。我国作为新兴市场经济国家，更应重视发挥价值规律的作用，主要靠市场机制建立和调整产权关系。

### (三) 股份制是现代产权制度的微观基础

现代产权制度是建立在社会化大生产条件下的。社会化大生产客观要求把分散的社会资本集中起来，通过资本集中和资本积聚达到资本规模的扩大。资本所有权和使用权"二权分离"有效地提高了资本的使用效率，使股份制成为一种社会资本形式。股份制不仅通过发行股票集中社会分散资本，而且，其资本职能同资本所有权相分离和资本证券化的特点，也满足了现代产权运动的要求。股份制作为现代产权制度的微观基础成为必然的选择。

#### （四）现代产权制度覆盖面更为宽泛

现代意义上的产权，既包括土地、房屋、设备等实物产权，也包括存款、现金、有价证券等金融类产权，还包括专利、著作权、商标等知识类产权。在这种情况下，作为产权主体，已不仅限于拥有实物财产的人群。此外，虽然客观上存在贫富差距，但有产阶级呈扩大的趋势，现代财富的积累已不再表现为少数富人的行为。随着社会制度的变迁，社会主义公有产权以一种全新的形式诞生于世界。所以，现代产权制度已不同于以往的产权制度，其覆盖面更为宽泛，不仅覆盖实物产权还覆盖非实物产权；不仅覆盖私有产权，还覆盖公有产权；不仅覆盖资本主义制度，还覆盖社会主义制度。

#### （五）现代产权制度价值化特征更为明显

这里所说的价值是商品经济的范畴，是指凝结在商品中的一般人类劳动。商品价值潜在于商品体内，通过价值转型为交换价值即价格表现出来。在人类历史上，商品经济已经经历了原始的、近代的社会形态，目前正处在现代社会形态之中。

现代产权制度不同于以往的产权制度，其区别在于价值化特征更为明显。在原始商品经济条件下，商品生产未成为人类从事物质生产的主要形式，只是存在于自然经济的缝隙之中。此时，人们主要关注的是使用价值形态的产权，产权关系主要随实物产权的变动而变动。近代商品经济已经摆脱了对自然经济的依附，成为人类从事物质生产的主要形式。人们已经开始从对实物产权的关注，转向对价值形态产权的关注。在现代商品经济条件下，商品生产已经成为最主要、处于绝对支配地位的物质生产方式，产权价值化已具有普遍意义。不仅实物形态的产权可以价值化，而且直接以价值形态出现的产权越来越多，如各类知识产权。这样，以价值运动为纽带，并以它为主线建立产权关系已成为主要手段。

#### （六）现代产权制度基本要求更为具体

由产权的上述特征所决定并反映这一系列特征的共同要求是"归属清晰、责权明确、保护严格、流转顺畅"，这也正是我们所主张建立的现代产权制度的模式目标和基本要求。

## 三、资源产权制度

资源资产利用的核心内容和中心环节之一是建立和发展财产权及相应的社会经济体制。这是保证资源资产在经济中正常运作的一个基本条件。资源资产的产权形态由两个层次构成，一个是法律（或法权）形态，另一个是经济实现形态。

#### （一）资源资产财产权的法权形态

资源资产的法权形态指法律上规定的资源资产的财产制度。它依照一定的法律规范,规定了人们对资源资产占有、使用、收益和处置的权利。资源资产财产制度的形态及发展同自然资源是否可以独占和排他性使用的特点有密切关系。资源按这一特点大致可以划分为独占性资源资产和公共性资源资产(或开放性资源资产)两类。事实上,从独占性资产到公共性资产构成了一个谱系,前者包括耕地、固体矿物、森林等,后者包括海洋水产资源、流动水体、环境容量等。从现有的财产制度体系看,独占性资产大多建立了比较明确的财产所有权,公共性资产则通常没有形成清晰的财产所有权。

这些现象是同建立和有效运作财产制度的社会费用相联系的。对独占性资产,在法律上比较易于明确界定所有权及使用权范围;对公共性资产,无法或要付出很高的社会费用才能划清所有权及使用权的界限范围,才能免除无偿或非法获得运作资产的收益,即"搭便车"的现象。目前,西方的一些经济学家提出是否可以为这类资产构造界限分明的财产权,如公海的鱼类和环境容量等。从捕捞限额和排污许可证的角度,是可以转化为一种财产权,并形成实际市场价格的。但如何分配和监督这类"财产权",尚存在很多实际问题。所以,现实中资源资产领域的财产关系是复杂多样的。从实际上不存在明确的财产权,无法依照财产制度使用和处置资源资产;到存在较弱的财产权,不能完全依照财产制度而受国家干预较多的来使用和处置资源资产;再到存在较强的财产权,财产关系在使用和处置资源资产中处于主导地位;相应也构成一个体系。在人工资产领域,由于资产形成时有较强的经济目的,在归谁所有及归谁使用上都有比较明确的法律规定(包括习惯法),财产关系模糊不清的现象是少见的。

从财产制度的历史发展来看,资源资产(特别是不动产,如耕地、林木等)形成明确的产权制度,要晚于劳动工具、牲畜、房屋等。在资本主义产生前的社会形态中,还有很多重要的资源资产,如草地、森林等,是作为社区的公共财产归社区范围的人自由使用的。随着现代市场制度的建立和发展,资源资产领域也逐步形成了较完整的财产制度,但公共性资源仍是例外。

我国对可以独占的资源资产建立了明确的财产所有权制度,国家和集体拥有几乎全部财产权;对公共资源资产初步建立了国家管理体系,对部分公共资源在形式上也确立了财产归属。不同的社会主义国家,各类资源资产的财产所有权关系是有差别的,主要表现在国家、集体对待农用土地上。但总的来说,归社会主义国家所有的资源资产的比重非常大,我国的情况也是如此(见表5-1)。

表5-1 我国各种资源的所有者结构

| 资源类型 | 所有者 | 所有者占比 |
| --- | --- | --- |
| 耕地 | 国家、集体 | 集体为主 |
| 矿产 | 国家 | 国有 |
| 水及水力 | 国家 | 国有 |
| 森林 | 国家、集体 | 国有70%以上 |
| 草原 | 国家、集体 | 国有为主 |
| 滩涂 | 国家 | 国有 |

在分析资源资产法权形态时,应把国家对国土资源的主权与国家对资源资产的财产所有权明确区分开来。凡国家边界之内的资源,均在国家主权控制之下,国家有权从社会公共利益出发进行规划、开发和监督管理,有权对资源开发活动征税。但国家通常只对部分资源资产拥有财产所有权,即拥有完整的占有、使用、收益和处置的权利。国家资源资产所有权占主导地位和国家拥有广泛经济职能的国家,主要是发展中国家,它的有关部门既代替行使资源的公共管理职能,又代行资源资产的所有者职能,造成了所有权从属于行政权的现象,以至时常会发生两者的混同,这对建立规范化的资源资产财产权制度是一个重大障碍。

(二)资源资产财产权的经济现实形态

有了名义的资源资产法权形态,并不能保证能够占用资源资产收益。事实上,获得资源资产财产权的法权形态同经济实现形态并不一定是统一的。这首先取决于是否有独立的财产权制度。在财产权法律制度比较健全的国家,除了部分没有明确财产权的公共财产资源之外,那些可独占和可市场交易的资源资产的名义法权形态和经济实现形态基本是一致的,资源资产财产所有权是获取资源资产收益和处置资源资产的主要依据。而在一些发展中国家,虽然名义上承认资源资产的财产所有权,但在资源利用过程中却缺乏资产的财产所有权的规范和制约作用,资源的使用和处置受到国家有关部门的行政干预。

从资源资产的名义财产权或财产权的名义法权形态转化为经济实现形态,要经过两个环节,这两个环节是否划分清楚,也是名义法权形态和经济实现形态是否一致的重要决定因素。一个环节是资源资产财产权的法律制度体系,包括资产登记转让、处置等一系列法律规定。这些法律规定能确保资产所有者(包括国家、地方政府、社团和个人)在资产发生争议时确认所有权;在财产受到非法破坏时要求损害者恢复原状,进行赔偿;在受到非法占有时能返还原物等。另一个环节是国家的资源行政管理制度,从资源资产财产权制度考虑,主要是国家依据公共利益对财产权的各种限制。这些限制主要表现在:① 行使所有权不得妨碍其他公民的合法权益,如邻人的合法权益;② 行使所有权必须符合环境保护和生态平衡的要求;③ 行使所有权不得破坏名胜古迹,国家划定的风景区、游览区、自然保护区和依法保护的寺庙及其他宗教建筑;④ 根据公共利益需要,国家可依法对土地等实行征用或收归国有。

在传统的产品经济背景下,国家没有明确地把资源作为资产对待,建立的一套以资源管理部门、资源开发的产业部门和企业为主导,集管理和开发为一体的资源利用制度,产生了资源资产所有权的变形——国有资源资产所有权破碎、割裂,集体的资源资产所有权受到极大削弱。在这种体制下,国家几乎完全控制了国有资源资产的开发利用,开发投资和收益统一由国家支配,开发方式和过程受国家集中计划管理。这就导致了国家、集体所有权和国家行政规划与管理权的合一,所有权从属于行政权,产生了与资源资产所有权不确定相类似的问题:所有权依然没有明确的代表,行政机构所有权的代理权不稳定。同时,有行政权的部门地区分割,导致了所有权破碎、割裂,出现了各部门、各地方"谁发现,谁开发,谁所有,谁受益"的局面,造成了部门和地区垄断经营的生产和市场结构的基础。这一特点典型地表现在资源综合开发、综合利用难于进行的社会现象上。从企业来看,同其受行政机构严格计划管理相对应,资源资产也是按行政配置方式实行无偿、无限期占用的。这是集中计划体制的必然产物，它限制了资源资产的高效率利用。

集体的资源资产所有权同样也受到明显的削弱。这集中体现在农村土地利用上，国家严格限制集体对其拥有的土地资产占有、使用、处置的权利，集体利用土地的活动受各级行政机构的严格控制。集体所有权的弱化使其在经济活动中丧失了作用力，资源资产所有权的实际经济意义相当程度上消失了。

（三）主要的资源产权制度模式

1. 英国模式

资源属于国家或国王所有，由私人以多种形式使用，且使用期限较长，有的长达几百年，这种模式成功的核心在于使用期限一般在50年以上。

2. 俄罗斯模式

大部分资源属于国家所有，但是也允许地方政府和私人拥有少量的自然资源。这种模式对一些把资源的所有权和国家性质挂钩的国家来说，是可行的，不改变国家的性质，也有利于资源自身的利用和保护。

3. 德国模式

除了水资源、森林资源等因资源自身特点而实行公有产权制度外，大部分自然资源以私有产权制度为主，同时国家对私有产权人行使产权的行为实行严格的限制。

4. 我国资源产权制度

我国资源性资产管理实行的是国家所有的基本模式。《中华人民共和国宪法》明确规定："矿藏、水流、森林、山岭、草原、荒地、滩涂等自然资源，都属于国家所有，即全民所有；由法律规定属于集体所有的森林和山岭、草原、荒地、滩涂除外。"在我国的各种自然资源中，矿藏和水流全部是国家所有的资源，不存在集体所有的问题，而森林、草原等其他资源则不完全是国家所有，还存在集体所有，如农村的土地多属于集体所有。如果自然资源在耕地下面，就形成了土地所有权和自然资源的所有权相分离的状况，这种状况决定了我们在开发和利用自然资源时，必须正确处理国家和农民、国家和自然资源勘察与开发利用企业之间的关系。我国管理模式的特点是土地属于集体所有和国家所有，其他自然资源则主要属于国家所有。

对于国有资源性资产，目前的管理模式已经非常明确，国家作为出资者，在经营单位中按照明晰的产权关系依法取得经营管理权、收益权、处置权等，应该完全按照市场经济的市场运行规律来运营其资产。因此，关键的问题是如何提高资产的运营质量，尽可能做到资产的保值、增值。同时要节约使用资源，不断提高资源利用的经济、社会和生态效益，实现资源的永续利用。

---

**小 资 料**

**我国资源产权制度存在的问题——以矿产资源为例**

经过多年的法制建设和体系建设，尤其是实行改革开放政策以来，我国已初步建立起自身的矿产资源产权制度体系，但由于矿产资源产权制度涉及众多复杂的经济主体和利益关系，法制体系构建的时间还不长，加之我国整体上还处于社会主义初级阶段，正向建设社会主义市场经济体制转型的时期，许多经济矛盾和社会矛盾逐渐显现，矿产资源产权制度本身就存在很多突出的问题需要加以解决。总结起来，主要有以下几个方面。

1. 法律法规不健全、政府监管不到位

虽然我国已颁布实施了一系列矿产资源方面的法律法规，但相关法律法规仍不完善，尤其是关于矿业权的民事法律落后，无法全面保障矿业权人的权益。我国现行的《矿产资源法》是于1986年颁布，2009年第二次修正的，当时制订的很多条款已不适应现在经济发展的需要。此外，对有些问题仅仅定了一些大的原则性规定，缺少相应的配套实施细则，可操作性差，具体实施执行中遇到和出现各种问题没法解决。例如，缺少探矿权、采矿权市场管理方面的法律法规；对矿业权的上市以及矿业权流转，现行法律法规尚存在许多不明确之处。

政府对矿业的监管方面，既存在职责不清、监管缺失问题，也存在违规审批、权力"寻租"现象。有时候政府既当裁判员，又当运动员，影响了矿业权市场的公开、公平和公正。此外，还存在地方政府未严格按权限审批，各级政府审批环节多、手续复杂、信息不透明等问题。

2. 我国矿产资源产权及其实现中存在深层次矛盾

《矿产资源法》规定"矿产资源属于国家所有"，《民法典》规定"国家财产属于全民所有"，但作为全民中的个人，不可能决定矿产资源的使用，也不可能从矿产资源的收益中获得任何份额。个人既是矿产资源的所有者，又是非所有者，构成了我国矿产资源所有权具体实现中的基本矛盾。在这种情况下，矿产资源的公共所有权必须通过集体行动来实现，并需要设立专门机构，处理日常的矿产资源管理事务。

《矿产资源法》规定"由国务院行使国家对矿产资源的所有权"。在实际执行中，矿产资源的所有权和收益权之间往往存在较大的偏离，全民作为矿产资源最终所有者从矿产资源开发得到的收益未能完全体现。国务院作为中央政府，不可能直接管理和经营所有的矿产资源，需要委托各部门和地方政府去管理，在实践中矿产资源国家所有权实际上是由各级政府或者政府的各个部门行使，这导致了在矿产资源所有权上多个利益主体的存在，从而形成中央和地方以及部门之间的利益矛盾。

对于矿业权的转让，1998年《探矿权采矿权转让管理办法》规定，转让须经国务院地矿主管部门或省级地矿主管部门审批。这样就无法形成信息公开的矿业权流转市场，导致大量的矿业权转让在"地下市场"交易，政府主管部门无法进行有效的监管。

3. 矿产资源有偿使用制度没有真正落实到位

我国确立并实行了矿产资源有偿使用制度，主要体现在对矿产资源的勘探开采活动征收不同的税费，除征收探矿权、采矿权等矿业权有偿使用费外，还包括征收资源税、矿区使用费、矿产资源补偿费以及特别收益金。但税费并存，品种繁杂，收取情况较乱，"国家所有"并未真正落到实处。在全国大多数地方，矿山企业仍然沿用计划经济时期的"审批制"办法来取得各类资源的采矿权和经营权，除了缴纳少量的资源税费以外，基本上是无偿使用矿产资源。

此外，根据现行规定，探矿权、采矿权使用费按矿区面积实行定额收费，由国家出资探明矿产地的探矿权价款和采矿权价款应按评估的矿业权价格收取，矿产资源方面的其他税费也大多采用固定费率，在市场低迷时加重企业的负担，在资源价格上涨时又起不到调节作用，另外还助长了采富弃贫、浪费资源现象。

4. 矿产资源产权收益及分配不合理

尽管我国矿产资源税费名目较多，但税费结构不合理，总体收益水平也偏低。我国原油资源税如按从价税率折算约为1.5%，远低于10%的世界平均水平。2006年，开始征收的石油特别收益金，征收比率在20%~40%，与国际上相似税种60%~100%的征收比率相差甚远。矿产资源开发中的收益分配不合理，矿产资源开发收益大多上缴中央政府和留归矿业企业，地方政府留成比例低。例如，增值税中央政府分享75%、地方政府分享25%，企业所得税中央政府分享60%、地方政府分享40%。尽管地方政府可以通过资源税这一地方税种来获取部分收益，但由于税率偏低，资源税对于地方财政的贡献较少。此外，本应由全民获得的矿产资源产权收益被部分企业或个人分享。全国人民代表大会授权国务院经营国有企业，国务院又授权给国资委，国有企业的收益属于全民所有。但是，目前国有企业上交给国资委的利润偏低，大部分留存在企业内部，国有企业职工的工资待遇大大高出社会平均水平，国有企业之外的公民无法分享到全民所有制企业的收益。大多数矿山企业，特别是国有企业，无偿取得矿业权。很多地方政府将煤炭资源的开采权廉价出售给私人"煤老板"，个别政府公务员通过"设租"和"寻租"从中获取私利，"煤老板"们也获取了暴利。也有人利用产权交易制度存在的缺陷，进行私下交易，造成国有资产的严重流失。

5. 环境问题重视不够，未考虑生态环境成本

我国虽然出台了矿山环境保护方面的法规，但矿山环境保护和复垦费征收等制度实行时间不长，各地区的做法不一致，执行力度不强。一些矿业企业只顾眼前利益，乱采滥挖、掠夺性开采现象时有发生，导致矿产资源采出率低、浪费严重，多数矿区环境恶劣，尤其是矿区弃置后得不到妥善处置，矿山环境保护和复垦投入低，对当地生态环境造成极大影响和破坏，地方政府和当地居民承受了生态环境破坏带来的很多负面效应。

资料来源：姜鑫民，《我国矿产资源产权制度改革方案探讨》，中国经济出版社，2012。

## 第五节　资源产权的初始分配与再分配

### 一、我国资源使用产权初始分配

资源产权的初始分配包括所有权和使用权两个方面。由于我国的自然资源的所有

权已界定,所以我们在这里只谈使用权的初始分配。

资源使用权初始分配主要体现在两个层次上:第一个层次是资源在中央和地方行政区域上的分配,实行总量控制;第二个层次是地方各级行政区域通过资源使用许可制度或其他法定方式的实施向各类机构配置资源,实行总量控制与定额管理相结合。在第一层次的分配中,要重点考虑资源利用现状和未来经济社会发展对资源的需求情况。该层次的分配具有宏观配置的特点,分类方法要与现行的资源利用统计制度相衔接,其分类的意义在于合理界定资源使用权的量化指标。在第二层次的分配中,要重点考虑各种环境资源的功能、利用特点、经济属性和外部效应等。该层次的分配具有微观配置的特点,其类型划分要体现按照环境资源的使用功能实行差异化管理,与现行利用许可制度相衔接,其分类的意义在于更有效地对环境资源的使用进行管理。

资源使用权初始分配期限按照上述两个层次分别设定。第一层次要与国民经济和社会发展中长期规划期限相衔接(一般为10~30年);第二层次的各种使用权类型的拥有期限既要体现资源国家所有权,与区域经济社会发展规划期限相衔接,又要考虑建立稳定的资源使用权,加快资源市场的培育,同时考虑项目使用期限和资源开发利用的方式、工程设施寿命情况等。不同类型的期限可以不一致,但一般应低于或等于第一层次的资源使用权初始分配的期限。

具体的产权初始分配原则有:

① 生活利用优先原则。为了维护社会安定,应使人们的基本生活使用得到保障。

② 粮食安全优先原则。我国是一个农业大国,农业对各种环境资源的依赖程度很高,尤其是水资源。因此,在进行资源产权初始分配时还应保障全国的粮食安全。

③ 可持续发展原则。资源是国民经济可持续发展的基础。资源遭到破坏,必然会影响自然界支持人类生存和发展的能力。因此,资源产权的分配必须坚持可持续发展原则,力图达到资源利用和环境保护的协调统一。

④ 效率优先原则。在可持续发展的前提下,资源使用权的初始分配应坚持效率优先的原则。效率优先原则包括两层含义:一是资源使用权的分配能够起到节约资源、提高资源利用效率的激励作用,这对严重缺乏资源的地区尤为重要;二是从整体出发,在保证各省(市)对基本资源需求的基础上适当向资源利用效率高的省(市)倾斜,这样有利于引导资源向优化配置的方向发展。

⑤ 补偿原则。在按上述原则进行产权分配时,不可避免地导致各省(市、自治区)之间在资源利用上收益的差异和利益的调整。要解决此类矛盾,在初始分配产权时应注意应用补偿原则,即如果产权的初始分配导致不同省在资源利用上的收益变化,收益大的省应向收益受损的省进行适度补偿。

⑥ 政治影响分配原则。当一些具有重大工程项目的省的资源需求不能得到满足时,出于社会安定和政治影响方面的考虑,应首先保证那些具有重要政治和经济地位的省的资源需求。

## 二、我国资源使用产权再分配

资源产权的再分配即为资源产权的市场交易,所谓资源市场是指由国家统一进行宏观调控后,以资源产权市场化交易为基础实现资源优化配置和高效利用的市场。资源市场中的产权转让是产权流动的一种形式,是产权主体对自己权利的一种处置。资源产权转让使资源的利用从效益较低的领域转向效益较高的领域,是社会进步的表现。

资源产权市场即资源产权交易关系的总和。在这里,"交易关系总和"的具体内涵包括3个方面:① 交易主体,即谁参加交易;② 交易客体,即交易什么(交易的对象);③ 如何交易(交易方式和交易规则)。

我国的资源产权二级市场至少应该包含下列交易关系:① 交易客体(交易对象)是国有资源的使用权;② 交易方式是国家作为国有资源的所有者将一定数量的使用权出让给资源需求者后,资源使用者根据经济效益最大化原则(或根据机会成本)做出资源使用决策。决策的结果可能有两种:① 自留、自用;② 将使用权再次转让给他人。两种决策中,哪一种决策的经济价值高,资源者使用者就选择哪一种。在这种运作方式和交易制度下,通过国家(政府)对使用权出让总量的控制,可以促进节约使用资源目标的实现;通过资源需求者间的使用权转让,可以促进资源在各需求者(各地区、各部门、各单位)间的优化配置。当然,为了确保资源的高效利用和产权转让市场的有序运行,政府还应该成立一定的管理机构对资源需求者的资源使用政策和使用权转让行为进行必要的管理和监督。

二级资源产权市场主要由资源产权转让市场构成,所进行的是资源需求者之间的二次产权交易(再转让)。当资源产权市场发育到较高的程度时,也可以进一步构建资源产权金融(资源产权抵押)市场,借此拓宽自然资源建设的融资渠道,推动资源产业的更快发展。

### 小资料

#### 自然资源产权与"公地悲剧"

公地悲剧全称公共资源悲剧,最早是哈丁在20世纪60年代提出的,用以解构自然资源产权制度的经济学模型。在该模型中,哈丁构想了一个公共牧场:理性牧民为了追逐自身利益的最大化,在公共草场上持续性地增加放牧,因为只要增加一个放牧单位,理性牧民就可以获利;但不加约束地增加放牧单位将导致植被破坏等一系列负面影响。然而由于草场是公共牧场,所有的外部负效应都是由全体牧民共同承担,因此,每一位理性牧民就有过度放牧的倾向。最终,过度地增加放牧单位使得这片草场因水土流失而毁灭。此后"公地悲剧"一词就成为公共经济学中的专用名词,通常被用来指个体在没有相应制度约束下理性追求最大化利益,其短期行为对公共利益、公共资源造成了损失,反映的是个体理性决策导致了集体的非理性后果。

理论界关于"公地悲剧"的产生原因众说纷纭,其中,从产权角度分析,其根源在于生态资源的公共物品属性。第一,在所有权上,因草场属于集体而非个人,不存在理性牧民所能认知的产权人,极易被其简单地认定为无主草场,自然在使用时就缺乏相应的自我约束。然而,在个体理性牧民无约束使用下所造成的负面影响,却将最终转化成为需要由全体理性牧民来分担的社会成本,即草场的毁灭。第二,在使用权上,个体理性牧民对草场可自由使用,不需要支付任何费用或代价,在使用过程中也不会受到任何限制或约束。如此的权责不一、成本与收益不对称,也将导致个体理性牧民在使用时缺乏相应的自我约束。由此可见,"公地悲剧"的根源在于所有权上的权属不明以及对使用权的无限宽容,造成个体理性人将公共财产视作无主财产,甚至是自己的私有财产,随之引发了生产过程中的肆意心态。最后,个体理性人攫取了公共财产所产生的收益,全体理性人则承担了公共财产的损失。

我国的自然资源产权制度应如何避免出现公地悲剧的现象,需要更加全面细致地思考研究,但最重要的是要确定和明晰自然资源的产权。具体而言,在解决"公地悲剧"的基础上,建构符合我国国情、同时又具有中国特色的社会主义自然资源产权制度,应着力从以下方面入手。

首先,要进一步明晰各类公有产权的边界,完善现行公有产权制度。在我国的经济生活中,国家所有权与集体所有权、中央政府与地方各级政府之间的所有权冲突、侵蚀早已屡见不鲜,已为沉疴烂疮。因此,我们必须借助产权制度改革的东风,进一步明晰国家所有权与集体所有权,特别是与农村集体所有权的权力边界;进一步界定中央政府与各级地方政府之间、地方政府与地方政府之间的产权范围、权责、利益分配等,防止各类所有权的相互羁绊、纠缠。

其次,要在不改变社会主义公有制的基础上,进一步放活各类使用权。目前,我国已建立了以国有土地、矿产、海域、草原、森林、野生动植物资源等的使用权为主的自然资源使用权制度,但仍需进一步完善。例如,引入民间资本、外资企业等多元化的使用权主体,允许符合资质的企业与个人都可以成为使用权主体,打破国有企业对自然资源使用权的垄断地位;开辟多样化的使用权的获取路径,在传统的划拨、承包、许可等行政路径之外,还应允许符合资质的企业与个人通过拍卖、合资、入股等各种市场经济路径获取使用权。

最后,要结合我国新常态下的经济发展实际,进一步建立、健全产权交易制度。与放活使用权同步的,是要激活以使用权交易为主的自然资源产权交易市场,尤其是应扩大产权交易市场上可交易的资源范围,减少对产权交易的过多限制;与此同时,更应加快制定与产权交易相关的监管制度,规范交易程序,加强交易管理,防止国有资产的变相流失。

资料来源:叶德霂,《小议"公地悲剧"对我国自然资源产权制度的建议》,《高教学刊》2015年第9期。

## 本 章 小 结

本章主要讲述资源的稀缺性与资源产权理论。资源稀缺性的三个指标主要分别是：预见性、可比性和可计算性。资源稀缺性的度量主要分为物理度量和经济度量两个方面。为解决资源稀缺问题,实现资源的持续利用以实现可持续发展,缓解资源稀缺主要有以下几种方法:积极推进技术进步、发现新的资源储量、发展循环经济、提高资源利用率、扩大稀缺资源的替代、实现资源利用的规模经济、建立有效的价格机制、改善交通运输条件和有效的制度安排等。资源产权的基本理论即产权是人与人之间在交往过程中建立起来的经济权利关系,这种关系具有一些内在的属性,如排他性、有限性、可交易性、可分解性、行为性等。产权制度是人类社会发展到一定历史阶段的必然产物,是生产力与生产方式矛盾运动的结果,从由小生产发展到社会化大生产,由自然经济发展到商品经济及其高度化阶段——市场经济。最后一节讲述了资源产权的初始分配和再分配,资源产权市场的形式以及交易关系,包括交易主体、交易客体和交易方式。

## 推荐阅读文献

刘世伦、杨宏伟、倪明仿等:《不可再生资源稀缺性的度量方法》,《资源与产业》2014年第5期。

黄萍:《自然资源使用权制度研究》,博士学位论文,复旦大学,2012。

黄少安:《产权经济学导论》,山东人民出版社,1995。

左正强:《环境资源产权制度理论及其应用研究》,西南交通大学出版社,2014。

## 复 习 题

### 一、名词解释

1. 资源稀缺
2. 储量用量比
3. 产权
4. 资源产权
5. 资源资产的法权形态
6. 资源产权的再分配

### 二、简答题

1. 简述资源稀缺与资源短缺的关系。
2. 简述储量的概念与资源总量的构成。
3. 简述资源稀缺的经济度量。
4. 简述缓解资源稀缺的途径。
5. 简述我国资源使用产权初始分配的原则。

### 三、论述题

1. 造成资源稀缺性的原因有哪些?
2. 如何对资源产权进行初始分配和再分配?

# 第六章　外部性理论

## 【学习要点】

本章主要介绍了外部性理论、资源配置效率以及外部性的消除对策和环境资源政策，让学生充分认识并分析环境的外部性、外部性对资源配置效率的影响，更加深刻地理解资源环境配置、市场失灵等市场现象。

## 第一节　外部性的含义、类型与特征

完全竞争型市场经济的一般均衡状态是帕累托最优状态。但完全竞争市场达到帕累托最优的条件之一是不考虑经济活动的外部性，或者假设不存在外部性，即假定所有的生产者和消费者的经济活动都是通过市场上的销售和购买而相互联系的，在市场以外不存在成本和收益的关联性。事实上，单靠市场自身力量往往不能消除外部性，市场经济中存在外部性，它使个别生产成本与社会生产成本之间产生差额，这个差额可能会导致社会利益的损失。自由市场制度一方面是资源配置的有效机制，但另一方面靠自身的力量却不能消除外部性这个缺陷。因此，需要借助市场机制以外的力量予以校正和消除外部性。

### 一、外部性的含义

在环境经济学的相关研究中，外部性是最常见的词汇之一。一个经济单位的消费或生产过程不能消除全部的外部性，从而对其他经济单位的消费或生产决策产生影响。外部性又称外部效应、外部影响，是指一个人或一群人的行动或决策使另一个人或一群人受损或受益的情况。

外部性理论不同于一般均衡理论。一般均衡理论阐明的是人与人之间或经济行为主体之间的经济行为会发生相互影响和相互冲突，一个人最大化自己利益的行为，构成了一切其他人最大化自己利益的一个"约束条件"或"约束环境"，这种人们之间的相互影响和相互冲突是通过价格和供求而发生的。外部性理论则分析现实中人与人之间或经济行为主体之间经济行为的另外一种相互影响关系。这种影响不通过价格而直接影响他人的经济环境或经济利益。例如，汽车尾气排放污染了空气，直接损害了他人的利益，而这种影响并不是通过市场供求关系中的价格来实现的。

环境的外部性更多地体现了公共物品属性。公共物品有两个最基本的性质：供给的普遍性和消费的非排他性。环境作为公共物品，其供给是"非竞争"的，即增加一个人对环境的消费通常不会减少或影响他人对环境的继续消费。例如，一个城市大气污染所带来的影响，不会仅仅只限于某个人，人口增加也不会降低大气污染程度。对于环境污染来说，这是一个公共"损害"的案例。普遍性体现在：城市大气污染，该城市所有居民都受到影响。非排他性体现在：即使新迁入人群多呼入了一口大气，也并没有降低原居民所受影响的程度。再如，一座能够被所有路人观赏的花园是一种公共"享受"，只要同时观赏的人数不至于多到引起拥挤，花园对于所有观赏者来说是一种"享受"的供给方，这种"享受"看作是对花园环境的消费（甲多看了一眼并不影响乙的消费质量和数量）。环境的外部性有时也表现为"竞争"外部性。例如，某村庄有一片草地供当地村民放牧，草地面积和可供放羊数量有限，如果村民甲多增加在草地上的放羊数量，那么村民乙为利益最大化，就会减少一些放羊数量，否则将会导致草场退化，很明显该案例中乡村环境的外部性具有"竞争"特点。

## 二、外部性的类型

按照影响的范围划分，外部性可以分为消费外部性和生产外部性。根据外部影响的"好与坏"，外部性可分为正外部性和负外部性。

### （一）正外部性

正外部性也称"外部经济"，指某个经济行为主体的行动使他人或社会受益，而受益者无须花费代价去享受这种福利，如教育、扶贫、保护环境等行为的影响。在完全竞争市场中，某个经济单位的经济行为使得其他经济单位的生产或消费过程受益，而产生正外部性的经济单位无法从其他受益的经济单位中获得相应的回报。

### （二）负外部性

负外部性也称"外部不经济"，指某个经济行为主体的行动使他人或社会受损，而造成外部不经济的人却没有为此承担成本，如噪声、不遵守交通秩序、过度开发自然资源等造成的影响。负外部性的特征是某经济当事人的行动引起他人效用的减少或成本的增加。

### （三）消费外部性

消费外部性指的是一个消费者的消费行为直接影响了另一个经济行为人生产或消费的可能性。一个消费者在消费过程中给他人带来有利的影响，称为消费的外部经济性，如一个人的效用可因邻居种植鲜花、美化环境而受益。一个消费者在消费过程中给他人带来损失或额外费用，称为消费的外部不经济性，如一个人的效应可因他人吸烟或放高音喇叭而受损。在现实生活中，消费的外部不经济性更普遍，特别是环境污染将对他人产生严重的负面影响。

### （四）生产外部性

生产外部性指的是厂商的生产影响了其他人的福利。一个生产者在生产过程中给他人带来有利的影响，称为生产的外部经济性。例如，兴修水利对整片水域附近的居民灌溉农田和发展渔业产生积极的作用；养蜂业受益于果树种植面积的扩大。一个生产者在生产过程中给他人带来损失或额外费用，称为生产的外部不经济性。例如，河流下游的渔场受到上游钢铁厂排放废料的损害。在生产外部性中，一个企业的生产直接影响了其他经济行为主体的福利。

### 三、外部性的特征

在现代社会，外部性的内容、范围、作用、形式等都变得更复杂了。外部性具有以下特征(或称假定)。

#### (一) 外部性独立于市场机制之外

外部性的影响不通过市场发挥作用，它不属于买者与卖者的关系范畴。换句话说，市场机制无力对产生负外部性的厂商给予惩罚。如果市场机制有能力自动地惩罚产生污水的化工厂、补偿受损的下游渔场，那么，市场机制就不会出现"外部性"的缺陷了。同样，市场机制也无力对产生正外部性的厂商给予补偿。完全竞争型的市场均衡(帕累托最优)假定不存在外部性。

#### (二) 外部性产生于决策范围之外而具有伴随性

厂商在决策时首先考虑的是在生产的私人成本基础上而非社会成本的基础上寻求利润最大化。在这种情况下，负外部性的生产者的产出水平将超过最优水平。这就是说，污染的发生并不是因为把废物排放到环境中的社会总收益超过总成本，而是因为这样处理废物时收益超过了它所负担的那部分成本。厂商不是为了排污而生产，污染只是生产过程中的伴随物，并不是故意制造的。如果是蓄意制造麻烦而产生有害于第三者的影响，那就是另外一回事了(例如犯罪)。外部性是伴随着生产或消费而产生的某种副作用，它独立于市场机制之外，是市场机制容许生产者或消费者在做出决策时可以忽视的行为结果。

#### (三) 外部性与受损者之间具有某种关联性

外部性产生的影响并不一定能明确表示出来，但它必定要有某种(正或负的)福利意义。当受损者对外部性不是漠不关心的时候，两者就是相关的，否则，就不相关。例如，化工厂排放的污水使得下游渔场的水质量变差，使渔场主培育的鱼苗生长缓慢，一般可以认为产生了外部性，但如果渔场主并不介意，那就不能说存在外部性。

#### (四) 外部性具有某种强制性

在多数情况下，外部性加在承受者身上时具有某种强制性，如附近飞机场的轰鸣声、马路上的拥挤现象和汽车废气污染现象等。这种强制性也是不能由市场机制解决的。

#### (五) 外部性不可能完全消除

工业污染是不可能完全消除的，不仅市场机制的作用无能为力，政府干预的作用也只能是限制污染，使之达到人们能够接受的某种标准。

#### (六) 外部性的存在引起私人成本(收益)和社会成本(收益)的差异

私人成本是指生产(或消费)一件物品，生产者(或消费者)自己所必须承担的成本费用。在不存在外部性的情况下，私人成本和社会成本一致，但若存在外部性，情况就不一样了。假定某化工厂排放的废物污染了下游水域的渔场,造成负外部性,渔场为维持原有产量,必须追加一定的清污费用。清污费用也应看作是化工厂成本的一部分,即边际外部成本。如图 6-1 所示,边际私人成本 MPC 和边际外部成本 MEC 的总和就是化工厂多生产一单位产品的边际社会成本 MSC,即

$$MSC = MEC + MPC \qquad (6-1)$$

在公式(6-1)中,如果外部性不存在,MEC 将等于零,从而私人成本和社会成本相等。

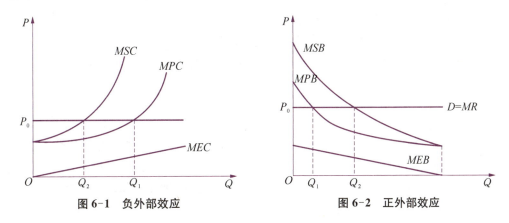

图 6-1　负外部效应　　　　　　图 6-2　正外部效应

同样的道理也适用于存在正外部性的场合(见图 6-2)。这时会发生边际私人利益 MPB 和边际社会利益 MSB 的差异,其差额就是边际外部利益 MEB,即

$$MSB = MPB + MEB \qquad (6-2)$$

在公式(6-2)中,如果不存在外部性,边际外部收益将等于零,从而边际私人收益和边际社会收益相等。

显然,在存在外部性的场合,要达到社会福利最大化,边际条件应是边际社会成本等于边际社会利益,而不是私人边际成本等于私人边际利益。这个福利最大化的条件被庇古称为"黄金规则",作为对帕累托边际条件的补充。

## 第二节　外部性理论的产生与发展

### 一、马歇尔首次提出外部经济

外部性这个概念来源于马歇尔 1890 年在《经济学原理》中首次提出的"外部经济"。

外部经济包括产业部门的地理位置、辅助部门的发展水平、通信运输手段的条件、熟练劳动力供给情况等,指厂商之间形成的一种相互依存的关系总和,这种关系能促进产量增加。由于马歇尔认为外部经济决定于部门的一般发展状况和部门环境的一般进

步状况,所以马歇尔所说的外部经济主要是指一个部门内部的各个厂商之间的关系。这种外部经济对部门内的厂商来说是外在的,但对整个部门来说是内在的。这种外部经济是指部门内厂商之间经济活动上相互产生的一种积极的刺激和影响,它在生产成本中反映不出来,看不见、摸不着。

## 二、庇古发展外部性理论

庇古全面地接受了马歇尔提出的内部经济和外部经济的概念,并且在此基础上充实了内部不经济和外部不经济的概念。他从社会资源最优配置的角度,运用边际产值的分析方法,提出了"边际社会净产值"和"边际私人净产值"两个概念,再根据收益与成本递增或递减等概念加以系统化,最终确立了外部性理论,这是对马歇尔外部经济论的一个新的发展。

庇古提出的边际产值是指最后单位生产要素的产值。边际私人净产值是指增加一单位的投资后,投资者收入增加的值,即等于边际私人净产品乘以价格。边际私人净产品是指厂商每增加一单位生产要素所增加的产量。边际社会净产值的含义与此相似,所不同的只是指社会意义上的净产值与净产品,社会资源最优配置的标准就是上述两种净产值相等。但是,他指出,在自由竞争条件下,上述两种净产值却往往并不能像斯密"看不见的手"所描述的那样完全相等。这种不完全相等是指:如果在边际私人净产值之外,其他人还得到利益,那么,边际社会净产值就会大于边际私人净产值;反之,如果其他人受损失,那么边际社会净产值就小于边际私人净产值。庇古把前者称为"边际社会利益",后者称为"边际社会成本"。

边际私人净产值与边际社会净产值之所以会出现相互背离的现象,主要有三个原因,其中一个重要的原因是外部不经济。庇古扩充了这个概念的内涵,用它指厂商同部门内和部门外其他厂商之间的关系:在经济活动中,如果某厂商不须付出代价而给其他厂商或整个社会造成损失,那就是外部不经济。这时,厂商的边际私人成本小于边际社会成本,边际私人经济福利大于整个社会的边际经济福利,于是就出现了边际私人净产值与边际社会净产值的背离。此外,庇古不但看到了生产活动可以产生外部性,还发现消费活动也能产生外部性。最后,庇古提出了国家干预必要性的论点,认为依靠自由竞争不可能消除上述边际私人与边际社会净产值背离现象,政府应采取适当的政策,如征税或补贴,以消除这种背离。

### 小 资 料

### 正外部性和负外部性

外部性是一个经济学概念,由马歇尔和庇古在20世纪初提出:"某种外部性是指在两个当事人缺乏任何相关的经济贸易的情况下,由一个当事人向另一个当事人所提供的物品束。"曼昆认为外部性是一个人的行为对旁观者的福利的影响。诺斯的

"搭便车"从正外部性入手,科斯从外部侵害入手,无非也是指行为对与之交易或目的无关的其他人福利的影响。

正外部性指生产和消费给他人带来收益而受益者不必为此支付的现象。修复历史建筑具有正外部性,因为那些在这种建筑物附近散步或骑车的人可以欣赏到这些美丽的建筑物,并感受到它们带来的历史沧桑感。教育也产生正外部性。例如,受教育更多的人素质会高;受教育多的人犯罪率更低;受教育多的人可以促进技术的进步等。

负外部性指由于消费或者其他人和厂商的产出所引起的一个人或厂商无法补偿的成本。汽车废气有负外部性,因为它产生了其他人不得不吸入的烟雾。政府通过规定汽车的排放废气标准来解决这个问题,政府还对汽油征税,以减少人们开车的次数。狂吠的狗引起负外部性,因为邻居受到噪声干扰。狗的主人并不承担噪声的全部成本,因此很少谨慎地防止自己的狗狂吠。地方政府通过规定"禁止扰民"来解决这个问题。

资料来源:1. 豆丁网,《外部性是一个经济学概念》,https://www.docin.com/p-1041498029.html,2015-1-26。
2. 郭万超、辛向阳,《轻松学术语》,《科技术语研究》2006年第4期。

## 第三节 外部性与资源配置效率

要在有限的资源条件约束下取得尽可能大的效益,或者尽可能少地使用资源来实现某既定目标,以使有限的资源更好地满足人类需求。为实现资源配置的最优化目标,在资源配置过程中我们应该注意哪些问题呢?有没有一些原则值得我们考虑呢?

### 一、资源配置的原则

(一)经济效益原则

资源合理配置的主要标准就是要使有限的资源尽可能生产较多的消费品或提供较多的社会服务(或者表述为:为了实现一定的产出,尽可能地节省资源投入)。经济效益是生产过程的效益,是指用有限的资源生产出尽可能多的符合社会需要的消费品和服务。从总体上评价经济生产过程中的最大商品和服务数量尚有许多争论,但就目前的认识水平来说,国内生产总值GDP仍不失为一种可接受的综合性指标之一。因此,按照经济效益原则,要求国内生产总值尽可能地增长。只有创造尽可能高的产出,才有社会产品和服务合理分配的物质基础。

(二)社会效益原则

一种资源分配符合经济效益原则,并不能代表资源已经合理配置。合理配置资源,还必须考虑资源产出与社会需求相适应的问题,即不仅要求最有效地进行生产,同时也要求最有效地分配产出和服务,实现最有效的消费。不解决分配和消费过程中的效益问题,生产中的效益(经济效益)就不能最终实现。

对于社会效益问题,即如何通过改进分配、通过对需求的各种价值判断来提高资源利用的整体效益,人们以前未能给予较多的关注。传统的社会主义经济学一般都是从生产角度讨论效益问题,在讨论生产与消费的关系时,一般也只从产品量与需求量相平衡的一般经济学原则出发,很少考虑人的主观偏好。这实际上等于在承认假定"等量的消费具有等量的社会价值,而不问消费对象是谁",这在相对平均化程度较高的社会,有近似的合理性。西方经济学中关于消费者效率或社会福利,讨论的出发点是消费者"效用"问题,认为全部的社会福利应该是全部消费者效用的综合,而资源合理配置的准则就是使效用综合最大化。消费者的效用与其所享用的消费物品的数量、品种有关,也与消费者的收入有关,由消费内容及收入决定的效用的表达式,称为消费者的福利函数,社会的福利函数则是全社会中消费者福利函数的总和。经济资源的合理配置要考虑社会效益,除了分配与消费方面的因素外,还有社会文化、社会保障和社会稳定等方面的效益。其意义是:① 对于所有的资源配置项目,必须考虑这些项目各个方面的社会效果。在经济效益相等的情况下,应优先考虑社会效益大的项目;在经济效益不等的情况下,应根据社会效益的显著程度进行权衡。② 对于没有直接经济效益的纯社会性的资源配置项目,如建立学校、文化场所、社会保障事业以及其他的公共事业,按照社会效益的原则,权衡项目设立的资源投入。立项后,应考虑用尽可能少的资源投入来实现项目目标。

(三) 生态效益原则

仅仅具有高效益的最大产出和公平合理的社会分配,并不能保证对生态环境的充分保护与长久利用,因而同时实现经济效益与社会效益的最大化仍不是资源合理配置的充分条件,资源配置的合理性,还应包括对生态环境改善的自然要求。资源利用的经济效益、社会效益和生态效益的总体,才是资源合理配置的一组完整的准则。

资源配置的生态效益原则,可以从两个方面来理解:① 生态环境可以作为一种资源,这种资源的所有者是全体人类。地球上的人类工程、任何经济资源的生产、分配、消费方式都必然与人类的生态环境相交流。一个建设项目对生态环境的破坏,实际上是生态环境作为一种资源向项目的投入。生态环境作为人类共有的资源,并不能像其他的经济资源一样可以方便地用货币价值尺度来衡量其投入或损失。在建立环境资源与经济资源共同的度量标准方面,存在着许多尚未克服的困难。这种困难影响了人们对生态效益原则的价值判断。② 良好的生态环境作为一种福利,就像人们消费的其他物品和服务一样,给人们带来效用。在高度工业化的当今世界,和暖的阳光、清洁的空气、纯净的水以及优美的景致,不仅使人们身体健康,同时也使人们心旷神怡。因此,破坏生态环境无疑是对人们福利的损害,是与资源合理配置目标不一致的。

(四) 综合效益原则

如前所述,根据资源合理配置的目标,资源配置的效益可以分为三大类:经济效益、社会效益、生态效益。这些效益在一个具体的配置项目中可能相互依存,彼此正相关。例如，在条件适宜的荒坡上发展蚕桑生产，具有较好经济效益的同时，蚕粪肥地桑树长得好，绿化了荒山，减少了水土流失，美化环境又解决了农民就业问题，社会效益和生态效益都非常高。但是，有些资源利用项目的各种效益可能相互排斥。例如，发展工业造成环境污染，完善自动化势必影响就业。

对于某个具体的资源配置问题，配置方案的选择，有必要全面地权衡各种效益的利弊。按照综合效益原则进行资源分配，是社会资源利用实现最大化效益的前提。但对于经济发展程度不同的地区来说，其追求经济效益、社会效益、生态效益的强烈程度，在短时间内可能有所不同。比如，经济欠发达地区更急切地追求经济效益，生态效益属于其长期目标，在短期内可能会被放在次要位置上。

---

**小 资 料**

### 计划与市场两种资源配置方式的区别

资源配置目标必须通过一定的资源配置方式来实现。迄今为止，社会化生产中资源配置方式基本上有两种：市场配置方式和计划配置方式。

计划配置方式是指通过指令性计划决定资源的分配和组合。市场配置方式是指通过市场机制来调节资源的分配比例。资源配置方式与经济体制类型相一致，采用计划配置方式配置资源的是计划经济体制，采用市场配置方式配置资源的是市场经济体制。作为资源配置的两种不同方式，计划与市场的区别主要体现在以下几个方面。

1. 资源配置的主体不同

计划配置资源的主体是政府，市场配置资源的主体是企业。计划经济体制中，由中央政府计划机关编制的计划确定宏观经济发展的目标，然后按照行政隶属关系层层分解下达，连同资源一直安排到企业。政府既是宏观经济的管理者，又是企业微观经营的指令者和直接指导者，不仅人、财、物等各种资源由政府直接安排到不同部门、不同地区、不同企业的不同使用方向上，甚至连企业自身也成了被政府配置的对象和客体。企业毫无生产经营权，一切生产经营活动都由政府统包统揽。政府是计划配置资源的主体，企业只是政府行政机构的附属工具。市场经济体制中，企业是自主经营、自负盈亏的独立的商品生产经营者，是独立的市场主体，人、财、物力等资源的流向、组合比例和流量，都由企业自己决策定夺，一切生产经营活动也都由企业自主地安排和组织，政府的经济职能只是进行宏观调控，主要通过经济手段和法律手段引导企业把资源配置到社会最需要、最有效率的产品的生产上去，以保持社会总供给与社会总需求的平衡。市场配置方式中，企业由计划配置方式中政府的附庸一跃成为资源配置的主体。

2. 资源配置的出发点不同

计划配置资源的出发点是生产能力，市场配置资源的出发点是市场需求。计划配置方式从能生产什么、能生产多少出发来配置资源。能生产的就安排相应的资源，能多生产的就多安排一些资源。至于这种生产能力是否是社会所需要的,与社会对它的需要相比孰多孰少,并不是作为资源配置主体的政府配置资源时首先考虑和重点关注的问题。市场配置方式从市场需求出发配置资源。市场上哪种产品供不应求,作为资源配置主体的企业就把更多的资源安排到这种产品的生产上去,哪种产品供过于求、滞销,企业就减少乃至撤除其生产经营中投放的各种资源,转产供不应求的产品。

3. 资源配置的依据不同

计划配置资源的依据是指令性计划指标,市场配置资源的依据是市场价格。计划配置资源时,各类资源的流向、流量和组合比例,都由指令性计划指标明确规定。每一企业能使用什么资源,能使用多少特定的资源,指令性计划指标中也有明确而又具体的规定。指令性计划指标是计划配置资源的指示器。市场配置资源时,市场价格是企业配置资源的信号。市场上哪种产品由于供不应求而使价格上涨,价格高于价值,企业就把资源投放到哪种产品的生产上,反之,哪种产品由于供过于求而使价格下降,价格低于价值,企业就减少资源在其生产经营中的投入量。随着市场价格的变动,企业不断地随之变更资源的配置。

4. 资源配置的信息传递方式不同

计划配置资源的信息是纵向传递的,市场配置资源的信息是横向传递的。计划配置资源时,政府按照行政隶属关系,把作为资源配置指令信息的指令性计划指标纵向地自上而下层层下达到企业,企业也层层地自下而上向上级提出对资源的要求,至于企业的要求是否能得到认可和满足,则完全由上级行政机构来拍板。市场配置资源时,企业从市场横向地得到作为资源配置指令信息的价格信号,企业之间有关资源流向、流量的信息也经由市场横向地传递。

5. 资源配置的动力不同

计划配置资源的动力是指令性计划的行政约束力,市场配置资源的动力是企业对经济利益的内在追求。计划配置资源时,政府通过行政系统层层下达的指令性计划指标,是一种行政命令,具有行政约束力,作为行政机构附属工具的企业必须严格地贯彻执行,于是,指令性计划的行政约束力便成为计划配置资源的驱动力,但这是一股外在的、强制的力量。市场配置资源时,企业之所以把资源配置到价格高也即社会最需要的产品的生产上,是因为这样也只有这样才能给它们带来更多的利润,带来更多的经济利益。经济利益是人类最根本的利益,故市场配置资源的动力是一种内在的、自发的力量。

6. 资源配置的状态不同

计划配置资源基本上是静态的,市场配置资源则是动态的。计划配置资源时,指令性计划指标一旦决定,除非发生严重的困难,绝不轻易变更。即使变更也只是为数极少的定期变更。可以说,计划配置资源基本上是一次性的、静态的。市场配置资源时,配置资源的依据是市场价格,而价格是一个极度敏感的市场信号,不断地随市场供求关系的变化而变化,于是,随着市场价格的不断变化,资源的流向、流量也不断地变更,资源配置动态地进行着。

7. 资源配置的后果不同

计划配置资源无法保证资源配置目标的实现,市场配置资源能较好地实现资源配置目标。计划配置方式没有价格信号和竞争过程的作用,没有经济利益的驱动,也就没有引导资源有效配置的内在机制,资源不一定流向社会最需要、生产效率最高的部门。它虽有可能增多产出和提高经济增长速度,但却无法保证产出的适销对路和用最少的资源投入生产出最多的符合社会需要的产品,即无法保证资源配置两个目标的实现。市场配置方式从市场需求出发,以市场价格为依据,通过经济利益来驱动,也就形成了一种引导资源有效配置的内在机制。把资源配置到价格高的产品的生产上,其实也就是配置到社会最需要的部门,而得到更多的经济利益,也即用最少的资源投入生产出了最多的符合社会需要的产品。由此可见,市场配置方式能较好地实现资源配置的两个目标。

资料来源:张琴,《计划与市场:两种资源配置方式比较》,《安庆师院社会科学学报》1995年第4期。

## 二、资源配置的方式

### (一) 计划方式

资源配置的计划方式是由马克思、恩格斯首先提出来的。他们认为随着生产资料转归社会共同占有,社会变成一座在社会共同体控制下的大工厂,劳动时间在不同的生产部门之间有计划地分配。在集中决策的前提下,根据现实的客观物质条件的可行性,由政府的计划执行部门以指令性计划的形式贯彻实行资源配置,"货币和价格对资源配置不产生关键性作用,只起核算工具和便利交换的作用"。这种模式的特点是:通过中央的指令性计划调节整个国民经济的运行;货币、价格、利润只是作为经济核算的手段;通过从上到下的层级制行政体系来运作。

新中国成立后的许多年,我国一直实行计划配置方式,并且认为:用计划这只看得见的手配置资源是最有效率的,计划方式可以克服资本主义市场经济的无政府状态和周期性危机。然而,经济发展的实践证明,无论是中国,还是其他社会主义国家,其生产力发展水平远未达到能在全社会范围内实行计划生产的程度。按照计划生产产品难以适应人类多样化的需求,此时的计划方式根本无法实现社会生产与社会需求的有效连接,只能导致资源配置失当和资源浪费。需要指出的是,市场配置方式也并非尽善尽美。由于市场竞争的不完全性,经济信息传导的不对称性及未来市场前景的不确定性等原因,市场方式使得一定时期内的资源配置达不到最佳状态,甚至存在不合理配置。

### (二) 市场方式

资源配置的市场方式就是利用市场这只"看不见的手"来调节社会资源配置。市场配置理论认为,市场配置是一种分散决策行为,是依靠市场机制功能实现的。迄今为止,经济实践和经济资料都充分表明,市场方式依然是资源配置最有效的手段。在广泛的竞争性领域中,市场机制自动引导着资源从效率低的领域流向效率高的领域,实现资源的优化配置。同样，在非竞争领域，市场机制的引入带来了效率的明显提高，这也正是市场配置方式的生命力所在，是我国计划经济体制转向市场经济体制的根本原因。

计划与市场是资源配置的两种方式，各有长短。计划经济长在比例，短在效率；而市场经济正好相反，长在效率，短在比例。两者结合，优势互补。可以实现资源配置最优的理想状态。所以，20世纪的计划经济国家先后走上了市场趋向的改革之路，而市场经济国家也开始探索引入计划方式和手段，建立起国家宏观调控体系。

---

**小资料**

### 计划与市场两种资源配置方式的优劣

计划配置方式的内在特点决定了它有着难以克服的内在弊端。它不是从市场需求出发，而是从生产能力出发，这就无法保证资源一定能流向社会最需要的部门。退一步说，即使生产能力同社会需要相一致，而由于计划配置资源是靠指令计划的行政约束力来强制地驱动，作为资源直接使用者的企业，既没有资源配置权，也没有同资源使用后果相联系的经济利益和经济责任，它们在使用资源过程中没有必要也不可能会主动地努力发挥资源的最大使用效率，而资源使用中的浪费现象却会因为无须承担经济责任和贪图方便等原因经常、普遍地发生。由此可见，无法保证资源配置目标的实现，既是计划配置资源的结果，也是计划配置方式的内在弊端。

第一，资源短缺和资源浪费并存。资源短缺的典型表现就是传统的计划经济体制中许多产品（包括一些生活必需品）都严重地、长时间地供不应求。政府只好靠定量供应或票证制度来解决把少量的产品供给给大量需求者中的哪一部分的问题，而消费者则通过拉关系、走后门等手段，甚至不惜花高价从"地下市场"或"黄牛"那里买自己急需的商品。在资源短缺、产品供不应求的同时，资源的浪费也十分惊人：很多产品因为不适销对路，连削价贱卖也难得有人问津，只好腐烂变质、坐以待毙，枉费了投放在其生产经营中的大量人、财、物力和时间资源；企业在使用资源时，浪费人、财、物力的情况也属家常便饭，很多能耗指标、物耗指标都超过额定标准，比市场经济国家也高不少。资源本来就具有稀缺性，资源浪费使得本来就稀缺的资源更加稀缺了，更加重了资源短缺。于是，资源浪费和资源短缺形成了一种恶性循环，积重难返。

第二，产业结构容易陷入失衡状态。宏观经济是一个有机整体，各产业之间客观上存在着一定的比例关系，只有这种比例关系得到保持、实现，产业结构合理，宏观经济才能够正常运转。计划配置方式从生产能力出发来配置资源，久而久之，必然会使生产能力强的部门的生产规模越来越大，它们与那些生产能力较小的部门的差距也日渐扩大，各产业部门之间应当有的比例关系得不到保证，从而导致产业结构陷入失衡的误区。我国传统计划经济体制中长期存在着的农、轻、重比例失调，至今仍未正常化、合理化的第一、第二、第三产业结构，仍处于"瓶颈"状态的能源、交通和教育等行业，都表明计划配置方式实际运行中容易导致产业结构失衡，而由失衡走向平衡，又绝非一时一刻之功。

第三，经济活动缺乏活力，效益差。计划配置方式中，企业只是行政机构的附属品,它没有生产经营权,也没有同生产经营成果挂钩的经济利益和经济责任,当然不会尽力去提高微观经济活动的效益。同时,资源短缺,卖方市场长期呈现,"皇帝女儿不愁嫁",企业也不会在更新产品、改善经营管理和降低成本方面下大功夫。作为宏观经济细胞的企业缺乏活力,经济效益差,宏观经济效益又怎么会有所提高呢?我国传统的计划经济体制中企业缺乏活力,整个宏观经济效益差,是一个路人皆知的事实。我国正在进行的企业经营机制转换,既是为社会主义市场经济体制塑造合格的市场主体的过程,也是克服传统计划经济体制中企业无活力、经济活动效益差的过程。

市场配置方式的内在特点,使其具有一种自发地导致资源配置主体把资源配置得合乎社会需要又尽可能地少投入多产出的内在优势。这是因为:① 市场价格是市场配置资源的指示器,经济利益是市场配置资源的内在动力。为了得到更多的经济利益,不需要任何外在的压力和强制,企业就会心甘情愿地主动地把资源投放到价格高的产品的生产上。② 实行市场配置时,价格和供求关系互相影响,只有供不应求的产品价格才较大地高于价值,企业在经济利益驱动下把资源投放到价格高的产品的生产上,其实也就是投放到社会最需要的部门。③ 企业从每件产品上得到的经济利益,其实也就是这件产品的市场价格与其生产中所耗费的各项资源价格和之差,而企业为了得到更多的经济利益,就必须用最少的资源生产出最多的符合社会需要的产品。由此可见,能较好地实现资源配置的两个目标,不仅是市场配置资源的结果,也是市场配置方式的内在优势。

市场配置方式也不是完美无缺的,它也有着自己的局限和缺点。人们一般认为市场配置方式的缺陷主要有以下几点。

第一,市场配置以价格为信号,而价格只能反映市场供求的短期动态,不能反映供求的长期趋势,故市场配置不能自动导致社会总供给和社会总需求的长期平衡。市场方式带有盲目性和滞后性。

第二,市场方式作用的发挥,是以企业追逐各自的利益为动力来实现的,而企业对自身利益的追求,虽然有与社会整体利益相一致的地方,但也不可避免地会引起企业利益和社会整体利益的矛盾,有时甚至会损害社会整体利益,导致外部不经济。例如,对于公共设置、公益事业及周期长、周转慢、利润少的产品,市场方式可能失灵。

第三,分配不公平。市场配置讲求效率,由于企业的主客观条件不同,资源配置效率不同,与其相联的收入分配也会不公平。这些确实是市场配置方式的不足,但在这几个方面,计划配置也不一定就比市场配置高明多少。

现代市场经济不仅以市场作为资源配置的基础方式,还有国家宏观调控引导市场方式的正常运行和健康发展,这就使得市场配置方式的不足在现实的市场经济体制中受到了限制,而其优势更能正常、充分地得到发挥,更加显示出了它比计划配置方式有利于实现资源配置两个目标。无论是市场经济国家和计划经济国家资源配置效果的横向对比,还是我国经济体制改革的前后计划和市场配置效果的纵向对比,都充分表明了市场配置的优势。

资料来源:张琴,《计划与市场:两种资源配置方式比较》,《安庆师院社会科学学报》1995年第4期。

## 三、生产外部性分析

### (一) 生产外部性的普遍性

现实世界中的外部性现象时时刻刻在我们周围发生。

外部性之所以存在普遍性,是因为要求任何一个经济制度在任何地方都能偿付边际社会成本是一件非常困难非常复杂的事情。例如,生产中外部性的偿付就难以实行,企业在使用河流、空气这类资源时不可能支付充足的租金。使用海面的情况也是如此,渔业的租金也很难强求其达到充分程度,结果必然出现捕捞过度的趋势。路面的使用也同理,于是就可能产生过分拥挤。生产外部性给土地价值带来的影响十分明显,几乎在任何一个大城市的土地价值分布图上都可以看到一条外部性的线索。一般来说,在公园或绿化带附近可以看到明确的波峰,而工业区或飞机场旁边的土地价值会出现一个波谷。19世纪初,靠近伦敦的农用土地比稍远一点的地方更便宜,因为城市附近的偷盗活动猖獗,作物收获量中相当一部分被偷走,因而抵消了这些土地的运输成本较低的优势。

### (二) 生产外部性的案例分析

下面以生产厂商产生空气污染为例进行分析。

某火力(燃煤)发电厂在生产电力的同时也产生空气污染,该厂商把大气作为排污的场所,因而空气资源是电力生产中一种不花钱的投入。

假定所有成本是固定不变的,厂商的私人边际成本曲线 MPC 表明了多生产一单位电力所占用额外资源的成本,它显然未包括厂商向大气排污所带给社会的边际成本。所以,社会边际成本 MSC 包括了私人边际成本 MPC 和排污给社会带来的边际外部成本 MEC。

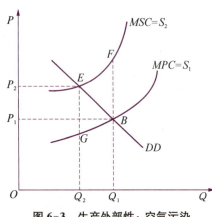

图 6-3 生产外部性:空气污染

在图 6-3 中,MSC 曲线就必然高于 MPC 曲线。厂商有一条供给曲线 $S_1$,它等于 MPC 曲线,因为厂商的供给是根据它的私人边际成本决定的。它与 DD 需求曲线相交于 B 点,这时电力产量为 $Q_1$、价格 $P_1$ 远远低于 MSC 曲线上的 F 点,就是说,当厂商的产量为 $Q_1$、价格为 $P_1$ 时,即厂商的私人边际成本 MPC = $P_1$ 时,它形成的外部成本 FB 由社会负担了,价格 $P_1$ 并没有反映出 FB。由于 $P_1$ 定价过低,电力产量就必然过多,超过有效率的产量 $Q_2$,从而给社会带来了损失,即 EFB 围成区域的面积。

如让其缩减产量,按 MSC 曲线与 DD 相交处的 E 点生产,那么,生产电力的边际成本就正好等于这一产品给予消费者的好处。此时的价格 $P_2$,由于包括了外部成本,就变成了有社会效率的价格。这时的 EG 就相当于外部成本的污染税。当然,这里的"污染税"是一种假定,即假定给空气污染确定一个正确的负价格,要求厂商为利用空气资源来排污支付一个高效率的价格,以增加电力生产的成本,使电力的供给曲线向左移动。

由此可以看出，污染控制的结果是限产提价，一般地说，这是正确的，提高了全社会的资源配置效率；否则，低价格是缺乏效率的，高产量也是缺乏效率的，污染空气资源更是缺乏效率的。

## 四、消费外部性分析

### （一）吸烟消费的外部性分析

消费中的外部性也是普遍存在的。例如，吸烟者的消费偏好是既定的，且不易被外界影响。人们往往只注意到吸烟给吸烟者带来的损失，但是吸烟者所造成的外部性危害更大。他给社会带来的外部成本，即吸烟者并没有直接支付因吸烟而引起的全部成本包括3项：① 由吸烟引起的疾病及所需偿付的医疗费用（尤其在福利国家）；② 因患这些疾病而引起的生产率的降低；③ 因在公共场所吸烟而引起不吸烟者的反感。

前2项外部成本易于计算，美国技术评价局对1985年与吸烟相关的死亡与成本作了估算：与吸烟相关疾病的医疗费用约为130亿～350亿美元（1982年13.9万人因与吸烟相关的癌症而死亡）；因吸烟带来生产率的损失（从病假及寿命降低两方面来计算）约为270亿～610亿美元。

当年美国一包香烟的售价平均在1.2美元左右，但所引起的外部成本竟高达每个吸烟者2美元，即消费者每支付1.2美元的香烟时，就要产生2美元的外部成本由社会来分担。而联邦烟税的年均收入只有46亿美元，远低于外部成本。

外部性的影响并不是通过市场的价格机制反映出来的，它妨碍市场机制的有效作用，有时则完全排斥市场，或者歪曲市场价格。这种非市场性的附带影响使市场机制不能有效地配置资源。即使在完全竞争条件下也不能使资源配置达到帕累托最优。因此，外部性是市场失灵的重要原因之一。外部性的范围愈广，市场价格机制有效配置资源的作用就愈小。人类所从事的每一项经济活动，几乎都会产生残余物，这些残余物可能对公共资源造成有害或有益的影响。这说明了外部性的普遍性和严重性。

### （二）小汽车消费的外部性分析

我们再来分析小汽车消费的外部性。战后的"汽车革命"改变了人们的交通习惯，大多数通勤和其他生活领域的交通工具被私人小汽车代替了。私人小汽车给消费者带来了方便，但与此同时，私人小汽车消费的增加也产生了严重的外部性，甚至被人们称为公害。私人小汽车的消费外部性是多方面的，主要包括交通拥挤、空气污染、噪声、尘埃、视觉损害以及增加他人对交通肇事的心理恐惧负担等。这里仅讨论交通拥挤。

交通拥挤所带来的成本可称为"拥挤成本"（也就是提高了他人的交通成本）。

现在我们考察车主驾驶时的拥挤成本产生的过程。在每次驾驶出行之前，决定他是否出行的主要因素之一就是他对该次出行中私人边际成本支出与其私人收益二者的计算结果，如果私人收益大于私人边际成本支出就决定出行，如果私人收益小于于私人边际成本支出则不出行。

在车主考虑的私人边际成本中，除了车费、汽油费等货币支出外，还应包括时间支出、精力和体力的支出等。所以，车主的私人边际成本的情况、私人收益的预期以及它们的计算比值的结果只有车主个人知道。但是,我们可以肯定他没有把外部成本考虑在内。假定某车主出发点为交通不拥挤的市郊,目的地是交通拥挤的市区,出车的时间恰是交通高峰期,MSC 只限于对公路的使用者而不包括全体社会。

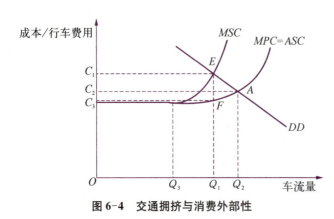

图 6-4 交通拥挤与消费外部性

在该车主上路以后,车辆之间互不干扰,没有出现交通拥挤现象,此时,他带给他人的拥挤成本是零。因此,这时他的私人边际成本(暂时假定不考虑其他成分)与社会边际成本相等,即 MSC 与 MPC 两条曲线重叠(见图 6-4)。但随着市区的临近,车辆逐渐多起来,当多到一定程度时,即超过 $Q_3$ 点之后,交通开始拥挤起来,这时,MPC 与 MSC 开始产生差距,并越来越大。

他继续向市区方向驶进,加入了车流。我们知道,MSC 实际上等于行车中的 MPC 加上对其他驾驶者因道路拥挤而引起的费用。这样,我们就可以计算出 MSC。假定这条公路上有 $n$ 辆车,每辆车行驶的平均社会成本 ASC 为 $C$,那么,每加入车流的一辆车而造成的拥挤成本即车流的减速将使 ASC 增为 $C+\Delta C$。这辆车在超过 $Q_3$ 点以后,车流量增为 $n+1$,那么它就是第 $n+1$ 辆车,这辆车的社会边际成本

$$MSC = (n+1)(C+\Delta C) - nC = C + \Delta C + n\Delta C = ASC + n\Delta C \qquad (6-3)$$

从上式中可以看出,MSC 比 ASC 多出 $n\Delta C$。但该车主却认为他的 MPC 仅等于他能看得到的行车费用,即 $C+\Delta C$,而这个费用与车流增加后所有其他驾驶者相同,这样我们就发现每次行车的 MPC 是与 ASC 相等的,在这里它们都等于 $C+\Delta C$。

MPC(ASC)与行车需求曲线 DD 的交点为 A,它决定的车辆数为 $Q_2$,这个数字远远高于由 MSC 与 DD 的交点 E 所决定的最佳车流量 $Q_1$,但是因为车主不考虑他对其他驾驶者造成的外部成本,道路上实有的车辆数就必然为 $Q_2$,从而造成了过度的拥挤。

## 第四节 外部性的消除对策

### 一、采取行政手段:管制与指导

(一) 管制

政府调节机构可通过管制确定资源的最优配置,从行政上指示生产者提供最优的产量组合,调整电力和石化等高污染工业生产布局,严格限制厂址的选择,有时还可指

示把产生外部性和受外部性影响的双方厂商联合起来,使外部性"内在化"。

以污水排泄工厂为例,如果它与下游的工厂合并,污水净化成本将变成联合企业的私人成本,这样,作为利润最大化的自然结果,外部性也将受到限制。有的学者还指出,从理论上讲,对导致外部性的厂商实行国有化也是使其内在化的一种措施。当然,这是一个极端的做法。

在公共资源领域和市场上,有些发达国家正在建立含有行政计划管制的制度框架。例如,强行建立限制捕鱼区,规定渔网每平方米的孔数和制定其他一些规则以减缓这些公共资源过度使用造成的无效率现象。在美国,石油资源可以归私人所有,但政府实行包括分配制、油田管理制在内的管理办法。政府还可以对某些生产过程进行管制,例如,不允许使用某些品种的煤,或者要求公司修建规定高度的大烟囱等等。

在个人消费领域和一些公共场合,政府行政机构也可以颁布一些禁令和规则,如把车厢、飞机场等场所划分成无烟区和吸烟区,强令私人小汽车安装消除污染的设备等。

### (二) 指导与劝告

日本在20世纪70年代以前的环境政策中更多采用行政指导与劝告的手段。有时即使企业超出限定标准,政府也不急于罚款与限令停产,而是由主管省厅加以裁决。《经济学人》杂志将"行政指导"说成是"日文中不成文的法令",它存在于日本各政府机构的组织法中。它要求各政府机构具有对其所管辖的企业或行政对象发布各种"命令""要求""希望""警告""建议""奖励"的权限,唯一的条件是受指导者必须是在指导机构的管辖范围内,不能与任何法律相违背。1965年,日本通产省召开石化工业协调座谈会,"指导"新建的乙烯厂必须限产35万吨以下,同年又召开了纺织业座谈会,指示限产每天30吨以下。虽然行政指导不具备法律的强制性,但常常与政府的正式法令几乎毫无区别。正如一位日本经济分析家所指出的,行政指导是使日本成长,成为世界第三大工业国的主要原因,它是日本公司的支柱之一。

## ▶▶二、运用经济措施:税收与补贴

### (一) 庇古税

庇古提出了著名的修正性税,即用税收或补贴的形式促使私人成本与社会成本相一致。例如,如果对外部性的产生者征收相当于外部不经济的价值的消费税,他的私人成本就会与社会成本相等。这样,利润最大化原则就会迫使生产者将其产出水平限制在价格等于边际社会成本之处,这正好符合了资源有效配置的条件。相反,对产生外部经济的生产者,政府应当给予相当于外部经济的价值的补贴,鼓励他们把产量扩大到社会的最有效率的水平。在庇古看来,这样就可以达到资源配置的帕累托最优,同时这也是庇古认为政府应当干预经济的一个重要方面。

庇古税的基本原则与现行有关国际组织、国家政府及大多数经济学家所认同并倡导的"污染者付钱原则"是一致的。可以这样说,征收污染税是目前被各国政府采纳的最普遍的控污措施之一,也是经济学家讨论最热烈的话题之一。

> **小资料**
>
> ### 庇古税的发展
>
> 庇古是英国现代经济学家、英国新古典学派的代表人物。环境污染这种负外部性造成了环境资源配置上的低效率与不公平,这促使人们去设计一种制度规则来校正这种外部性,使外部性内部化。庇古在研究外部性的过程中,也提出了解决外部性的税收方法,即征收庇古税。庇古税即用税收手段迫使企业实现外部性的内部化:当一个企业有负外部性时,应对它征收一种税,税额等于该企业生产每一单位产品所造成的外部损害,即税额等于负外部性活动对其他经济行为者造成的边际外部成本,即边际社会成本与边际私人成本的差额。
>
> 西方发达国家利用税收政策来加强环境保护始于 20 世纪 70 年代。许多国家的探索和实践证明,利用税收手段治理环境已经取得了明显的社会效果,环境污染得到有效控制,环境质量有了进一步的改善。美国在 20 世纪 70 年代就开始征收硫税,从征收方法上看,一般根据主要能源产品的含硫量或排放量计算征收。碳税最早由芬兰于 1990 年开征,一般是对煤、石油、天然气等化石燃料按其含碳量设计定额税率来征收的。OECD 成员国在环境政策中应用经济手段取得了可喜的成果。在这方面,丹麦堪称"楷模"。推行生态税收制度不仅有效地保护了丹麦的环境,而且为符合环保要求的企业发展积累了资金,产生了明显的经济效益,使丹麦在欧盟国家中成为经济增长率最高的国家。
>
> 利用征收资源税节约能源,提高资源的利用效率,限制高能耗产品的使用,一定程度上抑制了资源浪费。美国对自然资源的开采征收开采税。开采税可以通过影响资源开采的速度和数量来影响环境,它会抑制处于边际上的资源的开采和经营活动,减少资源的开采。荷兰的土壤保护税是由省级部门对抽取地下水的单位和个人以及从土壤保护中直接获益的单位或个人征收的一种税,其目的是为保护土壤提供资金。瑞典的一般能源税是对石油、煤炭和天然气征收的一种税。
>
> 庇古税在开展资源综合利用、减少废弃物的排放方面发挥一定的作用。在丹麦,对废物收税已经使垃圾填埋成本翻倍,垃圾焚烧费用增加 70%。从统计数据来看,家庭垃圾减少了 16%,建筑垃圾减少了 64%,其他废物也平均减少了 22%;废物回收率也大幅度增加,纸类增加 77%,玻璃增加 50%。在美国,37 个州中大约 3 400 个地方社区对家庭垃圾征税,征税依据是家庭垃圾丢弃量,结果垃圾丢弃量明显降低,回收率明显提高。
>
> 资料来源:百度百科,"庇古税"词条,https://baike.baidu.com/item/庇古税/2521950?fr=aladdin。

(二) 消除外部性的主要经济措施

1. 确定最佳排污量

在征税或补贴之前,应该先确定最佳排污量。就是说,我们对环境清洁到什么程度才算满足,或者说,我们能忍受多少污染。这不仅是个技术问题,也是一个有关成本与收益之间权衡的经济效率问题。

2. 税收手段

产生外部性的厂商在交纳与边际污染成本相等的税收以后,其边际私人成本和边际社会成本就一致了。其结果必然是价格提高,提高的幅度恰等于税收。产量减少使该厂商从旧的均衡向新的均衡开始过渡,其间将会发生某些失业现象。交纳税金以后,其净利润不变,但污染减少了,价格提高了,消费者剩余也相应减少了。政府可以使用这笔税金来补偿那些外部性的受损者。最常见的抑制外部性的税收是"消费税",但它是以"货物税"的形式出现的。这种税的对象和目的非常明确,主要对烟、酒、石油产品这三种货物征税,因为它们对个人、家庭和社会都有一定的外部性影响。

3. 进行补贴

补贴和税收是一对孪生子。一般来说,有三种情况需要给予补贴:① 对外部性中受损者要给予补贴;② 产生外部经济或公共产品的一些厂商应当受到政府或社会给予的补贴,例如考古队、博物馆、医院等,否则这类厂商就不情愿进行生产,这类产品就会供不应求;③ 给负外部性产生者以补贴。有人把给负外部性产生者补贴称为向污染者行贿。由于利润最大化原则使公司不愿意花钱去减少污染,全社会就会出现在减少污染方面开支不足的问题。但是许多经济学家认为,这种办法并不能实现社会资源最优配置,因为厂商在决定其产出水平时所考虑的仅仅是私人边际成本,厂商的社会边际总成本包括了政府发放排污补助的成本。就补贴与税收来说,厂商偏好的当然是前者,而不愿意交纳税金,因为这样厂商能够获得较高的利润,而没有股东反对排污的压力。

## 三、运用法律手段:制定规则与法律约束

### (一) 斯蒂格里茨的主张

在一个法治社会,解决外部性问题最有效的常规办法是依靠法律手段。斯蒂格里茨说:"运用法律系统解决外部效应有一个很大的优点。在这个系统下,受害者有直接的利益,承担着执行法律的责任,而不是依靠政府来确保不发生外部效应。很明显,这个系统更有效,因为可以使受害者比政府更愿意弄清有害事件是否发生。"斯蒂格里茨认为,要建立一套有效的解决外部性的法律系统,首先必须要建立一套严格定义的稳定不变的产权关系。公共资源之所以易受外部性的侵害,不能用法律系统来解决,其主要原因就在于此。通过立法来定义产权以解决和处理现代社会产生的各类外部性有两个优点:① 不受利益集团压力的影响;② 可以通过审判过程得到恰当的阐述。

### 小 资 料

#### 约瑟夫·斯蒂格利茨

约瑟夫·斯蒂格利茨1943年出生于美国印第安纳州一个叫作加里的小城。此

城以生产钢铁闻名,但除此之外,这个小城还诞生了两位当代最伟大的经济学家,一位是萨缪尔森,另一位就是斯蒂格利茨。

斯蒂格利茨24岁时就获得了麻省理工学院博士学位,此后在剑桥大学从事研究工作。1969年,年仅26岁的斯蒂格利茨被耶鲁大学聘为经济学正教授,三年后他被选为计量经济学会的会员,这是一个经济学家所能获得的最高荣誉之一。1979年,36岁的他获得了美国经济学会两年一度的约翰·贝茨·克拉克奖,该奖项用于表彰对经济学做出杰出贡献的40岁以下经济学家。1988年,他成为美国国家科学院院士,同年起在斯坦福大学任经济学教授。1993年,斯蒂格利茨步入政界,成为克林顿政府的总统经济顾问委员会成员,并从1995年6月起任该委员会主席。1997年起,他又担任了世界银行高级副行长兼首席经济学家。2000年至今,斯蒂格利茨执教于哥伦比亚大学。

2001年,因为经济学的一个重要分支——信息经济学的创立做出的重大贡献,斯蒂格利茨获得了诺贝尔经济学奖。瑞典皇家科学院在颁奖典礼上特别说明,在当年的三位获奖者中,斯蒂格利茨博士对不对称信息经济学理论的贡献最大。斯蒂格利茨曾多次强调假如不考虑信息的不对称性的话,那么经济学模型很可能是误导性的。他的这一警示具有巨大的理论意义,因为就不对称信息来说,不同的市场会有不同的特征。这一结论同样适用于公共管理的研究领域。可见斯蒂格利茨的一系列论著不仅是进一步探索信息经济学理论的主要文献,而且也是有关领域深入研究的重要基础。他将有趣的理论用简单的语言来表述,听起来就和非学术的常识一样。传统的经济学认为,在自由的不受管制的市场中,个人追求各自的利益会使整个社会的福利最大化。斯蒂格利茨认为现实世界并不是那么回事。相反,他认为,因为市场参与者不能得到充分的信息,市场的功能是不完善的,常常对人们的利益造成损害,所以政府和其他机构必须巧妙地对市场进行干预,以使市场正常运作。

资料来源:百度百科,"约瑟夫·斯蒂格利茨"词条,https://baike.baidu.com/item/约瑟夫·斯蒂格利茨/4277780?fr=aladdin。

(二)运用法律手段解决外部性的限制

一般来说,通过法律手段解决外部性会受到如下4个方面的限制:① 诉讼的交易成本较大,而有些外部性的损失较小,不值得动用法律武器。用行政措施和经济措施处理外部性时,其交易成本主要由公共部门来负担,而在法律系统中由私人承担。② 厂商会把外部性的影响削弱到接近但稍小于受损者诉讼的成本,这就意味着产生了较大的效率损失。③ 诉讼的结果具有不确定性,如果诉讼成本很大,受损者就不太情愿运用法律手段来解决外部性。④ 在存在较多外部性的受损者的情况下,如果个人损失较小,不足以使他去起诉,就会出现"搭便车"的现象:每个人都想让别人去起诉,如果他人成功了,自己就可以坐享其成。

## 四、建立产权交易规则

### (一) 科斯定理与产权交易

在 20 世纪 60 年代之前,经济理论界基本上沿袭了庇古的传统,认为在处理外部性过程中应该引入政府干预力量,对外部性产生者征税或给予补贴。这一传统被美国著名经济学家、1991 年诺贝尔经济学奖获得者科斯于 1960 年发表的论文《社会成本问题》所打破,该论文充实和正式确立了科斯于 1937 年在其重要论文《企业的性质》中提出的"交易费用"概念。这两篇论文所要解决的重要问题之一就是"外部侵害",即外部不经济问题。科斯在《社会成本问题》中提出了著名的"科斯定理"。

> **小资料**
>
> **科斯定理**
>
> 科斯第一定理:"没有权利的初始界定,就不存在权利转让和重新组合的市场交易。但是定价制度的运行毫无成本,最终的结果(指产值最大化)是不受法律状况影响的。"换句话说就是如果交易费用为零,不管产权初始如何安排,市场机制会自动达到帕累托最优。
>
> 科斯第二定理:"一旦考虑到进行市场交易的成本,合法权利的初始界定会对经济制度运行的效率产生影响。"即在交易费用不为零的情况下,不同的权利配置界定会带来不同的资源配置。这又有两层含义:① 在交易成本大于零的现实世界,产权初始分配状态不能通过无成本的交易向最优状态变化,因而产权初始界定会对经济效率产生影响。② 权利的调整只有在有利于总产值增长时才会发生,而且必须在调整引起的产值增长大于调整时所支出的交易成本时才会发生。
>
> 资料来源:百度文库,《科斯定理与案例分析》,https://wenku.baidu.com/view/baddf6fe492fb4daa58da0116c175f0e7dd11935.html,2020-6-27。

科斯定理是通过对一个极其简单的例子做一次极其复杂的"算术"而完成的。现予以简要介绍如下。

假定养牛人与种谷人在毗邻的土地上经营,养牛人的牛群常到谷地里吃谷,养牛人从中受益而种谷人受损。若任凭牛群去吃,那么在边际上谷地受损的价值就一定会大过牛的增值。这样,从全社会的角度来看,养牛的成本就会大于养牛的收益,这两块地的总收入因而就会受损。现在的问题是:若增加总收入,按照庇古传统,解决此外部性的办法或是养牛人补偿种谷人,或是政府对前者抽税以减少牛群的数量或禁止养牛人在此养牛,或是政府将这两块地收归国有,将其合并将总收入以最合理的方法分给他们二人,使外部性内在化。科斯一反庇古传统,从自愿协商的角度,按权利界定的原则,在两个相反的假定下,探讨了养牛人究竟是否应该有权利让其牛群吃谷的问题。

第一个假定:养牛人没有权利让牛群吃谷,即种谷人具有谷地的产权。这样,若养牛人让其牛群越界吃谷,种谷人就有权利收费。但若后者认为收费不值,他就会建立栏杆隔开牛群,但栏杆并不一定在两块地的交界。若牛群吃谷所得的增值在边际上大于谷的损失,那么,只要交易费用不高,二者就会自愿定约,种谷者在得到养牛人的补偿前提下愿意接受牛群吃谷的损失。如果情况相反,牛群吃谷的增值在边际上少于谷的损失,那么养牛人就不愿意按市价给予种谷人补偿,这样,二者也会互定合约,或是筑栏杆,或是限制牛群的数量。不过这时栏杆的位置或约束牛群的数量都是以吃谷的市价而定:即栏杆的位置会筑在多吃一点谷对牛群的增值跟谷的边际损失市场价值相等的地方。在边际利益等于边际损失时,两块地的总收入就会是最高的。

第二个假定:养牛人有权让其牛群吃谷。虽然这个假设与第一个正相反,但科斯认为牛吃谷的数量不会有所增加。这是因为,即使养牛人有权利让其牛群免费吃谷,但养牛人可将谷物按市价"卖"给种谷人,这就促使养牛人必须在边际上约束牛群的行为。这样,在互定合约下,栏杆位置的选择和牛群数量的约束,恰恰跟第一个假定相同:在边际上牛群吃谷的增值跟谷的损失相等,两块地的总收入也会是最高的。

在科斯的这两个相反的假定下,养牛人与种谷人的例子使我们可以得出相同的经济后果:不管权利属于谁,只要产权关系予以明确界定,那么,私人成本和社会成本就不会产生背离,而一定会相等。虽然权利属于谁的问题会影响财富的分配,但是,如果交易费用为零,无论权利如何界定,都可通过市场的交易活动和权利买卖者的互定合约而达到资源的最佳配置。这就是科斯定理的含义。

科斯定理使人们推论,在解决外部性时可以用市场交易形式替代法律程序以及其他政府管制手段。

> **小 资 料**
>
> ### 科斯定理的案例
>
> 假定一个工厂周围有5户居民,工厂烟囱排放烟尘,使居民晒在户外的衣物受到污染,而使每户损失75元,5户居民总共损失375元。解决此问题的办法有三种:① 在工厂的烟囱上安装一个防尘罩,费用为150元;② 每户有一台除尘机,除尘机价格为50元,总费用是250元;③ 每户居民有75元的损失补偿。补偿方是工厂或居民户自身。假定5户居民之间以及居民户与工厂之间达到某种约定的成本为零,即交易成本为零,在这种情况下:如果法律规定工厂享有排污权,那么,居民户会选择每户出资30元去共同购买一个防尘罩安装在工厂的烟囱上,因为相对于每户拿出50元钱买除尘机,或者自认75元的损失来说,这是一种最经济的办法。如果法律规定居民户享有清洁权,那么,工厂也会选择出资150元购买一个防尘罩安装在工厂的烟囱上,因为相对于出资250元给每户居民户配备一个除尘机,或者拿出375元给每户居民户赔偿75元的损失,购买防尘罩也是最经济的办法。因此,在交易成本为零时,无论法律是规定工厂享有排污权,还是相反的规定即居民户享有清洁权,最后解决烟尘污染衣物的成本都是最低的,即150元,少于原来375元的总损失,这样的解决办法效率最高。

以上例子就说明,在交易成本为零时,无论产权如何规定,资源配置的效率总能达到最优。这就是"科斯定理"。

科斯提到的一个著名的历史例子也可以说明这个原理。火车烧柴和煤常常溅出火星,引燃农田。每一方都可采取防备措施以减少火灾的损失。要说明这一点,农民可以停止在铁轨边种植和堆积农作物,而铁路部门可装置防火星设施或减少火车出车次数。初看上去,似乎是法律控制了各方采取防备措施的动力,因此,法律决定了火灾引起损失的次数。要知道,禁令是财产法中防止妨害行为发生的传统手段。如果农民有权指挥铁路部门,直到不溅火星才允许铁路通车,那么,火星就几乎不会引起什么火灾损失。反过来,如果铁路部门不受惩罚地营运,那么,就会引起大量的火灾损失。根据科斯定理,这些现象会把人引入歧途,因为虽然法律规定了权利的最初分配,而市场却决定着最终分配。须知,如果农民有权禁止铁路部门运营,那么,他们就可以出售这一权利。具体说就是,铁路部门支付一笔钱给农民,以换取具有法律约束力的承诺——不禁止铁路运营。反过来说,如果铁路部门有权不受惩罚地溅出火星,那么,它就可以出售这一权利。具体说就是,农民可以支付一笔钱给铁路部门,以换取具有法律约束力的承诺——减少火星的溅出。

资料来源:百度文库,《科斯定理经典案例》,https://wenku.baidu.com/view/05401e6b0066f5335a8121d9.html,2014-3-31。

#### (二) 对科斯定理的质疑

由于科斯定理所设置的一些假定条件(如交易费用等于零等)在现实生活中不存在,因此,科斯定理虽然引起了理论界的极大轰动,但也引起了激烈的争议,招致了一些批评。

斯蒂格里茨对科斯定理提出了3点异议:① 在受损者人数众多时,科斯定理解决不了"搭便车"的问题,因此,政府干预是必不可少的。② 外部性涉及的人数众多时,他们自愿地组织起来试图使外部性内在化的成本是巨大的。并且,组织起来进行共同行动,这本身也是一种公共物品。而实际上,可以把政府明确地看作是众人建立的使外部性内在化的义务机构。③ 建立一系列的财产权反而会导致产生低效率,因为许多现行的财产权不是通过法律而是通过一些公共规则建立的。受损者的起诉不能每次都成功,长期形成的财产权和规则都有公平精确的定义,只有在定义范围内的起诉才有成功的希望,否则就不能成功。在无烟区吸烟就是很好的例证。

黄有光也提出了3点异议:① 财产权的不同不仅能够引起分配结果的不同,还能导致不同的帕累托最优结果,这是不可忽视的。② 即使不存在交易成本,但是仅仅耍手腕(即博弈策略行为)也可能阻止达到帕累托最优。因此,应该扩大交易成本的内涵,把耍手腕所造成的损失也归入交易成本之内。③ 科斯定理忽略了良心效应。

从目前能看到的有关文献和上述一些学者的论述来看,科斯定理引起人们争议的焦点主要有两个问题:① 现实生活中不存在零交易费用;② 当受损者为一个人数众多的整体时,不但交易费用巨大以致使自愿协商成为不可能,而且会出现严重的搭便车问题。当外部性涉及的当事人人数较少时,自愿协议是有可能性的,但当大量的当事人必须参加协议时,相互间达成协议的成本非常高,其可能性非常小。科斯的好友斯蒂格勒以交通拥挤为例说:如果我驾驶一辆车给他人带来了拥挤成本,我们可以达成协议。我还是在相同的时间里驾车,同时向其他人支付一定的费用以补偿他们的拥挤成本;或者,我改在其他时间驾车,但其他人要对我按新时间表驾车造成的不方便给予补偿。但交易成本可能高得足以制止这种协议。

汪安佑到内蒙古自治区调研后发现,牧民在获得私有产权后,并未产生特别高的效率,相反的,牧民继续过度放牧,致使牧草地沙漠化严重。当地政府采取"以草定牧"确定放牧量后,才使过度放牧现象得以好转。可以认为,要解决过度放牧问题,产权私有不是唯一的最好的办法,应将产权私有与政府干预相结合才能解决负外部性问题。

尽管科斯定理有上述局限性,但是,总的说来,它主张利用明确的产权关系来提高经济效率,解决外部性给资源最优配置造成的困难,具有重要意义。它启发了一代经济学家,使外部性理论的研究有了长足的发展。

### 拓 展 阅 读

#### 寝室卫生问题案例分析

在寝室生活中,寝室卫生是一个很头疼的问题,往往存在着搭便车现象:当一个寝室成员整理卫生后,其他室友就可以免费享受干净整洁的环境所带来的好处,提供者则无法收回成本。当然,在寝室中这种搭便车问题造成的后果并不是那么严重,在这里,将它作为一个经济学案例做简单的分析。

"搭便车现象"是指某种事情产生了正外部性。比如,某个寝室成员不顾其他人利益,在公共地上随意丢弃垃圾,假设此人对其行为不作任何补偿,对于其他成员来说,其随意丢弃垃圾的结果就是负外部性。但如果一个寝室成员,独自打扫了整个寝室卫生,这不仅给他自己带来舒适愉悦的环境,也给其他寝室成员带来好处,并且同时他们也不需要为此付出任何成本,这就产生了正外部性,又叫搭便车,即其他寝室成员搭了这个搞卫生的成员的"便车"。

对于外部性问题,根据科斯定理,明确产权就可以达到一个有效率的解决结果,但是在寝室生活中,卫生作为公共物品,是很难界定产权的。公共物品消费具有非排他性和非竞争性。对于卫生提供者而言,如果他不能够把那些不劳动而享受舒适环境的人排除在消费之外,他将无法弥补他所付出的劳动。而对于一个消费者而言,由于公共产品的非排他性,公共产品一旦生产出来,每一个消费者都可以不支付就获得消费的权利,每一个消费者都可以搭便车,卫生提供者无法阻止其他成员不付出任何劳动而享受清洁环境的成果。这样导致个体选择让其他人清扫房间是最优的,但从社会整体角度看,这样做是属于帕累托低效率的。

假设寝室只有 A 和 B 两个人,我们将打扫卫生的付出具体化,设定成本是 100 元。这就存在一个搭便车博弈矩阵,如表 6-1 所示。

表 6-1 搭便车博弈矩阵

| A | | 打扫 | 不打扫 |
|---|---|---|---|
| | 打扫 | (50, 50) | (0, 100) |
| | 不打扫 | (100, 0) | (0, 0) |

假设 A 单边付出,两人共同享受,这就有一个帕累托改进,即 B 支付 50 元给 A。事实上,两个人共同打扫卫生是最好的结果。

资料来源:百度文库,《搭便车经济学案例》,https://wenku.baidu.com/view/44aac1123b68011ca300a6c30c2259010202f3ed.html,2020-2-6。

# 本 章 小 结

马歇尔首次提出外部经济概念,庇古在此基础上充实了内部不经济和外部不经济的概念。外部性问题可以说是无处不在和无时不在,它贯穿于整个经济生活中。外部性的存在将会阻滞市场机制对资源的有效配置,从而使其实际经济效率偏离最优资源配置。对于某个具体的资源配置方案的选择,有必要全面地权衡各种效益的利弊。按照综合效益原则进行资源分配,是社会资源利用实现最大化效益的前提,但对于经济发展程度不同的地区来说,其追求经济效益、社会效益、生态效益的强烈程度,在短时间内可能有所不同。此外,外部性的消除对策主要有:采取行政手段,包括管制与指导;运用经济措施,包括税收与补贴;运用法律手段,包括制定规则与法律约束、建立产权交易规则。本章还介绍了多种资源与环境政策,并详细说明了排污收费制度和排污交易权两种制度。

# 推荐阅读文献

Barry C. Field, Martha K. Field, *Environmental economics: an introduction*, 5th edition(McGraw-Hill, 2009).

查尔斯·D. 科尔斯塔德:《环境经济学》,傅晋华、彭超 译,中国人民大学出版社,2011。

曾克峰:《环境与资源经济学教程》,中国地质大学出版社,2013。

# 复 习 题

一、名词解释

1. 外部性
2. 生产外部性

3. 正外部性

4. 负外部性

5. 资源配置效率

6. 庇古税

7. 科斯定理

## 二、选择题

1. 下面哪一项不是资源配置过程中应遵循的原则?(    )

A. 经济效益　　　B. 社会效益　　　C. 生态效益　　　D. 企业效益

2. 外部性首先由谁提出?(    )

A. 马歇尔　　　B. 庇古　　　C. 斯蒂格里茨　　　D. 科斯

3. 消除外部性的主要经济的主要做法是(    )

A. 确定最佳排污量　　　　　　B. 税收手段

C. 补贴　　　　　　　　　　　D. 禁止排污

## 三、简答题

1. 外部性的类型有哪些?依据什么划分?

2. 简述外部性的特征。

3. 简述资源配置两种方式的区别。

4. 如何运用经济手段消除外部性?

## 四、论述题

1. 举例分析生产外部性和消费外部性。

2. 举例说明如何运用科斯定理解决外部性问题。

# 第七章　公共物品与公共资源有效供给

## 【学习要点】

本章首先介绍公共物品的相关概念,包括其定义以及分类,然后分析公共物品的特点容易造成市场失灵的问题,最后阐述关于公共物品的有效供给的相关内容。

## 第一节　公共物品定义及分类

在我们的经济中,大部分物品是在市场中配置的,对于这些物品来说,价格是引导买者和卖者决策的信号。当一些物品可以免费得到时,在正常情况下,经济中资源配置的市场力量就不存在了。当一种物品没有价格时,私人市场就不能保证该物品生产和消费的适当数量。在上述情况下,政府政策可以潜在地解决市场失灵,并增进经济福利。

### 一、物品特征

物品具有排他性和非排他性、竞争性和非竞争性。

1. 排他性和非排他性

排他性是指某物品具有可以阻止一个人使用它的特性。非排他性是指任意一个人对某物品的消费不能排除其他任何人对该产品的同等消费。例如,国防服务对某人保护的时候,不会疏忽其他人,无论是谁都同等地得到安全的保障。如果是私人物品,如水果,一个人支付了水果的钱后,就可以排除其他人对这些水果的消费。

2. 竞争性和非竞争性

消费中的竞争性是指一个人使用某物品将减少其他人对它的使用。非竞争性是指增加一个人对某产品的消费不会减少其他消费者的收益,也不会增加社会成本。仍以国防为例,多保护一个人不会减少其他任何人的收益,也不会要求额外的资源投入。海洋中的鱼则有竞争性,一个人捕了一些鱼,其他人可捕鱼的数量就变少了。

### 二、公共物品定义

公共物品的概念起初于1919年由经济学家林达尔提出,与此同时,与公共物品供给相关的林达尔均衡理论在此基础上被进一步提炼总结。在林达尔之后，萨缪尔森进一步拓展了其定义，提出"任意个体消费该物品不会造成他人对其消费量的减少"，从而引申出了非竞争性和非排他性两个公共物品的具体特征。美国学者布坎南提出了著名的俱乐部理论，其中突出强调公共物品的组织性，并重新定义了公共物品的基本概念，即出于某种需要利用集体组织提供的物品和服务。国内学者对公共物品的分类进行了拓展研究，将公共物品的类别划分为有形和无形，公共服务属于典型的无形公共物品。尚长风提出无形公共物品提供的服务辐射范围较小，只能涵盖特定区域的小部分人群。1999年，缪勒提出，"纯粹公共物品具有两个显著特征：供给的连带性以及排除他人消费的不可能性或无效率"。

公共物品的经济学定义是在消费上同时具有非排他性和非竞争性的产品。私人物品则具有排他性和竞争性。物品是否具有排他性和竞争性，成为区别公共物品和私人物品的两个标准。

## 三、公共物品分类

如果某种物品同时具有非排他性和非竞争性，这种物品就是纯公共物品；同时具有排他性和竞争性，这种物品就是私人物品。但是在很多情况下，这两个特征不是同时存在的。根据产品是否具有非排他性和非竞争性两种特性，可对产品进行分类，见表7-1。

表7-1 公共物品分类

|  | 竞 争 性 | 非 竞 争 性 |
|---|---|---|
| 排他性 | **私人产品**：衣服、私人汽车、拥挤的收费公路 | **俱乐部产品**：不拥挤的收费公路、有线电视 |
| 非排他性 | **公共资源**：空气、海洋中的鱼、拥挤的不收费公路 | **纯公共品**：国防、不拥挤的不收费公路 |

1. 私人产品

私人产品具有消费上的排他性和竞争性。这两个特征使得私人产品的生产和消费可以分开，使明确界定产品的所有权有了可能，从而为市场经济的价格机制运行创造了条件。

2. 俱乐部产品

俱乐部产品具有排他性和非竞争性。这类产品可以轻易地将不付费者排除在消费之外，如收费的公路、电影院、游乐场等。这类产品的使用者数目是有限的，使用者过多后会发生拥挤问题，这样就会产生竞争性；但由于这类产品具有排他性，总能采取某种措施控制使用者人数，从而保持非竞争性。

3. 公共资源

公共资源具有非排他性和竞争性，是指那些没有明确所有者，人人都可以自由获得、免费利用的资源，如森林、湖泊、山川等。

4. 纯公共品

每个人对纯公共品的消费,都不会导致其他人对该产品消费的减少。例如,国防不可能把某些国民排除在享用国防安全范围之外,同时给额外一个人提供相同水平的国防服务的边际成本为零。再如基础研究,数学家证明一条定理,成为人类知识宝库的一部分,任何人可免费使用但数学家个人得到的福利甚少,因此,搞基础研究的人少,需要政府以各种形式提供保障。

纯粹公共品的特性是:① 消费的非竞争性,某人消费某种商品并不妨碍其他人同时消费这一产品。② 受益的非排他性,在技术上没办法排他,生产者无法对消费行为收费。③ 效用的不可分割性,公共产品是向整个社会共同提供的,具有共同受益或联合消费的特点,其效用为整个社会的成员所共享。

---

**小 资 料**

**互联网是一种公共物品吗?**

互联网不是一种公共物品,因为公共物品必须具有无排他性和无竞争性,而互联网不具备这两种特征。

公众在使用互联网时必须付费给互联网服务提供者(ISP),在 ISP 提供的带宽容量很大而需求相对不足时,公众使用互联网时感觉不到它有排他性和竞争性,这时互联网像不拥挤的收费道路。但是当上网者越来越多而带宽容量不够时,人们就会觉得上网的速度在变慢,这时互联网就具有竞争性和排他性两种特征,有点像拥挤的收费道路一样。我们现在几乎感觉不到互联网的拥挤,是因为技术的进步使得带宽容量的扩充速度超过了使用者数量的增加速度。

资料来源:曼昆,《经济学原理》,梁小民译,机械工业出版社,2003。

---

## 第二节 公共物品与市场失灵

西方经济学的创始人亚当·斯密极为推崇私人经济部门和市场机制的作用。他认为,市场就是一只"看不见的手",可以通过价格机制和竞争机制,对经济活动进行自发有效的组织,从而使每个人都追求个人利益,并最终给全社会带来共同利益。具体地讲,在市场机制下,每个决策者都面对着一定的价格体系进行选择,以谋求自己的利益最大化。

而公共产品消费的非竞争性和受益的非排他性使得公共产品在消费过程中无法遵循商品市场这种等价交换的原则。人们在消费公共物品的过程中不需要像购买私人物品一样向供给者支付享用公共产品的代价,如果一个人无论付费与否都可以享受公共产品带来的福利,他就不会有付费的动机,如果每个人都这么做的话,市场上就不会有人愿意生产和供应公共物品,从而产生了"搭便车"问题。搭便车问题往往导致市场失灵,使市场无法达到效率。

## 一、公共物品和搭便车

### (一)搭便车的定义

搭便车理论首先由美国经济学家奥尔逊于1965年发表的《集体行动的逻辑:公共利益和团体理论》(*The Logic of Collective Action Public Goods and the Theory of Groups*)中提出的,其基本含义是不付成本而坐享他人之利。

搭便车问题是指某些人虽然参与了公共物品的消费,但却不愿意支付其生产成本的现象。

### (二)搭便车产生的原因

由于公共物品的非排他性和非竞争性,搭便车行为在所难免。公共物品的共同消费和非排他性使得每个人不管付费与否以及付费多少,都能得到相同数量的公共物品,这促使每个人都这么做,成为搭便车者。这时,追求利润最大化的生产者就不具有提供公共物品的动机和激励,因为他一旦提供了这种产品,就无法排除不付费的搭便车者对该产品的消费。

### (三)搭便车的后果

搭便车问题导致私人市场要么提供不出公共物品,要么提供的数量非常少,结果带来市场失灵。在一个经济社会中,只要有公共物品存在,搭便车者的出现就不可避免,但如果所有的社会成员都成为搭便车者,最后的结果是没有一个人能享受到公共物品带来的好处。

搭便车某种意义上是"反公地悲剧"。"一个和尚挑水吃,两个和尚抬水吃,三个和尚没水吃"也是用于形容搭便车的一个典型的例子。搭便车问题导致了"市场失灵"的情形,即在公共产品的消费过程中缺少一种协调的刺激机制,以致个人都倾向于给出错误的信息,自称在给定的集体消费中只享有比他真正享有的要少的利益,以求产生对每个人来说都有利的结果。然而,由于每个人对公共产品都显示出较低的偏好和支付意愿,每个人都采取搭便车的策略,最终会无人提供公共产品。

> **小资料**
>
> **多渠道销售模式下的搭便车**
>
> 一般而言,消费者一般依靠单一传统门店的方式完成从选择消费商品、收集商品信息、评估比较替代品、交易、寻求和接受售后服务的一次商品交易全过程。虽然在传统门店销售的情形下也会发生"货比三家"的搭便车行为,但由于实际成本较高,因此多数消费者会习惯性地选择熟悉的某一家门店或某一种消费方式来进行购买。然而,随着直接邮购、电话购物、电视购物,特别是互联网购物的兴起,消费者更为方便地运用多种销售渠道来完成购买活动。

> 消费者先到网上商店查询相关产品信息和商品价格,再到实体店体验商品、比较价格,最终进行网上购买。在这个过程中就涉及了网络、传统门店两种不同的销售渠道,搭便车行为便不可避免地频繁发生。近年来,我国大中城市兴起了"抄号族"现象。所谓"抄号族"最早以年轻白领和在校大学生为主,数码、电器、化妆品、服饰、饰品、食品等都是其涉猎范围,其共同特征是只逛商场等实体店,享受商场等实体店提供的各项服务,包括舒适的购物环境、温馨的试用体验等,然后记下货号,再去网上购买。这种"只看不买"的"抄号族"给实体店的销售带来了空前冲击,让传统业态遭遇了空前比价压力。
>
> 资料来源:刘燕南,《多渠道销售中"搭便车"现象与转售价格维持协议的运用》,《价格理论与实践》2012年第12期。

## 二、公共物品市场供给的无效率

理性的私人选择会造成资源在公共物品和私人物品间的无效率分配。因为存在着搭便车行为,理性的个人会充分利用公共物品的非竞争性和非排他性,而不承担公共物品的创造成本,即使个体对公共物品的支付意愿很高,他也不会真正支付他所愿意支付的货币数量,从而由零星个体选择产生的公共物品均衡是无效率的。

但即使公共物品能够产生正的净效益,依靠现存市场提供或保全公共物品的可能性也是极低的。从社会效率的角度看,完全的市场经济所提供的公共物品的数量非常低。即使是在一个充分发展的私有市场中,公共物品的市场供给仍然可能是无效率的,而且这种假设本身的可能性也非常小。公共物品供给的连带性意味着商品的不可分割性,因为可分割性意味着提供这种商品的边际成本是正的。公共物品供给的连带性和消费的非排他性为政府干预经济提供了借口。

私人商品一般是可分割和排他的。但并非所有的商品都具有这两种属性,尤其是许多环境资源。例如,在利用极限之内,动物园就不具有可分割性,个人来到动物园并且享受动物园提供的服务如娱乐、观赏野生动物和幽静,他并没有办法阻止其他人同时享受上述服务。只要对动物园的利用水平没有超越拥挤的界限,在不同的消费者之间不具有竞争性。在这种情况下一个消费者来到动物园不会损害其他消费者的乐趣。这时我们就认为动物园提供的这些服务不具有可分割性。那么额外提供一单位此类服务对其他使用者的边际成本意味着什么呢?很明显这个成本为零,因为其他使用者对该资源的消费并不要求增加该资源的存量。这一结论的背后有许多值得进一步深入研究的内容。

有许多物品不能够阻止其他人对该物品的消费,这包含两方面的内容。这一方面关系到财产权的界定:假如某人或团体对一项资产不拥有财产权,就没有法律依据阻止其他人使用该资源。另一方面,有些物品的财产权几乎不能实现排他性。例如对于森林,可以建立起稳定的私人财产权,但要排除他人享受森林提供的新鲜空气和景观一般是不现实的。

许多环境资源都是公共物品,如生物多样性、大气层、水资源等。事实上,许多针对环境资源的公共政策就是通过规范或激励来防止过度使用一些可再生自然资源。尽管一个人的消费确实减少了其他人潜在可利用的数量(因此在经济上这些资源可能是"稀缺的"),但只要没有超过自然资源的再生能力,这种影响是没有多大关系的。

在很多情况下,大部分不可分割(公共)物品也具有非排他性,而排他性决定了公共物品在市场经济中的地位:如果一个所有者不能排除其他人消费该物品,无论在多高的价格水平上都无法出售该物品。但是如果不能给某个物品定价,也难以想象会存在该物品的市场。我们的结论是:纯粹的市场经济不能提供非排他性的公共物品。

### 小资料

#### 海上的灯塔非得由政府来提供吗?

科斯在1974年发表的《经济学上的灯塔》中,研究了英国早期的灯塔制度。17世纪以前,灯塔在英国是名不见经传的。17世纪初,由领港公会造了两个灯塔并由政府授权专门管理航海事务。科斯注意到,虽然领港公会有特权建造灯塔,向船只收取费用,但是该公会却不愿投资于灯塔。1610—1675年,领港公会没有建造一个新灯塔,但同期,私人却投资建造了至少10个灯塔。但在当时的灯塔制度下,私人的投资要避开领港公会的特权而营造灯塔,他们必须向政府申请许可证,希望政府同意授权向船只收费。该申请还必须由许多船主签名,说明灯塔的建造对他们有益,同时要表示愿意支付过路费,过路费的多少是由船的大小及航程经过的灯塔多少而确定的。久而久之,不同航程的不同灯塔费,就干脆印成册,统一收费。私营的灯塔是向政府租地而建造的,租期满后,再由政府收回让领港公会经营。1820年,英国的公营灯塔有24个,私营灯塔有22个,在总共46个灯塔中,有34个是私人投资建造的。后来,政府开始收回私营灯塔。1834年,在总共56个灯塔中,公营(即由领港公会经营)的占42个。1836年,政府通过法规将剩余的私营灯塔全部收回。1842年以后,英国的灯塔全部由公会经营了。

资料来源:赵艳霞、李亚莉、薄建柱等,《公共管理学》,哈尔滨工程大学出版社,2016。

### 三、博弈论与提供公共产品

#### 1. 博弈论

博弈论也叫对策论,主要研究决策主体的行为发生直接相互作用时候的决策以及这种决策的均衡问题。在博弈论里,个人效用函数不仅依赖于他自己的选择,而且依赖于他人的选择,个人的最优选择是其他人选择的函数。

#### 2. "囚徒困境"模型

两个嫌疑犯作案后被警察抓住,分别被关在不同的屋子里审讯。警察告诉他们,如果两人都坦白,各判刑8年;如果两个都抵赖,各判刑1年(或许因证据不足);如果其中一人坦白另一人抵赖,坦白的放出去而不坦白的判刑10年(坦白从宽、抗拒从严)。

分析如下:给定B坦白的情况下,A的最优战略是坦白。同样,给定A坦白的情况下,B的最优战略也是坦白。如果B不坦白,A坦白的话被放出来,不坦白的话判一年,所以坦白比不坦白好;如果B坦白,A坦白的话判8年,不坦白的话判10年,所以,坦白还是比不坦白好。这样,坦白就是A的占优战略,同样,坦白也是B的占优战略。结果是两个人都选择坦白,各判刑8年。

3. "囚徒困境"模型的启示

囚徒困境反映了一个很深刻的问题——个人理性与集体理性的矛盾,即个人理性的结果不一定导致集体的理性或集体的最优。如果两个人都抵赖,各判刑1年,显然比都坦白各判刑8年好。但由于这种帕累托改进不能满足个人理性要求、不是纳什均衡,所以很难得以实现。换个角度来看,即使两个囚徒在被警察抓住之前建立了一个攻守同盟(死不坦白),但这个攻守同盟也不会发挥太大的作用,因为它不构成纳什均衡,没有人有积极性遵守协定。

4. 生活中的"囚徒困境"例子

(1) 商家价格战

出售同类产品的商家之间本来可以通过共同将价格维持在高位而获利,但实际上却是相互杀价,结果都赚不到钱。当一些商家共谋将价格抬高,消费者实际上不用着急,因为商家联合维持高价的垄断行为一般不会持久,可以等待垄断自行崩溃,价格就会掉下来。

(2) 合谋

2000年我国几家生产彩电的大厂商合谋将彩电价格维持高位,他们搞了一个"彩电厂家价格自律联盟",并在深圳举行了由多家彩电厂商首脑参加的"彩电厂商自律联盟高峰会议"。当时,国家有关部门还未出台相关的反垄断法律,对于这种在发达国家明显属于违法行为的所谓"自律联盟",国家在法律上暂时还是无能为力的。

但是,尽管政府当时无力制止这种事情,公众也不必担心彩电价格会上涨。这是因为"彩电厂商自律联盟"只不过是一种"囚徒困境",彩电价格不会上涨。在"高峰会议"之后不到两周,国内彩电价格不是上涨而是一路下跌。这是因为厂商们都有这样一种心态:无论其他厂商是否降价,降价是有利于自己的市场份额扩大的。

(3) 苏格兰草地消失

在18世纪以前,英国苏格兰地区有大量的草地,其产权没有界定,属公共资源,大家都可以自由地在那里放牧。草地属于可再生资源,若限制放牧的数量,没有被牛羊吃掉的剩余草皮还会重新长出大面积草场,但如果不限制放牧规模,过多的牛羊将草吃得一干二净,则今后不会再有新草生长出来,草场就会消失。

由于草地的产权没有界定,政府也没有对放牧作出规模限制,每家牧民都会如此盘算:如果其他牧民不约束自己的放牧规模,让自己的牛羊过多地到草地上吃草,那么,我约束自己的放牧规模对保护草场的贡献是微乎其微的,不会使草场免于破坏;相反,我也加入过度放牧的行列,至少在草场消失之前还会获得一部分短期的收益。

如果其他牧民约束放牧规模,我单独一家人过度放牧不会破坏广袤的牧场,但自己却获得了高额的收益。因此,任何一位牧民的结论都会是:无论其他牧民是否过度放牧,我选择"约束自己的放牧规模"都是劣战略,从而被剔除。大家最终都会选择过度放牧,结果导致草地消失,生态破坏。

类似的情况有很多,如渤海中的鱼愈来愈少,工业化导致的大气及水污染,森林植被的破坏等。解决公共资源过度利用的出路是政府制订相应的规制政策加强管理。例如,我国政府规定海洋捕鱼中,每年有一段时间的"休渔期",此时禁止捕鱼,让鱼苗安安静静地生长,大鱼好好地产卵,并对渔网的网眼大小作出规定,禁用过小网眼的捕网打鱼,保护幼鱼的生存。又如在三峡库区,为了保护库区水体环境,关闭了许多排放污水的小造纸厂等。

## 第三节 公共物品的有效供给

### 一、公共物品有效供给

#### (一)公共物品的供给

公共物品是体现一国经济实力的重要指标之一。从理论上讲,政府是公共物品最合适的供给主体,然而经济社会的发展决定了政府并非总是参与进来。起初,亚当·斯密将公共物品完全视为私人物品,认为政府是有限政府,只需充当"守夜人"的角色即可,公共物品应交由市场来提供。而后,随着20世纪30年代经济危机的爆发,以凯恩斯为代表的政府干预主义认为提供公共物品应是政府这只"看得见的手"的主要责任;以萨缪尔森为代表的福利经济学家们也认为,由于公共物品所具有的非竞争性和非排他性,市场不愿提供或在经济上不可行,因此也赞同干预主义的强制提供。到了20世纪70年代新公共管理运动的开始,学者们开始提出"政府失灵"理论,认为政府自身存在不可降解的缺陷导致提供公共物品时会出现浪费、低效、寻租等行为,他们开始积极探索公共物品供给主体,并且证明在一定情况下一部分公共物品的特征并不是一成不变的,而是动态发展的并且可以实现排他由市场提供,此外,随着第三部门的兴起,一部分公共物品也可适当由志愿组织自愿提供。由此开始,公共物品供给主体开始多元化,不仅有政府的主导作用,同时也有市场和非营利部门的配合协调。

一些公共物品是通过自愿捐献来供给的。一些公共物品可以由自立的个人或企业供应。在小型社会里,社会激励或社会压力也可以让人们贡献金钱或时间来提供有效水平的公共物品。当以上办法都失效时,就需要政府来提供公共物品。

#### (二)公共物品公共供给存在的问题

公共物品的供给面临两大难题:消费者的搭便车和政府获得准确的支付意愿的信息障碍。这是源于人的机会主义行为倾向:尽管社会的全体成员对获得公共物品的集体利益有着共同的追求,但他们对承担为获得这一集体利益所需支付的成本却没有共同兴趣。从经济学来讲，人都是利己主义者，所以人们都希望收益多而成本小。

1. 供给不足

如果每个人都认为自己的需求对公共物品的总需求只有轻微的影响，不管付费与否以及付费多少，都能得到相同数量的公共物品，这会促使每个人都这么做，支付意愿大大降低。如果每个人都搭便车，将导致公共物品供给的均衡水平远低于最优水平，成为无效率供给。

2. 过度供给

在另一极端，如果在要求每个人陈述他们的偏好时，事先表明这些偏好与他们的支付意愿无关，只与公共物品供给的数量相关，那么，就会诱发夸大支付意愿的现象，导致公共物品的过度供给。

(三) 公共物品有效供给的定义

公共物品的有效供给的关键在于消费者按自己从公共产品消费中获得的边际效用水平真实地表示自己对公共产品的需求，从而相应地承担公共产品的成本。公共物品的供给是任何国家的社会生活中都不可缺少的。根据微观经济学的基本模型，任何一种产品的市场均衡产品，价格都是由其供给曲线和需求曲线的交点决定的，需求曲线应与该产品销售方的边际效用曲线相一致，供给曲线则应与该产品生产方的边际成本曲线相一致，这样，社会边际收益等于社会边际成本，从而帕累托最优得以实现。也就是说公共物品达到了"社会边际收益等于社会边际成本"的资源最佳配置，公共物品就达到了有效供给。

(四) 公共物品有效供给的条件

公共产品的最优供给是指经济社会公共产品的供给达到这样一个点，在此点上社会所有成员所获得的边际效益总和等于社会边际成本，即

$$MSB = \sum MPB = MSC \tag{7-1}$$

公共物品有效供给表达公共物品与私人物品特性的不同决定了两者有效供给的情况有很大区别，两者的需求曲线和供给曲线也完全不同。私人物品具有可分性，公共物品则是完全不可分的，所以，私人物品的总需求曲线是个体消费者需求曲线的加总，公共物品的总需求曲线则是个体消费者所有愿意支付的公共物品价格的加总(见图7-1)。

公共产品有效供给的实现机制有两种：鲍温机制和林达尔机制。鲍温机制是美国经济学家鲍温首先从公共产品有效供给的模型引申出来的。鲍温认为，在公共产品问题上，市场自发的价格机制是失灵的，即使公共产品的市场定价存在着市场失灵，但如果每一个消费者均能自觉按照自己的支付意愿交纳税收，以所缴纳的税

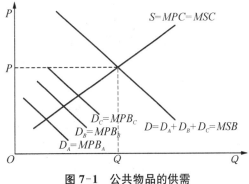

图7-1 公共物品的供需

收负担公共产品的提供成本,达成公共产品的有效供给将是毋庸置疑的。

林达尔均衡是在西方学者维克塞尔的理论基础上建立起来的。故有时将其称为维克塞尔-林达尔模型。维克塞尔在著作《财政理论研究》中曾提到政府若要投资一项公共项目,首先要判断此项目是否具有价值。而不同于其他学者所提倡的成本-效益方法,维克塞尔提出"一致同意"原则,他认为社会福利是每一位公民的福利总和,那么社会福利的提升依赖于每个公民福利的改善。政策的目标不能一概而论地论述为为公民服务,而是应该考虑每一位公民的偏好。维克塞尔认为,一致同意原则有利于保护每一位公民的利益,使得维持利益相关者之间的合作成本最低,但必须立法保护少数者的利益。林达尔在坚持维克塞尔的"一致同意"原则基础上提出了收益大小应和给付税收多少均衡。林达尔认为,如果每个公民按照自己所享用的公共物品收益的多少而给付自己所应分摊公共物品的成本,则此时公共物品达到最优产出水平。林达尔均衡的实现有两个基本前提:① 每个公民能够自愿且准确地披露自己的偏好;② 每个公民能够清楚知道他人从公共物品中所获得的收益。其模型见图7-2。林达尔均衡公共产品的供给效率问题源于供给和需求两个方面,一方面是需求方的"消费者偏好"显示难题,另一方面是供给方是否引入竞争机制,降低成本,节约社会资源问题。因此,实现公共产品有效供给应解决两个问题:① 建立合理偏好显示机制,诱发消费者显示真实偏好;② 引入竞争机制,降低供给成本,激发供给动力。

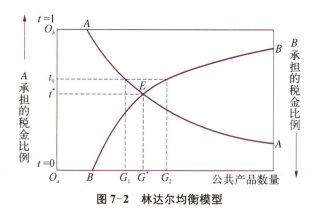

图7-2 林达尔均衡模型

## 二、公共物品有效供给的形式

### (一) 政府提供公共物品的有效形式

私人部门提供公共产品会产生两个问题:效率问题、公平问题。经济学家认为,政府之所以替代市场提供公共产品,其原因在于私人提供公共产品难以实现"帕累托"效率,存在经济学意义上的"市场失灵"。经济学家们探究了导致"市场失灵"的原因,认为"市场失灵"应归因于公共产品的基本经济属性,即非排他性和非竞争性。正如萨缪尔森所言,私人物品可以通过市场被有效地提供出来,而公共物品则常常要求集体行动。

市场提供所导致的失灵问题主要源于其两种特性所带来的两个难题：① "搭便车"问题；② 偏好显示问题。由于消费者已知公共产品具有非排他性和非竞争性，因此存在"搭便车"的激励，同时隐瞒自己享用公共产品所获得的满足程度，以达到规避成本的目的。这种对真实效用的隐瞒将导致一个严重的问题，即体现消费者"边际效用"的价格机制在调节公共产品供给的有效数量上失灵。另外，市场除了不能实现公共产品的有效供给之外，也不能解决社会公平问题。私人部门提供公共产品往往出于对利润的追逐而非公共利益，并通过收费的方式弥补成本和获得利润，由于消费公共产品必须付费，低收入消费者会出现消费不足，导致部分公共产品闲置，造成资源浪费。所以，出于社会公平目的，可收费物品也不能完全依赖市场提供。

经济学家们认为公共产品政府供给机制是合理的。政府和市场是两种配置资源的方式，其中前者是"看得见的手"，后者是"看不见的手"。由于政府这只"看得见的手"比市场那只"看不见的手"在提供公共产品方面更富效率，因此，由政府替代市场来提供公共产品无可厚非。

公共产品理论的集大成者萨缪尔森对这种观点进行了诠释，认为广义的公共产品理论为政府这只"看得见的手"参与公共产品的供给以及管制提供了理论基础。科斯认为，政府存在的理由是为了节约交易成本，企业是对市场的替代，同样，政府为了有效提供公共产品而替代了市场。科斯解释说，市场通过价格机制和交易契约来配置要素，企业通过行政手段来配置要素，但政府和一般企业相比则是一个超大型集团，能够通过强制命令来配置公共资源。在这个超大型集团内部通过交易内部化以达到节约交易成本之目的，即政府提供公共产品可以节约交易成本。另外，政府还具有强制优势。斯蒂格利茨认为，政府是具有强制力的常设组织，政府可以借助自身的强制力取缔低效的经济活动，并通过行政处罚权对市场经济中的违规、违约行为进行处罚。他认为，政府完全有能力克服"搭便车"问题，不利用政府的优势而去追求其他组织来解决公共产品的提供问题，若非哗众取宠，便是舍本逐末。政府提供公共产品源于两个方面的需要，一方面为了提高效率，另一方面为了满足社会需要，并实现公平。公共产品大多是社会所必需的产品，是提高社会福利的重要基础。如果没有政府的提供，人们的福祉就无法得到满足。如果公共产品由私人提供，则可能触发社会公平问题。提供公共产品，一是为了社会普遍的需要，二是为了扶危济困。无论出于哪种需要，若由私人提供公共产品，则使用公共产品就必须付费，因此，消费该公共产品就会受到收入多寡的约束，使贫困者无经济条件享用，或只能少量享用，其本质变成公共产品为富人而非穷人提供，这有悖于公共产品提供的初衷，且有失公平。总之，大多数学者认为，政府在提供公共产品过程中兼具两种优势，即效率优势和公平优势，这成为政府提供公共产品和社会服务的逻辑起点。然而上述研究仍存在一些缺陷，因为政府提供公共产品不等于直接经营公共产品，政府直接经营往往效率低下，主要原因是没有竞争，会带来垄断造成的种种弊端，而且往往会导致预算膨胀和失衡，损害公共部门效率，此外也没有利润动机的激励。所以政府提供公共产品的时候需要对其成本进行一些补偿。补偿成本的方式主要有：① 以税收方式补偿；② 以价格方式补偿；③ 以补贴加收费的方式补偿。

> **小 资 料**

### 小区保安的最优雇佣数量

一新建小区要雇佣保安,已知保安的雇佣(供给)成本为 4 500 元/人·月,而由 A、B、C 三个居民组成的小区从安全保障中获得的边际收益,如表 7-2 所示。

表 7-2  保安数量与边际收益

| 边际收益(元) | 保安的数量(个) | | | |
|---|---|---|---|---|
| | 1 | 2 | 3 | 4 |
| $MPB_A$ | 2 500 | 2 000 | 1 500 | 1 000 |
| $MPB_B$ | 2 000 | 1 500 | 1 000 | 500 |
| $MPB_C$ | 1 500 | 1 000 | 500 | 0 |
| $\sum MPB$ | 6 000 | 4 500 | 3 000 | 1 500 |

根据 $MSB=MSC$ 的帕累托最优原则,该小区保安最佳雇佣量应该为 3 个。

小区安保最佳量为 3 个,实现这一最佳供给的费用为 $3\times 4\ 500=13\ 500$ 元。如果安保费用以向小区居民征收税收的收入支付,就存在两种征税方式。

第一种征税方法:依边际收益大小,分别向 A、B、C 征收 6 000、4 500、3 000 元。

第二种征税方法:以收入水平或支出水平的高低,制定相应标准向 A、B、C 共征收 13 500 元。

第一种方法遵循的是收益原则,第二种方法遵循的是支付能力原则,这两种方法都是从某一角度体现了税收的公平原则,而且不管何种征收方式,都可以征收到有效率的保安数量所需要的费用,从而保证有效率的保安供给,并消除搭便车。

### (二) 市场有效提供公共物品

传统的公共物品一直以行政方式供给,由于高度的垄断产生了低效和腐败。因此,公民开始重新审视市场的功能。市场与政府相比的最大特点是竞争,通过竞争可以提高效率,重视对"顾客"需求的回应。通过竞争,提高公共物品供给的效益,使公共物品达到"价廉物美"。在现实状况中,可以由市场来供给的公共物品条件较多,范围较小。

首先,要有清晰的产权。市场提供公共物品之所以经济上不可行,是因为产权不明确。因此政府要明确界定公共物品产权,例如将基础设施出售给企业或者是将基础设施企业股份化,才可能通过市场有效供给公共物品。

其次,要有充分的竞争。由市场供给的公共物品必须能够遵循市场规则进行竞争,打破垄断。公共物品市场供给动机来源于政府失灵以及消费者的超额需求。消费者自愿选择市场供给公共物品的重要原因便是其需求过多政府无法满足。这种超额需求自然而然会引起具有敏锐力的市场的关注,也就是众所周知的"有未满足的需求就一定有市场"。市场提供公共物品的方式主要有以下几种:① 私人完全提供。主要出现于对资金要求不高、竞争性强的公共物品上,如私立学校,私立医院和一些基础设施建设。对此政府要让道于市场,坚持市场能做的,政府坚决退出。政府要加强监督,强化管理,确保良好的竞争秩序,并减少不必要的管制。② 特许经营。政府通过管制的准入限制,来管理私人提供公共物品。政府一方面使经营单位不断采用先进的技术来改善服务、提高社会效益,另一方面确保经营企业合理的利润,调动它的积极性。③ 使用者提供。当承担费用者就是主要受益人时,较小规模的公共物品会由使用者自主提供,如村庄道路。市场提供公共品,既使政府减少了负担,又使消费者需求得到了满足。

最后,政府能够进行有效规制。如果有利可寻的公共物品都交给市场供给,而不论政府能否有效规制,会存在公共物品丧失"公共性"的许多问题。因此,可以交由市场供给的公共物品必须时刻处于政府的管控之下。

（三）非营利组织提供公共物品

顾名思义,非营利组织的最大特点是不以营利为目的,主要依靠"志愿性"和"公益性"开展活动。非营利组织又被称作"独立部门""慈善组织""志愿者组织""免税组织""非政府组织""公民社会"等。我国的非营利组织主要包括社会团体、民办非企业单位和基金会。萨拉蒙认为组织性、民间性、非营利性、自治性、志愿性和公益性是非营利组织的6个关键特征。杜拉克认为,非营利组织的上述6个特点使得非营利组织在关注弱势群体、志愿服务以及环境保护等方面具有政府和市场所不具有的优势。在我国公共物品供给中,非营利组织作为一个发育尚不成熟的主体,越来越受到人们的重视和认可。奥斯特罗姆认为,市场与政府不能满足民众的全部公共物品方面的需求时,市民社会的力量就会作为一种补充性的力量凸显出来,民众会通过自发的力量自愿组织起来,以强烈的使命感和互惠互利的机制来供给公共物品。由于非营利组织的强烈的使命感,人们的"搭便车"现象并不显著。资中筠在《财富的归宿》中将志愿捐赠的动机称为"志愿精神"。志愿精神强调"给予的自由",是一种权利而不是义务。例如,美国的"联合劝捐"是指每年通过各单位行政部门向员工散发表格确认捐一定的数字,从工资中扣除,这已经成为广为接受的方便的捐赠方式。这种行为是绝对自愿的,而且捐赠的数额是保密的,与个人荣誉无关。正是这种"志愿性"和"使命感",使得非营利组织在纯公共物品和准公共物品供给方面均能发挥较好的作用。

---

**小 资 料**

### 新加坡解决道路拥挤的方法

从来没有一个城市可以通过修建更多的道路而使它的交通拥挤和污染问题得到解决。世界上的一些城市修建了大量的道路,而有一些城市道路很少,但道路的拥挤和污染程度差别并不大。道路多只是鼓励了更多人用私家车出行,从而用了更多的道路空间。最近对伦敦拥挤问题的分析得出的结论是即使把整个伦敦中心区拆掉修建道路,仍然存在道路拥挤问题。对汽车拥挤和污染问题,经济学家总有一个理论上的回答——道路定价。根据人们用哪一条路,在一天中和一年中什么时候用这些道路,以及他们使用这些道路污染问题的程度,来对使用道路的人收费,要把价格定在引起最适当的使用量的水平上。新加坡是一个没有道路拥挤,没有汽车引起污染问题的城市。在新加坡城市中心区周围有一系列收费站。要开车进入城市,车必须根据所用的道路,在一天的什么时候开车以及当天的污染交费。价格的上升和下降使车流量达到最适水平。此外,新加坡计算了城市中心以外没有污染时可容纳的最大汽车量,并在每月拍卖新车执照权。不同类型的牌照允许不同程度的使用。可以在任何时候驾车的牌照比只能在周末——拥挤不太严重的时间——驾车的牌照贵得多。由于有这种制度,新加坡不用把资源浪费在有助于遏制道路拥挤和污染问题的基础设施计划上,从中得到的钱用于降低其他税收。但是,伦敦为什么在汽车拥挤和污染问题报告中否定了道路定价呢?他们担心,这种制度会被认为来自政府的烦琐干预太多,而且,公众也不能接受这种让富人开车比穷人多的制度。这两种看法都忽略了一个事实:我们已经有收费道路,现在的新技术使避免这两个问题成为可能。在用条码和结算卡时,一个城市可以在全城不同地点安装读码机。当任何一辆车开过每一个点时就根据天气、一天中的时间和地点从驾驶员的结算卡账户上扣除一定数额的钱。在车内,驾驶员有一个仪表,这个仪表可以告诉他收了多少费,以及他的结算卡上还剩下多少钱……如果一个人是平等主义者,认为开车的特权应该是平等地分配的(即不根据收入),那么,每年给每辆车一笔结算卡金额,那些愿意少开车的人可以把他们没用完的金额卖给那些想多开的人。这种制度不是给城市带来额外的税收收入,而是给那些愿意住在工作地方附近的人和使用公共交通工具的一种收入补贴。由于穷人开车比富人少,这种制度是一种把富人收入给予穷人的平等化再分配。

资料来源:韦鹏飞,《基础经济学》,立信会计出版社,2007。

# 本 章 小 结

本章主要讲述公共物品与公共资源的有效供给。物品按照是否具有排他性和竞争性分为纯公共品、俱乐部产品、公共资源、私人产品。由于公共物品的共同消费和非排他性,产生了搭便车问题,而搭便车现象导致私人市场无法提供或仅能提供数量很少的公共品,结果造成了市场失灵。在生活中,人们通过博弈进行各种决策,而最后往往会损害集体的利益,这时就需要政府的参与。但政府也会失灵,所以公共物品的有效供给需要政府、市场、非营利组织三方的共同合作。

# 复 习 题

一、名词解释

1. 纯公共物品

2. 公共资源
3. 搭便车
4. 博弈论
5. 林达尔均衡
6. 支付能力原则

## 二、简答题
1. 简述纯公共物品的特性并举例。
2. 简述俱乐部产品的特性并举例。
3. 简述搭便车问题的原因。
4. 为什么私人企业提供公共物品是困难的？
5. 举例说明哪些公共品供给过量,哪些公共品供给不足。

## 三、论述题
1. 论述公共物品能否由市场供给并说明原因。
2. 政府失灵的原因有哪些？
3. 公共物品有效供给的形式有哪些？

# 第八章 经济效率理论

【学习要点】

本章首先介绍了经济效率的含义,介绍了经济效率、资源运用效率和资源配置效率的概念,并剖析了后两者之间的联系和区别,接着阐释了帕累托效率的政策意义以及市场在实现帕累托最优上的缺陷,最后介绍了庇古税的概念以及最优庇古税的数学推导。

## 第一节 经济效率的实现

### 一、经济效率

#### (一) 经济效率的概念

经济资源具有稀缺性。在经济资源的稀缺性面前,人类面临决策问题,决策问题的实质是效率问题。

经济效率是指人们在运用和配置资源上的效率。它要求在不同的生产目的之间合理地分配与使用资源,最大限度地满足人们的各种需要。要达到最大经济效率,不管在什么样的经济体制下,人们都不得不面临三个抉择:① 生产哪些东西并生产多少;② 怎样生产;③ 如何分配和向谁分配这些产品(包括劳务)。由此看来,资源配置效率就是经济活动中的各种资源在各种不同的使用方面和方向之间分出轻重缓急,决定生产的最佳种类和数量,并寻求一种最佳分配方式,从而使社会福利达到最大化,使社会达到最佳状态。经济上的效率可以分为两个层次:资源运用效率与资源配置效率。

#### (二) 资源运用效率

"资源运用效率"也被称为"生产效率",为狭义上的效率概念,其含义是指一个生产单位、一个区域或一个部门如何组织并运用自己可支配的稀缺资源,使之发挥出最大效用,用既定的生产要素生产出最大量的产品。生产效率又分为生产的技术效率与生产的经济效率。前者是一个纯粹的物质技术性的概念,仅说明生产过程中所需要的生产要素的投入量与产出量的关系,如果所投入的生产要素中没有出现浪费,那就是有技术效率的。为达到同一个生产目的,有许多办法都可以实现技术效率。后者是指在生产过程中尽可能地少投入、多产出,即选择一种能使生产成本最低、产出最大或质量最好的"经济效率"。

### (三) 资源配置效率

资源配置效率,有人称之为"经济制度的效率",是指通过在不同生产单位、不同区域或不同行业之间分配有限的经济资源而达到的效率。它要求每一种资源都有效地配置于最适宜的使用方面和方向上。其深层含义可以引申为,如果一个经济能合理地运用和分配资源,达到若不使某人的状况差一些就不能让另一个人变得更好一些的程度,那么,这个经济就是有效率的。实际上,这种效率就是帕累托效率。

### (四) 资源运用效率与资源配置效率的联系和区别

资源运用效率与资源配置效率相互联系又有一定区别。

1. 它们的实现途径不同

资源运用效率是通过改善内部管理方法和提高生产技术来实现的。资源配置效率则是通过外部的生产要素流动,即通过制度安排(如经济计划或市场机制)的运行获得的。

2. 资源配置效率影响资源运用效率

资源配置效率的高低在一定程度上要影响到资源运用效率的状态,即总体上的资源配置不当会使微观上一些生产单位或行业的资源利用效率降低。

3. 资源运用效率影响资源配置效率

如果微观上效率较高就能为社会经济资源总量的增加创造条件,从而为资源配置合理化提供一个前提。

4. 帕累托效率从广义上讲包含资源运用效率

在某种程度上和某些场合中,资源配置效率的帕累托效率含有资源运用效率概念的含义。从这个意义上讲,帕累托效率就是一种综合效率,是一个完全效率的概念,指的是生产、消费和交易都有机地组织在一个经济系统之中的效率。

## 二、经济效率的实现

下面以一个简单的经济模型为例,推导出实现经济效率的必要条件和充分条件。

假设在一个简单的经济系统中,有经济主体 1 和经济主体 2,并存在劳动力 $L$ 和资本 $K$ 两种资源,生产且消费 $X$ 和 $Y$ 两种商品。则其生产函数为

$$Q_X = f_X(L_X, K_X) \tag{8-1}$$

$$Q_Y = f_Y(L_Y, K_Y) \tag{8-2}$$

效用函数为

$$U_1 = f_1(X_1, Y_1) \tag{8-3}$$

$$U_2 = f_2(X_2, Y_2) \tag{8-4}$$

条件是:

① 生产技术在分析期内不变;

② $L$、$K$、$X$ 和 $Y$ 的货币单位是可比的;

③ 个人偏好在分析期内不变;

④ 每一种资源投入在每一种商品生产中的边际生产率为正值且递减,每一种商品对每一个消费者的边际效用也为正值且递减,因此全部等产量线和全部无差异曲线都凸向原点。

(一) 高效率的生产过程

假定资源的供给量是一定的,即

$$L = L_X + L_Y \quad (8-5)$$

$$K = K_X + K_Y \quad (8-6)$$

则可以把产品 $X$ 和 $Y$ 的等产量线合并在一个埃奇沃斯矩形中,这个矩形的边长是由给定的资源供给量 $L$ 和 $K$ 确定的(见图 8-1)。

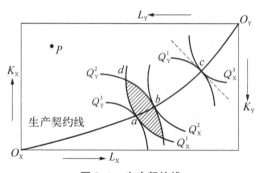

图 8-1 生产契约线

显然,在矩形内有无数条代表 $X$ 和 $Y$ 的等产量线,向右上角移动时,$X$ 的产量增加而 $Y$ 的产量减少,向左下角移动时,$Y$ 的产量增加而 $X$ 的产量减少。

矩形内任意一点 $P$ 可表示为资源的一种配置状况和产出情况。但是 $P$ 点不一定就是高效率的资源配置,只有当 $P$ 点恰好是 $X$ 等产量线和 $Y$ 等产量线的切点时,才能得到一定资源配置状态下最高的产出量,也就是一定资源配置状态下效率最高的生产方式。由于矩形内有无数条 $X$ 和 $Y$ 的等产量线,这些等产量线总是两两相切,因而必然产生无数个切点,连接位于矩形之内的所有切点,就可以得到一条从 $O_X$ 至 $O_Y$ 的曲线,即生产契约曲线或称高效率生产线。

由上述讨论可得出:

① 在生产过程中,资源投入可以有多种组合。如果通过重新配置资源投入能够获得更多的一种或两种商品的产出,则过去资源投入的配置就是无效率的。例如,图 8-1 中的 $P$ 点。

② 生产契约曲线上的任意一点都代表着一种资源配置状态下高效率的生产方式。

③ 生产契约曲线上的任意一点都是一对 $X$ 和 $Y$ 等产量线的切点,因此,在该点上 $X$ 的等产量线斜率必然等于 $Y$ 的等产量线的斜率。也就是说在这一点,用于制造商品 $X$ 和 $Y$ 的两种资源 $L$ 和 $K$,其边际技术替代率 $MRTS$ 必然相等,即

$$MRTS(L, K)_X = MRTS(L, K)_Y \quad (8-7)$$

因为技术替代率是厂商等产量线的斜率,要在资源投入过程中实现竞争性均衡,每个生产者必须在利用资源时,使各等产量线的斜率都相等,并等于两种投入的价格之比。因此,可以得出推论,竞争性均衡点在生产契约曲线上,并且竞争性均衡在生产上

是有效率的。

需要注意的是：

① 在生产契约曲线上仍然有无穷多个切点，因而有无穷多种高效率资源配置状态，因此仅从生产过程中无从确定经济效率。

② 如果某种资源投入没有市场价格或者市场价格过低（如环境物品），也会扭曲资源配置的效率。

（二）高效率的消费过程

生产契约曲线上的每一点都代表产品 X 和产品 Y 的一种产量组合，因而可以把该曲线在以 Y 的产量为纵轴和 X 的产量为横轴的坐标系上描点，得出如图 8-2 的生产可能线。

在生产可能线上任选一点 $c$，由 $c$ 点向 $X$ 轴和 $Y$ 轴作的两条垂线，就确定了一个商品产量组合（$Q_X^c$, $Q_Y^c$）（确定了商品最大可能供给量）。在由 $OQ_X^c cQ_Y^c$ 组成的埃奇沃斯矩形中，$U_{1a}$ 和 $U_{1b}$ 为消费者 1 的无差异曲线，$U_{2a}$ 和 $U_{2b}$ 为消费者 2 的无差异曲线，显然，在埃奇沃斯矩形中代表着消费者 1 和消费者 2 的无差异曲线有无数条。

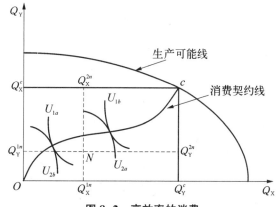

图 8-2 高效率的消费

当无差异曲线由 $O$ 点向 $c$ 点移动时，如无差异曲线 $U_{1a}$ 移动至无差异曲线 $U_{1b}$ 或无差异曲线 $U_{2b}$ 移动至无差异曲线 $U_{2a}$ 时，消费者 1 的效用增加而消费者 2 的效用减少；类似，无差异曲线由点 $c$ 向左下角移动至点 $O$ 的过程中，消费者 2 的效用增加而消费者 1 的效用减少。

矩形内任意一点 $N$ 都可以唯一地确定一种商品分配方式（$Q_X^{1n}$, $Q_Y^{1n}$）和（$Q_X^{2n}$, $Q_Y^{2n}$），也可以确定消费者 1 和消费者 2 的效用水平。但是点 $N$ 不一定就是高效率的商品分配。与生产契约曲线的分析同理，连接矩形内所有消费者 1 和消费者 2 无差异曲线的切点，可以确定从点 $O$ 至点 $c$ 的消费契约曲线。

从上述讨论可以得出：

① 在消费过程中，商品可以有多种分配方式。如果通过重新分配商品，能够获得更多的满足，这些商品分配就是无效率的，例如图中的 $N$ 点。

② 消费契约曲线上任意一点都代表着一种商品分配状态下效率最高的消费方式。

③ 消费契约曲线上任意一点都是消费者 1 和消费者 2 无差异曲线的切点，因此在该点上，两条相切的无差异曲线的斜率必然相等。显然，该点上用于满足消费者 1 和消费者 2 消费的两种商品 X 和 Y 的边际商品替代率 MRS 必然相等，即

$$MRS_{XY}^1 = MRS_{XY}^2 \tag{8-8}$$

因为边际商品替代率是消费者无差异曲线的斜率，要在商品消费过程中实现竞争

性均衡,每个消费者必须在利用商品时,使各无差异曲线的斜率都相等,并等于两种商品的价格之比。因此,可以得出推论,竞争性均衡点在消费契约曲线上,并且竞争性均衡在消费上是有效率的。

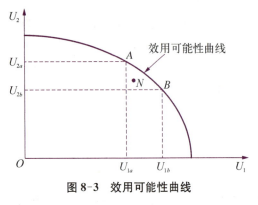

图 8-3 效用可能性曲线

消费契约曲线上的每一点都代表消费者 1 和消费者 2 唯一的一种效用水平,因而可以把该曲线转换到以 $U_1$ 为横轴,以 $U_2$ 为纵轴的效用空间上,形成效用可能性曲线(见图 8-3)。效用可能性曲线是一条表示在给定一个消费者获得的效用时另一个消费者所能获得的最大效用,即当消费者 1 的效用水平为 $U_{1a}$ 时,消费者 2 所能获得的最大效用水平为 $U_{2a}$,在效用可能性曲线上表示为点 $A$;或者当消费者 2 的效用水平为 $U_{2b}$,消费者 1 所能获得的最大效用水平为 $U_{1b}$,在效用可能性曲线上表示为点 $B$。

从图 8-3 可以看出,在效用可能性曲线以内的任意一点(如 $N$ 点),可以通过消费者 1 和消费者 2 的交易,可以使至少一个人的效用增加,而另一个人的效用不至于减少。但是在效用可能性曲线上,一个人效用的增加必然引起另一个人效用的减少。

### (三) 效用边界线

高效率生产可能线上有无穷多个点,每个点都代表一种可能的产品组合,因而都可以得到一条唯一的消费契约曲线,把它表示在效用空间,又可以得到一条唯一的效用可能性曲线,故对应于生产可能性曲线可以得到无数条条效用可能性曲线(见图 8-4)。

图 8-4 表明:① 所有的效用可能性曲线均与横纵坐标相交;② 效用可能性曲线相交;③ 某些效用可能性曲线落在其他效用可能性线之内。

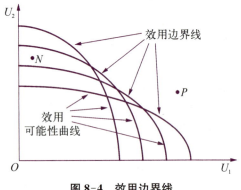

图 8-4 效用边界线

考察效用边界线,可知:① 代表效用水平的点置于效用边界线之外是不可能的,例如点 $P$;② 代表效用水平的点置于效用边界线之内是低效率的,例如点 $N$;③ 效用边界线是由一段段不同的效用可能性曲线组成,因而不是真正的曲线。

因此在效用边界线上,可以排除以下几点:① 生产契约曲线之外的投入组合;② 消费契约曲线之外的所有商品分配方式;③ 没有落在效用边界线上的所有效用可能性曲线。

效用边界线代表着一种帕累托效率,在效用边界线上,存在无穷多个高效率的帕累托解。

### (四) 帕累托效率的必要条件和充分条件

**1. 实现帕累托效率的必要条件**

(1) 高效率的资源配置

对于使用资源投入生产商品的全部厂商来说,任何一对投入的边际技术替代率 MRTS 应当相等,且等于投入的资源价格之比:

$$MRTS(L,K)_X = MRTS(L,K)_Y = \frac{P_L}{P_K} \tag{8-9}$$

(2) 高效率的消费

对每一个消费者来说,任何两种商品的边际替代率应当相等,且等于商品价格之比:

$$MRS(X,Y)_1 = MRS(X,Y)_2 = \frac{P_X}{P_Y} \tag{8-10}$$

(3) 高效率的生产、消费结合

对于所有消费者,任何两种商品的边际替代率应等于生产相同商品的技术替代率,并等于商品价格之比:

$$MRS(X,Y)_1 = MRS(X,Y)_2 = MRTS(L,K)_X = MRTS(L,K)_Y = \frac{P_X}{P_Y} \tag{8-11}$$

**2. 实现帕累托效率的充分条件**

在资源空间的所有等产量线和在商品空间的所有无差异曲线必须是非凹的。这样才能保证商品空间的高效率生产可能性曲线和效用空间的效用可能性曲线凹向原点,以及最终效用边界线是凹向原点的。

## 第二节 帕累托效率的政策意义

### 一、帕累托效率的基本原理

新福利经济学在序数效用论基础上确立的无差异分析,是帕累托效率分析中重要的理论分析工具。帕累托效率从两个方面向我们揭示了资源有效配置的分析思路。

(一) 从消费者单个"经济人"的行为方面分析

作为服从"经济人"假定的任何一个消费者,在其收入水平既定时,总是希望通过购买商品组合的选择来实现其效用最大化。因为效用是一种自我感受,所以只有消费者自己才最清楚怎样去实现其所需要的商品组合。只有让消费者在市场上自由地购买和选择其商品组合,即承认其消费者主权,才能使市场机制引导众多的消费者的选择不断地向帕累托效率逐渐靠近。只有将政府对消费的干预降低到最低限度,才能承认和保护消费者的主权。

(二)从生产者单个"经济人"的行为方面分析

在已有的预算成本约束下,利润最大化的"经济人"动机必然决定他选择最合意的产品组合来实现其最大可能的产出水平。由此推论出,生产者必须具有安排和调整产品数量、产品价格、产品组合与投入组合等一切与之相关的基本权利,这是市场机制引导生产者选择不断地逼向帕累托效率的基本条件。上述生产者的基本权利很大程度上来自生产者的预算约束,即独立的商品经营者的地位。任何过度的政府干预,势必导致生产者的预算约束软化,从而导致生产者权利的弱化。生产者权利的弱化必然导致供给曲线扭曲,从而使市场偏离均衡状态。

从上述消费者与生产者行为的分析看,完全竞争市场是实现帕累托效率的充分条件。

### 小资料

#### 维尔弗雷多·帕累托

维尔弗雷多·帕累托是近代意大利的经济学家和社会学家,他是继瓦尔拉斯之后洛桑学派一般均衡理论的开拓者,现代西方纯粹经济学和计量经济学的先行者。帕累托在经济领域的主要研究集中于纯粹经济学。他曾划分纯粹经济学为静态经济学、连续均衡的动态经济学与经济现象运动的动态经济学。虽然他曾经指出经济分析的发展方向,但是他的著作还是属于静态分析理论。

帕累托在纯粹经济理论方面做出的最突出的进展是均衡价格理论。在其《政治经济学教程》里,"经济一般均衡概念""嗜好""阻碍""经济均衡"四章和"数学附录",均标志着他对经济的均衡理论的发展。他从瓦尔拉斯的静态均衡方程体系出发,与后者相反,他反对效用理论是最后的真理。帕累托在其经济均衡分析理论中,既论证了自由竞争经济、垄断经济并扩及寡头垄断,还探讨了集体主义经济。他扩大了瓦尔拉斯的一般均衡理论的分析范围,指出了集体主义经济与自由竞争经济在理论上密切的同一性。他运用无差异曲线和指数函数的理论,说明序数效用的可比性,形成所谓的帕累托最优化。这不是一般意义上的最优化,而是具有"一人增加利益而不减损另一人利益"的特别意义。这样,在完全竞争均衡的情况下,所有货物的价格的比例等于它们的边际产品的价值的比例。

帕累托最优被认为是福利经济学的重要发展标志。在他的影响下,20世纪30年代后期西方福利经济学开始离开庇古的轨道去探索达到最大经济福利,即帕累托最优的必要条件。循此方向,希克斯、卜格森、西寒图夫斯基、萨缪尔森等人发展了高度抽象的福利经济学理论。

资料来源:高志文、方玲,《微观经济学》,北京理工大学出版社,2018。

## 二、帕累托效率的政策意义

当政策处于低效率状态时（如社会福利水平处于效用边界线之内），从不完全经济效率的观点看，任何能够使政策效率水平提高的改进都是可以接受的。但是用帕累托效率作为标准，则使任何一方受到损害的政策改进是不可取的。帕累托效率只承认一方受益的同时至少不使他人受损的政策改进。

在图 8-5 中，这种改进只能发生在起点的右上方的三角区内，如 $a$ 向 $a'$ 的改进。在现实经济活动中，有许多可以实现帕累托改进的例子，如清洁生产既增加了生产，又避免了污染损害。

但是，如果帕累托改进是继续原来的进程，则只能避免损害，不能必然改变原有的分配状态，也不能自我判断改进的相对理想程度。例如，在图 8-5 中，从 $b$ 改进到 $b'$，从 $c$ 改进到 $c'$，虽然消费者 1 和 2

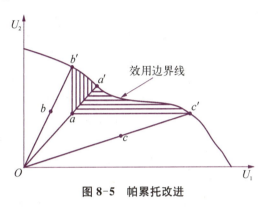

图 8-5　帕累托改进

的效用水平都增加了，但并不能确定 $b'$ 和 $c'$ 孰优孰劣，甚至可能进一步加剧了不公平。同样，如果把 $a'$ 和 $c'$ 相比，也很难判断哪种分配更公平。显然公平性问题已经超出了帕累托效率的范围。

实际上，社会福利函数是和公平观念紧密联系在一起的。因为人们和社会对公平有不同的理解，社会福利函数也有不同的形式。上节介绍的社会福利函数是基于功利主义的公平观，认为应当为每位社会成员的效用赋予权重，并使社会全体成员的总效用最大化。另外还有几种社会福利函数的形式，分别基于不同的公平观念。平均主义主张在社会成员之间平均配置资源，才能够实现最大社会福利；一种改良的平均主义观点认为，公平配置资源的标准是使社会处境最坏的人效用最大化；市场竞争的观点认为，竞争性市场最公平，竞争性均衡是最合理的资源配置。

因此，产生帕累托效率的竞争性均衡不一定必然是公平的。需要政府通过再分配体制，尽可能实现公平的目标。对于环境问题来说，通过正确利用经济手段，有可能实现帕累托效率。但是，如果初始资源配置就不公平，政府的干预就是必要的了。

## 第三节　市场在实现帕累托最优上的缺陷

## 一、市场失灵

在理想市场状态下，个体利益最大化能够导致资源的有效配置。当上述条件不能满足时,就会出现资源配置的扭曲,即市场失灵。市场失灵需要政府进行调节和干预,发挥"看得见的手"的功能。政府的职能主要是弥补市场的不足,促进效率、公平和稳定。但是,现实经济的复杂性以及政府机制本身的缺陷,政府这只"看得见的手"也会经常出现失灵。

经济学家们都力图使斯密"看不见的手"的理论精确化和规范化。他们应用数学工具和其他方法试图证明市场机制的有效性,最主要的成果就是市场均衡理论和福利经济学定理。无论是局部均衡理论,还是一般均衡理论,市场机制要达到资源有效配置,或者说帕累托最优状态,必须符合福利经济学基本定律的几个重要前提。这些条件也就是一般均衡理论的几个理论假设:① 完全和对称信息的假设。市场交易的双方或多方对交易的内容,如商品的质量、衡量标准等有关信息有完全充分和对称的了解。② 完全竞争的假设。市场上有大量的厂商和消费者,每个经济人都只能被动地接受市场价格,按价格信号决定自己应该如何生产和消费,而不能以任何手段以个体的力量影响价格。③ 规模报酬不变或递减的假设。在这个假设下,随着生产规模的扩大,单位产品的成本只会不变或增加,不会减少,因此增加产量不会增加单位产品的报酬率。④ 生产和消费没有经济外部性问题的假设。经济人的生产和消费活动不会对其他人的福利造成任何有利或不利的影响。⑤ 交易费用忽略不计的假设。人们总是可能相互达成自愿的交易增进彼此的福利,交易活动的额外费用为零。⑥ 经济人完全理性的假设。个人在做出经济决策时,总是能够最大限度地增进自己的福利。

由于市场机制发挥其最佳功能有赖于若干重要的市场条件,因此市场机制本身并不是万能的。以上假设就像物理学中没有摩擦力的假设一样,在现实中往往是难以成立的。经济学家把上述几条使福利经济学基本定律失效的情形称为"市场失灵"。

市场失灵是指私营市场体制完全不能提供某些商品,或者不能提供最合意的或最适度的产量。市场失灵不是市场的不完全性,而是市场扭曲,也可定义为:市场价格既不等于该商品的边际社会收益,也不等于该商品的边际社会成本。在市场失灵的情况下,市场的运行不能实现资源的最优配置。

## 小 资 料

### 两种市场失灵

20世纪初的一天,列车在英格兰绿草如茵的大地上飞驰。车上坐着英国经济学家庇古。他一边欣赏风光,一边对同伴说:列车在田间经过,机车喷出的火花(当时是蒸汽机)飞到麦穗上,给农民造成了损失,但铁路公司并不用向农民赔偿。

将近70年后的1971年,美国经济学家斯蒂和阿尔钦同游日本。他们在高速列车(这时已是电气机车)上见到窗外的禾苗,想起了庇古当年的感慨,就问列车员,铁路附近的农田是否受到列车的损害而减产。列车员说:恰恰相反,飞速奔驰的列车把吃稻谷的飞鸟吓走了,农民反而受益了。当然,铁路公司也不能向农民收"赶鸟费"。

资料来源:高志文、方玲,《微观经济学》,北京理工大学出版社,2018。

## 二、市场失灵的原因

以下 6 点是资源配置不能使整个社会福利最大化的原因,其中前 4 点为"市场失灵"的原因。

### (一) 不完全竞争市场

帕累托最优的一个假定前提是完全竞争市场的存在,但是现实生活中的垄断因素与日俱增。如果厂商或生产要素供给者具有一定的市场势力,就会产生帕累托无效率。具有垄断势力的厂商会在边际成本低于价格但等于边际收益的产量水平上生产,这意味着以较高的价格出售较少的产出。最终会使产品之间的边际转换率和消费者对这两种商品的边际替代率不相等,一种产品生产太多,另一种产品生产太少,导致资源非有效配置。同样的情况也适用于要素供给者。用局部均衡分析方法,我们可以将垄断造成的社会福利损失用图 8-6 表示。

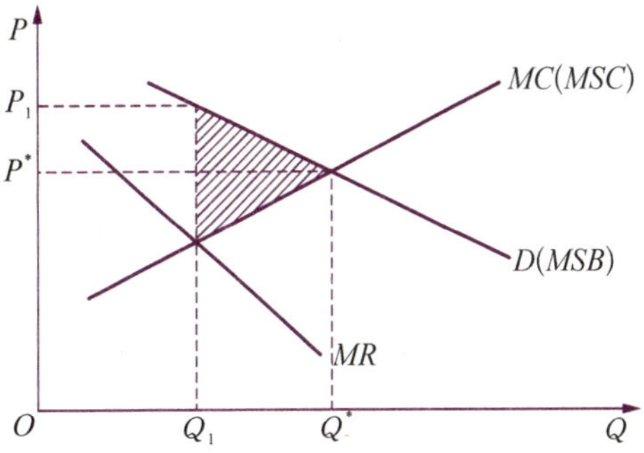

图 8-6 垄断造成的社会福利损失

在图 8-6 中,在不存在外部性的条件下,需求曲线 $D$ 就是 $MSB$ 曲线。假定厂商的 $MC$ 曲线为 $MSC$ 曲线,垄断条件下的最优产量取决于 $MC$ 曲线和 $MR$ 曲线的交点,即为 $Q_1$,价格为 $P_1$;而社会最优产量应为 $MSC$ 和 $MSB$ 曲线的交点所决定的产量 $Q^*$,价格为 $P^*$。垄断的存在给社会造成了图中阴影所示的福利损失(又叫净福利损失三角)。

### (二) 外部性

价格体系有效运作的原因是市场价格能传递生产者和消费者的信息,当具有外部性时,市场价格就不能准确地反映消费者和生产者活动的后果。外部性的存在会导致资源配置的无效率。

### (三) 公共物品

公共物品市场失灵的原因有两点:① 单个消费者不清楚公共物品的价格,更不清楚公共物品与需求的关系;② 为了不支付或少支付价格,消费者会低报或瞒报对公共物品的偏好。

### (四) 不完全信息

不完全信息是指买卖双方掌握的关于商品价格和质量的信息是不完全的。有时信息还是不对称的,一方掌握的信息,另一方不掌握。不完全信息也会使资源配置发生扭曲。

### (五) 政府的存在

帕累托最优实现的困难还表现在它没有考虑政府,只考虑了生产者与消费者。但现实世界中的经济活动即使在斯密眼里或当代的新自由主义者眼里也从未把政府完全排除在外,原因在于:对任何市场经济来说,政府以暴力来维持自愿地等价交换的秩序是必不可少的。

### (六) 收入分配的公平问题

帕累托最优回避了收入分配问题。帕累托最优的理论核心是：如果资源配置的任何改变已经不能在无损于任何一个人的福利的情况下增加另一个人的福利，那么原来的资源配置状态就是最佳的。这实际上意味着，每一种初始状态的收入分配都有一个不同的相应的帕累托最优，或意味着如果富人更富而穷人没有更穷就是帕累托的福利改进。从这个角度讲，帕累托最优只注重效率，不注重公平。忽视平等问题不能不说是帕累托最优的一个重要理论缺陷。

上述几个方面的帕累托最优实现的局限性既反映了现实与其理论之间的矛盾，也说明了其理论本身的弱点。

## 第四节　科斯条件下的庇古税

### 一、最优庇古税

为了使污染者承担污染的外部成本，经济学家提出根据污染造成的损失对污染者征税或收费。1920 年，英国经济学家庇古在《福利经济学》一书中首先提出对污染征收税费的想法。他建议，应当根据污染所造成的危害对排污者征税，用税收来弥补私人成本和社会成本之间的差距，使二者相等，这就是"庇古税"。现在，人们把针对污染物排放所征收的各种税费统称为庇古税。

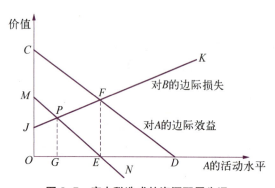

图 8-7　庇古税造成的资源配置失误

科斯证明，在与一种外部性有关的各方之间，当可能充分利用潜在收入进行自发交易时，将达到一种有效率的产出。一般来说，建立这种交易需要双方参与者人数较少，一个或几个制造者对一个或几个受害者。在这种条件下，科斯交易确实可以消除任何资源使用的偏差。显然，这时对庇古税或补贴没有需求。而且在科斯条件下，庇古税本身将造成资源配置失误。这一点可利用图 8-7 进行说明。

在图 8-7 中，横轴是 $A$ 的活动水平，曲线 $CD$ 是 $A$ 活动产生的边际效益，曲线 $JK$ 是由于 $A$ 的活动对 $B$ 产生外部性而造成的边际损害。在没有任何特别刺激的情况下，$A$ 的效用最大化行为将导致一种活动水平 $OD$，此时，$A$ 的边际效益为零。$CD$ 与 $JK$ 相交于 $F$ 点，该点处的社会边际效益为零，对 $A$ 的边际效益正好被对 $B$ 的边际损害所抵消。因此当 $A$ 的活动保持在 $OE$ 水平时，是帕累托最优产出。在科斯交易的背景下，$B$ 可以付钱给 $A$，使其把活动削减到 $OE$。由于任何位于 $OE$ 右边的活动，对 $B$ 的

边际损害超过对 $A$ 的边际收益,因此,可以从交易中获得潜在的收益,科斯均衡在 $F$ 点达到。

然而,假设对 $A$ 征收相当于 $OE$ 水平时所造成的边际社会损害税,这个税为每单位活动水平 $EF$ 的税额。其效果可能使 $A$ 的边际效益曲线下移到 $MN$,$MN$ 表明 $A$ 完税后的边际效益。当科斯交易在有税的情况下进行时,将导致 $F$ 点移至 $P$ 点,最优活动水平由 $OE$ 转为 $OG$。由此可见,在科斯背景下,庇古税不仅是多余的,其本身也变成了资源配置失误的原因。

但是,当相关人数较少时,还会有另一种减弱庇古式方案最优程度的方式。向外部性制造者征税(正的或负的)总是引起受害者的策略行为,这种行为谋求改变税负,以社会支出的形式使受害者受益。外部不经济性的受害者将寻求进一步(和社会过量地)限制外部性的产生量,而那些喜欢外部经济性的人将寻求社会过量的外部性产出。试举一例,假设一个公司有两家工厂:甲厂位于发电厂附近,乙厂远离发电厂。假设乙厂不受污染的损害,但运输成本很高,这时公司发现让甲厂多干活更有利可图,因为甲厂的生产能力越高,受到的边际损害就越大,由此电力部门缴纳的赔偿费就越多。从社会福利的观点看,其结果显然将是一个低效率的电力产出。以上讨论说明,在对外部性的制造者征收庇古税的同时,为了实现经济效率,也有必要对受害者征收税。因为如果受害者的策略是故意和过量接受外部性的损害,借此来提高对污染者的征税额,那么就要对受害者征税,以控制这种反社会的对策行为。因此,在人数少的情况下,如果外部性对决策行为有经济刺激,在对污染者征收庇古税的同时也对受害者征税,这一点至少在理论上是有意义的。

如果污染者和受害者的数量都很少,庇古税的方法可能就不实用了,因为只为几个人制定税则的费用太高。这时,科斯的产权方法可能是控制外部性最有效的途径。在相关人数少的情况下实施科斯交易,应当注意避免同时使用庇古型措施。但是最普遍、最严重的环境问题往往涉及大批人群,对此应用庇古税却可能产生最优结果。

## 二、最优庇古税的数学推导

社会纯收益 $NSB$ 等于产生污染的经济活动的总收益减去私人成本 $PC$,再减去外部成本 $EC$:

$$NSB = P \cdot Q - PC(Q) - EC(Q) \tag{8-12}$$

式中,$P$ 为产品价格;$Q$ 为产生污染的经济活动的产量。假设经济产出和污染物排放量成比例增加。在完全竞争的假设下,$P$ 值不依赖于 $Q$。

若使 $NSB$ 最大化,需满足

$$\frac{\partial NSB}{\partial Q} = P - \frac{\partial PC}{\partial Q} - \frac{\partial EC}{\partial Q} = 0 \tag{8-13}$$

因此

$$P = \frac{\partial PC}{\partial Q} + \frac{\partial EC}{\partial Q} = \frac{\partial SC}{\partial Q} \tag{8-14}$$

式中，$SC$ 为社会成本，$SC = PC + EC$。

社会纯收益最大化需满足公式(8-14)。社会纯收益的最大化也可表示为边际私人纯收益等于边际外部成本：

$$P - \frac{\partial PC}{\partial Q} = \frac{\partial EC}{\partial Q} \qquad (8-15)$$

或

$$\frac{\partial NPB}{\partial Q} = \frac{\partial EC}{\partial Q} \qquad (8-16)$$

式中，$NPB$ 为私人纯收益。

如果征收庇古税 $t$ 可以满足社会纯收益最大化的条件公式(8-14)，则

$$t = \frac{\partial EC}{\partial Q} \qquad (8-17)$$

因此，

$$P = \frac{\partial PC}{\partial Q} + t \qquad (8-18)$$

## 本 章 总 结

经济效率不是传统的生产理论所说的"最大产出"，或者"最佳投入产出比"，也不是传统的消费者理论所描述的"效用最大化"。完全意义的经济效率是生产、消费和组合的高效率。由于市场中存在不完全竞争、外部性、公共物品、不完全信息、政府的政策干预、收入分配的公平问题等因素，导致市场失灵，使市场均衡的结果不能导致资源的配置达到帕累托最优。帕累托最优实现的局限性既反映了现实与其理论之间的矛盾，也说明了其理论本身的弱点。科斯证明，在与一种外部性有关的各方之间，当可能充分利用潜在收入进行自发交易时，将达到一种有效率的产出。一般来说，建立这种交易需要双方参与者人数较少，如一个或几个制造者对一个或几个受害者。在这种条件下，科斯交易确实可以消除任何资源使用的偏差。显然，这时对庇古税或补贴没有需求。而且在科斯条件下，庇古税本身将造成资源配置失误。

## 推荐阅读文献

汪安佑、雷涯邻、沙景华：《资源环境经济学》，地质出版社，2005。
张帆、夏凡：《环境与自然资源经济学》，格致出版社，2016。
杨昌明：《资源环境经济学》，湖北人民出版社，2002。

## 复 习 题

一、名词解释
1. 经济效率

2. 资源运用效率(生产效率)
3. 资源配置效率
4. 帕累托效率
5. 帕累托无效率
6. 帕累托改进
7. 市场失灵
8. 庇古税

二、简答题
1. 简述资源运用效率与资源配置效率的联系和区别。
2. 简述帕累托效率的必要条件和充分条件。

三、论述题
试论述市场在实现帕累托最优上的缺陷。

# 第九章 环境资源价值与损害评价

## 【学习要点】

本章主要论述了环境资源价值的理论基础、环境资源价值的特点及构成、直接市场价值评估法、揭示偏好价值评估法、意愿调查价值评估法、环境资源价值评价方法的选择等。通过本章学习,学生可了解环境资源价值与损害的评价方法和适用情况。

## 第一节 环境资源价值的理论基础

价值是经济学的核心概念,长期以来,各经济学派对价值的定义和衡量争议颇多,相应地,对环境资源价值问题的看法也是见仁见智。从总体上看,环境资源的价值理论分为三类,即劳动价值论、效用价值论、存在价值论。

### 一、劳动价值论

劳动价值论是由英国经济学家亚当·斯密和大卫·李嘉图创立,后经马克思发展至成熟的价值论体系。其核心思想包括:价值是凝结在商品中的无差别的人类劳动,价值与使用价值共处于同一商品体内,使用价值是商品的自然属性,由具体劳动创造,价值是商品的社会属性,由抽象劳动创造。

按照马克思劳动价值论观点,只有凝结了人类劳动的自然资源和自然环境才有价值。处于自然状态下的环境和资源,是自然界赋予的天然产物,不是人类创造的劳动产品,没有凝结着人类的劳动,因而没有价值。马克思认为:"如果它本身不是人类劳动的产品,那么,它就不会把任何价值转给产品。它的作用只是形成使用价值,而不是形成交换价值。一切未经人的协助就天然存在的生产资料,如土地、风、水、矿产中的铁、原始森林的树木等等,都是这样。"尽管如此,马克思并不认定不是劳动产品就没有价值的东西,就不可以有价格,就不能取得商品形式,他指出:"但是价格可以完全不是价值的表现。有些东西本身不是商品,例如良心、名誉等等,但是也可以被它们的占有者出卖以换取金钱,并通过它们的价格,取得商品形式。因此,没有价值的东西在形式上可以具有价格。在这里,价格表现是虚幻的,就像数学中的某些数量一样。"马克思在这里明晰地论述了对非商品物来说,若被其占有者用以换取货币,就取得了商品形式,这些论述对于自然资源环境的价格研究来说,也应是适用的。

不过,对于环境资源有无价值及其价值来源,马克思并未明确论述。因此对于劳动价值论是否适用于资源环境价值的研究,后人有所争论。一些学者认为,劳动价值论无法解决环境被无偿开发、自然资源被无偿或低价使用的问题,它对于资源和环境研究,是个盲点,根本不适用。另外一些学者认为,劳动价值论固然没有考虑资源环境等问题,但在当时经济尚不发达、环境问题还不突出,环境资源相对于人类需求富足的年代是适用的。当今社会,为了保持自然资源消耗与经济发展需求相均衡以及自然环境与人类生存需求相适应,人们投入大量的人力、物力和财力对环境资源进行保护和再生产,环境资源已不再是纯天然的自然资源,它有人类劳动的参与,打上了人类劳动的烙印,因此具有价值。总之,无论哪一种观点都认为,单纯地运用马克思劳动价值论解释环境资源的价值是有一定困难的,必须予以发展或寻求其他更好的途径。

**小资料**

### 劳动价值论的发展过程

资产阶级古典学派的代表斯密、李嘉图对劳动形成价值的理论和价值量的分析已经取得了很大成绩,还在劳动价值论的基础上揭示了资本主义制度中的资本家、雇佣工人、土地所有者这一阶级结构,并阐述了三者之间的阶级矛盾。由于他们是把资本主义这一制度和阶级结构看作当时最能推动生产力发展的制度,所以他们在这方面的研究是无所顾忌的,从而能在一定程度上揭示出资本主义社会的内部结构。但是随着无产阶级与资产阶级的斗争日益尖锐,他们的学生则越来越丢弃老师的科学性,把为资本主义制度和资产阶级剥削关系辩护当成自己的唯一任务了。政治经济学日益走向庸俗化。否定劳动是价值的唯一来源理论是其主要内容之一。

马克思继承了斯密、李嘉图理论的科学成分,用辩证法和历史唯物论从根本上论证了它的历史性质,并在劳动价值论基础上科学地创立了剩余价值理论以及后来的利润、平均利润理论,并认为资本主义的企业追求的是剩余价值这种剩余劳动,而不是追求的使用价值,所以企业是阶级斗争的产物,指出了随着生产力的发展,资本主义社会的阶级矛盾和这种生产关系对生产力发展的阻碍作用。

资料来源:百度百科,"劳动价值论"词条,https://baike.baidu.com/item/劳动价值论/2134644?fr=aladdin。

## 二、效用价值论

效用是指物品或劳务满足人们欲望的能力,效用价值论则是从物品满足人欲望的能力或人对物品效用的主观心理评价角度来解释价值及其形成过程。效用价值论最早表现为一般效用论,19世纪70年代后发展为边际效用论,该理论既是现代微观经济学的一大理论支柱,也是西方价值理论中最主要的流派。其内容如下。

第一，效用价值论认为，一切生产都是创造效用的过程，人们获得效用却不一定非要通过生产，通过大自然的赐予也可以获得。只要人们的某种欲望或需要得到了满足，人们就获得了效用。效用是价值的源泉，仅仅是形成商品价值的必要条件，充分条件则是物品的稀缺性。只有物品的效用和物品的稀缺性相结合才能形成价值。可见，效用和稀缺性是西方经济学价值理论的两个关键内容。也就是说，某物品越稀缺同时需求越强烈，那么边际效用就越大，因而价值就越大，反之越小。

第二，商品的价值量不是决定于它的总效用或平均水平，而是决定于它的边际效用，即满足消费者最小欲望那一单位的商品的效用。

运用效用价值理论可以很容易得出环境资源具有价值的结论：自然资源和环境是人类生产和生活不可缺少的，对人类具有巨大的效用。随着经济规模的扩张，自然资源和环境的稀缺性也越来越明显。因此环境资源具有价值。

### 小 资 料

## 劳动价值论与效用价值论的比较

1. 劳动价值论与效用价值论的不同

对价值的衡量标准不同。马克思认为价值是人类抽象劳动的凝结，价值量由生产该商品的社会必要劳动时间决定，商品交换以价值量为基础实行等价交换；而效用论者认为价值是人对商品满足欲望程度的感觉和评价。效用本身是一种主观心理现象，常因主体不同而无法从数量上加以计量，不可能成为价值尺度，这使价值的衡量缺乏统一的标准。

对价值来源认识上的不同。劳动价值论认为价值的源泉是唯一的，即人类的劳动，而且是活劳动。而效用价值论者认为价值是由于商品效用与人的欲望之间的满足关系而引起的感觉和评价，即价值来源于主观评价。

对价值实质认识的差异。马克思认为价值在实质上是抽象劳动的凝结，也体现了一定的社会经济关系。效用论者认为价值就是商品带来的满足程度，与生产者的劳动、社会关系毫无联系，只是效用的主观体现。

2. 劳动价值论与效用价值论的相通之处

研究对象相同。劳动价值论与效用价值论研究对象都是商品的价值和价格，只是由于研究的重点和方法不同，产生了不同的认识。效用价值论研究的重点是商品的使用价值，采用定量分析的方法；劳动价值论研究的重点是商品的交换价值，采用定性分析的方法。

对商品使用价值对价格的影响都有极大肯定。马克思指出，构成财富物质内容的、不反映社会生产关系的物品有用性或效用性，不属于政治经济学的范围，然而，"使用价值一旦由于现代生产关系而发生形态变化，或者它本身影响现代生产关系并使之发生形态变化，它就属于政治经济学的范围了"。西方经济学的"效用"就是马克思所说的"使用价值"。关于效用的经济作用，马克思认为，它固然不能起价值的作用,但除此以外,它起着重要作用。例如,使用价值是价值的物质承担者和表现形态;劳动产品如果没有使用价值,那么,它也就没有丝毫价值;社会对使用价值的需求是决定商品市场价值的前提条件等。按照马克思的劳动价值理论,价值必须以被社会承认为前提。可以看到,双方都对商品的"使用价值",或者说"效用"对商品价格的影响给予了极大肯定。

对商品价格的认识有相同之处。劳动价值论认为,商品的价格是由价值决定的,价值是由社会必要劳动时间决定的。商品价格受供求关系影响,围绕价值上下浮动,是商品经济的价值规律。效用价值论认为,市场价格是由供求关系决定的,供给曲线与需求曲线相交,决定商品的均衡价格。两种效用论中关于供求关系对价格的决定作用上有相似的认识。

## 三、存在价值论

从哲学角度看,一个系统只要有主体性,就可能具有价值。是否有目的性、方向性和需要,是构成主体的重要判断依据。没有理由认为,人类是世界上唯一的主体,因此只从人类的角度看某客观事物是否具有价值,或者只从人类的角度对客观事物的价值进行评估是没有道理的。这样,价值主体应该可推广到具有某种目的性、方向性和需要的非人类事物,如动植物、生态系统、社会有机体等,而一物是否有价值,不一定需要经过人的评估,只要它能满足具有主体性的物的某一方面的需要,就可以具有价值。

由此,从哲学意义上可以将环境的价值分为两大类:一类是与人类的存在、利用和偏好无关的价值,它是环境自身所具有的价值,如一种动植物对另一种动植物所具有的价值、一种动植物对生态系统所具有的价值、一种生态系统对另一种生态系统所具有的价值,这种价值被称为环境的内在价值。另一类是与人类的生存和发展相关的价值,这种价值既可以是一种认识价值,也可以是一种赋予价值,这种价值被称为社会价值,也可以称之为工具价值、手段价值和外在价值。在这对关系中,人类是主体,环境是客体、环境能够提供满足人类生存、发展和享受所需要的物质性商品和舒适性服务,因此对人类来说环境是有价值的。由于人们的需求是按生存需要、发展需要和享受需要从低到高不断发展完善的,因此环境的价值也越来越大。

需要指出的是,尽管哲学意义上的环境存在价值论有相当多的合理成分,但环境经济学视角中的环境价值,与传统经济学一样,是以人类为中心的。哲学的讨论不适用于具体的经济学分析,这是因为经济学是一种研究取舍的学问,要求对不同选择进行定量的对比。例如,在建水坝获得水利效益和自然景观的损害间进行比较,如果自然景观具有不依人的评价而存在的内在价值,则无法对之进行定量。无价意味着"没有价值"还是"无法估计的巨大价值",是一个难以回答的问题。因此,在实际环境价值评价中是以人类为中心的。环境经济学不是不考虑自然资源的价值,但自然环境的价值要通过人表达。自然环境不能发言,必须有人做代言人,自然的价值必须通过评价者表达,这可称为"弱人类中心论"。例如对污染而言,经济学考察的污染是以某种方式影响了人类福利、健康的环境退化现象,因此客观上的污染不等于有经济学考察意义上的污染。自然保护区有价值,这种价值可通过人们愿为保护支付的代价来表示。

突出环境经济中以人为中心的方法论,不是要完全否定哲学意义上的存在价值论。事实上,包括大卫·皮尔斯在内的许多环境经济学家都承认存在价值,但环境经济学将哲学意义上的存在价值细分为出于人类的遗赠动机、礼物动机和同情动机而产生的价值,这是符合经济学传统的。

## 第二节 环境资源价值的特点及构成

### 一、环境资源价值的特点

#### (一)环境资源价值的特殊性

经济学根据物品是否稀缺这一标准,把所有的物品分成自由取用物品(又名免费物品)和经济物品两类。以前,未开垦的土地、清洁的水源和新鲜的空气,都被看作自由取用物品。但是随着人类的发展,一方面,人类对自然资源的需求量越来越大,已远远超出自然界自身的更新能力;另一方面,人类排放到环境中的废弃物也越来越多,先是在个别地区,后来在一国乃至全球范围内超出了环境容量。在这种情况下,良好的环境已成为经济学意义上的稀缺资源,也就是经济物品。使用环境资源是有代价的,也就必须付出相应的费用,换句话说,环境资源是有价格的。

马克思主义政治经济学认为劳动是价值的源泉,生产某一商品的社会必要劳动时间的多少,决定该商品价值的大小。由于环境不是人类劳动的产物,而是自然界千百万年长期演变的产物。从政治经济学的意义上来说,环境虽然有使用价值,但却没有真正的价值与价格,说环境是经济物品以及环境资源的价格,是从补偿的角度和资源配置的角度来说的。

从补偿的角度看,自然资源的再生速度有限,自然环境稀释、分解和同化废弃物的能力也有限。如果经济活动中对环境的利用超出上述限度,就会导致自然资源的短缺和环境质量的下降。为了满足经济活动的要求,人类不得不追加投资以补偿因自然资源短缺和环境质量下降而造成的损失,诸如可更新自然资源的更新费用、三废治理费用等。

从资源配置的角度看,在环境资源有限且不能充分满足经济活动需要的条件下,为了有效地开发、利用和保护环境资源,也有必要给环境资源确定价格。假定企业是自主经营、自负盈亏的独立核算单位,那么,当环境资源没有价格时,企业就会设法通过大量使用环境资源来盈利,而不顾这种使用会给社会带来什么后果。当环境资源有价格时,企业将根据不同的情况采取不同的决策:那些认为环境资源价格太高,支付后会使生产无利可图的企业,将要停产或选择其他少耗环境资源的生产技术;那些认为环境补偿费用低于环境资源价格的企业,则宁可将投资用于再生自然资源,治理"三废",回收废弃物资;只有那些认为支付环境资源价格后企业仍然有利可图,而且所支付的环境资源价格低于环境补偿费用的企业,才会继续使用环境资源。这样,通过环境资源价格的变动,就有可能从经济上控制企业对环境资源的滥用,在保证总体上对环境资源的利用不超出合理限度的前提下,实现环境资源在各个微观经济单位之间的最佳配置。

总之,只要良好的环境已经成为经济上的稀缺资源,那么,为了兼顾经济发展与环境保护,就必须以某种方式确定环境资源的价格,并使环境资源的价格保持在合理的水平上。

### 小资料

#### 泉州市台商区污染环境案

绿水青山就是金山银山,可总有不法分子为一己私利铤而走险。2021年3月4日,泉州市台商区公安分局接到台商区环境与国土资源局移送的一条涉嫌环境污染案件线索,迅速抽调警力成立专案组侦办。

经警方缜密侦查发现,2020年6月至2021年3月,东园镇人庄某东、洛阳镇人郑某平、百崎回族乡人郭某平、洛阳镇人郑某元合谋在洛阳镇海江大道白沙村路段两侧及海江大道尽头一侧收纳、倾倒生活垃圾和建筑垃圾,并通过微信收款码或者现金的方式进行收款获利。庄某东等4名犯罪嫌疑人到案后,均对收纳、倾倒生活垃圾和建筑垃圾造成污染环境的行为供认不讳。经查,四人收纳、倾倒生活垃圾和建筑垃圾共计152 234.2 m³,共获利995 890.5元,造成生态环境严重损害。四人的行为触犯了《中华人民共和国刑法》第三百三十八条规定,涉嫌污染环境罪,已被依法移送检察机关审查起诉。

资料来源:泉州市公安局,《台商区公安成功破获一起公安部督办污染环境案》,http://gaj.quanzhou.gov.cn/jwzx/jwdt/202112/t20211207_2665954.htm,2021-12-7。

(二)环境资源的使用价值

环境资源对人类有用,因而具有使用价值。例如,水资源可用于灌溉、饮用、工业用途等,煤炭资源可用作燃料等,这些都是环境资源有用性的表现。与一般商品的使用价值相比,环境资源的使用价值具有以下特点:

① 环境资源的使用价值是多方面的。即一种资源可有多种用途。例如,森林资源具有提供木材、提供薪柴、净化空气、保持水土、防风固沙、提供旅游环境和场所等功用。

② 环境资源的使用价值具有共享性。一般物品的使用价值总是与其所有权联系在一起的,物品归谁所有,其使用价值就随之显现。强行使用他人的物品属于侵权行为;环境资源则不一样,它的使用价值可显现为全社会服务。

③ 环境资源的使用价值是一个动态的概念。环境资源的使用价值随着社会的发展而不断丰富,其新的使用价值将不断被发现。例如,由于发现了野生稻中的不育基

因,并用它培养出了杂交水稻,野生稻的使用价值才被人类发现和利用。

### (三) 环境资源的价值

随着人类社会的发展,完全没有人类干预的纯自然环境已经很少了。人类活动作用于环境,使得环境资源失去了纯自然物的特性,凝结了人类的劳动,因此具有价值,成为经济物品,并取得价格的形式。这种人类劳动的凝结表现在以下4个方面:

① 环境资源勘探所耗费的人类劳动。一般来说,环境资源需要经过人类勘探、研究,才能知道其位置、储量、品级和用途,使其具有经济价值。勘探、研究工作需投入大量的人力、物力、财力,这部分人类劳动凝结在环境资源之中,成为其价值实体之一。

② 环境资源和生态环境的保护、更新和建设所耗费的人类劳动。由于人类对环境资源的不断利用,环境资源和生态环境的破坏日益加剧,因此,必须对环境资源和生态环境加以保护,如自然保护区的建立、环境污染的防治、国土整治、森林资源的培育、矿产资源的保护等都需要人力、物力、财力的投入。这部分人类劳动创造的价值也应该凝结在环境资源中。

③ 开采环境资源耗费的人类劳动。

④ 与环境资源建设、开发等有关的科研、教育活动所投入的人类劳动。

## 二、环境资源价值的构成

国内外环境学界对环境价值的构成有两种分类方法。第一种分类是把环境资源的价值称为总经济价值 TEV。环境资源的总经济价值分为两个部分:(1) 使用价值 UV;(2) 非使用价值 NUV 或内在价值 IV(见表 9-1)。使用价值又可以进一步分解为直接使用价值 DUV、间接使用价值 IUV 和选择价值 OV。非使用价值又分为存在价值 EV 和遗赠价值 BV,因此,

$$TEV = UV + NUV = (DUV + IUV + OV) + (EV + BV) \qquad (9-1)$$

表 9-1 环境价值的构成(分类一,以森林为例)

| 环 境 价 值 | | 含　　义 | 例　　子 |
|---|---|---|---|
| 环境总经济价值(TEV) | 使用价值(UV) — 直接使用价值(DUV) | 可直接消耗的量 | 食物、生物量、娱乐、健康 |
| | 使用价值(UV) — 间接使用价值(IUV) | 功能效益 | 生态功能、生物控制 |
| | 使用价值(UV) — 选择价值(OV) | 将来的直接或间接使用价值 | 风暴防护 |
| | 非使用价值(NUV) — 存在价值(EV) | 继续存在的知识价值 | 生物多样性、保护生存栖息地 |
| | 非使用价值(NUV) — 遗赠价值(BV) | 为后代遗留下来的使用和非使用价值 | 生存栖息地、不可逆改变 |

环境资源的使用价值是指环境被使用或消费的时候,满足人们生产和消费需要的价值,也就是现在或未来环境资源通过商品和服务的形式为人类提供的福利。

环境资源的直接使用价值是由环境资源对目前的生产或消费的直接贡献来决定的。也就是说,直接使用价值是指环境资源直接满足人们生产和消费需要的价值。以森林为例,木材、药品、休闲娱乐、植物基因、教育、人类住区等都是森林的直接使用价值。直接使用价值在概念上易于理解,并不意味着在经济上易于衡量。森林产品的产量可以根据市场或调研数据进行估算,但是药用植物的价值却难于衡量。

### 小资料

#### 银杏的价值

银杏浑身是宝,集食用、药用、材用、绿化和观赏等多种用途于一体,具有很高的科研、经济、药物和生态利用价值。

1. 银杏的科研价值

银杏树是世界现存种子植物中最古老的孑遗植物,第四纪冰川以后成为我国独特的树种,在学术界一直被誉为"活化三古"。郭沫若称之为"东方的圣者""中国人文明的有生命的纪念塔",是"完全由人力保存下来的珍奇",是"随中国文化以俱来的亘古的证人"。

2. 银杏果价值

银杏果为上等干果,营养丰富,味道甘美,药食俱佳。

(1) 银杏果的食用价值

银杏种仁中含有淀粉、粗蛋白、核蛋白、粗脂肪、蔗糖、矿物质、粗纤维等,是高档滋补果品。

(2) 药用价值

自古医食同源。银杏作为食疗用品,滋补保健已有悠久历史。

3. 银杏叶价值

银杏叶具有很高的药用价值。经中国有关专业机构和药科大学等单位检测,其主要成分黄酮甙可达35%以上,总萜内酯可达10%以上,其中白果内酯可达3.5%以上,银杏酸<5 ppm,干燥失重,炽灼残渣,重金属含量等卫生学指标均符合国家标准。

4. 银杏木材价值

银杏木材质地优良,易干燥,速度快,不翘裂,兼有特殊之药香味,素有"银香木"之称。切削容易,切面光滑,油漆后光亮性良好。胶粘容易,握钉力弱,不劈裂。常用于建筑、镶嵌、各种雕刻工艺、高级文化和乐器用品以及工业特殊用具等。

5. 银杏观赏价值

银杏树体高大,伟岸挺拔,雍容富态,端庄美观,季相分明且有特色。

6. 银杏生态价值

银杏抗病虫害,耐污染,对不良环境条件适应性强,是优良的绿化树种。

资料来源:马金江,《植物天堂》,安徽美术出版社,2014。

间接使用价值包括环境所提供的用来支持目前的生产和消费活动的各种功能中间获得的效益。间接使用价值类似于生态学中的生态服务功能。仍以森林为例，营养循环、水域保护、减少空气污染、小气候调节等都属于间接使用价值的范畴。它们虽然不直接进入生产和消费过程，但却为生产和消费的正常进行提供了必要条件。

环境资源的直接使用价值和间接使用价值都是传统经济学所一致认定的经济价值。现在，我们把人们对环境资源使用的选择考虑进来，这就是经济学家们所称的选择价值。

选择价值又称期权价值，任何一种环境资源都可能会具有选择价值。我们在利用环境资源的时候，会考虑到在未来的某一天，该资源的使用价值会更大，或者由于不确定性，未来不可能获得该资源。因此，我们要对是否利用该资源做出选择。也就是说，我们可能会具有保护环境资源的愿望。选择价值同人们愿意为保护环境资源以备未来之用的支付愿望的数值有关，包括未来的直接和间接使用价值（生物多样性、被保护的野生动植物栖息地等）。选择价值的出现取决于环境资源供应和需求的不确定性，并且依赖于消费者对风险的态度。因此，选择价值相当于消费者为一个未利用的资产所愿意支付的保险金，仅仅是为了避免将来失去它的风险。

非使用价值则相当于生态学家所认为的某种物品的内在属性，它与人们是否使用它没有关系。对于内在价值到底应该如何界定以及应该包括什么，存在着许多不同的观点。但一种被普遍接受的观点认为，存在价值是非使用价值的一种最主要的形式。存在价值是指从仅仅知道这个资产存在的满意中获得的，尽管并没有要使用它的意图。从某种意义上说，存在价值是人们对环境资源价值的一种道德上的评判，包括人类对其他物种的同情和关注。例如，如果人们相信所有的生物都有权继续生存在这个星球上的话，人类就必须保护这些生物，即便它们看起来既没有使用价值，也没有选择价值。由于绝大多数人对环境资源的存在（如野生生物和环境的服务功能等）具有支付意愿，所以环境经济学家认为，人们对环境资源存在意义的支付意愿就是存在价值的基础。随着环境意识的提高，存在价值被认为是总经济价值中的一个重要组成部分，而且占比会越来越大。

非使用价值的另一个组成部分是遗赠价值。遗赠价值是指人们为保护某种环境资源而愿意支付，不是为了自己，而是为了后代人能继续享用其使用价值和非使用价值。需要说明的是，现在很多环境经济学家对遗赠价值有了新的看法，有的认为应该把它归类到使用价值中去，有的则认为应把它看作存在价值的组成部分。后者认为，存在价值在经济学家和环境保护主义者之间搭建了一个相互理解的桥梁，环境经济学试图用经济学理论和方法来解释和度量存在价值，认为环境资源之所以具有存在价值，是因为人们具有遗赠动机、馈赠动机和同情动机。遗赠动机是指人们愿意把某种资源保留下来遗赠给后代。馈赠动机同遗赠动机类似，却是赠给当代人。人类对其他生物的同情和存在价值的关联性较大。尽管人类对其他生物的同情在不同的文化、宗教和国家等背景下有很大差异，但其原则已经为人类所普遍接受。

表9-2为热带森林的总经济价值，由表可以对总经济价值的构成进行更深入细致的了解。

表 9-2　热带森林的总经济价值

| 直接使用价值 | 使用价值<br>间接使用价值 | 选择价值 | 非使用价值<br>存在价值 |
| --- | --- | --- | --- |
| 木材<br>非木材产品<br>休闲娱乐<br>药材<br>植物基因<br>教育<br>人类居住 | 营养循环<br>水域保护<br>净化空气<br>调节气候 | 未来使用价值<br>($DUV + IUV$) | 森林作为内在价值的客体，具有遗赠等方面的价值，也包括文化和继承价值 |

第二种分类是将环境价值分为两部分：一部分是有形的物质性的商品价值，一部分是无形的舒适性的服务价值，如表 9-3 所示。

表 9-3　环境价值的构成（分类二，以森林为例）

| | 分　类 | 含　义 | 简　称 |
| --- | --- | --- | --- |
| 环境价值 | 有形的物质性的商品价值 | 有形的资源价值 | 资源价值 |
| | 无形的舒适性的服务价值 | 无形的生态价值 | 生态价值 |

第一种分类比较精细、深刻，对理解环境价值所包括的内容、范围和深远意义大有启发。但是，在几种价值之间，特别是选择价值、存在价值和遗赠价值之间的界限比较模糊，而且难于定量计算。第二种分类虽然比较简略和概括，但便于定量计算。

## 第三节　直接市场价值评估法

直接市场价值评估法又称常规市场法或物理影响的市场评价法，它是根据环境质量变动对资产价值、生产效率的影响来评估环境资源价值的一种方法。这种方法把环境质量看作是个生产要素，通过可以观察到并且能测量的生产率、生产成本和收益的变化，来评价环境损害或环境改善所带来的效益。简言之，直接市场价值评估法就是直接运用市场价格对可观察和度量的环境质量变动进行环境价值测算。

### 一、生产率变动法

生产率变动法是通过测定环境变化对生产者的产量、成本和利润，或是对消费者的供给与价格变动及其引起的消费者福利的变化来推算环境价值。例如，水污染将使农产品产量或价格下降，给农民带来经济损失，通过这个损失可以估算出水污染的损害金额。

对受环境影响使农产品产量变化的某地区环境价值的估算可用如下公式：

$$P = \Delta Q \cdot \frac{P_1 + P_2}{2} \tag{9-2}$$

式中，$P$ 为某地区环境价值变动额；$\Delta Q$ 为污染区域农产品产量变动量；$P_1$ 为污染前农产市场价格；$P_2$ 为污染后农产品的市场价格。

如果市场竞争充分，供求关系变动较为灵敏，就可以直接利用该产品的市场价格进行估算；如果产量变动的规模可能影响价格的变动，就应设法预测新的价格水平，并用其来测算环境质量变化的价值。此外，为了确保价值评估结果的准确与合理，应该估计产出和价格变化的净效果。假设环境变化所带来的经济影响 $E$ 体现在受环境影响的产品的产量、价格和成本等方面，即净产值的变化上，则 $E$ 可以用下面的公式表示：

$$E = \left(\sum_{i=1}^{k} P_i Q_i - \sum_{j=1}^{k} C_j Q_j\right)_x - \left(\sum_{i=1}^{k} P_i Q_i - \sum_{j=1}^{k} C_j Q_j\right)_y \tag{9-3}$$

式中，$E$ 为环境变化所带来的经济影响；$P$ 为产品的价格；$C$ 为产品的成本；$Q$ 为产品的数量，$i=1,2,\cdots,k$，表示产品的种类；$j=1,2,\cdots,k$，表示投入的种类；环境变化前后情况由下标 $x$、$y$ 表示。

生产率变动法的基本步骤如下：

① 估计环境变化对受纳者（财产、机器设备或人等）造成影响的区域及其影响大小。例如，森林砍伐所造成的后果之一是导致 100 hm² 区域内的土壤损失 3%。

② 估计该影响对成本或产出造成的影响。例如，土壤减少 3% 会导致玉米产量减少 2%，假设未受影响前，产量为 7 500 kg/hm²，则产量损失为 150 kg/hm²。

③ 估计产出或者成本变化的市场价值。例如，假设玉米的收成将因为森林砍伐减少 150 kg/hm²，受影响的范围为 100 hm²，玉米的市场价格为 1 元/kg，则因森林砍伐造成的该类损失为 150 kg/hm²×100 hm²×1 元/kg＝15 000 元。

如果环境质量变动影响到的商品是在市场机制的作用发挥得比较充分的条件下销售的，就可以直接利用该商品的市场价格进行估算。但是，必须注意商品销售量变动对商品价格的影响。如果环境质量变动对受影响的商品的市场产出水平变化的影响很小，不至于引起该商品价格的变化，就可以直接运用现有的市场价格进行测算。如果生产量变动的规模可能影响价格的变动，就应设法预测新的价格水平。一般来说，如果全国某种产品的供给主要来自污染或受影响的地区，或者是相对封闭的区域市场（如地方鲜鱼市场），就需要分析上述产出水平变化对商品市场价格的影响。例如，某一荔枝产区环境质量恶化导致了整个市场荔枝供给量的下降，在这种情况下，供不应求会导致当年荔枝市场价格的上升，而荔枝价格的上升又可能使一些高生产成本地区的荔枝生产从无利可图转变为有利可图，从而刺激这些地区增加荔枝生产，进而导致荔枝的市场价格有一定程度的回落。假定荔枝的市场需求是一条直线，则

$$P_l = \Delta Q_1 \cdot \frac{P_l^1 + P_l^2}{2} \tag{9-4}$$

式中，$P_l$ 为根据荔枝产量变动所测算的环境价值变动额；$\Delta Q_1$ 为环境污染地区荔枝产量的变动量；$P_l^1$ 为污染前荔枝的市场价格；$P_l^2$ 为污染后荔枝的市场价格。为了确保价值评价结果的准确与合理，应该估计产量和价格变化的净效果。例如，土壤侵蚀减少了农作物的产量，但也因为收获成本的降低而弥补了部分损失。当环境损害增加了某产品的成本，同时也减少了它的产量，则是一个相反的情况。

假设环境变化所带来的经济影响 $E$ 体现在受环境影响的产品的产量、价格和成本等方面，即净产值的变化上，则见公式(9-3)。

## 二、疾病成本法和人力资本法

环境的基本服务之一就是为人类生命的存在提供必要的支持。污染（如空气和水污染）等将导致环境生命支持能力的变化，会对人体健康产生很大影响。这些影响不仅表现为因劳动者发病率与死亡率增加而给生产造成的直接损失（这种损失可以用上面的生产率变动法进行估算），而且还表现为因环境质量恶化而导致的医疗费用开支的增加，以及因为人得病或过早死亡而造成的收入损失等。疾病成本法和人力资本法是用来估算环境变化造成的健康损失成本的主要方法，或者说是评价反映在人体上的环境价值的方法。

环境质量变化对人体健康的影响包括医疗费的增加和由于健康原因引起的个人收入损失。前者相当于因环境质量变化而增加的病人人数与每个病人的平均医疗费用（按不同病症加权计算）的乘积；后者则相当于环境质量变化对劳动者预期寿命和工作年限的影响与劳动者预期收入（不包括来自非人力资本的收入）的现值的乘积。由于劳动者的收入损失与年龄有关，所以首先必须分年龄组计算劳动者某一年龄的收入损失，然后将各年龄组的收入损失汇总，得出因环境问题导致的劳动者一生的收入损失。

人力资本法的基本步骤如下：

① 识别环境中可致病的特征因素（致病动因），即识别出环境中包含哪些可导致疾病或死亡的物质。

② 确定致病动因与疾病发生率和过早死亡率之间的关系。

③ 评价处于风险之中的人口规模。

④ 估算由于疾病导致缺勤所引起的收入损失和医疗费用支出，对因疾病而消耗的时间与资源赋予经济价值。

$$I_c = \sum_{i=1}^{k}(L_i + M_i) \tag{9-5}$$

式中，$I_c$ 为由于环境质量变化所导致的疾病损失成本；$L_i$ 为第 $i$ 类人由于生病不能工作所带来的平均工资损失；$M_i$ 为第 $i$ 类人的医疗费用（包括门诊费、医药费、治疗费等)。

⑤ 估算由于过早死亡所带来的影响。利用人力资本法计算由于过早死亡所带来的损失,年龄为 $t$ 的人由于环境变化而过早死亡的经济损失等于他在余下的正常寿命期间的收入损失的现值。

$$V = \sum_{i=1}^{T-t} \frac{\pi_{t+i} \cdot E_{t+i}}{(1+r)^i} \tag{9-6}$$

式中,$\pi_{t+i}$ 为年龄为 $t$ 的人活到 $t+i$ 年的概率;$E_{t+i}$ 为在年龄为 $t+i$ 时的预期收入;$r$ 为贴现率;$T$ 为从劳动力市场上退休的年龄。

⑥ 将由于缺勤引起的损失和过早死亡引起的损失加总,即得到致病动因的损害价值。

但是,人力资本法和疾病成本法也存在一定的局限性,主要表现在以下两个方面:

① 人力资本法不是基于消费者的支付意愿,而是基于另外一种生命评价方法,即用一个人创造的价值来衡量其生命的价值。这带来的问题就是用净产值来度量一个人生命的价值,就意味着当某人的消耗大于其产出时,他的死亡对社会是有利的。这个结论在伦理上让人无法接受。

② 忽略了风险的因素。政府采取减少死亡的措施,其目的不是为了挽救某些特定个人的生命,而是为了减少各类人群死亡的风险。因此,所要评价的效益应是风险的减少而不是挽救生命的数量。处于风险中的人,可以通过愿意支付一定费用来避免这种风险,或者通过给他们补偿使其同意承担这种风险。

所以必须注意,该方法评价的不是人的全部生命价值,而是在不同环境质量的条件下,利用因为人的过早死亡导致的对社会的贡献产生的差异来评价环境污染对人体健康造成的经济损失。

## 三、机会成本法

用于满足人们各种各样欲望的资源是有限的。因此,每一个时期人们都必须做出选择,以决定将稀缺资源配置于哪一类产品与劳务的生产,满足人们哪一方面的欲望。在某种资源稀缺的条件下,该资源一旦用于某种商品的生产就不能同时用于另一种商品的生产,即选择了一种机会就意味着放弃了另一种机会。使用一种资源的机会成本是指把该资源投入某一特定用途后所放弃的在其他用途中所能够获得的最大利益。在评估无价格的自然资源方面,运用机会成本估算保护无价格的自然资源(如建立自然保护区,保护森林资源)的机会成本,可以用该资源用作其他用途(如开发农业、林业)时能获得的收益来表示。

例如,建设一座污水处理厂的投资为 100 万元。由于国家资金有限,建设污水处理厂必须相应地减少其他项目,如纺织厂或机械厂的建设。假设纺织厂或机械厂建成后的收益分别为 140 万元和 200 万元,此时,社会为了建设污水处理厂则不只是花费了 100 万元的投资,而是损失了建设纺织厂或机械厂可能获得的 140 万元或 200 万元的收益。也就是说,建设污水处理厂的机会成本是 140 万元或 200 万元。因此,污水处理厂建成后,其收益虽然在 100 万元以上,但是对社会仍然是不合算的。其收益必须在 140 万或 200 万元以上才大于费用,对社会来说经济上才是合理可行的。

机会成本的估算可以采用公式:

$$S = V \cdot W \quad (9-7)$$

式中,$S$ 为损失的机会成本;$V$ 为某资源的单位机会成本;$W$ 为某种资源的污染或破坏量,其估算方法与环境要素及污染过程有关。

机会成本法可用于计算:① 水资源短缺的工业损失。水资源的机会成本为每单位水创造的工业净产值乘以水资源短缺的数量。假设某城市工业用水为 $1 \times 10^8$ t,可创造国民收入 $1 \times 10^9$ 元。若因水体污染使城市缺水 $2 \times 10^7$ t,则这部分水体污染的经济损失为 $2 \times 10^7$ t 水可创造的国民收入额,即其机会成本为 $2 \times 10^8$ 元。② 固体废弃物占用农田对农业造成的经济损失,计算方法为:固体废物量除以单位面积耕地可堆放的固体废弃物量,再乘以单位面积耕地的机会成本。

机会成本法特别适用于对自然保护区或具有唯一性特征或不可逆特征的自然资源开发项目的评价。对于这些自然资源而言,某些开发方案与自然系统的延续性是矛盾的,其后果是不可逆的。开发工程可能使一个地区发生巨大变化,以至于破坏了它原有的自然系统,并且使这个自然系统不能重新建立和恢复。在这种情况下,开发工程的机会成本是在未来一段时期内保护自然系统得到的净效益的现值。由于自然资源的无市场价格特征,这些效益很难计量。但反过来,保护自然系统的机会成本可以看作是失去的开发效益的现值。

一般情况下,人们都是估算资源保护的机会成本,然后让决策者或公众来决定自然资源是否具有这样的价值或是否值得为保护该资源而放弃某些收益。例如,对于我国三江湿地的发展规划有不同的方案:一种方案是要严格保护其湿地资源而不进行任何开发,另一种方案是把三江湿地完全用于农业开发项目。假设经计算,农业开发 50 年内所获收益的净现值为 50 亿元,则保护三江湿地不被开发的机会成本即为 50 亿元。那么,政府和公众就需要决定,是否应为了获得这 50 亿元的净现值而放弃保护三江湿地。这里需要特别注意的是,50 亿元是农业开发 50 年的净效益,但是开发活动的影响是不可逆的,因此,50 亿元应该视作三江湿地的最低价值。同时,除了农业开发之外,三江湿地还会有其他的选择方案,如生态旅游等,因此,还可以通过其他方案对三江湿地保护的机会成本进行测算。

## 四、重置成本法

由于受资金、技术、资料和方法的可靠性等条件限制,在很多情况下,很难全面评价环境质量改善的效益。因此,实际上对环境质量效益的最低估计常采用重置成本法。

重置成本法又称为恢复费用法，是通过估算环境被破坏后将其恢复原状所需支付的费用，来评价环境影响经济价值。采用重置成本法对环境资产进行评价时，必须首先确定环境资产的重置成本。重置成本是按在现行市场条件下重新构建一项全新环境资产所支付的全部货币总额。重置成本与原始成本的内容构成相同，但两者反映的物价水平不同，前者反映的是环境资产评价日期市场物价水平，后者反映的是当初构建环境资产时的物价水平。在其他条件既定时，环境资产的重置成本越高，其经济价值越大。但是，环境资产的价值还会随着资产本身的运作、技术进步、社会经济环境等因素的变化而相应变化，这是我们应注意的。

影子工程法是重置成本法的一种特殊形式。当环境服务（其收益难以评价）由于某一项目的建设而损失或减少时，那么它们的经济成本就可以通过考察一个假想的、可以提供替代品的项目的成本来近似地衡量。不过，需要注意这种互补性的过程或者说"影子工程"只是一个概念，而不是实实在在的工程。其目的是对环境成本有一个估算值。将影子工程的成本包含在内，可以从一定程度上指出新项目的收益必须有多大才能超过它所引起的损失。

在利用重置成本法对环境损害进行评价时，很少对环境资产本身进行重置，而往往将环境服务功能重置作为评价的依据。它的理论假定是：资产重置的目的在于恢复其功能，在功能相同时它的成本也是相同的，如果功能在数量上存在着差异，其构建成本也会相应出现差别。这一理论假设是符合实际的。功能价值法使类比物拓展为同类功能的资产，既便于寻求类比物，也便于提高评价的准确性。

使用重置成本法必须符合以下条件：① 被评价环境资产在评价的前后期不改变其用途，符合继续使用假设。② 被评价环境资产必须是可以再生、可复制并且能够恢复原状的资产。具有独特的、不可逆特性的环境资产不能用重置成本法进行评价。③ 被评价的环境资产在特征、结构及功能等方面必须与假设重置的全新环境资产具有相同性或可比性。④ 必须具备可利用的历史资料。重置成本法的应用是建立在历史资料基础上的，有关重置环境资产的许多信息资料、指标需要通过历史资料获得。

关于重置成本法，最有名的案例是 Kin 和 Dixon(1981)为了减少韩国高地上农田水土流失，研究了各种土壤覆盖和平整技术后所做的韩国水土保持规划。这个规划的部分效益是提高高地的作物产量，并减少为补偿低地稻农所支付的费用。其最主要的效益是大量减少土壤和其他养分的恢复费用。表9-4列出了每公顷土地恢复费用。为了弥补实际的冲刷损失，每年每平方米需要补充土壤 4.04 kg，运输劳务和撒土费用就需要 8.07 韩元。

另一项恢复费用用于补偿土壤流失造成的养分损失。将需要各种化学元素的量乘以相应的市场价格，可获得这部分恢复费用的估值。此外，还需要的支付包括追加的灌溉、保养和修整田地费用以及支付给因土地受冲刷影响的低地农户的补偿金等。这些费用总计每年每平方米超过 15 韩元。这个研究表明，土地覆盖规划的经济效益远远超过了资源费用，所以推荐在高地农田地区采用这种规划。

表 9-4　冲刷造成投入损失的恢复费用

| 项　　目 | 单价(韩元/g) | 所需数量(g) | 恢复费用(韩元/m²) |
|---|---|---|---|
| 土壤覆盖和扩展 | — | — | 8.07 |
| 恢复养分 | — | — | 2.75 |
| 其中：氮 | 0.48 | 1.58 | 0.75 |
| 　　　磷 | 0.35 | 0.36 | 0.12 |
| 　　　钾 | 0.10 | 1.46 | 0.15 |
| 　　　有机物 | 0.18 | 7.54 | 1.32 |
| 　　　钙 | 0.06 | 1.06 | 0.06 |
| 　　　镁 | 1.4 | 0.16 | 0.23 |
| 　　　其他 | 0.01 | 12.15 | 0.12 |

虽然重置成本法运用简便，且具有一定的真实性，在环境影响经济评价中运用较广，但我们也应当看到其所存在的局限性。

第一，完全重置环境资产基本上是不可能的。有些物品能够部分地替代环境资产，而一些却会产生额外的非环境的属性。例如，一方面，安装双层玻璃并不能完全消除飞机噪声；另一方面，它却改善了隔热条件和家庭的安全状况。因此，安装双层玻璃窗并不一定完美地代表了安静的需要。又如，用化肥替代土壤流失的营养元素并不能重建土壤结构，恢复土壤中的微量元素；修建道路时，砍伐树木后进行的植树并不能恢复生物多样性或者立即为野生生物提供栖息地等。

第二，重置成本法假设环境在受损之后有可能得到完全恢复，也就是说没有不可补偿的损失，这是一个非常强的假设。有许多环境影响是未被充分认识的、长期存在或不能被完全恢复的（如重新植树将不能恢复原有的生物多样性）。从这方面看，重置成本法将对环境影响估计不足。

第三，成本的增加并不意味着价值的增加，也就是说，利用重置成本法评价环境资产的价值，不一定能反映环境资产的真实价值。环境资产的价值是受多方面因素影响的，成本只是其中的一个重要方面。

第四，采用重置成本法，实际上混淆了整体性环境资产与单项环境资产在生产功能上的区别。一般来说，整体性的环境资产都能够直接产生效益，而单项环境资产是没有这种功能的。用重置成本法评价整体性环境资产，实际上是将本来聚合的环境资产散化为单项环境资产。所以，当对环境影响经济价值进行评价时，也就只能考虑各个单项的环境资产的价值并将各单项环境资产进行加总，而不能考虑整体环境资产所产生的效益。

## 五、直接市场价值评估法的适用范围与条件

直接市场价值评估法因其比较直观、易于计算、易于调整等优点而被广泛应用。对

处于不同发展阶段的国家而言,它都是最常见的价值评价方法。

直接市场评价法主要适用于解决以下问题:① 土壤侵蚀对农作物产量的影响以及泥沙沉积对流域下游地区使用者(如低地的农民、河水使用者)造成的影响;② 酸雨对农作物和森林的影响以及对材料和设备造成的腐蚀等影响;③ 空气污染通过大气中的微粒和其他有害物质对人体健康产生的影响;④ 水污染对人体健康造成的影响;⑤ 由于排水不畅和渗漏问题,造成受灌地的盐碱化,从而影响作物的产量;⑥ 砍伐森林对气候和生态的影响。

采用直接市场价值法的条件是:① 环境质量变化直接增加或者减少商品或服务的产出,这种商品或服务是市场化的,或者是潜在的、可交易的,或者有市场化的替代物。② 环境影响的物理效果明显,而且可以观察出来,或者能够用实证方法验证。③ 市场运行良好,价格是一个产品或服务的经济价值的良好指标。

## 六、直接市场价值评估法存在的问题

尽管直接市场价值评估法具有许多优点,但我们也应该注意到它的局限性。

第一,一般来说,直接市场价值评估法很难估计出对环境造成影响的活动与产出、成本或损害之间的物理关系。因果关系并不像我们看到的那么简单。确定环境质量变化与受体变化(因果)之间的关系常常需要依靠假设,或者从其他地区所建立的"剂量—反应"关系中获取信息,并且需要大量的资料,因此,可能会因为数据处理方式的问题导致误差。

第二,通常很难把环境因素从其他影响因素中分离出来。环境质量变化以及最终对产品或服务的影响可能有一个或多个原因,而要把某一个原因造成的后果同其他原因造成的后果区分开是非常困难的。例如,空气污染通常是由于大量污染源造成的,很难分清某一具体污染源造成的后果;此外,土壤侵蚀和酸雨对作物和森林的损害也很难完全区分开。

第三,当环境变化对市场产生明显影响时,就需要对市场结构、弹性、供给与需求反应进行比较深入的观察,对生产者和消费者行为进行分析,同时也要联系到生产者与消费者的适应性反应。

第四,当确定一项活动对产出的影响时,需要预测"某个环境变化"存在与否的后果,即建立一个假设存在或假设不存在的后果序列。如果这种假设离现实情况太远,就可能对某个原因造成的损害估计得过大或过小。当某个地方此前已经发生过所研究的某种环境变化,问题就会变得更加复杂,如某种污染发生在已经存在严重污染的区域。

第五,价格问题。即便取自有效和没有扭曲的市场,如果存在显著的消费者剩余,仍然可能导致过低估计环境的经济价值,更何况通常的市场价格中并没有包含外部性。所以,在必要的情况下,必须对所采用的价格进行调整。

## 拓展阅读

### 太原市湿地生态系统服务价值评估

1. 太原市湿地生态系统服务价值的构成

本研究主要运用市场价值法、影子工程法、条件价值评估法等价值量计算方法对太原市生态系统服务功能价值进行评估。服务功能价值主要包括：物质资源生产价值、蓄水价值、游憩价值、科研文化价值、保护生物多样性价值及非使用价值等。

2. 太原市湿地服务功能价值评估

（1）物质资源生产价值

根据太原市的实际情况，采用市场价值法来计算湿地的物质资源生产价值。2018 年太原市水产养殖产值为 2 992.9 万元，稻谷产值为 236 万元，根据市场价值法公式计算可知，太原市湿地资源的物质资源生产价值 $V_p$ 为 3 230 万元。

（2）供水价值

2018 年太原市总用水量为 $7.82\times10^8$ m³，其中太原市居民生活用水量 $2.30\times10^8$ m³，城镇工业用水量 $2.73\times10^8$ m³，城镇公共用水量 $5.49\times10^7$ m³，2018 年属于太原市湿地供给用水总量约为 $4.00\times10^7$ m³。按照比例可计算出湿地供应各类水资源量。太原市现行自来水水价分三种，居民生活用水均价为 2.90 元/m³，工业用水水价为 4.80 元/m³，行政用水水价为 4.50 元/m³，计算可得太原市湿地资源供水价值为 11 376 万元。

（3）固碳释氧价值

太原市湿地类型较少，但是不同类型的湿地具有不同的固碳能力。根据已有研究，湖泊、河流其碳积累速率为 $5\sim72$ g·m$^{-2}$a$^{-1}$，水库生态系统的固碳率为 400 g·m$^{-2}$a$^{-1}$，水田的固碳率为 8.5 g·m$^{-2}$a$^{-1}$。由于不同地区受地理条件、气候等因素的影响不同，选用河流固碳率的均值作为太原市河渠湿地固碳率，其他类型湿地分别对应选用上述固碳率。

光合作用方程式：

$$6CO_2(246\ g) + 6H_2O(108\ g) \longrightarrow C_6H_{12}O_6(180\ g) + 6O_2(192\ g) \rightarrow 多糖(162\ g)$$

湿地生态系统中多数植物在固碳的同时也释放氧气，根据光合作用公式可得，生态系统每生产 1 g 干物质，能固定 1.63 g $CO_2$，释放 1.20 g $O_2$，由此可以计算出释放氧气的质量。释放氧气的价值使用工业制氧成本法，成本约为 0.4 元/kg。综上计算，太原市湿地生态系统固碳价值为 1 026 万元，释氧价值为 496.24 万元，固碳释氧的总价值为 1 522.24 万元。

（4）科研价值

本案例采用成果参照法，根据国际 Robert Costanza 等对全球湿地生态系统中的科研服务价值评估结果 861 美元·hm$^{-2}$（换算成人民币为 5 554.74 元·hm$^{-2}$），以及我国单位面积生态系统的科研价值 382 元·hm$^{-2}$,取其平均值 2 968.37 元·hm$^{-2}$ 作为太原市湿地单位面积的科研价值,计算可得太原市湿地资源的科研价值 2 129 万元。

(5) 污染降解价值

太原市发挥此项功能的湿地面积为 5 993.64 hm$^2$。根据国际上研究,单位面积湿地的降解污染价值为 4 117 美元·hm$^{-2}$(换算成人民币为 26 977 元·hm$^{-2}$),计算太原市湿地降解污染物价值为 16 169 万元。

(6) 生物多样性保护价值

生物多样性保护价值计算采用太原市关于湿地保护生物多样性研究的常用价值,为 4 448.6 元·hm$^{-2}$,与其他北方城市湿地保护生物多样性价值近似,计算可得价值为 3 190 万元。

(7) 调蓄洪水价值

据《太原市汾河流域生态景观规划(2020—2035 年)》可知,太原市中两个主要的水库汾河水库和汾河二库的防洪库容分别为 $8.1×10^7$ m$^3$ 和 $5.8×10^6$ m$^3$,通过河流面积和径深来计算河渠蓄洪能力。2018 年太原市河渠湿地面积为 $1.998\ 2×10^7$ m$^2$,径深值选取太原市汾河平均径深值 3 m,得出蓄洪能力为 $5.99×10^7$ m$^3$,且每投入 1 m$^3$ 的库容量每年所需要成本为 0.67 元。计算得出蓄水价值为 9 829 万元。

(8) 游憩价值

根据调查结果计算,总 $WTP_{游览费用}$ 为 60 700 元,人均游览费用为 58.45 元;总 $WTP$ 门票费用为 16 860 元,人均门票支付意愿为 16.25 元;计算出受访者的人均游览费用成本($WTP_1+WTP_2$)为 74.7 元。

太原市湿地公园的年游览量采用太原市总面积和总接待旅游人数进行估值。太原市总面积为 6 988 km$^2$,2018 年共接待旅游人数 $8.1×10^7$ 人,太原市湿地面积为 7 172.46 公顷,计算出年游览量为 834 071 人。据此,计算出太原市湿地资源的游憩价值:

$$V_t = 74.7 \text{ 元}/\text{人} × 834\ 071 \text{ 人} = 6.23×10^7 \text{ 元}$$

即太原市湿地生态系统游憩价值为 6 230 万元。

(9) 非使用价值

湿地的非使用价值即目前尚未被人们利用的价值,具有非竞争性,难以用市场价值进行衡量。本案例在问卷中采用直接问询法,询问受访者对于保护太原市湿地的支付意愿。

由于受访者的个人基本信息如年龄、受教育程度、收入等因素有差别,且其选择的 WTP 值较为分散,使用算数平均值极易产生误差,所以以统计数据的中位值作为样本支付意愿的基础数据。最接近累计频率的中位值在 40.6%~51.9%,所以中位值为 30 元。2018 年太原市城镇人口为 2 988 468 人,则太原市湿地资源的非使用价值为 8 965 万元。

资料来源:武亦可,《太原市湿地生态系统服务价值评估》,硕士学位论文,山西财经大学,2021。

## 第四节　揭示偏好价值评估法

　　揭示偏好是通过考察人们与市场相关的行为,特别是在与环境联系紧密的市场中所支付的价格或他们获得的利益,间接推断出人们对环境的偏好,以此来估算环境质量变化的经济价值。如果人们对于环境质量的变化可以度量,还可以用货币价格测算,我们可以采用直接市场价值法来评价它的价值。但是有一些环境物品,比如清新的空气、怡人的环境、醉人的山川等,我们无法用市场价格或者影子价格来直接衡量其价值。而在市场上确实存在一些商品,它们可以作为环境所提供服务的替代品。例如,游泳池可以看作洁净湖泊或河流(游泳场所)的替代物;私人公园可以看作自然保护区或国家公园的替代物。如果这种替代作用可以成立;则增加环境物品或服务的供应所带来的效益,就可以从替代它们的私人商品购买量的减少中测算出来,反之亦然。其原因在于,由于两者可以相互替代,其给消费者带来的福利水平也是一样的。同时,随着人们环境意识的提高,当人们购买商品时,其支付意愿也包括了对这些商品附属的或具有的环境属性的承认。这时,我们可以用某种有市场价格的替代物来间接评价没有市场价格的环境物品的价值。

　　揭示偏好主要包括内涵资产定价法、防护支出法和旅行费用法等。这些方法都是通过考察人们的市场行为,来估计人们对环境"表现出来的偏好",它有助于通过直接调查而获得偏好。

### 一、内涵资产定价法

　　内涵资产定价法又称内涵价格法,它基于这样一种理论:人们赋予环境的价值可以从他们购买的具有环境属性的商品的价格中推断出来。我们知道,资产具有多种特性,资产(如土地、房屋等)的价格体现着人们对它的各种特性的综合评价,包括当地的环境质量。我们的任务就是根据这些特性所蕴含的价格信息,去获得某一个特性所隐含的供给和需求曲线。内涵资产定价法通常用来对房地产市场进行分析。它通过揭示不同的房地产价格与不同的房地产的环境属性,采用多重回归方法来研究房地产价格与可能影响房价的许多变量的关系。房地产的价格既反映了房产本身的特性(如面积、房间数量、房间布局、朝向、建筑结构、附属设施、楼层等),也反映了房产所在地区的生活条件(如交通、商业网点、当地学校质量、犯罪率高低等),还反映了房产周围的环境质量(如空气质量、噪声高低、绿化条件等)。在其他条件一致的条件下,环境质量的差异将影响到消费者的支付意愿,进而影响到这些房产的价格。所以,当其他条件相同时,可以用周围环境质量不同而导致的同类房产的价格差异,来衡量环境质量变动的货币价值。

　　除了房地产市场外,在不同职业和地点的工资差别中也可以发现类似的情形。在其他条件相同时,劳动者工作场所环境条件的差异(如噪声的高低、是否接触污染物等)会影响到劳动者对职业的选择,劳动者会选择工作环境比较好的职业或工作地点。为了吸引劳动者从事工作环境比较差的职业并弥补环境污染给他们造成的损失,厂商就不得不在工资、工时、休假等方面给劳动者以补偿。这种用工资水平的差异(工时和休假的差异可以折合成工资)来衡量环境质量的货币价值方法,就是工资差额比较法。

但在实践中,劳动力市场并不一定非常活跃,也不一定能够真正把环境质量反映到工资中,特别在发展中国家更是如此。工人,特别是贫穷和技术不熟练的工人,对于环境风险知之甚少,贫困和恶劣的环境经常是紧密相连的。我们经常可以发现低工资和恶劣环境条件共存。因此,工资差额法未必适应发展中国家的状况。

(一)方法与步骤

假设买主了解决定房价的各种信息,所有变量都是连续的,这些变量的变化都影响住房价格,房地产市场处于或接近于均衡状态。我们就可以通过下述方法和步骤来进行价值评估。

1. 建立房产价格与其各种特征的函数关系

$$P_h = f(h_1, h_2, \cdots\cdots, h_k) \tag{9-8}$$

式中,$P_h$ 为房产价格;$h_1$,$h_2$,……为住房的各种内部特性(面积大小、房间数量、新旧程度、结构类型等)和住房的周边环境特性(当地学校的质量、离商店的远近、当地的犯罪率等);$h_k$ 为住房附近的环境质量(如空气质量)。

假设上述函数是线性的,其函数形式为:

$$P_h = \alpha_0 + \alpha_1 h_1 + \alpha_2 h_2 + \cdots\cdots + \alpha_k h_k \tag{9-9}$$

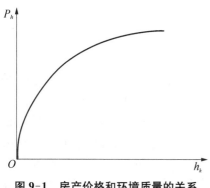

图 9-1 房产价格和环境质量的关系

图 9-1 表示当其他特性不变时,房产价格和空气质量之间的关系。它表明买主在接受市场价格的情况下,有一系列房产价格和环境质量的组合(购买方案)可供选择。沿曲线移动,直到边际支付意愿等于边际购买成本(边际购买价格)时,空气质量使买主的效用最大。

2. 求出边际价格

把房产价格函数对特定的使用特性求导,可以求得每种特性的边际价格。边际价格表示在其他特性不变的情况下,特性 $i$ 增加 1 单位,房产价格变动幅度。

$$MP_{h_i} = \frac{\partial P_h}{\partial h_i} \tag{9-10}$$

假设环境污染的边际价格是常数,

$$\alpha_k = \frac{\partial P_h}{\partial h_k} \tag{9-11}$$

边际价格为常数的含义是:房产特征的每一边际变动导致的房产价格变动是固定

不变的。以卫生间为例,对于一套住房而言,增加第三个卫生间所增加的价值等于第二个卫生间所增加的价值。

图 9-2 是环境质量的边际价格曲线。该曲线也表示买主的需求曲线或支付意愿函数。

现在假设通过调查已知两个或两个以上买主购买 $h_k$ 的数量,通过公式(9-10)可以求出相应的边际价格,$h_k$ 和边际价格的组合可以看作该买主的最大效用平衡点,即边际支付意愿等于边际机会成本时的购买量和其边际价格的交点。

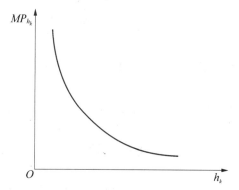

图 9-2 环境质量的边际价格曲线　　图 9-3 房产买主的最大效用平衡点

图 9-3 表示已知两个买主的最大效用平衡点的情况。曲线 $D_1$ 和 $D_2$ 分别是买主 1 和买主 2 的需求曲线或边际支付意愿曲线。$R$ 是边际机会成本曲线。A 和 B 是买主 1 和买主 2 的最大效用平衡点,可以通过调查获得。

在已知若干买主的最大效用平衡点的情况下,能否评价出环境质量变化所带来的福利变化呢?对于边际变化来说,回答是肯定的。对于非边际变化,回答是否定的(除非做出进一步的假设)。这是因为,我们得到的只是边际价格值,$R$ 是平衡点的轨迹,而不是环境质量的边际效益函数,因为 $D$ 是未知的。

3. 估计需求曲线

为了计算每种特性非边际变动(比较大的变动)所引起的福利变动就必须计算该特性曲线以下的面积,必须估计房地产特性的需求曲线。它可以通过计量经济学的一些方法获得。

为了评估一个类似公式(9-8)的内涵价格方程式,必须解决 3 个问题。

① 变量的选择。较理想的是,数据部分应包括足够的范围和变化程度,以包含所有相关变量。如果有一个相关变量被忽略,那么对那些已包含的变量的评价结果就可能有偏差。如果所有相关变量都包含在方程式中,而且变量之间又有相互影响(如交通噪声和空气污染),那么对房价产生影响的每个变量进行评价将很困难。

② 所选择的变量的质量。这里通常需要进行一个专门的调查,用以收集包括环境方面在内的房地产各方面属性的数据。

③ 函数的形式。每种属性暗含的价格可能取决于函数形式的选择。在内涵方程式中,一个线性关系暗含着每增加一个单位的环境影响,将使房价下降一个常数。而一

个凸的(或凹的)函数关系,则暗示房价随着污染的增加将以渐减(或渐增)的速度下降。

内涵资产定价法已经被广泛地应用在住宅财产价格评估上。有些研究表明,每增加一个单位的交通噪声(用等效声级度量),将使房价下降 0.14～1.26 个百分点。另一些研究则表明,每增加一个百分点的悬浮颗粒(空气污染)将使房价下降 0.05～0.14 个百分点。

该结果中的变化范围,一方面可能是统计方法不同导致的,另一方面也反映了各地不同的供求情况。

### (二) 适用范围与条件

内涵资产定价法适合评价下述的环境变化与问题:① 局地空气和水质量的变化;② 噪声,特别是飞机和交通噪声;③ 舒适性对于社区福利的影响;④ 工厂选址(如污水处理厂、电站等)、铁路以及高速公路的选线规划;⑤ 评价城市中比较贫困的地区改善项目的影响。

采用内涵资产定价法,应该具备以下条件:① 房地产市场比较活跃;② 人们认识到而且认为环境质量是财产价值的相关因素;③ 买主比较清楚地了解当地的环境质量或者环境随着时间的变化情况;④ 房地产市场不存在扭曲现象,交易是明显而清晰的。

### (三) 存在的问题与局限性

内涵资产定价技术比较复杂,需要大量的数据。在使用时主要存在以下几个问题:① 由于房地产市场并不是十分活跃和顺利运转的,因此难以得到可靠的数据;② 需要收集和处理大量的数据,运用大量的统计和计量经济方法;③ 环境变量可能难以度量;④ 价值评估的结果依赖于函数形式和估算技术,因为环境因子等于回归的余数,函数的界定十分重要;⑤ 财产的价格可能会反映人们对未来房地产市场的期望,包括可能的环境变化情况。

### (四) 总体评价

在发达的经济社会中,已经进行了很多内涵价格方面的研究。这些研究提供许多环境产品的暗含价格的评估值。其暗含价格是以实际行为为基础的,通常能大致反映出消费者对这些价值的支付愿望。这些结果对所应用的统计假设很敏感。全面的内涵研究需要相当多的数据,不能很迅速地完成。同时当环境改变较大时,这些暗含价格也可能不再代表消费者对这些价值的支付愿望。

使用内涵定价法必须特别谨慎,因为它需要大量的数据,要求很高的经济和统计技巧。运用它的前提条件是市场运行良好且是透明的,个体资产所有者在市场中能够清晰地理解和评价环境因素的作用。计算结果随函数形式的选择和估算程序的不同而变化明显。所有上述原因都限制了这个方法的使用。在实际应用中,它常常运用于研究大范围内的空气污染、飞机噪声和财产的舒适性价值等。由于这个方法不能估算非使用者价值,因此会低估总的环境价值。

## 二、防护支出法

防护支出法有时也称为预防支出法或防护行为法,它根据人们为防止环境退化所准备支出的费用多少推断出人们对环境价值的估价,属于揭示偏好法。

如果环境恶化或可能恶化,人们会努力通过各种途径保护自己不受环境质量恶化的影响。主要包括:① 采取防护措施。例如,为了防止机场附近的噪声污染,居民安上双层玻璃;为防止土壤侵蚀引起的水质恶化而采取安装水净化和过滤设施等。② 购买环境替代品。例如,为了避免水源地受到污染而影响健康,人们可能会购买瓶装水。③ 迁移。例如,为了防止机场附近的噪声污染,对环境变化反应较强烈的人会迁离机场附近。④ "影子/补偿"项目。例如,修路时被砍伐的树木可以通过种植新的树木来补救。

### (一) 方法和步骤

防护支出法与重置成本法之间有特定联系(如安装双层玻璃既可视为预防噪声,又可视为为恢复宁静所做的努力)。方法与步骤可参看重置成本法。

#### 1. 识别环境危害

指出最基本的环境危害是很重要的。例如,飞机场对周围居民危害的界定。

#### 2. 界定受影响的人群

防护行为法研究的工作应该在受危害的直接人群中进行。例如,飞机噪声会对工作或者居住在起飞地带和机场道路周围的居民产生影响。

#### 3. 获得相关的数据

相关数据(主要是防护方法和防护方法的金额)的收集方法主要有:① 直接观察;② 对所有受到危害的人进行广泛的调查;③ 对感兴趣的人抽样调查;④ 专家意见法,即要求专家对人们为使自身有效地避免环境损害或对预计的环境质量损失所需的成本做出客观的专业估计。

### (二) 使用范围与条件

防护支出法的适用范围与条件如下:① 空气污染,水污染,噪声污染;② 土壤侵蚀、滑坡以及洪水风险;③ 土壤肥力降低,土地退化;④ 海洋和沿海海岸的污染和侵蚀。

在实际应用时,应该满足以下条件:① 人们能够了解和理解来自环境的威胁;② 人们能够采取措施保护自己免受影响;③ 人们能够估算并支付这些保护措施的费用。

### (三) 总体评价

总体上,防护支出法相对简单,有很强的直觉感,可以利用观察到的行为,从各种经验素材中获得数据资料,包括抽样调查和专家意见法。但防护行为法也有不可靠和难以说明的缺点,特别是防护行为法假定人们了解他们遇到的环境风险,并能够相应做出反应,以及人们不受条件(如贫困和市场不完善等)的限制。当人们直接受到环境威胁且能够采取有效的保护措施时,防护支出法对评估环境资产的使用价值来说是很直接的方法。然而这个方法不能评估存在价值和公共物品的价值。

把防护支出法同其他技术获得的数据进行比较,有助于进行诸如是采取措施预防环境损害还是让环境损害存在,是补偿受害者还是尽力恢复以前的环境质量等方面的决策。

## 三、旅行费用法

### (一) 原理

旅行费用法是通过旅游消费行为来对非市场环境产品或服务进行价值评估,即把旅游消费者对环境产品的支付意愿(通过需求曲线反映,等于消费环境服务的直接费用与消费者剩余之和)作为环境价值。

一般来说,直接费用主要包括交通费用、门票费用、住宿费用、时间成本等,消费者剩余则体现为消费者的意愿支付与实际支付之差。旅行费用法假设所有旅游者消费同样的环境产品或服务所获得的效益都是一样的,如果按旅行费用高低对所有旅行者进行排序的话,那么最后一个旅游者的旅行费用与所获得的边际收益是相等的,其消费者剩余为零而所有其他旅行者由于旅行费用小于旅行意愿而获得消费者剩余。假定旅游费用高低与旅游距离成正相关,那么距离越远,消费者剩余就越小;距离越近,消费者剩余就越多。为了计算所有消费者剩余之和,必须推断出对评价地点的旅游需求曲线,这是应用旅行费用法的关键步骤。需要注意的是旅行费用法针对的是具体的场所的环境价值而不是娱乐本身的收益。

### (二) 方法与步骤

1. 定义和划分旅游者的出发地区

以评价场所为圆心,把场所四周的地区按距离远近分成若干个区域,也可以以行政区域(如省市县)为单位来划分。

2. 收集数据

在评价地点对旅游者进行抽样调查,收集用户的出发地区旅行费用及其社会经济特征,包括游客身份、游览动机、旅行费用以及环境的属性。

3. 计算旅游率

计算每一区域到此旅游的人次,从而计算出各区域的旅游率,即每一区域内到达此场所的旅游的人次。

4. 求出旅行费用对旅游率的影响

根据对旅游者的调查资料,对不同区域的旅游率和旅行费用以及各种社会经济变量进行回归分析,求得旅行费用对旅游率的影响。

$$Q_i = f(C_{Ti}, X_1, X_2, \cdots\cdots, X_n) \tag{9-12}$$

$$Q_i = \alpha_0 + \alpha_1 C_{Ti} + \alpha_2 X_1 + \alpha_2 X_3 + \cdots + \alpha_i X_n \tag{9-13}$$

式中,$Q_i$ 为旅游率,$Q_i = \dfrac{V_i}{P_i}$,$V_i$ 为根据抽样调查结果推算出的 $i$ 区域中到评价地点的旅游总人数,$P_i$ 表示 $i$ 区域的人口总数,$Q_i$ 进而可以用每 1 000 个 $i$ 区域的居民中每年到该场所旅游的人数表示;$C_{Ti}$ 为从 $i$ 区域到评价地点的旅游费用;$X_1$,$X_2$,$\cdots\cdots$,$X_n$ 表示 $i=1, 2, \cdots\cdots, n$ 区域旅游者的收入、受教育水平和其他有关的一系列社会经济变量。

通过以上两个回归方程确定的是一个"全经验"需求曲线,它是基于旅游率而不是基于在该场所的实际旅游者数目。利用这条需求曲线可估计各区域在不同门票价格下的旅游者实际数量,获得一条实际的总需求曲线。

5. 求第二阶段需求函数,确定对该场所的实际需求曲线

对每个出发地区的第一阶段的需求函数进行校正,计算出每一个区域的需求函数,计算每个区域旅游率与旅行费用的关系。

$$C_{Ti} = \beta_{0i} + \beta_{1i} V_i \tag{9-14}$$

式中,$\beta_{0i} = -\dfrac{\alpha_0 + \alpha_2 X_i}{\alpha_1}$;$\beta_{1i} = \dfrac{1}{\alpha_1 P_i}$;$i = 1, 2, \cdots\cdots, k$。

6. 计算消费者剩余

需求曲线下面的面积就是用户所享受的消费者剩余。

7. 计算总支付愿望

将每个区域的旅游费用及消费者剩余加总,得出总的支付愿望,即是评价景点的价值。

(三) 适用范围与条件

旅行费用法的特点决定了其适用范围与条件,一般情况下,旅行费用法适用于评价以下场所:① 休闲娱乐场地;② 自然保护区、国家公园、用于娱乐的森林和湿地;③ 水库、大坝、森林等兼有休闲娱乐及其他用途的地方等。

旅行费用法要求满足以下条件:① 这些地点是可以到达的,至少在一定的时间范围内可以到达;② 所涉及的场所没有直接的门票及其他费用,或者收费很低;③ 人们到达这样的地点,要花费大量的时间或者其他开销。

总体上来说,旅行费用法是一个比较成熟的方法,主要用于估计对休闲设施的需求以及对休闲地的保护,改善所产生的效益,也有助于制定某些政策。例如,可以为确定国家公园和休闲地的门票费提供基础;在不同地区分配国家景点(或自然保护区)的保护投资的预算;判断某个地方是否值得保护,且仅作为休闲之用,而不作其他用途等。

(四) 需要注意的问题

1. 参观的多目的性问题

对某个地方的参观可能只是某次多景点旅游的一部分,它也可能是出于其他目的的一次绕道旅行,如上班或者造访亲戚等。在这种情况下,将整个旅行费用都计算到所评价的地点是不正确的。因此,要划分整个费用,并根据可能的旅游多目的性估算出到评价地点的实际费用。

2. 旅行效用或者负效用问题

在很多情况下,旅行本身就是一种乐趣。某次旅行经过风光宜人的地方的旅途越长,获得的愉快也就越多,而步行或者骑车去公园或者海滩可以看成参观该地的部分乐趣。但当人们不喜欢旅行或者交通状况不好时,客观的旅行费用可能无法反映不喜欢旅游的人对该景点的实际价值判断。

### 3. 评价闲暇时间的价值问题

对旅行者来说,利用闲暇时间旅行是一种获得愉悦的方式,而不一定是时间的浪费,即不一定意味着是一种成本。

### 4. 取样偏差问题

在通过询问收集数据时,取样样本的多少以及调查时间长短常常受到经费的限制。所以仅对到旅游地点的人进行调查,而不是对评价区的家庭访谈,可能会产生偏差。

### 5. 关于非使用者和非当地效益的问题

通过旅行费用法获得的是某个景点的直接使用者(即参观者)的效益。它不涉及非当地的使用价值(如分水岭的保护、生物多样性),或者给当地居民提供的商品和服务的价值(如木材、娱乐、蜂蜜、药材产品等),也没有包括资源的存在价值和选择价值。因此,旅行费用法会低估总的效益。如果有可能,应该把旅行费用法与其他的评价技术结合起来使用。

## 拓展阅读

### 三清山巨蟒峰案

2017年4月15日清晨,来自浙江台州的张某某等3名游客私自攀爬世界自然遗产——三清山巨蟒峰,以电钻钻孔的方式在岩体上钉入了26枚膨胀螺栓钉;3人被制止后并被安全带离,警方对其处以行政拘留处罚;其后,公安司法机关将依法追究其法律责任。根据地质学专家意见,张某某等3人攀爬行为不仅对巨蟒峰造成了不可修复性损毁,而且其打入的膨胀螺栓钉还会形成新的裂痕,加快巨蟒峰柱体的侵蚀进程,甚至造成崩解。此案已移交上饶市信州区检察院审查,检察机关将以涉嫌故意损毁文物罪对3人提起公诉。上饶市检察院特聘江西财经大学3名专家采用旅游费用法评估巨蟒峰的游憩价值,通过计算总旅行费用和总消费者剩余得到旅游资源的游憩价值,即旅游资源的游憩价值(TRV)=游客直接旅行费用(TDC)+游客旅游消费者剩余(TCS)。其公式为

$$TRV = \frac{(TDC + TCS)}{SN} \times TN = (ADC + ACS) \times TN \quad (9-15)$$

式中,$TRV$ 为总游憩价值;$TDC$ 为总旅行费用;$TCS$ 为总消费者剩余;$ADC$ 为游客的人均旅行费用;$ACS$ 为游客的人均旅游消费者剩余;$SN$ 为样本游客数;$TN$ 为年游客总量。在问卷调查中根据游客的旅行相关花费和消费行为,来评估巨蟒峰在此次事件中的使用价值受损值。

根据计算结果,三清山景区2016年旅游资源的总使用价值为361.23亿元,根据调查问卷结果,得到巨蟒峰在三清山使用价值占比为39.71%。这样可求得巨蟒峰的游憩使用价值为39.71%×361.23=143.44亿元。根据调查问卷结果,可以得到巨蟒峰使用价值受损比例为54.39%。这样可求得巨蟒峰使用价值受损为54.39%×143.44=78.02亿元。其中直接使用价值(即游客旅行费用)受损为68.61亿元,间接使用价值(即旅游消费者剩余价值)受损为9.41亿元。这说明此次三清山巨蟒峰攀

爬破坏事件,对巨蟒峰旅游经济效益产生了很大的损害。

资料来源:黄和平、王智鹏、林文凯,《风景名胜区旅游资源价值损害评估——以三清山巨蟒峰为例》,《旅游学刊》2020年第9期。

## 第五节　意愿调查价值评估法

意愿调查价值评估法(简称 CV 法)是典型的陈述偏好法。意愿调查价值评估法通过调查,推导出人们对环境资源的假想变化的估价值,它能对一系列广泛的非市场交易产品的价值进行评估。意愿调查价值评估法主要是通过对有关人员的直接调查来发现环境资源的价值。通常运用对环境改善的支付意愿和对环境破坏的受偿意愿来对环境资源价值进行评估。当缺乏真实的市场数据时,通过调查,推导出人们对环境资源的假想变化的评价和对防止环境恶化的措施的支付愿望从而间接地赋予环境资源以价值,所以该方法也可称为假想评价法。

意愿调查价值评估法所采用的评估方法大致可以分为 3 类:① 直接询问调查对象的支付或接受赔偿的意愿;② 询问调查对象对表示上述意愿的商品服务的需求量,并从询问结果推断出支付意愿或接受赔偿意愿;③ 通过对有关专家进行调查的方式来评定环境资产的价值。表 9-5 概括了几种常用的意愿调查价值评估法。

表 9-5　意愿调查价值评估法的分类

| 评 估 法 种 类 | 具 体 方 法 |
| --- | --- |
| 直接询问支付意愿 | 投标博弈法 |
|  | 比较博弈法 |
| 询问选择数量 | 无费用选择法 |
|  | 优先评价法 |
| 询问专家意见 | 专家调查法 |

### 一、投标博弈法

投标博弈法也称群众调查法,是通过对环境资源使用者或环境污染受害者进行调查,获得人们对该环境资源的支付愿望的一种调查评价法。例如,由恶臭引起的景观、美学损失,可以以人们对无污染环境愿意支付的费用大小为参数;引起大气环境污染的经济损失,可以以人们对改善大气环境的支付意愿做参数。

投标博弈法通过对个人的访问,反复应用投标过程,求得个人愿意支付的最大金额,或者同意接受的个人赔偿数,作为评价环境损益的量度。其基本方法为:首先让访问者详细地叙述公共商品或环境资源的数量、质量、使用时期和权限等情况。然后,提出一个起点投标值,询问被访问者是否愿意支付,如果回答是肯定的,则提高投标值,直到回答是否定的为止。最后,访问者再逐渐降低投标值以探讨愿意支付的精确数值。

同样,也可以假设公共商品或环境资源可能发生损失,并询问他们为了避免增加单位公共商品或资源的损失,每年愿意支付多少钱,或者作为损失的代价,愿意接受赔偿损失的最少金额。不过,人们对避免损失的支付愿望,往往比愿意接受的损失赔偿要低得多,这些币值可以看作是损益评价的上下限。这种访问过程可以重复进行,以求得被访问者对再提高一单位商品供应量的支付愿望直到提高供应量对支付愿望的影响不大时为止。最后,将抽样得到的个人支付愿望求平均值,乘上全体用户或消费者人数,算出总支付意愿,并推导出社会对该公共商品或环境资源的需求曲线。

### 小资料

#### 在 Coronation 山采矿吗?

1990 年,在澳大利亚有一项提议,提出在 Kakadu 国家公园内的 Coronation 山上发展采矿活动。但 Kakadu 国家公园已列入世界遗产区域。澳大利亚联邦政府把这件事情交给了新成立的咨询机构——资源评价委员会,该委员会在环境价值评价方面进行了深入细致的工作,在澳大利亚全国人口中进行了抽样调查。调查提出了大量有关个人 WTP 中值的估计值,保护 Coronation 山,阻止采矿活动,其中最小的 WTP 中值为每个家庭每年 53 美元,这意味着总的 WTP 将非常大。保守估计,如果假设 53 美元是每个家庭的 WTP,按照计算采矿的商业净现值一样的方法将其换算为现值,与采矿净现值相比较,其 EC 大约为 15 亿美元。

这个结果的发表引起了许多评论,主要是批评的,也有些赞扬之声。评论指出实际直接受到影响的区域非常小,而该结果却表明 Coronation 山每公顷的价值远远超过曼哈顿的房地产价值,而且该地区已经沦为国家的边沿地带,几乎没有游憩价值和生物多样性价值。事实上,抛开环境因素,所提出的采矿商业活动的净现值为 8 000 万美元,拒绝这个项目要求澳大利亚每个家庭每年的 WTP 最低为 5 美元,这相当于调查所估计的澳大利亚家庭最低 WTP 的 1/10。假设 Kakadu 由于其地理形成、生物多样性和土著文化等方面闻名于世,这个案例可以把其存在价值扩展到相关群体,至少可以包括北美和欧洲。在这种情况下,拒绝这个项目所要求的澳大利亚每个家庭的 WTP 将远远低于 5 美元。

事实上,澳大利亚联邦政府没有同意提议中的采矿活动。环境价值研究结果在这个决策中发挥了多大作用尚不清楚。即使采用该结果将澳大利亚人真实的 WTP 高估了 10 倍,即使只把澳大利亚人口视为完全相关群体,结果将依然如此,环境成本-效益分析也将拒绝采矿活动。

资料来源:罗杰·珀曼、马越、詹姆斯·麦吉利夫雷、迈克尔·科蒙,《自然资源与环境经济学》,侯元兆等编译,中国经济出版社,2002。

## 二、比较博弈法

比较博弈法又称权衡博弈法,它要求被调查者在不同的物品与相应数量的货币之间进行选择。在环境资源的价值评价中,通常给出一定数额的货币和一定水平的环境商品或服务的不同组合。该组合中的货币值,实际上代表了一定量的环境物品或服务的价格。给定被调查者一组环境物品或服务以及相应价格的初始值,然后询问被调查者愿意选择哪一项。被调查者要对二者进行取舍。根据被调查者的反应,不断提高(或降低)价格水平,直至被调查者认为可以选择二者中的任意一个为止。此时,被调查者所选择的价格就表示他对给定量的环境物品或服务的支付意愿。此后,再给出另一组组合,比如环境质量提高了,价格也提高了,然后重复上述的步骤。经过几轮询问,根据被调查者对不同环境质量水平的选择情况进行分析,就可以估算出他对边际环境质量变化的支付意愿。

假设就某一小区的公园扩建计划,调查小区居民对公园扩建计划的支付意愿。从对小区居民的调查中需要获得的信息是居民对公园面积边际增量的支付意愿。假设公园的现有面积为 $1\ km^2$,小区居民总数为 20 000 人。

第一步,选定被调查者。被调查者必须具有代表性,为了简化起见,假设我们选择了 6 个具有代表性的人。

第二步,详细介绍要评价的环境物品或服务的属性,这里我们要介绍公园的属性。

第三步,向被调查者提供两套选择方案:① 公园仍然保持 $1\ km^2$ 的面积,因而居民也不需要付钱;② 扩大公园面积,同时支付若干数额的货币。

在表 9-8 的支出方案 Ⅱ 中任意给出一个捐赠的钱数(比如 10 元),询问被调查者愿意选择哪一种支出(方案 Ⅰ 还是方案 Ⅱ);如果被调查者选择了支出方案 Ⅱ,那么就逐步提高捐赠水平(比如 11 元),如果选择了支出方案 Ⅰ,那么就逐渐降低捐赠水平(比如 9 元)。

反复询问被调查者直到他认为两种支出方案没有差异为止。假设在捐赠水平为 15 元时,被调查者对支出方案 Ⅰ 和 Ⅱ 的选择无差异(即认为选择 Ⅰ 也行,Ⅱ 也可以)。则我们就可以把它解释为被调查者对公园面积扩大 $1\ km^2$ 的支付意愿为 15 元。

表 9-6 为被调查者对扩大公园面积的不同方案的支付意愿。保持支出方案 Ⅰ 不变,提供更多支出方案,并对 6 个人进行调查,结果如表 9-7 所示。

表 9-6 利用比较博弈法估算小区居民对公园扩建的支付意愿

| | 支出方案 Ⅰ | 支出方案 Ⅱ |
| --- | --- | --- |
| 捐赠金额/元 | 0 | 10 |
| 公园面积/$km^2$ | 1 | 2 |

表 9-7  被调查者对扩大公园面积的不同方案的支付意愿

| 公园面积 (km²) | 被调查者的支付意愿(元) | | | | | | | 总支付意愿 (万元) | 扩建成本 (万元) | 净效益 (万元) |
|---|---|---|---|---|---|---|---|---|---|---|
| | A | B | C | D | E | F | 平均 | | | |
| 1 | 0 | 0 | 0 | 0 | 0 | 0 | 0 | 0 | 0 | 0 |
| 2 | 15 | 18 | 11 | 8 | 22 | 13 | 14.5 | 29.0 | 2.0 | 27.0 |
| 3 | 22 | 27 | 15 | 12 | 33 | 20 | 21.5 | 43.0 | 4.0 | 39.0 |
| 4 | 26 | 32 | 18 | 15 | 40 | 26 | 26.2 | 52.4 | 6.0 | 46.4 |
| 5 | 20 | 36 | 20 | 17 | 45 | 31 | 28.2 | 56.4 | 8.0 | 48.4 |
| 6 | 31 | 39 | 21 | 18 | 48 | 34 | 31.8 | 63.6 | 10.0 | 53.6 |
| 7 | 32 | 40 | 21 | 18 | 50 | 35 | 32.7 | 65.4 | 12.0 | 53.4 |

第四步,选择净效益最大的扩建方案。假设被调查者的支付意愿的平均值可以代表该小区每个居民的支付意愿,则该小区居民对公园扩建的不同方案的总支付意愿为某一方案的平均支付意愿乘以 20 000 人。同时假设公园扩建的成本随着公园面积的增加而线性增加(每平方千米的扩建费用为 20 000 元),则把每一个方案的支付意愿总值减去相应的扩建成本,就可以获得每一个扩建方案的净效益。将计算结果列于表 9-7 中。由表 9-7 可见当公园面积为 6 km² 时,或者说再扩建 5 km² 时,其净效益最大,为 53.6 万元。

## 三、无费用选择法

无费用选择法通过询问个人在不同的物品或服务之间的选择来估算环境物品或服务的价值。该法模拟市场上购买商品或服务的选择方式,给被调查者两个或多个方案,每一个方案都不用被调查者付钱,从这个意义上说,对被调查者而言,是无费用的。

在含有两个方案的调查中,需要被调查者在接受一笔赠款(或被调查者熟悉的商品)和一定数量的环境物品或服务之间做出选择。如果某个人选择了环境物品,那么该环境物品的价值至少等于被放弃的那笔赠款的数值,可以把放弃的赠款作为该环境物品的最低估价。如果改变上述的赠款数,而环境质量不变,这个方法就变成一种投标博弈法了。但是,其主要区别在于被调查者不必支付任何东西。如果被调查者选择了接受赠款,则表明被评价的环境物品或服务的价值低于设定的接受赠款额。

假设太湖湖水被严重污染,已经影响了湖边居民的生活。要对湖边的居民进行随机抽样调查,并通过无费用选择法进行试验。这里我们介绍的是两方案的无费用选择法。

首先向被调查者详细介绍太湖水受到污染的影响,然后提出两个方案供被调查者选择:每年赠给被调查者一笔款项或清除 90% 的湖水污染。每人只有一次选择赠款的机会。如果选择减少 90% 的污染,就意味着减少 90% 污染的价值至少等于被放弃的款项。进一步给出更高的赠款额,对另一组被调查者调查,直至被调查者选择接受赠款,这就意味着减少90%的污染的价值低于最后一个款项。随机选取20人进行调查,调查结果列于表9-8中。

表 9-8　减少太湖水污染的无费用选择法调查结果

| 赠款金额(元) | 选择本项方案的人数(人) | |
|---|---|---|
| | 减少90%的湖水污染 | 接受捐赠 |
| 1 000 | 20 | 0 |
| 2 000 | 14 | 6 |
| 3 000 | 10 | 10 |
| 4 000 | 4 | 16 |
| 5 000 | 0 | 20 |

表9-8表明,当赠款额为1 000元时,所有20个人都选择了减少90%湖水污染的方案,说明被调查者认为减少90%湖水污染的最低价值为1 000元(或者说最低的支付意愿)。当赠款额提高到5 000元时,所有20个人全部选择了接受赠款,表明被调查者认为减少90%的湖水污染的最高价值(或者说最高支付意愿)小于5 000元。该试验可以测定出被调查者对减少污染的最低和最高支付意愿,但是无法求出被调查者对减少污染的平均支付意愿。

## 四、优先评价法

### (一) 原理

优先评价法是一种力图模拟完全竞争市场机制,找到无价格环境质量物品支付意愿的一种价值评价方法。该方法以完全竞争下消费者效用最大化原理为基础,由被调查者对一组物品(包括环境)进行选择,按一定规则调整这些物品的价值,直至收敛到一组使消费者效用最大化的均衡价值。实际上是模拟市场上购买商品最佳数量的选择。

微观经济学关于消费者个人在预算约束(预算就是指个人、单位或集体甚至国家在一定时期内打算花费的资金数额)下使效用最大化的基本原理认为,一个人在预算额一定时,如果使每一货币单位的支出购买的商品的边际效用都相等,则其总效用最大。用公式表示为

$$P_1X_1 + P_2X_2 + \cdots + P_nX_n = I \tag{9-16}$$

$$\frac{MU_1}{P_1} = \frac{MU_2}{P_2} = \cdots = \frac{MU_n}{P_n} \tag{9-17}$$

式中,$P$ 为商品价格;$X$ 为购买的商品数量;$I$ 为预算额;$MU$ 为边际效用,是某商品消费的微量增加所造成的效用的变化。

在公式9-16、公式9-17两个条件没有满足的情况下,消费者就会在预算约束条件下,改变各种商品的消费量,直至满足这两个条件,使得其消费的总效用达到最大。

### （二）方法与步骤

**1. 选择独立物品**

选择若干种物品，其中之一为要评价的无价格的环境物品，其他是一般的市场商品。这些物品要满足下列条件：在生产中相互没有关系；在生产和消费中可变；其效用与其他消费无关。

**2. 制定选择方案**

把每一种物品按几种不同的数量水平分类，比如把衣服分为1件、2件、3件。再把每种物品每种数量水平作为一个选择方案，假如有3种商品，每种商品有3个数量水平，则会有9种选择方案。再确定每种物品每种数量水平的初始价格，初始价格可用市场价格或该物品供给的全部社会成本除以买主数目得出。

**3. 访谈**

给被调查者一个预算。先向被调查者详细说明每一种选择方案，包括每种物品每种数量水平的价格。预算要足够大，使被调查者至少可以选择每种物品的一个数量水平，但不能大到可以购买所有物品的最大数量水平。

**4. 让被调查者选择**

要求每种物品只能选择一个数量水平，而且要把预算用完。

**5. 计算结果**

计算每一种方案的实际选择次数，并把实际选择次数和预期选择次数比较：

$$R = \frac{OQ}{EQ} \tag{9-18}$$

式中，$OQ$是实际选择次数；$EQ$为预期选择次数。在均衡状态，$R$应为1。

### （三）需要注意的问题

满足边际效用相等的关键是独立的价格是准确的。例如，如果访问100人，因为每个人都要从供选择的任何类型商品的3个数量水平中选择1个，所以选择任一数量水平商品的预期频率为33.33%。从而当进行实际选择时，把从9种选择中挑选次数的观测值与事先预期的频率进行比较。如果价格选定得准确，则这个比值将等于1；如果选择的实际分布与随机分布有差别，则选择的起始价格有一部分不是平衡数值。例如，1个有100个被访问者的样本组，选择3号商品第2水平的人数为50，而不是100/3，那么就表明这种商品定价太低，人们为了增加总效用，选择这种商品比较多，在第2轮访问中，就要把这种商品的价格提高；相反则要降低价格。当以新的价格再对每个人进行调查，若$\frac{OQ}{EQ}$接近于1时，则满足效用最大的条件。为了检验观测的频率是否与预期频率有很大差别，我们可以应用显著性$X^2$检验。第一个条件即预算完全分配，很容易检验。当达到平衡时，由于各种各样的人都已经把环境商品与市场标价的商品进行了比较，并以这种比较的结果估计环境商品的价值，这样，原先无价格的环境商品就有了一个显价值或价格。

在大多数情况下，这些平衡价格是相对价格，因为过程开始时就运用了任意的相对价格,所以必须对其中一个相对价格进行定价。最简单的方法是,取一个市场商品的相对价格(如食品),把它与实际市场价格比较,计算相对价格与实际价格的比率;然后,用这个比率来校正由本法得到的所有其他相对价格,这样就可以用市场商品的绝对价格估算水质改善的经济效益了(如同用支付意愿来表示一样)。

实际应用本方法时,出现了很多问题。一些学者建议用点预算来代替货币值,初访问后的价格调整没有固定准则,对各种选择方案的挑选、明细表、说明和定价都必须十分小心,使实际的回答反映现实生活的决策。虽然还未证实优先性评价可以在大多数情况下应用,但它是将效用最大化经济理论与调查方法结合在一起,给无价格的环境商品定价的一种非常有益的尝试。

## 五、专家评价法

专家评价法又称德尔菲法,最早由兰德公司的戴尔凯和海尔默于 1963 年提出,是目前使用最广泛的一种定性预测方法之一,可以应用于环境资源价值或环境保护效益的评价。它是指邀请一组专家分别地对一组或几组商品确定价值或价格。

该方法的要点是,专家组不是面对面地进行开会讨论,而是应用间接通讯的形式以避免在决策过程中个人之间的相互影响。同样也可以把所有的专家都请来,书面地而不是口头地发表意见,写出估计的价值后交给专家组长,由专家组长把结果制成表,表示出大家意见的分布情况。在下一次估计之前,也可以口头解释估计偏离的原因。

这种方法通常用于预测,但也适用于估价环境商品的价值,其准确度取决于专家组的水平、专家组反映社会价值的能力和专家实施这个方法的技能。专家评价法的主要优点在于它的背靠背调查的特点以及专家组有计划的重新会面。它可以作为一种检验常规调查结果的有用手段。

### (一) 专家的选择

专家评价法是一种对意见和价值进行判断的作业,因而选择专家是关乎成败的重要一环。这里有 4 个问题需要回答:什么叫专家?怎样选择专家?选择什么样的专家?选择多少专家?

专家评价法拟选的专家是指在该领域从事 10 年以上技术工作的专业人员。在组织预测或评价时,拟选的专家不能仅仅局限于一个领域的权威,而应包括涉及研究问题的多学科的专业人员。

选择专家的方法是由评价目的决定的。如果要求比较深入地了解本地区的环境污染与破坏的历史过程,最好从本地区选择专家。从本地区选择专家比较简单,既有档案可查,又熟悉专家的现实情况。如果评价任务关系到重大环境污染与破坏工程项目,并且对当地的经济、社会、人口影响较大的,则最好同时从区内外挑选,从行业内外挑选。从外部选择专家,一般要经过几轮,首先要收集本行业、本地区比较熟悉的专家名单,而后再从有关期刊和出版物中物色一批知名专家。以这两部分专家为基础将调查表发给他们,征求意见,同时要求他们推荐 1~2 名有关专家。预测领导小组从推荐名单中再选择一批由两人以上同时推荐的专家。在选择专家过程中,不要仅局限于选择精通技术、有一定名望、有学科代表性的专家,因为选择承担技术领导职务的专家固然重要,但要考虑他们是否有足够时间认真填写调查表。经验表明,一个身居要职的专家匆忙填写的调查表,其参考价值还不如一个从事某项技术工作的一般专家认真填写的调查表。再者,乐于承担任务并坚持始终,也是选择专家时要注意的一个问题。

专家组人数应视评价规模而定。小组人数一般以 10~50 人为宜,人数太少,限制学科代表性,缺乏权威;人数太多,难以组织,对结果处理也比较复杂。值得注意的是,在确定专家人数时,即使专家同意参加预测,因种种原因也不见得每轮必答,有时甚至中途退出,因而预选人数要多于规定人数。

### (二)专家评价法的原则

专家评价法的意见征询工作要反复多次,以使专家的意见趋向一致,使结论可靠性增大,最终取得满意的预测结果。因此,使用此法必须坚持以下 3 条原则。

#### 1. 匿名性

对被选择的专家要求保密,不让他们彼此互通信息,使他们不受权威、资历等方面的影响。

#### 2. 反馈性

在预测过程中,要进行几轮专家意见征询。对于每一轮预测之间的反馈和信息沟通,可进行比较分析,达到相互启发,提高预测准确度。这样,征询过程通常都会呈现逐步收缩的趋势,容易集中各种正确的意见。

#### 3. 统计性

专家评价法的每次信息反馈,都要用数理统计方法进行整理分析。

### (三)专家评价法的程序

一般来说,专家评价法应按照如下程序进行。首先,成立一个预测工作小组,负责提出问题,聘请专家,提供资料,数据处理。然后,聘请 10~40 名专家,由工作小组向他们发出调查表并提供进行预测的各种有关资料,专家们背靠背地按照自己的想法提出预测意见。接着,由工作小组把专家们的意见汇总、整理后,把这些不同的意见及其理由反馈给每位专家,让他们第二次提出预测意见。最后,多次反复,逐步缩小各种不同意见的差距,得到基本上趋于一致的预测结果,即可以此为根据进行预测。

调查表内容要简明扼要地说明预测的目的和任务,提出的问题要清楚明确,没有任何规定和掺杂调查小组的个人意见,所提问题要集中,由浅入深地排列,以引起回答问题的兴趣。对所征询到的专家的意见一般用正态分布来描述,也可用直方图表示,用方差或标准偏差则表示专家预测值的离散程度。

### (四)结果的最终处理和表达

对应答结果进行分析和处理,是专家评价法的最后阶段,也是最重要的阶段。处理的方法和表达的方式,取决于评价问题的类型和对评价的要求。

在结果处理之前,首先要研究专家意见的概率分布情况。只有掌握作为随机变量的专家意见的概率分布,才能对专家意见的数字特征作出估计。一般认为,专家意见的概率分布符合或接近正态分布。

总之,专家评价法的主要优点是:简明直观,避免了专家会议预测法的许多弊病;不受地区和人员的限制,用途广泛;费用较低;能引导思维。在资料不太全或不多的领域中,有时只能使用这种方法。

专家评价法的缺点主要是:预测结果受主观认识的制约;专家思维的局限性会影响预测的结果;在技术上仍不够成熟,如专家的选择没有明确的标准,预测结果的可靠性尚缺乏严格的科学分析。

---

**小 资 料**

### 专家评价法应用案例

某公司研制出一种新兴产品,现在市场上还没有相似产品出现,因此没有历史数据可以获得。公司需要对可能的销售量做出预测,以决定产量。于是该公司成立专家小组,并聘请业务经理、市场专家和销售人员等8位专家,预测全年可能的销售量。8位专家提出个人判断,经过3次反馈得到结果如表9-9所示。

表9-9 专家评价反馈结果

| 专家编号 | 第一次判断 | | | 第二次判断 | | | 第三次判断 | | |
|---|---|---|---|---|---|---|---|---|---|
| | 最低销售量 | 最可能销售量 | 最高销售量 | 最低销售量 | 最可能销售量 | 最高销售量 | 最低销售量 | 最可能销售量 | 最高销售量 |
| 1 | 150 | 750 | 900 | 600 | 750 | 900 | 550 | 750 | 900 |
| 2 | 200 | 450 | 600 | 300 | 500 | 650 | 400 | 500 | 650 |
| 3 | 400 | 600 | 800 | 500 | 700 | 800 | 500 | 700 | 800 |
| 4 | 750 | 900 | 1 500 | 600 | 750 | 1 500 | 500 | 600 | 1 250 |
| 5 | 100 | 200 | 350 | 220 | 400 | 500 | 300 | 500 | 600 |
| 6 | 300 | 500 | 750 | 300 | 500 | 750 | 300 | 600 | 750 |
| 7 | 250 | 300 | 400 | 250 | 400 | 500 | 400 | 500 | 600 |
| 8 | 260 | 300 | 500 | 350 | 400 | 600 | 370 | 410 | 610 |
| 平均值 | 301 | 500 | 725 | 390 | 550 | 775 | 415 | 570 | 770 |

1. 平均值预测

在预测时,最终一次判断是综合前几次的反馈做出的,因此在预测时一般以最后一次判断为主。则如果按照8位专家第三次判断的平均值计算,则预测这个新产品的平均销售量为(415+570+770)/3=585。

2. 加权平均预测

将最可能销售量、最低销售量和最高销售量分别按0.50、0.20和0.30的概率加权平均,则预测平均销售量为 570×0.5+415×0.2+770×0.3=599。

3. 中位数预测

用中位数计算,可将第三次判断按预测值高低排列如下。

最低销售量：300,370,400,500,550。

最可能销售量：410,500,600,700,750。

最高销售量：600,610,650,750,800,900,1 250。

最高销售量的中位数为第四项的数字,即 750。将最可能销售量、最低销售量和最高销售量分别按 0.30、0.20 和 0.50 的概率加权平均,则预测平均销售量为：600×0.5+400×0.2+750×0.3=695。

资料来源：吕斌、李国秋,《信息分析新论》,世界图书出版公司,2018。

## 六、意愿调查价值评估法的局限性

由于意愿调查价值评估法的基础是假想市场,并未对实际的市场进行观察,也未通过要求消费者以现金支付的方式来表明支付意愿或接受赔偿意愿来验证其有效需求。因此,意愿调查价值评估法有一定的局限性,主要体现在以下几个方面。

### (一) 各种偏差的存在

1. 信息偏差

当被调查者的回答取决于所提供的环境信息,而且调查者可能向被调查者提供了太少或错误的信息时,便会产生信息偏差。例如,在德国进行的一项关于人们对提高柏林空气质量的支付意愿研究中发现,被调查者最初并没有注意到空气中的有害物质,当补充上这条信息时,原来信息不完全的被调查者增加了他们的支付意愿数额。

2. 支付方式偏差

支付方式偏差是指因假设的支付方式不同而导致的偏差。用什么样的方式收取人们支付的货币,可能会影响到被调查者所表明的支付意愿的大小。例如,为保持环境质量,大多数人可能喜欢捐款到非营利的环境保护基金会,而不是支付更高的门票费。因此,调查中采用不同的支付手段(如税收、门票、使用费等),可能会得到不同的支付意愿。

3. 起点偏差

起点偏差是由于调查者在设计问卷和问题时,所建议的支付意愿和接受赔偿意愿的出价起点高低所引起的回答范围的偏离。例如,在收敛投标中,调查者给出的初始价值的高低,会直接影响被调查者的回答。

4. 假想偏差

假想偏差是使用意愿调查法中普遍出现的问题。假想偏差发生的原因很简单,就是在意愿调查中,被调查者对假想市场问题的反应(回答)与对真实问题的反应并不一样。有人已经发现,当被调查者要求评估一个不熟悉的和不在市场上交换的产品的价值时,不准确程度明显上升。

在意愿调查法中,无论被调查者是否愿意,都必须接受这样一个基本前提:被调查者可能被要求支付一定数额的金钱来改善环境质量或防止环境恶化。即便在发达的市场经济中,人们有时也不情愿接受这样一个基本前提。例如,在英国和斯堪的那维亚半岛国家,许多老人有资格享受医疗保健服务,但他们很不情愿说出愿意为健康服务支付多少钱,因为他们已习惯于接受免费的服务,许多人在答卷上都写着"零"。

5. 部分-整体偏差

部分-整体偏差是在被调查者没有正确区别一个特殊环境的价值(如一个鸟类保护区)和当它只作为更广泛群体环境(所有鸟类保护区)的其中一部分价值时所产生的偏差。例如,卡内曼和卡耐什的研究发现,人们对安大略州小数量(约占总数的1%)的湖泊的平均支付意愿与对这个州所有湖泊的平均支付意愿几乎没有明显的差别。

6. 策略性偏差

当被调查者对他们关于环境变化的支付意愿或接受意愿说谎时,便产生了策略性偏差。被调查者也许认为通过他们的答案(或在答案中适当包含一定的误差),就可以影响实际的决策进程,所以可能会故意提供错误的答案。

不过,许多研究人员认为策略性偏差并不是一个大问题,可以通过仔细设计调查来控制该问题的发生。米歇尔和卡森建议,可以通过抛开那些过分撒谎的人、不暴露其他被调查者的出价、强调其他人的支付是可以保证的以及环境变化取决于每个人的出价等方法来减小策略性偏差。

(二) 支付意愿与接受赔偿意愿的不一致性

在支付意愿和接受赔偿意愿之间存在着极大的不对称性。意愿调查法研究的结果一直表明:支付意愿比接受赔偿意愿的数量低几倍(通常为1/3)。从原理上讲,支付意愿适于估价效益,而接受赔偿意愿同费用分摊有关。这可能是由于同人们对获得其尚未拥有的某物的评价相比,人们对其已有之物的损失会有更高的估价。也就是说,即便在意愿调查法的假设条件下,也不存在为人们所接受的唯一的环境质量定价方法,价值评估是否准确取决于把环境变化作为收益还是作为损失。

(三) 抽样结果的汇总问题

在处理选择价值或存在价值这类非使用价值时,由抽样结果预测有关真实结果的技术非常复杂。例如,在对美国的大峡谷进行价值评估时,所采集的样本是现在的使用者(参观者),人群范围界定为所有西南各州的居民以及全美国的居民,但实际上,可能会有加拿大和其他国家的潜在的国际观光者的存在。正确定义适当的人群范围,包括现存的非使用者、未出生者或所有潜在的未来使用者,对于总价值水平及其可信程度至关重要,但就这些人群的固有属性而言,这是一个很难解决的问题。

如果是针对互不相关的问题对样本人口的支付意愿进行调查,则需要解决把不同种类的支付意愿加总的问题。由于并未要求实际的现金支出,所以人们对特定环境的出价也可能不会受其现金拥有量的约束。现实状况是:当某种资源可用作不同用途而且稀缺时,人们的实际预算和对支出的估算将受到收入的约束。可以通过合理的设计并结合预算约束的调查来解决这一问题。否则,意愿调查评估研究将失去可信性,对国际性的环境资产的存在价值的支付意愿评估尤其如此。

总体上来说,意愿调查法是一个很有用的方法,但需要精心设计,而且由于需要的数据信息多,严格的调查需要花费大量的时间和金钱,并要对这些调查结果进行专门的解释和研究。

意愿调查法可以用于解决其他许多方法无法解决的问题,这正是它应用得越来越广泛的原因。实际上,在空气和水质量问题、舒适性问题、资源保护问题以及环境存在价值等方面已经开展了大量的实证性研究工作。

意愿调查法的缺陷在于它依赖于人们的看法,而不是市场行为。回答中会有大量的偏差,而这些偏差又不可避免。意愿调查法的评价结果还有赖于被调查者如何理解环境所处的危机以及这些危机对他们可能产生的影响。这里假设被调查者都受过一定程度的教育并具有一定水平的环境意识。因此,这种方法更适合于评估区域性的环境问题,而不适合评价全球环境问题。

### 七、意愿调查价值评估法的适用范围与条件

虽然意愿调查价值评估法有种种局限性,但是,在没有其他评价方法可供选择时,意愿调查价值评估法仍然不失为一种较好的选择。意愿调查价值评估法适用于评价下述物品或服务:① 空气和水质量;② 休闲娱乐,包括钓鱼、狩猎、公园、野生生物;③ 无价格的自然资产的保护,如森林和原始区域;④ 生物多样性的选择价值和存在价值;⑤ 生命和健康影响或风险;⑥ 交通条件改善;⑦ 供水、卫生设施和污水处理。

当具备以下条件时,可以采用意愿调查法:① 环境变化对市场产出没有直接的影响;② 难以直接通过市场获取人们对物品或服务的偏好的信息;③ 样本人群具有代表性,对所调查的问题感兴趣并且有相当程度的了解;④ 有充足的资金、人力和时间进行研究。

---

**拓 展 阅 读**

#### 三清山巨蟒峰生态修复的支付意愿

江西财经大学3名专家采用意愿价值法,通过调查、问卷、投标等方式来了解第228页"拓展阅读"中游客对巨蟒峰受损后的生态修复的支付意愿,采用的公式为

$$WTP = \sum_{i=1}^{N} AWTP_i \times \frac{n_i}{N} \times Tour, \quad i = 1, \cdots, N \tag{9-19}$$

式中,$WTP$ 为游客对景区旅游资源修复的总体支付意愿;$AWTP_i$ 为景区游客在 $i$ 水平的支付意愿金额;$n_i$ 为被调查游客中支付意愿为 $AWTP_i$ 的人数;$N$ 为被调查游客总数;$Tour$ 为景区游客接待总人次数。在调查中将利用条件价值法调查游客

对修复巨蟒峰受损的支付意愿,并依此来评估巨蟒峰在此次事件中的非使用价值受损值。

在调查样本中,表示愿意为修复和保护三清山巨蟒峰旅游资源而支付一定费用的游客占比为 35.69%,根据统计结果,三清山游客愿意为巨蟒峰修复而支付的人均 WTP 值为 40 元·年/人,计算得三清山巨蟒峰旅游资源的非使用价值受损值为 2.37 亿元。景区的非使用价值由存在价值、遗产价值和选择价值等三部分组成,游客对三清山巨蟒峰旅游资源的存在价值、遗产价值和选择价值的支付动机所占比重分别为 39.17%、32.56%、28.26%。据此,进一步推算出三清山巨蟒峰非使用价值受损的货币化情况:存在价值受损 0.93 亿元,遗产价值受损 0.77 亿元以及选择价值受损 0.67 亿元。

资料来源:黄和平、王智鹏、林文凯,《风景名胜区旅游资源价值损害评估——以三清山巨蟒峰为例》,《旅游学刊》2020 年第 9 期。

## 第六节　环境资源价值评价方法的选择

### 一、评价方法选择的规律

我们可以把环境影响分为 4 大类:生产力、健康、舒适性、环境的存在价值。针对不同的影响,需要采用不同的方法进行价值评估。

当环境变化对生产力产生影响时,首先采用的方法就是直接市场评价法,它能够对因环境变化而导致对生产的影响(如酸雨造成的作物减产)赋予一个市场价值。如果这些影响会引起采用一些防护性措施时,也可以采用防护支出法、机会成本法和重置成本法。

就健康影响(包括安全)而言,由于人力资本法和疾病费用法是基于收入的减少以及直接的医疗费用进行估算的,所得的数值是环境质量变化价值的最低限值。防护行为(如气喘病人迁移以避免空气污染)和防护支出(如采取私人水处理防止水污染对健康的影响)也可以用来评估健康影响。目前,对健康影响的研究越来越多地采用意愿调查价值评估法,它度量人们对避免或减少伤害(或者风险)以及经济损失的支付意愿以及人们对生命价值的认同。

对于舒适性的影响,旅行费用法和资产内涵价格法分别基于到达某地的旅行费用以及因环境原因造成的财产价值的差别来进行评估。意愿调查价值评估法也可以用于评估人们对舒适性的偏好。

意愿调查价值评估法是唯一能够揭示环境资源存在价值的方法,因为其他方法考虑的都是使用者的各种直接和间接成本与效益。

对不同环境影响方面的评价方法选择可参考表 9-10。

表 9-10　环境影响及其价值评价方法选择

| 环 境 影 响 | 评价方法选择 |
| --- | --- |
| 生产力 | 直接市场价值评估法 |
| | 防护支出法 |
| | 重置成本法 |
| | 机会成本法 |
| 健康影响 | 人力资源法 |
| | 疾病费用法 |
| | 防护支出法 |
| | 意愿调查价值评估法 |
| 舒适性 | 旅行费用法 |
| | 内涵资产价值法 |
| | 意愿调查价值评估法 |
| 存在价值 | 意愿调查价值评估法 |

## 二、评价方法选择的依据

由于各种客观原因,我们不可能针对一个问题采用所有的评价方法。在选择评价方法时,主要应考虑以下几个方面。

### (一) 影响的相对重要性

以砍伐森林为例,假设农业开发、木材加工、出口等导致了对热带原始森林的砍伐,根据当地情况,主要的环境影响有:① 非木板类的森林价值的损失(药材、果实、纤维等);② 从长期看来,木材可持续产出的损失;③ 土地暴露引起的土壤侵蚀给下游造成的泥沙沉积和洪水风险;④ 生物多样性和野生生物的丧失,影响环境的存在价值和生态旅游。

对于影响①和②,可以用直接市场法评估。对于影响③,可以通过防护支出法和重置成本法解决。当影响到生态旅游和环境的存在价值时,可以采用直接市场法和意愿调查法进行评估。

### (二) 信息的可得性

选择评价方法的第二个因素是考虑信息的类型和可获得的信息的量,以及获得信息的可行性和费用。对于可交易的物品和服务来说,数据相对容易获得,可以采用直接市场价值法进行评估。对于缺乏市场或者市场发育不完善的商品和服务(如维持生存的粮食、非木材的森林产品等),尽管也可以采用直接市场价值评估法,但需要进行必要的调查以获得评估所必需的数据,如所涉及的产品的种类和使用情况以及它们的替代品和替代品的市场价格等。

当难以获得环境影响的数据信息时,人们往往采用历史上记载的有关数据及有关专家的意见代替。此时,宜采用防护支出法和重置成本法。

对于那些不在市场上交换的物品或服务,或者直接信息非常缺乏的情况,适于采用意愿调查法。意愿调查法和旅行费用法都是以调查为基础,要求调查者具有较高的调查和统计技巧。内涵资产定价法在所有方法中数据需求量最大,因此它仅能用于少数的价值评估案例。

(三) 研究经费和时间

选择什么样的价值评估方法,还要考虑研究经费的多少以及时间的长短。时间和资金供给充足的研究项目,与资金短缺、时间紧迫的研究项目相比,在评估方法的选择上会有许多不同的考虑。

当资金和时间有限时,可以借用其他项目(或研究成果)的数据、具有可比性的其他国家或地区的数据、当地专家的意见、历史记录、对有关人群进行调查所获得的比较粗略的数据,并运用一些比较简单的方法进行评估。

当项目的时间比较宽裕、资金供应充足时,可以采用一些复杂的方法,例如,采用意愿调查法、旅行费用法和内涵资产定价法等。

## 本 章 小 结

环境资源价值具有特殊性,对人类有用,具有使用价值;凝结了人类劳动,具有价值。环境资源价值的构成可分为两类:一类是分为使用价值和非使用价值,使用价值又分为直接使用价值、间接使用价值和选择价值,非使用价值分为存在价值和遗赠价值;另一类分为有形的物质性的商品价值和无形的舒适性的服务价值。可以把环境损害与效益的价值评估方法划分为3种类型:① 直接市场价值评估法,包括生产率变动法、疾病成本法、人力资本法、重置成本法、机会成本法等;② 揭示偏好价值评估法,包括内涵资产定价法、防护支出法、旅行费用法等;③ 意愿调查评估法,包括投标博弈法、比较博弈法、无费用选择法等。可以把环境影响分为4大类:生产力、健康、舒适性、环境的存在价值。针对不同的影响,需要采用不同的方法进行价值评估。

## 推荐阅读文献

薛黎明、李翠平:《资源与环境经济学》,冶金工业出版社,2017。
韩洪云:《资源与环境经济学》,浙江大学出版社,2012。
周海旺:《人口、资源环境经济学理论前沿》,上海社会科学院出版社,2016。

## 复 习 题

一、名词解释

1. 环境资源的使用价值
2. 直接市场评价法
3. 生产率变动法
4. 重置成本法

5. 揭示偏好法

6. 内涵资产定价法

7. 防护支出法

8. 旅行费用法

9. 意愿调查价值评估法

## 二、选择题

1. 下列哪一项不是森林资源的功能?（　　）
   A. 生产功能　　B. 生态功能　　C. 观赏功能　　D. 产出功能

2. 下列哪一项不是直接市场评价法?（　　）
   A. 生产率变动法　B. 机会成本法　　C. 剂量-反应法　D. 防护支出法

3. 下列哪一项是揭示偏好法?（　　）
   A. 意愿调查评估法　B. 旅行费用法　　C. 投标博弈法　　D. 人力资本法

4. 下面哪一项不是意愿调查法?（　　）
   A. 内涵资产定价法　　　　　　　　B. 比较博弈法
   C. 优先评价法　　　　　　　　　　D. 专家调查法

## 三、简答题

1. 环境资源价值的构成有哪些?
2. 生产率变动法的基本步骤有哪些?
3. 重置成本法要满足哪些条件?
4. 旅行费用法的适用范围与条件是什么?
5. 意愿调查法的局限性是什么?
6. 如何选择价值评估方法?

## 四、论述题

1. 论述专家评级法的使用情形,并举出相应的例子。
2. 论述旅行费用法的使用情形,并举出相应的例子。

# 第十章　资源与环境经济政策

## 【学习要点】

环境经济政策是指按照市场经济规律的要求,运用价格、税收、财政、信贷、收费、保险等经济手段,调节或影响市场主体的行为,以实现经济建设与环境保护协调发展的政策手段。它以内化环境成本为原则,对各类市场主体进行基于环境资源利益的调整,从而建立保护和可持续利用资源环境的激励和约束机制。与传统行政手段的"外部约束"相比,环境经济政策是一种"内在约束"力量,具有促进环保技术创新、增强市场竞争力、降低环境治理成本与行政监控成本等优点。本章主要介绍环境经济政策的概念、一般形式、基本功能、基本类型及环境经济政策的实施条件,旨在让学生理解有效率的污染水平、污染者付费原则等基础知识,掌握环境经济政策的一般形式、基本功能、基本类型及环境经济政策的实施条件。

## 第一节　资源与环境经济政策依据

### 一、有效率的污染水平

有效率的污染水平,又称环境容量有效利用水平,指的是在这一污染水平下,环境容量得到最有效的利用而又不会遭到损害。环境经济学认为环境容量也是资源,对环境容量利用不足或者不利用,是资源配置的低效率或者无效率。因为环境容量是有限的,对环境容量利用过度甚至损害环境容量,同样是资源配置的低效率或者无效率。

决定环境容量有效利用(或者污染物有效排放)水平的两项关键因素是边际治理成本和边际损害成本(见图 10-1)。

环境污染成本(社会总成本),包括污染治理成本与环境损害成本。其中污染治理成本又可分为实际污染治理成本和虚拟污染治理成本,实际污染治理成本是指当前已经发生的治理成本,虚拟污染治理成本是指将目前排放至环境中的污染物全部处理所需要的成本。环境损害成本是指在目前的治理水平下,生产和消费过程中所排放的污染物对环境功能造成的实际损害。

图 10-1 显示,边际治理成本曲线 $MAC$ 向右下方倾斜,表明治理成本随着污染排

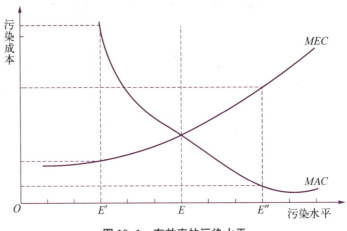

图 10-1  有效率的污染水平

放水平的提高而减少;边际损害成本曲线 MEC 向右上方倾斜,表明损害成本随着污染排放水平的提高而增加。

环境损害成本表现为对社会的外部不经济性。在环境管制不严的情况下,厂商因追求利润最大化,会提高污染排放水平,降低边际治理成本(如 $E''$ 点),此时会产生较高的损害成本和社会总成本。相反,如果对厂商实行严格的环境管制,此时污染排放水平虽然下降了,但污染治理成本过高(如 $E'$ 点),也会造成较高的社会总成本。因此不管是环境管制不严或者过于严格,都会导致低效率的资源配置。理想的排放水平和治理水平就在 $E$ 点,此点就称为有效率的污染水平。此时边际治理成本 MAC 等于边际损害成本 MEC,且社会总成本最小,环境容量资源实现有效率的配置。

然而由于政治、社会、经济、技术等原因,实践中经常无法获得确切的边际治理成本和边际损害成本的数据信息,因此代表有效率的污染水平的 $E$ 点只可能近似地获得。但这并不影响环境管理部门和厂商去努力实现这一目标。实现这一目标的手段基本上有两大类:① 强制执行各类环境法规;② 以市场为基础的经济手段。

## 二、污染者付费原则

强制执行的各类环境政策又称为命令-控制型的环境政策,包括各种环境标准、必须执行的命令和不可交易的配额。命令-控制型的环境政策目标明确,如果实施成功,能够很快获得预期的环境效果。但是执行这类政策需要庞大的执法队伍和高额的执行成本,往往让国家财政和环境管理部门无法承受。因此,为了降低执行成本,同时获得理想的环境效果,无论是正在从计划经济向市场经济过渡的国家,还是已经建立了市场经济的国家,在环境管理工作中,都不同程度地运用了以市场为基础的经济手段,或称环境经济政策。

与命令-控制型政策相比,环境经济政策主要具有以下特点。

① 环境经济政策是以市场为基础,着重间接宏观调控,通过改变市场信号,影响政

策对象的经济利益，引导其改变行为。这种间接宏观管理模式，不需要全面监控政策对象的微观活动，从而大大降低了政策执行成本。

② 环境经济政策通过市场中介，把经济有效地保护、改善环境的责任，从政府转交给环境责任者。不是用行政法规强制他们服从，而是把具有一定的行为选择余地的决策权交给他们，使环境管理更加灵活，可以适用于具有不同条件、能力和发展水平的政策对象。

③ 环境经济政策可以有效地配置保护环境所需要的资金。这些资金不仅可投资对于环境有利的项目，还可以用于纠正其他不利于可持续发展的经济政策。对于环保资金短缺的经济转轨期国家和发展中国家来说，这一点尤其具有吸引力。

环境经济政策的目标是纠正环境问题的外部不经济性，使外部费用内部化。这一思想的具体体现就是"污染者付费原则"。1972年，经济合作与发展组织（OECD）向成员国推荐了这一原则。这一原则的定义是"污染者应该承担由政府决定的控制污染措施的费用，以保证环境处于可接受的状态。换言之，在生产过程或消费过程产生的产品或服务的成本中，应当包括这些控制污染措施的费用"。1972年提出这一原则时，OECD允许国家财政对一些例外情况的污染控制给予财政补贴或优惠政策。1974年，OECD再次提出污染者付费原则的建议时，要求各成员国不应该通过财政补贴等来帮助污染者承担污染控制费用。故1974年"污染者付费原则"又被称为"非补贴规定"，即污染者应该承担污染控制的全部费用。

除了OECD提出的"污染者付费原则"外，环境经济学家们也提出了一种广义的"污染者付费原则"。他们认为，污染者在利用环境这种资源处理生产过程中的废弃物时，应该支付其资源使用中产生的全部社会费用，包括污染削减费用和由于污染造成的各种环境损害成本。

## 三、资源补偿与生态恢复原则

生态恢复是研究生态整合性的恢复和管理过程的科学，现已成为世界各国的研究热点。"恢复"意味着将一个目标或对象带回到相似于先前的状态，而非达到原始状态。恢复作为一个概括性的术语，包含修复、复原、更新、改良、调整等含义。

退化生态系统的恢复与重建，需要在遵循自然规律的基础上，根据"技术上适当，经济上可行、社会能够接受"的原则，要求生态、经济和社会效益三者相平衡，使受损或退化生态系统重构或再生。生态恢复的原则通常包括自然法则、社会经济技术原则和美学原则三个方面。

退化生态系统恢复和重建的原则主要包括：① 地域性原则，即由于不同区域具有不同的生态环境背景，需要考虑地域的生态环境本底和历史背景。② 生态学与系统学原则。生态学原则主要是考虑生态演替、食物链（网）和生态位等；系统学原则即从生态系统的层次上开展生态修复，使生态系统的结构能实现物质循环和能量转化处于最大利用和最优循环状态，使恢复和重建的生态系统可持续发展。③ 最小风险与效益最大原则，即在进行生态恢复和重建时，要将其风险降到最低限度。只有当人类可接受的风险标准得到满足时，生态恢复措施才是完整的。

生态恢复最关键的是生态系统功能的恢复和合理结构的构建。退化生态系统恢复和重建,实际上是依据生态学原理,通过一定的生物、生态及工程的技术和方法,减轻或消除引起生态系统退化的干扰因素,或者对受损生态系统施加有利的人为干扰,改变和消除生态系统退化的主导因子或过程,调整、配置和优化系统内部及其与外界的物质、能量和信息的流动过程及其时空秩序,改善退化生态系统的结构和功能,使生态系统的结构、功能和生态学潜力成功地恢复乃至得以提高。生态恢复途径包括生态环境的恢复,生物资源以及生态系统结构和功能的恢复等方面。可以根据生态资源的实际状况来合理地确定环境经济政策,提高资源的利用效率。

## 小 资 料

**2020年首届环境经济年会——完善环境经济政策,构建生态经济体系**

2020年11月21日,由中国环境报社主办、环境经济杂志和中国环境报社理事会共同承办的首届环境经济年会在京举办,本次年会的主题是"完善环境经济政策构建生态经济体系"。会议提出,要学习贯彻党的十九届五中全会精神,进一步完善环境经济政策,建立新型的环境与经济关系,大力推进绿色发展,促进人与自然和谐共生。

面对生态环境与经济的协调问题,首先是要发挥环境经济政策作用,促进生态产品价值实现"以高水平保护推动高质量发展,正是为了建立新型的环境与经济关系"。把"监管倒逼"与"融入合作"相结合,内外兼修,并行推进,以生态环境高水平保护促进经济高质量发展,是"十四五"生态环境保护的主要路径。生态环境部环境规划院研究员、生态环境管理与政策研究所所长葛察忠表示,通过建立生态产品价值实现机制,能有效协调生态环境保护与经济高质量发展之间的关系,打通绿水青山转化为金山银山的关键路径。围绕生态资源指标产权交易、生态修复价值提升、生态产业化经营、生态补偿等,不少地区探索生态产品价值实现的有效模式。但在生态产品价值实现的3个主要环节——生态产品范围界定、生态产品价值核算、生态产品价值转化上,依然存在不少问题。当前,问题主要集中在认识不统一,范围难界定,核算不规范,生态产品供给主要由政府主导,发挥市场作用的政策机制不健全以及生态产品价值转化不充分等方面。如何构建推动生态产品价值实现的环境经济政策体系,必须对产权不明晰的生态产品和服务,完善环境资源产权制度;构建科学合理统一的生态产品价值评估体系,推动价值实现;调整环境资源价格政策,推动财政补贴和绿色税收的支持和引导,建立生态补偿制度体系;推进环境权益有偿使用和交易,拓展绿色投资。

其次是企业推进自主治污,自觉践行绿色发展。企业环境信用评价在优化产业结构、促进污染减排、限制黑色增长、推动绿色发展等方面发挥了重要作用。地方生态环境部门和企业主体要在各个方向发力,探索出适合自身的企业环境信用建设之路,依靠技术和发展模式不断地进行创新。

资料来源:陈婉,《中国环境报》,2020年11月22日。

## 第二节 环境经济政策的一般形式和基本功能

### 一、环境经济的一般形式

为了解决环境问题的"市场失灵"和"政策失效"而引起的低效率和不公平,环境经济学家提出了一系列基于市场的环境经济政策手段。

根据如何发挥市场在解决环境问题上的作用,环境经济政策分为"调节市场"和"建立市场"两类。"调节市场"是利用现有的市场来实施环境管理,如征收各种环境税费、取消对环境有害的补贴、建立抵押金制度。"建立市场"包括明晰产权、可交易的许可证、国际补偿体制等。

调节市场型的环境经济政策主要是通过"看得见的手",即政府干预来解决环境问题,其核心思想是由政府给外部不经济性确定一个合理的负价格,由外部不经济性的制造者承担全部外部费用。最先提出这一思想的人是庇古,因此这类环境经济政策又称为庇古手段。

建立市场型的环境经济政策主要通过"看不见的手",即市场机制本身来解决环境问题,其基本思想是 1960 年科斯在《社会成本问题》一文中提出的"科斯定理",因此又称为科斯手段。

这两种形式的环境经济政策既有共同之处,也有不同之处。共同之处在于都是为了使外部费用内部化,都允许经济人为了实现环境目标,通过费用效益的比较,选择一种最优方案。不同之处在于实施途径和效果。主要表现如下。

第一,调节市场型环境经济政策多依赖于政府,如依赖于政府对环境问题及其重要性的认识以及掌握的信息。建立市场型环境经济政策则更多地依赖市场机制。在出现政府"寻租"的情况下,建立市场型环境经济政策比调节市场型环境经济政策更有效。

第二,调节市场型环境经济政策需要政府实施收费或补贴,管理成本较大;建立市场型环境经济政策需要政府界定产权。在产权制度不健全、污染者数量较多的情况下,环境资源的产权界定比较困难,企业间交易成本较大,这会使得建立市场型环境经济政策效率大大降低。

第三,实施调节市场型环境经济政策通常既能使社会获得环境效益,还能使政府获得经济收益。例如,排污收费就是环保部门筹措资金的一种手段。建立市场型环境经济政策则一般只能获得环境效益。

第四,调节市场型环境经济政策一般提供不了刺激,因为费率或税率一般是固定的,且经常低于治理污染的边际成本,对所有厂商的标准一样,这又造成厂商之间的不公平;而建立市场型环境经济政策能刺激厂商采取措施改进生产设备,减少排污。

第五,调节市场型环境经济政策可能造成另外一些外部性。被税收保护的人企图通过自己的行为影响税负和税收,那么实施庇古税就会导致其他外部性。例如,有些人为了获得赔偿,搬到排放烟雾的工厂附近居住,或在工厂周围开设洗衣店,人为造成排放烟雾的社会成本增加,因而带来排污税费的增加。

庇古手段和科斯手段各有利弊。在其他条件不变,特别是环境收益相同情况下,选择什么环境经济政策主要取决于边际管理成本和边际交易费用的大小。边际管理成本 $MMC$ 是指增加一个污染者所带来的政府管理总成本的增量。边际交易成本 $MTC$ 是指增加一个污染者所带来的企业与企业之间交易费用的增量。$MMC$ 和 $MTC$ 都包括环境保护机构运行成本和环境监测成本,但这些成本在两种环境经济政策手段中所占的比例不同。当污染者数量较少时,$MMC$ 较高,而 $MTC$ 较低;当污染者数量较多时,情况则相反。图 10-2 表示了这两种成本随污染者数量的增加而变化的情况。

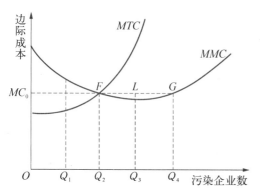

图 10-2　边际管理成本和边际交易成本

图 10-2 中,$MTC$ 和 $MMC$ 交于 $F$ 点,对应的边际成本和污染企业数分别为 $MC_0$ 和 $Q_2$。此时,两种手段都可以采用。当 $Q<Q_2$ 时,$MMC>MTC$,应选择科斯手段。当 $Q>Q_2$ 时,$MTC>MMC$,应选择庇古手段。进一步分析可知,$MMC$ 到达最低点 $L$,然后又回升。$L$ 点以后采取什么手段不仅取决于 $MTC$ 和 $MMC$ 的比较,还涉及庇古手段与命令控制型手段的比较。但在 $G$ 点以左,即 $Q_2<Q<Q_4$ 时,政府还可以继续选择庇古手段。而在 $G$ 点以右,即 $G>Q_4$ 时,由于 $MMC$ 急剧回升,所以应考虑采用命令控制型手段。

但是,随着市场化程度的提高,$MTC$ 会向右移,交点 $F$ 也移至 $F'$,决定管理手段的临界污染企业数也由 $Q_2$ 移到 $Q_2'$,这时科斯手段的活动区间增加(见图 10-3)。

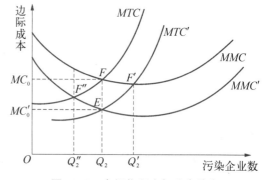

图 10-3　市场化程度与政府效率

同理,如果提高政府工作效率,则 $MMC$ 会下降到 $MMC'$,交点 $F$ 降为 $F'$,相应的 $Q_2$ 降为 $Q_2''$,这时庇古手段的活动区间增加。

但在有些情况下,市场化程度和政府工作效率会同时提高,此时有可能找到图 10-3 中的新的临界点 $E$。$E$ 点与 $F$ 点所决定的环境经济政策手段的选择区间基本一致,但边际成本由 $MC_0$ 下降到 $MC_0'$。因此努力完善市场机制,提高政府工作效率是值得期望的。

上述分析表明,可以把科斯手段与庇古手段混合使用,而不是把两类手段对立起来。例如,我国就有排污收费和排污权交易配套使用的尝试,以排污权交易为主,用排污收费做保证,从而以最小成本实现污染控制目标。

## 小资料

### 社会成本问题与科斯定理

科斯定理首先发端于科斯1959年的《联邦通讯委员会》一文，并由此引发了经济思想史上一次著名的大辩论。在《社会成本问题》一文中，科斯对科斯定理的基本内涵进行了全面而精辟的阐发。1980年，科斯为了回应学界对他的理论的批评，对科斯定理的含义作了进一步的梳理与说明。

科斯定理这个术语是由施蒂格勒创立的。尽管施蒂格勒的界定说，"在充分竞争条件下，私人成本与社会成本相等"与科斯所阐述的科斯定理的内容在表述方式上有差异：科斯所讲的局限条件是"交易成本为零的世界"，施蒂格勒所讲的局限条件是"充分竞争"；科斯是以社会总价值来衡量效率的，强调的是产值的最大化，施蒂格勒则以支出成本来衡量效率，强调社会成本与私人成本相等，但其思想实质是毫无二致的。科斯说："社会成本代表着生产要素在替代的用途中会产生的最大价值。可是，通常只关心自己收入最大化的生产者并不顾及社会成本，而且只会从事一种活动，即所利用的各种要素的生产价值大于他们的私人成本（该数额是指这些要素在其最佳的替代用途中的所得）。但是，如果私人成本等于社会成本，那么生产者势必只去从事所利用的各种要素的生产价值大于它们在最佳替代用途中产生的价值的活动。这就是说，在零交易费用条件下，产值将最大化。"在这里，科斯在施蒂格勒对科斯定理的表述的评价上凸显出科斯定理的真正含义。

科斯认为，科斯定理的基本观点，在他1959年的《联邦通讯委员会》一文中就已经初见端倪。在此文中，科斯以美国无线电频率的发射以及"斯特奇斯诉布里奇曼案"的分析指出了市场交易的前提是权利的初始界定，因为没有这种权利的初始界定，就不存在产权的转让和重新组合的市场交易。这也是产权初始界定的含义。产权的初始界定指的是"不是由谁做什么，而是谁有权做什么"，即重要的是权利界定本身，至于把权利界定给谁则是无关紧要的。正是在这个意义上，科斯认为，如果交易费用为零，则"最终的结果（产值最大化）是不受法律状况影响的"。也就是说，在零交易成本的条件下，无论法律初始界定的权利如何配置，通过市场机制，当事人的谈判也会导致财富最大化的结果。这就是运用最为广泛的科斯定理，也是科斯定理的实质。

科斯定理中的零交易成本假定仅是分析的逻辑起点，它只是分析交易成本为零的经济的基石，对于交易费用大于零的资源配置的解释、产权结构的揭示才构成了科斯定理的核心。科斯的目的是要我们面对正交易费用的世界，走入现实的经济生活。我们一旦进入正交易费用的世界，整个气象则纷繁万千。正如科斯所说的那样，如果我们从一个零交易费用的世界走向一个正交易费用的世界时，法律制度在这个新世界中的至关重要性立刻清楚地呈现出来。在这个世界里，市场中交易的东西并不是人们通常所认为的物质实体，而是采取某些行动的权利，这些权利是由个人所拥有、并由法律制度所确定的。从上面的解释可以看到,在交易费用为零的世界中,交换的双方可以通过谈判改变任何妨碍他们增加产值所需要的任何法律程序和法律条款;而在交易费用为正的现实世界中,这种活动是要付出极端昂贵的代价的,并且即使允许这样做,也会使大量与法律有关的合约行为无利可图。正是在此意义上说,个人拥有的权利,连同他们的责任和特权,在很大程度上是由法律制度决定的。其结果是,法律制度将会对经济体制的运作产生深远的影响,并且甚至在某些特定的方面完全控制着它。显然,人们所向往的是,这些权利应该配置给那些能够最富有生产性地使用它们的人,并具有引导他们这样做的激励机制。也就是说,由于任何交易都是要花成本的,不同的产权制度安排,局限条件是不同的,其交易费用的高低也迥然相异。产权制度安排对资源配置的影响也相差甚远,因此,有效的产权制度安排就能促使社会将资源配置给那些产值结果最大化的人,而无效的产权制度安排会妨碍社会资源的有效配置。这些权利的配置是通过法律上的明确界定或其他制度安排来达到的。

当然,对于科斯定理的批评和争论也仍不绝于耳。据统计,《社会成本问题》一文自发表以来,是现代经济学文献引用最多的著作之一。这也就是说,无论学者对科斯定理是赞成,还是反对,由于科斯定理涉及以往经济学家忽视的核心问题,它已然引起了经济学术界的广泛关注。这也必然招致来自各方面的批评与争论。

首先是来自萨缪尔森的批评。萨缪尔森认为,科斯关于当交易费用为零时,谈判将导致产值最大化的结果的假定是个错误的假定。在萨缪尔森看来,交易者双方不愿进行可能导致更有利于双方交换的谈判,因为这样做有可能导致一种使一方或双方较之以前更糟的协议。另外萨氏强调的是交易的最终结果的不确定性。萨缪尔森针对《社会成本问题》一文说:"在这种情况(有关克服烟尘妨害的谈判)下,不受限制的自我利益将导致无法解决的、且具有不确定性和非最优的双边垄断问题。"他又说:"对于可以共同使用的两种或两种以上投入品的定价问题,无法通过把它变成一个求确定的最大化总量问题来解决。因为在多边垄断的条件下,这种总量在各方面的配置是一个无法确定的问题。"也就是说,萨氏所表明的是:在零交易费用的情况下,并不一定保证通过市场谈判能达到产值最大化的结果。因为,交易者在追求自身利益最大化的过程中会导致交易的垄断,而无论是垄断本身,还是垄断市场的不确定性都会阻碍资源的有效配置。进一步说,在垄断的条件下,社会总产值的最大化并不能保证单个交易者的个人效用最大化,因为总量在各交易者之间的分配,由于垄断会变得不确定。退一步说,即使通过谈判达成一致性的协议并使社会产值最大化,但是对单个的交易者来说,能否实现其效用最大化仍然是不确定的。其次是考特在1982年发表了《科斯的成本》一文,他认为科斯关于交易成本为零和自愿交易这两个条件,远远不能保证资源的有效配置,而只有在完全竞争的条件下,这两个条件才能保证资源的有效配置。如果交易者之间存在相互倾轧的讨价还价,还会出现潜在的资源浪费。张五常教授则认为,按照科斯定理的解释,只要政府管制成本小于市场交易成本,那么运用政府管制可能比运用市场机制配置资源更为有效。这样,就等于是以科斯自己的逻辑否定了科斯主张的自愿交易有效性的结论。布坎南同意科斯定理的核心论点,但是由于科斯关于交易成本为零的假定,事实上削弱了自身结论成立的基础。因此,布坎南认为,有必要按照契约主义的原则重构科斯定理。当然,所有这些批评,无论是对科斯定理内在逻辑上的非议,还是对科斯定理分析方法的抨击,除了对科斯定理作了一些补充说明外,并没有从根本上对科斯定理予以修正,科斯定理在论战中仍然屹立不动。

而张五常对科斯定理的评价或许更为恰当。张五常指出:"科斯定理的重要性在于它动摇了庇古整个理论体系。科斯定理表明,在零交易费用的情况下的标准的经济理论中,庇古对经济外在性的解释是没有必要的。"也正是对庇古传统理论的批评,推动经济学提出了三个方面的问题:第一,它强调了对行为有决定性影响的产权和交易成本的各种限制,这就有可能对经济学家通常所回避的整个观察范围作出解释。第二,它根据被古典经济学家所忽视的各种限制来解释经济效率或帕累托最优条件。第三,科斯对管理和国家理论作了新的探讨。

资料来源:易宪容,《新制度经济学的奠基人——科斯评传》,山西经济出版社,1998。

## 二、环境经济政策的基本功能

环境经济政策有行为激励和资金配置两种基本功能。

行为激励功能表现为通过经济手段,借助于市场机制的作用,使外部不经济的环境费用内部化,改变生产者和消费者原有的经济刺激模式,纠正他们破坏环境的行为。

资金配置功能包含3个方面:① 依据法律、行政授权,实现和聚敛用于环境保护的资金;② 资金的重新分配;③ 资金的使用。

理论家和环境政策制定者往往强调发挥环境经济政策行为激励的功能,因为行为改变是实现环境目标的主要途径。如上所述,环境经济政策通过使外部费用内部化,刺激生产者和消费者,促使其改变行为,达到保护环境的目标。因此,行为激励功能和实现环境目标具有一种"因果一致性"。

与行为激励相比,环境经济政策的资金配置功能往往不太被重视。这里面可能有3个原因:① 当环境保护资金供给不足时,尽管环境经济政策具有明显的聚敛资金的作用,甚至可能实际上已经在发挥着这一作用,为了避免一些利益冲突和政策风险,政策制定和实施部门可能会尽量淡化这一功能。② 当环境保护资金不再成为制约环境保护事业发展的瓶颈,资金配置功能的重要性自然退居次要地位。③ 资金配置与行为激励的功能过程存在一定的抵消关系。行为改变必然导致资金配置重要性的降低和可配置资金量的减少;反之,如果通过实施环境经济政策仍然可以聚敛到大量环境保护资金,至少在某种程度上说明破坏环境的行为尚未改变,环境状况有待改善。

但是,在环境经济政策执行过程中,政策目标能否实现和如何实现,取决于政策执行过程社会、经济、政治甚至文化等背景条件的约束。环境经济政策行为激励功能的实现程度,对于政策对象来说,要求具备足够强的经济承受能力和足够高的环境意识,外部条件则要求比较完备的法规和制度建设。脱离现实的约束条件,对政策对象超前要求,不仅无法达到政策目标,而且会干扰政策实施,使政策发展失衡。

另一方面,在特定的时间段内,特别是在国民经济高速起飞期实施环境经济政策,行为激励和资金配置之间会出现一种功能互补关系,而不是最终要出现的功能抵消关系。因为行为改变是一个时间过程,对于发展中国家来说,这个过程可能要持续很长时间。行为改变不可能一蹴而就,资金短缺又是实施有效环境管理的主要制约。故在这一时期,不断加大的刺激力度,可以产生更多的可配置资金;资金的有效配置又促进了行为的改变。此时,环境经济政策的资金配置功能和行为激励功能相得益彰、并行不悖。

目前和今后一段时期内,我国环境保护资金供给不足的局面(包括资金总量绝对不足和专项资金的相对不足)不会有大的改观。面对这种形势,环境经济政策当前必然要重视资金配置。所以,期望完全实现具备很高社会经济承受力的行为激励功能恐怕难尽人意,而从发挥资金配置集腋成裘、物尽其用的功能做起,倒可能更符合国情。相反的例证是西方发达国家的环境经济政策已经逐步到位于行为激励。当政府具有足够强大的资金调配能力、国民具有足够高的环境意识和支付意愿、国民经济具有足够强的承受能力时,这一转变也就水到渠成了。

> **小 资 料**
>
> ### 环境经济政策如何激励保障资源环境和经济的协调
>
> 环境经济政策在降低环境保护成本、提高行政效率、减少政府补贴、扩大财政收入以及提高公众环境意识诸多方面,具有行政命令手段所不具备的显著优点。实践表明,运用综合性的环境经济手段特别是税制手段,可以促进新的污染控制技术、清洁生产技术、清洁产品的开发,有效地抑制有害于环境的生产和消费。那么环境经济政策的两个基本功能是如何影响环境和经济之间的关系的呢?
>
> 第一,其具有明显的利益刺激因素,借助市场机制纠正环境问题的外部不经济性,使外部费用内部化。
>
> 第二,以市场为基础,注重间接宏观调控,通过改变市场信号,影响政策对象的经济利益,引导其改变行为。这种间接宏观管理模式,不需要全面监控政策对象的微观活动,政策执行成本低,管理灵活。
>
> 第三,通过市场中介,把经济有效地保护、改善环境的责任,从政府转交给环境责任者,环境管理更加灵活,可以适用于具有不同条件、能力和发展水平的政策对象。
>
> 第四,可以有效地配置保护环境所需要的资金,这些资金不仅可投资于对环境有利的项目,还可以用于纠正其他不利于可持续发展的经济政策。
>
> 资料来源:王金南、蒋洪强、葛察忠,《积极探索新时期环境经济政策体系》,《环境经济》2008年第1期。

## 第三节 环境经济政策的基本类型

### 一、自然资源与环境征税

自然资源环境征税制度是一种比较特殊的环境经济政策。早在20世纪70年代，OECD就开始研究总结成员国在环境经济政策手段方面的经验，并且出版了大量环境经济政策出版物。随着OECD国家环境经济政策的实施与实践，目前将环境经济政策分为环境征税、交易许可制度、押金-退款制度、环境激励补贴、自愿方法五种类型，其中，自然资源及环境征税是较为常见的环境经济政策类型。

#### (一) 环境税的定义与特征

1. 环境税的定义

OECD在《环境税的实施战略》研究报告中指出："环境税的目的在于通过对环境各种用途的定价来改善环境……以污染为例，税收手段的目的在于通过比价，改变市场信号，劝阻某种消费形式或生产方式，降低生产过程和消费过程中产生的有害排放水平，并鼓励有利于环境的利用方式以减少环境退化……这些税收被称为'环境税'。"这一定义着眼于环境税的作用原理，强调引入该税种的目的。欧盟的另一份研究报告认为："如果某物质的使用或释放被证明对环境有不利影响，以该物质(或其代表物)的物理单位为税基征收的税种即为环境税。"该定义指出了环境税的征收对象，便于在实践中界定某税是否可以归于环境税。

国内的学者也对环境税做出了自己的定义，主要有以下不同的看法：我国著名经济学家厉以宁把环境税分为广义和狭义两种。狭义的环境税是指与污染控制有关的各种税收手段，包括排污税、与环境保护有直接关系的产品税、税收差别、税收减免等。而广义的环境税则包括资源税以及一切与环境、资源利用有关的税收。

实际上，我们认为环境征税是指把环境污染和生态破坏的社会成本，内化到生产成本和市场价格中去，再通过市场机制来分配环境资源的一种经济手段。我国于2018年1月1日起正式开始征收环境保护税，其中，征收的环境税主要有二氧化硫税、水污染税、噪声税、固体废物税和垃圾税等5种。

2. 环境税的特征

环境税具有和其他税费相同的法律特征，作为一个税种，环境税具有税收的一般特性。

① 强制性。主要是指国家以社会管理者的身份，用法律、法规等形式对征收捐税加以规定，并依照法律强制征税。

② 无偿性。主要指国家征税后，税款即成为财政收入，不再归还纳税人，也不支付任何报酬。

③ 固定性。主要指在征税之前，以法律的形式预先规定了课税对象、课税额度和

课税方法等。

另外,环境税也存在区别于其他税种的特征。

① 征收的目的不同。一般来说,征税的目的在于取得财政收入。而环境税主要是出于保护环境资源的特别目的而开征的,虽然也有筹集收入的功能,但更强调防治污染、保护环境。

② 税款的专用性。为了更好地服务于环境,环境税税款的使用具有专用性,主要用于治理污染和环境资源的保护。从各国的实践来看,环境税多数是作为专项税收只用于环境目的。

③ 征收范围的广泛性。环境税涉及大气、水、矿产、森林等各种资源以及与人类生产、生活有关的污染行为、污染物质,这些都可以列入征收范围。

④ 与其他税种的交叉性。环境税种对污染产品的征税类似于消费税,对污染行为的征税属于特定行为税,对利用自然资源征税则可以归入资源税。可见,环境税与传统的税收体系下的税种有交叉性。

(二) 环境税的征收标准

1. 2018年以前我国环境税的征收标准

我国在2018年以前未设立单独的环境保护税,长期以来环境保护税是以排污收费作为控制污染的主要经济条件手段,而有关环境保护的税收措施则分散在各个税种中,具体包括资源税、城市维护建设税、城镇土地使用税、耕地占用税、车船使用税等。这些税种在一定程度上包含环境保护税的性质。

(1) 资源税

资源税是对在我国境内开采应税矿产品和生产盐的单位和个人,就其应税资源税数量征收的一种税。资源税采取从量定额的办法征收,实施"普遍征收,级差调节"的原则。普遍征收是指对在我国境内开发的一切应税资源产品征收资源税;级差调节是指运用资源税对因资源贮存状况、开采条件、地理位置等客观存在的差别而产生的资源级差收入,通过实施差别税额标准进行调节。资源条件好的,税额高一些;资源条件差的,税额低一些。资源税具体包括原油、天然气、煤炭等多个税目。

(2) 城市维护建设税

城市维护建设税(简称"城建税"),是国家对缴纳增值税、消费税、营业税①的单位和个人就其实际缴纳的"三税"税额为计税依据而征收的一种税。它具有特定的目的性,是国家为加强城市的维护建设,扩大和稳定城市维护建设资金的来源而开征的。

(3) 城镇土地使用税

城镇土地使用税是指国家在城市、县城、建制镇、工矿区范围内,对使用土地的单位和个人,以其实际占用的土地面积为计税依据,按照规定的税额计算征收的一种税。开征城镇土地使用税的目的在于通过经济手段加强对土地的管理,变土地的无偿使用为有偿使用,促进合理、节约使用土地,提高土地使用效益,同时适当调节不同地区、不同

---

① 2017年10月30日,国务院常务会议通过《国务院关于废止〈中华人民共和国营业税暂行条例〉和修改〈中华人民共和国增值税暂行条例〉的决定(草案)》,营业税正式取消。

地段之间的土地级差收入,促进企业加强经济核算。

(4) 耕地占用税

耕地占用税是对占用耕地建房或从事其他非农业建设的单位和个人征收的税。采用定额税率,其标准取决于人均占有耕地的数量和经济发展程度。目的是为了合理利用土地资源,加强土地管理,保护农用耕地。

2. 环境保护税法下我国环境税的征收标准

我国经历了较长时期对于环境保护税的研究和探索,为了保护和改善环境,减少污染物排放,推进生态文明建设,逐步建立一套环境税收的法律制度,为保护自然资源,合理利用自然资源提供了法律保障。2016年通过了《中华人民共和国环境保护税法》,并在2018年正式开始施行,该项法律制度具有特有的目的,环境税收法律制度的建立不是为了取得大量财政收入以充裕国库、平衡财政赤字,而是为了使环境污染者和生态破坏者承担必要的修复成本,通过法律,逐渐促使排污者及其他社会成员树立正确的环境保护理念,并对社会产生广泛而深远的影响,使得多个税种相互融合,更加系统和全面。

环境保护税的纳税人是在中华人民共和国领域和中华人民共和国管辖的其他海域,直接向环境排放应税污染物的企事业单位和其他生产经营者。而环境保护税的征税对象分为四类,即大气污染物、水污染物、固体废物和噪声[①]。

(1) 大气污染物

大气污染物主要包括二氧化硫、氮氧化物、粉尘等44种,但不包括挥发性有机物。需要注意的是,挥发性有机物是指特定条件下具有挥发性的有机化合物的统称,其中包括苯、甲苯、二甲苯、苯丙芘、甲醛、乙醛等应税污染物。排放这些应税污染物,需要对其征收环境保护税。

大气污染物的计税依据应当按照污染物排放量折合的污染当量数来确定。应税水污染物污染当量数,以该污染物的排放量除以该污染物的污染当量值计算。所缴应纳税额应将污染当量数乘以适合税额。

(2) 水污染物

水污染物分为第一类水污染物和其他类水污染物,第一类水污染物包括总汞、总镉等10种,其他类水污染物包括化学需氧量、氨氮、色度等55种。特殊规定海洋工程环保税应税水污染物有明确的范围,是指向海洋水体排放的生产污水和机舱污水中的石油类污染物,钻井泥浆和钻屑中的石油类、总镉、总汞,以及生活污水中的化学需氧量。

应税水污染物按照污染物排放量折合的污染当量数确定,应纳税额的计算与大气污染物的计算方法相似。

(3) 固体废物

固体废物包括煤矸石、尾矿、危险废物、冶炼渣、粉煤灰、炉渣以及其他固体废物。海洋工程环保税应税固体废物是指对海洋水体排放的生活垃圾。

应税固体废物按照固体废物的排放量确定。固体废物的排放量为当期应税固体废

---

① 根据《环境保护税税目税额表》《应税污染物和当量值表》对应税污染物进行划分。

物的产生量减去当期应税固体废物的贮存量、处置量、综合利用量的余额。固体废物的贮存量、处置量,是指在符合国家和地方环境保护标准的设施场所贮存或者处置的固体废物数量。固体废物的综合利用量,是指按照国务院发展改革、工业和信息化主管部门关于资源综合利用要求以及国家和地方环境保护标准进行综合利用的固体废物数量。应纳税额为固体废物排放量乘以具体适用税额。

(4) 噪声

噪声是指在工业生产活动中产生的干扰周围生活环境的声音,一般而言,仅对工业噪声征税。我国取消了原排污费中对建筑施工噪声的征收项目。

应税噪声按照超过国家规定标准的分贝数确定。应纳税额为超过国家标准的分贝数对应的具体适用税额。

3. 国外环境税的征收标准和法律制度

(1) 丹麦的环境税征收制度

丹麦是欧盟第一个真正进行生态税改革的国家,也是第一个通过自己制定大气保护政策,从而减少二氧化碳排放量的国家。丹麦的环境税种类比较齐全,结构比较完整,主要有以下 4 类。

① 能源税。丹麦从 1978 年开始逐渐引入能源税,首先引入的是电能税,然后是轻重油税,1979 年开始对罐装气征税,1982 年开始对煤征税,1996 年开始对天然气征税,此后几乎对各种石油及煤产品都征收能源税。

② 二氧化碳税。1992 年丹麦引入二氧化碳税,目的是提高能源利用效率和鼓励以低碳燃料替代高碳燃料生产热力和电力。1992 年,丹麦对除汽油、天然气和生物燃料以外的所有类型的家庭用能的二氧化碳排放征收二氧化碳税,征收标准以每种燃料在燃烧时的二氧化碳含量为计算依据,税率为每吨二氧化碳 13.42 欧元。1993 年开始,工业和商业用天然气也开始征收碳税,税率与家用能源相同。但是,有增值税返还资格的工商业用户碳税的 50% 可以得到返还。如果公司的生产是能源密集型的,那么返还的比例更大。

③ 二氧化硫税。1996 年,丹麦开始对某些煤和油征收硫税,征收对象是煤炭、油和天然气的供应商以及使用含硫的木材、秸秆和废物的企业,目的在于促进削减硫的排放和同时减少二氧化碳的排放。税率为每吨硫 1 342.1 欧元,只有当燃料含硫量超过起征量时才征税。电力生产部门免征硫税,硫的含量低于 0.28% 的煤以及硫的含量低于 0.4% 的石油产品也免征硫税。2000 年,丹麦决定对某些硫税取消免税措施,或者提高硫税的免税标准。

④ 产品税。丹麦于 1994 年 1 月实施税改,开始重视设立产品专项税和危险废物专项税,新增了许多新的税种,尤其对消费品的征税范围不断扩大。

(2) 美国的环境税征收制度

美国现行的环境税征收主要包括能源税、环境税、交通税和污染税等。其中能源税,主要是燃油税;环境税包括石油税、臭氧消耗税、特定化学品税、特定进口物质税;交通税包括机动车税(州和地方税);污染税(州和地方税种)是指废物处理税费(州税)、轮胎税费(州税)。美国的环境税类似于中国环境税体制,环境税体现在资源税、环境费、环境税、所得税、消费税等不同税种和环节。而这些税费的收取分别都在两种功能上有所体现。

### (三) 自然资源环境税征收的缺陷

自然资源环境税的征收有不少缺陷和不足，主要体现在征税水平的两个方面：征税水平的高低和征税水平的稳定性。征税水平过高将对资源的利用产生消极影响。征税水平的稳定性对资源预期的效果也有一定的影响。

我国现在已经基本确立了车船税、环境保护税、烟叶税、耕地占用税、资源税五大资源环境类税种，从资源利用状况的角度出发，环境税存在不可避免的缺陷。

第一，新的发展观往往与资源环境税征税体制存在冲突和矛盾，税制改革往往需要长期地进行调节，才可以对现时的自然资源进行有效可持续的利用，因此，会对资源价格的形成和对资源的开采利用调节具有较大的限制。

第二，征税范围不明确，征税过程中各个税种科目往往存在"你中有我，我中有你"的现象，税费政策有失公平。

第三，单位税额过低，计税方法不合理，需要与时俱进。

## 二、排污收费制度

仅仅依赖排污标准和产业政策很难实现资源的最优配置。为了使污染者承担污染的外部成本，以弥补私人成本和社会成本之间的差距，经济学家提出一种方案：根据污染造成的损失对排污者征税或收费。通过排污收费这种经济机制，实现资源环境的更优配置。

排污收费是环境保护行政主管部门根据国家环境保护法律法规，对排污单位作出的具体行政行为。排污收费制度起源于工业发达国家，作为一项完整的制度，大约开始于20世纪70年代初。当时，世界上许多发达国家为了制止环境污染和生态破坏，根据"污染者负担"原则，在环境政策领域中逐步引入和实行了向排污者征收排污费的制度。排污收费制度是指向环境排放污染物或超过规定标准排放污染物的排污者，依照国家法律和有关规定按标准交纳费用的制度。征收排污费的目的，是为了促使排污者加强经营管理，节约和综合利用资源，治理污染和改善环境。

我国实行排污收费制度大体经历了三个阶段：第一阶段，排污收费制度的提出和试行阶段(1978—1981年)；第二阶段，排污收费制度的建立和实施阶段(1982—1987年)；第三阶段，排污收费制度改革发展和不断完善阶段(1989年至今)。现行《排污费征收使用管理条例》(中华人民共和国国务院第369号令)，于2002年1月30日国务院第54次常务会议通过，自2003年7月1日起施行。

依据法律、法规、规章的规定，我国现已开征的排污费项目有：污水排污费和污水超标准排污费、噪声超标排污费、废气排污费、固体废物及危险废物排污费等。

### (一) 排污收费制度理论依据及性质

1. 排污收费的理论依据

排污收费制度也称征收排污费制度，是指对于向环境排放污染物超过国家或地方污染物排放标准的排污者,按照污染物的种类、数量和浓度,根据排污收费标准向环境主管部门设立的收费机关缴纳一定的治理污染或恢复环境破坏费用的行政法律制度。

在西方经济学中,环境污染被定义成一种外部不经济,亦即它会带来负的外部效应。污染者既然造成了外部不经济性,就有责任将这种外部不经济性内部化,承担治理污染的费用和补偿受害者的经济损失。换言之,环境污染必然会对自然环境、生物、社会、人群造成损害。污染者既然污染了环境,危害了人群健康,给社会造成了经济损失,就要消除这种损害或恢复受损害对象的原状。

2. 排污收费的性质

关于排污收费的性质,主要有以下 6 种学说:

① 税收说。许多西方国家的学者认为排污收费是直接用于环境问题的一种特殊税收形式。我国也有学者认为,排污收费与税收一样具有强制性、无偿性,同样纳入财政预算。

② 经济补偿说。社会要求排污企业对其在追求"内部经济效益"时所带来的"外部不经济性"承担经济责任,或是治理污染,或是缴纳排污费以作经济补偿。

③ 罚款说。收缴排污费是对排污者的一种惩处。

④ 酬金说。排污收费是为筹集防治污染资金而开辟的资金渠道。

⑤ 价值说。环境是自然资源,也是商品,其所有权归国家所有。

⑥ 收费说。

### (二) 排污收费制度收费标准及计算

1. 排污收费标准

理论上讲,最佳的排污收费标准应为边际去除费用与边际去除效益相等时的取值。

世界上制定排污收费标准的依据大致有两种:① 以环境质量为收费依据,凡是向环境排放污染物者都要缴纳排污费;② 以环境污染物排放标准为收费依据,污染物排放量或浓度不超过国家规定的排放标准的不收费,超过量越大,收费越高。

排污收费标准主要包括两个方面:① 污染物排放标准;② 排污费的征收标准。

2. 排污收费的计算

(1) 废水排污收费的计算

收费的依据可以分为两种情况:① 对排放的各种污染物分别制定收费的标准。② 采用一些综合性指标代替一些常规的污染物质和有毒物质作为排污收费的依据。

废水排污收费常用的指标有以下两个:① 人口当量。把每人每天排放污染物数量的平均值作为标准,就是一个人口当量。将生活或工业污水换算为人口当量,确定出每个人口当量的收费标准,对每个废水排放者按其排放废水折合的人口当量负荷数进行收费。② 毒性当量。这是计算和评价有毒物质负荷的收费依据。毒性当量是根据生物毒理实验测定的。测定方法是选定某种指示生物,测定某种群死亡率与毒物浓度的关系,把指示生物死亡 50% 时的有毒物浓度规定为标准当量浓度。

(2) 废气排污收费的计算

目前世界上只对 $SO_2$ 一种废气实行排污收费。对排放 $SO_2$ 收费的方法有两种：① 按 $SO_2$ 排放量收费；② 按燃料含硫量收费。按燃料含硫量收费又分为两种情况：不分燃料的种类，只根据燃料的含硫量进行收费；不考虑具体燃料的含硫量，只根据燃料的种类进行收费。

(3) 固体废物收费的计算

固体废物收费计算的依据有以下 4 种：① 按废弃物的重量或体积收费；② 按家庭大小收费；③ 按标准容器收费。按每年装在标准容器中的废物处置的次数收费，收费率随容器的大小而异；④ 接收集袋收费。

(4) 噪声收费的计算

总收费的依据：① 以飞机的噪声水平为依据，结合降落费确定噪声收费额；② 以飞机的重量和噪声特征为依据确定噪声收费额。

3. 排污费的分配及使用

不同国家对于污染者所应支付的范围的理解，主要有两种观点：第一种观点认为污染者应支付因排污而造成的全部费用和损失；第二种观点主张污染者只负担防治污染和赔偿受害者损失 2 项费用。目前大多数国家采用第二种做法。

### (三) 排污收费存在的缺陷

排污收费制度降低了监督费用，排污收费提高了经济效率，有利于污染控制技术的革新，更有利于筹集环保资金。但是，我国现行排污收费制度存在着一些缺陷。

1. 排污费征收标准偏低

从经济学角度看，对排污者征收的排污费应该等于他给社会其他成员造成的损失，从而使其私人成本等于社会成本。然而，我国现行排污费的征收标准往往难以弥补治理污染的成本。这种偏低的环境资源价格，既没有反映资源的稀缺程度，也没有反映环境治理成本。例如，目前我国二氧化硫排放量收费标准为 0.63 元/kg，而火电厂烟气脱硫平均治理成本为 4～6 元/kg。这必然会导致企业从自身利益出发，宁肯交纳超标排污费，也不愿积极治理污染。排污收费标准偏低是排污收费政策设计的重大缺陷，其直接后果是"企业违法成本低、守法成本高"，不可避免地会使政策结果与目标发生背离而造成政策"失灵"。

2. 排污费的开征范围不全面

排污费的开征范围，从 1982 年国务院《征收排污费暂行办法》中规定的超标废水、废气和废渣开始，逐步增加了噪声排污费、污水排污费。2003 年先后修订了排污费征收标准，超标废水的污染因子增加至 65 项，废弃物的污染因子增加至 44 项，还增加了危险废弃物排污费征收标准。但目前排污费征收标准仍然不够全面。比如，放射性物质、垃圾、汽车尾气以及面源污染物等仍然没有排污费征收标准。这些污染物的排放带来了很大的环境污染问题，但政策对这些污染因素的规定很少，有的甚至没有任何规定。

3. 排污费不能足额征收

全国范围内都不同程度地存在着少缴、欠缴、拖缴排污费的问题。主要原因有以下 3 点：① 按照现行的排污费征收程序，排污费征收额测算的基础是排污者申报和环保部门核定。而目前在一些地方主要依靠企业自报,申报数据的可靠性、准确性、真实性难以保证(谎报、瞒报现象较为严重,污染源检测也受到技术、手段、采样的瞬时性等制约,无法提供与实际排放相符的准确数据)。② 地方保护主义下的行政干预严重。部分生产企业通过当地行政领导对环保部门进行干预,以达到少缴或不缴排污费的目的("协商收费""人情收费"的现象普遍)。③ 环保部门执法力度不够,征收排污费不按标准执行。少数收费人员法律法规意识较差,对一些应该进行检测检查的排污单位仅仅是走形式,甚至是放任不管。

4. 排污费使用不规范

根据 2003 年国务院发布的《排污费征收使用管理条例》,排污费必须纳入财政预算,列入环境保护专项资金进行管理,主要用于重点污染源防治、区域性污染防治、污染防治新技术、新工艺的开发和应用等项目的拨款补助或者贷款贴息。但在实际工作中,存在着不同程度的自身建设支出挤占污染源治理资金的问题。据有关报道,一些环保部门甚至将全部排污费用于自身经费支出,如人员经费、办公费等。

## 三、排污许可证制度

排污许可证制度是在环境管理中实施的一项综合性管理措施,其基本原理是对企业排入环境的污染物实行总量控制技术,具体实行形式是对各企业(排污单位)发放具有法律效力的排污许可证。

### (一)排污许可证制度的实施方法

1. 总量控制技术

排污许可证制度的基础是总量控制技术。所谓总量控制方法,即通过控制某区域、某行业或某排污单位在单位时段内的排污总量,来达到保护和改善环境质量目的的一种环境管理方式。总量控制技术是以控制污染物排放总量为目的,其基本的技术方法有两种:容量总量控制和目标总量控制。

2. 我国排污许可证制度的工作程序

工作程序为:准备工作阶段;申报登记阶段;排污申请和规划分配阶段;审核发证阶段;监督管理阶段。

### (二)排污指标的有偿使用

排污指标的有偿使用是指排污者应交纳一定的排污指标使用费才能获得一定的排污权的污染物排放管理制度。其实质是在环境管理中引入了市场机制,让市场来调节和控制污染物的排放行为。

### (三)排污许可证制度的优势

1. 污染治理的成本最小化

与环境标准相比,排污许可证是一种基于市场的经济手段。与排污收费制度相比,排污许可证更充分地发挥了市场机制的资源配置作用。其最主要的特征体现在能让污染治理的社会成本最小化。原因是:政府控制了总的排污权供给(总的环境状况不恶化),在排污权不增加的情况下,边际治理成本比较高的污染者将买进排污权,而边际治理成本比较低的污染者出售排污权,其结果是全社会总的污染治理成本最小,环境标准不能绝对禁止排放污染物。因此,即使某地所有厂商排放的污染物都达到了环境标准的规定,随着厂商数量的增加,污染物的排放量仍然会增加。如果为了确保总的排污量指标不被突破,不允许新厂商进入该地从事生产,有时又可能影响经济效益,因为新厂商的经济效益有可能高于原有的厂商而边际治理成本又有可能低于原有厂商。排污许可证制度为这些新厂商提供了一个机会,也为资源优化配置提供了一个机会。

2. 有利于宏观调控

排污许可证制度有利于政府利用市场经济行为进行宏观调控。第一,由于非对称信息的存在,政府决策可能出现失误或落后于形势。第二,修改污染源排放标准和排污费征收标准,因为受法律程序的限制,需要一段时间,存在"政策滞后"影响。第三,标准的修改涉及各方利益,有关方面都会力图影响政府决策,从而迟迟不能得到结果,不利于政府针对环境质量的突发变化进行灵活反应。有了排污许可证制度之后,政府管理机构可以通过发放或购买排污权来影响排污权价格,从而控制环境标准。

3. 给非排污者表达意见的机会

如果排污权市场是完全自由竞争的,则任何人(不管是不是排污者)都可以进入市场买卖。环境保护组织如果希望降低污染水平,可以进入市场购买排污权。然后把排污权控制在自己手中,不再卖出。这样污染水平就会降低。这种解决办法是有效率的,因为它通过支付意愿反映了人们的选择。

4. 更具市场灵活性

排污许可证制度避免了排污收费的一些问题。排污许可证制度不需要像排污收费那样,事先确定排污标准和相应的最优排污费率,而只需要确定排污权数量并找到发放排污权的一套机制,然后让市场去确定排污权价格。排污权市场价格的变动,可以及时地影响厂商治理污染的价值判断。

此外,排污许可证制度使得企业节约下来的排污指标(以排污许可证的形式)能够在市场上出售,或者贮存起来以备今后企业发展使用。因而可以促使排污者采用先进工艺、增加污染治理投入,减少污染排放,极大地提高了企业控制污染的积极性,在某种程度上减少了污染物的排放量,有利于环境保护。

(四) 实行排污许可证制度的条件和问题

1. 合理分配排污权

按照污染者付费原则,排污权应该通过拍卖的手段,有偿分配给排污者。但是由于较高的获取成本会使得排污权持有者有惜售心理,从而影响交易市场的形成。现实中往往采取根据一定的条件无偿分配的方式发放排污许可证。这样一来,又产生了两个问题:① 违背了"污染者付费"原则;② 使新老污染源由于获取排污权的方式不同而处于不平等的竞争地位。因此,合理分配排污权,对于排污许可证制度至关重要。

我国排污许可证制度试点初期,排污许可证制度出让的排放许可来自淘汰落后产能产生的减排量,由环保部门代表政府出让。但长期由环保厅扮演出让方,易引起社会对政府开展排污许可证制度试点目的的质疑,影响政府公信力。

### 2. 完善的市场条件

排污权可以买卖,而且长期以来价格呈上升趋势。必然有人会炒卖排污许可证,甚至有可能出现某些人通过垄断排污权市场牟取暴利的现象。排污权的价格应该由市场决定,但需要排污权市场有良好的交易秩序和交易环境。因此,完善的市场是实行排污许可证制度的重要条件。

### 3. 政府有效的监管

污染者之所以要购买排污权,是因为没有排污许可证就不能排污。如果政府无法确定排污许可证的分布状况,或者无法制止无证排污,那么排污许可证制度就开展不起来。因此,政府对排污者排污的有效管理是排污许可证制度的第三条件。政府的监管还包括排污权的审批管理。目前我国排污许可证制度实行过程中,由于受让主体范围较小,造成了企业之间的不公平。

## 四、环境保护的其他经济政策

### (一) 环境保护补贴

环境保护补贴是各种环境保护财政补助形式的总称,其目的是促使污染者改变其不利于环境的活动,减少对环境的污染,或者帮助那些在执行特殊环境要求中有困难的企业。环境保护补贴一般有以下3种形式:① 补助金;② 长期低息贷款;③ 减免税。

国家对环境保护事业的资助主要有以下4个方面:① 政府以实物或现金的方式资助环境科学、污染防治新技术的研究和防治污染新设备的研制;② 政府部分或全部承担建立有关环境保护的公共设施;③ 政府以低息向企业或私人提供贷款;④ 税收优惠。

### (二) 综合利用的奖励政策

我国采用的鼓励综合利用的具体措施有以下2项:① 对开展综合利用的生产建设项目实行奖励和优惠。② 对开展综合利用生产的产品实行优惠,对产品销售给予优惠,对产品价格给予优惠,征税给予优惠,给予一定的利润留成。

### (三) 环境保护经济优惠政策

#### 1. 税收优惠

税收优惠政策适用于能认真执行"三同时"的新建企业,因防治污染而需要搬迁另建的企业,以"三废"为主要原料的实行资源综合利用的企业等。可以在产品税、增值税、营业税、所得税、建筑税等税种方面给予税收优惠。

#### 2. 价格优惠

为鼓励企业生产某种有利于环境保护的产品,可以采用统一价格、浮动价格、议定价格、地区差价、季节差价和质量差价等价格政策,给予环境保护产品以价格优惠,调节企业的产品生产结构。

#### 3. 贷款优惠

为发挥金融机构在环境保护中的作用,可以实行有利于环境保护的贷款优惠政策。

### 4. 折旧优惠

可以实行有利于环境保护的折旧优惠政策。此外,环境保护经济优惠政策还可以有收费优惠、环境保护职工福利和奖金优惠等其他方面的政策照顾。

#### (四) 环境保护押金制度

环境保护押金制度是指对存在的潜在污染的产品加收额外费用以作为押金,如果通过回收这些产品或它们的残余物可以避免环境污染,再把押金退还给购买者。

---

**小 资 料**

**中国环境经济政策类型的演变——从排污收费制度到环境保护税**

OECD 在《环境经济手段应用指南》中把环境经济政策划分成 3 类:环境收费或税收、许可证制度、押金退款制度。并直接把环境经济政策明确成下面 5 个部分:收费、补贴、押金退款制度、市场创建、执行鼓励金。上述划分在我国被普遍认可和使用。

我国的环境经济政策类型的变化要追溯到 20 世纪 70 年代,1979 年颁布的《中华人民共和国环境保护法(试行)》就以法律形式确定了排污收费制度的法律地位,排污收费是对单位污染物征收的费用。这种收费旨在削减污染,但很难对众多的污染者进行监测,因此有时只能采用其他指标如投入(产品)来收费。排污收费,是目前世界各国较为通用的一种经济手段,是污染者负担原则的具体体现。收费的领域涉及大气、水、固体废弃物、噪声等。此后的《大气污染防治法》《水污染防治法》《固体废弃物污染防治法》《环境噪声污染防治法》都对该项制度做了法律上的规定。经过 20 多年的发展,排污费制度已经成为一项比较成熟、行之有效的环境管理制度,已在中国得到全面实施。排污费制度对刺激社会削减污染、增强人们环保意识、加快环保设施建设和提高环保监管能力等方面发挥了重要作用。目前的主要问题在于:① 征收标准过低,没能完全达到刺激企业削减污染的效果;② 使用方向过于狭窄,当地征收的排污费主要用于当地的污染物处理设施建设,不能从优化整个区域(流域)环境质量的角度出发,通盘考虑环保基金的使用,从而导致与生态补偿关系最密切的收费项目不能发挥生态补偿的效用。

1987 年开始进行水污染物排放许可证的试点,即初步实行排污申报登记与排污许可证。1991 年开始进行大气污染物排放许可证的试点。1993 年开始在 6 个城市进行大气排污交易政策的试点工作,排污许可证在中国城市的试行取得了一定的成效。排污权交易思想最早是由美国人戴尔斯提出的,以后发展成排污许可证交易制度。具体做法是政府依据环境标准,确定排污总量,然后根据排污总量,把排放一定污染物的权利出卖给出价最高的竞买者。污染者可以从政府手中购买这种权利,也可以向拥有污染权的污染者购买,污染者相互之间可以出售或转让污染权。排污权的初始发放数量和方法是管理者依据环境保护目标指定的,排污权一旦发放即可按市场规则自由交换。该手段的实质是在行政管制的基础上,把排污权转化为商品并纳入市场,运用市场机制对污染物进行控制管理,把环境保护问题同市场经济有机地结合在一起,它是比排污收费更合理、更有效的一种手段。

三同时制度是指新建、改建、扩建的基本建设项目、技术改造项目、区域或自然资源开发项目,及其防治环境污染和生态破坏的设施,必须与主体工程同时设计、同时施工、同时投产使用的制度。三同时制度是防止产生新的环境污染和生态破坏的重要制度。凡是通过环境影响评价确认可以开发建设的项目,建设时必须按照三同时规定,把环境保护措施落到实处,防止建设项目建成投产使用后产生新的环境问题,在项目建设过程中也要防止环境污染和生态破坏。建设项目的设计、施工、竣工验收等主要环节落实环境保护措施,关键是保证环境保护的投资、设备、材料等与主体工程同时安排,使环境保护要求在基本建设程序的各个阶段得到落实,三同时制度分别明确了建设单位、主管部门和环境保护部门的职责,有利于具体管理和监督执法。早在1979年,《中华人民共和国环境保护法(试行)》就对三同时制度从法律上加以确认,第六条规定:在进行新建、改建和扩建工程时,必须提出对环境影响的报告书,经环境保护部门和其他有关部门审查批准后才能进行设计;其中防止污染和其他公害的设施,必须与主体工程同时设计、同时施工、同时投产;各项有害物质的排放必须遵守国家规定的标准。随后,为确保三同时制度的有效执行,国家又规定了一系列的行政法令和规章。如1981年5月由国家计委、国家建委、国家经委、国务院环境保护领导小组联合下达的《基本建设项目环境保护管理办法》,把三同时制度具体化,并纳入基本建设程序。于是到1984年大中型项目三同时执行率上升到79%。第二次全国环境保护会议以后又颁布了《建设项目环境设计规定》,进一步强化了这一制度的功能。至1988年大中型项目三同时执行率已接近100%,小型项目也接近80%,有些地方的乡镇企业也试行了这一制度。

生态补偿最初源于自然生态补偿,指自然生态系统对干扰的敏感性和恢复能力,后来逐渐演变成促进生态环境保护的经济手段和机制。在中国生态环境保护与管理中,生态补偿至少具有4个层面上的含义:① 对生态环境本身的补偿,如国家环境保护总局2001年颁发的《关于在西部大开发中加强建设项目环境保护管理的若干意见》(环发〔2001〕4号)规定,对重要生态用地要求占一补一;② 生态环境补偿费的概念——利用经济手段对破坏生态环境的行为予以控制,将经济活动的外部成本内部化;③ 对个人与区域保护生态环境或放弃发展机会的行为予以补偿,相当于绩效奖励或赔偿;④ 对具有重大生态价值的区域或对象进行保护性投入等,包括重要类型(如森林)和重要区域(如西部)的生态补偿等。中国生态补偿的类型与方式林林总总,但总体而言还没有建立类似环境污染收费的系统政策,目前存在着生态补偿机制不完善、体制不顺、融资渠道单一和缺乏必要的法规政策支持等问题。

过去几十年这些经济手段与各种法律、法规、行政规章等手段密切配合,取得了一定效果。直到2016年,《中华人民共和国环境保护税法》由中华人民共和国第十二届全国人民代表大会常务委员会第二十五次会议于2016年12月25日通过,并在2018年1月1日起环境保护税正式开征,排污收费制度退出了历史舞台,废止了有关排污收费的规章和规范性文件,为打好污染防治攻坚战,建设美丽中国提供坚实的法治保障。其中,环保税减免税力度较高,从环保税当前的有关信息以及重要公司的案例进行分析,环保税"多排多征、少排少征、不排不征"的科学激励机制开始展现出自身的效果,激励节能减排、促进绿色以及高质量发展的变革效果开始产生。

环保税也有很多积极的影响,积极效应可被划分成"一降两增三促进"。"一降"表示减少污染物排放量,根据纳税人相关申报信息可知,国内关键应税大气与水污染物的排放量和去年相比都表现出降低的趋势,尤其是二氧化硫、氮氧化物等重要大气污染物和化学需氧量、氨氮等重要水污染物的排放量降低明显。"两增"一般表示税收扶持力度较高、环保管理的投资不断增加。"三促进"表示加快污染物统一处理、加快清洁发展、加快循环整体使用。在北京,第一个季度大概有60多家公司逐渐由向环境直排污水变成向污水处理场所排放。以河北某公司为例,2017年此公司投资一千万元改造废气处理设施,当前一季度排放二氧化硫、氮氧化物与烟尘浓度都低于国家与地区标准30%左右,得到相应的税收优惠,上交的环保税大概是28万元,和治理改造之前相比少上交大概50万元的费用,每年可节约200万元,五年就能得到环保投资治理费用,对提高公司治污减排的自主性具有相应的促进影响。

故通过环保税的设立,可以引导激励清洁生产、促进统一处理、激励循环利用。环境保护税是单独的绿色税种,其收取的现实目标并不是提高财政收入,而是激发公司环保的积极性,促进高污染、高损耗的公司进行转型,让绿色发展的公司得到更大的优惠,同样可以使得环境和经济协调发展。

资料来源:OECD,《环境经济手段应用指南》,刘亚明译;李斌,《基于可持续发展的我国环境经济政策研究》,博士学位论文,中国海洋大学,2007。

## 第四节 环境经济政策的实施条件与影响因素

### 一、实施条件

#### (一)比较完备的市场体系

环境经济政策是环境管理部门通过经济刺激手段,直接或间接调控管理对象的行为。因此,环境经济政策成功与否,取决于市场的完善程度。如果市场功能不健全,管理者就失去了传递意图的中介,或者导致市场信号失真,而管理对象可能对市场信号反应迟钝,甚至不产生反应和不在乎市场是否存在,最终导致环境经济政策的效率减低甚至失败。

#### (二)相应的法律保障

市场经济是法治经济,这一观念今天已经得到普遍认同。同理,参与市场运行的环境经济政策,只有在相应的法律保障之下,才具有合法性和权威性。因此,在制定环境经济政策的时候,必须首先寻求法律体系的支持。如果某项环境经济政策与现行法律相冲突,除非修改有关法律条文,否则政策不可被执行,这在国外已有先例。例如,巴西的宪法只允许对每一项交易征收一种税,因此,对任何已经征税的生产和消费活动再征收环境税就属于违法行为,不可能被执行。如果拟议的环境经济政策与现行法律不相悖,也必须获得法律认可,赋予政策合法地位。这种法律保障除了确认该政策的合法性之外,还要授权主管部门制定政策的实施细节和管理规定。

(三) 配套的规章和机构

环境经济政策的有效执行仍然需要必要的规章和机构。例如,排污收费制度的实施,需要制定具体的实施细则和详细的收费标准,建立负责费用征收、资金使用和管理的环境监理机构。

(四) 相应的数据和信息

必要的数据信息仍然是环境经济政策制定与实施的重要条件。管理者若要在最优水平上实施调控,例如,使边际控制成本等于边际损害成本,就必须掌握关于污染控制(或资源保护)成本函数以及环境损害函数等数据信息。

## 二、影响因素

(一) 政策可接受性

有些环境经济政策付诸实施后,会影响一些部门、地区或团体的利益。受影响的利益集团会采取相应的反措施,抵制环境经济政策的施行,当反对的力量强大到足以影响政治决策过程时,该项环境经济政策就会被修改乃至被放弃。因此,考虑一项环境经济政策能否施行,有必要评价其政治和社会的可接受程度。

(二) 相关政策的制约

现行的法规框架为环境经济政策的选择划定了有限的生存空间,在此范围内,环境经济政策与其他经济政策之间的关系,只能采取配合而不是冲突的形式。例如,在我国建立环境保护基金或投资公司,根据有关政策规定,必须经由中国人民银行批准,从国外融资要经过有关部门批准并符合国家控制外债规模的要求,基金的资金规模要符合计划和财政部门的宏观投资计划。制定环境经济政策必须考虑这些规定。否则,一些在环保部门内部合理的、有意义的设想,一旦放在国民经济运行的背景之下,可能会同国家的宏观经济政策相抵触,而不具备现实可实施性。

(三) 管理的可行性

管理的可行性既影响环境经济政策的选择,也影响具体政策的执行。例如,荷兰1988年实行的环境税因税种太多,难以管理,因而于1992年将5种税改为1种税。我国正在推行的排污许可证制度,由于技术含量高,在许多地区难以操作,也在一定程度上妨碍了这一制度的推广。

(四) 公平性的考虑

对社会公平性的考虑也会制约一些环境经济政策的选择与使用,因为在决策者看来,有些经济手段的实施可能会引起社会不公平问题。例如,普遍提高水资源的价格,对于规模不同的生产者、收入不等的社会阶层,其意义和影响是不同的,这就可能导致不公平问题。

### (五) 对市场竞争力的担心

环境经济政策最终要参与国民经济运行,发挥宏观调控的功能。一些地方政府担心实施环境经济政策会给企业造成经济负担,影响经济效益,最终削弱本地方产品的市场竞争力,因此,可能对于一些环境经济政策持消极或抵触态度,干扰环境经济政策的实施。

### (六) 产业政策

各级政府为实现特定时期的经济目标而制定的一些产业政策,也会影响环境经济政策的实施。例如,为扶持和保护国内某种产业而提供财政补贴和征收高额关税,为鼓励出口而对有关产业或企业提供补贴等,都会妨碍环境经济政策的实施,不利于环境成本内部化。

---

**小 资 料**

#### "十四五"环境经济政策实施需求与改革发展

现阶段我国环境经济政策体系仍不够完善,依旧不能完全适应和满足新时代生态文明建设的需要。"十四五"需要积极推进和创新运用环境经济政策,更大力度发挥政策全链条作用,为环境质量持续改善、生态文明建设深入推进提供长效政策机制,开启美丽中国建设新篇章。美丽中国和生态文明建设对环境经济政策改革创新提出新需求。目前环境经济政策还处于健全完善阶段,且这些政策主要是资源生态环境"主战场"领域,生态文明建设全面融入社会、经济、政治、文化中的政策创新比较欠缺,效应尚未充分显现。"十四五"时期必须在习近平生态文明思想指引下,充分发挥环境经济政策改革在美丽中国建设中的关键作用,通过持续深化改革适应新时期生态文明建设需要,在深入推进生态文明建设中发挥重大作用,为建设美丽中国开好局起好步。

环境经济政策体系建设尚需要通过改革创新再上新台阶。目前我国生态环境保护管理工作以行政手段为主,市场机制不健全,造成环境外部不经济,生态补偿、绿色金融等环境经济政策不健全。"十四五"时期还需要继续推进建立行政手段为引导、市场手段为主的长效环境经济政策机制,进一步整合现有各项环境经济政策,合理定位和协调各政策工具作用,强化政策手段的组合调控,打通包括环境税、生态环境补偿、信息披露、绿色信贷等在内面向企业的环境经济政策链条,形成政策合力,强化政策协同与技术支持,更大发挥政策的作用。

"十四五"时期环境经济政策改革与创新要深入贯彻落实习近平生态文明思想,着眼于构建"两山"转化和推动生态环境质量改善的长效机制,在改革思路上把握好三个方面。一是环境经济政策改革要着力抓好四个"突出"。突出环境质量持续改善激励、突出经济过程全链条调控、突出推进政策手段的系统优化与协同增效、突出政策执行能力保障,推进打通"两山"通道,构建多元化多层次绿色市场体系,充分发挥市场经济体系优化配置生态环境资源的基础作用。二是环境经济政策改革要坚持处理好"存量""增量"与"变量"。用好"存量",重在完善优化现有环境经济政策;要继续深化"增量"改革,推动区域流域、结构调整、空间管控等新问题新领域环境经济政策创新;要进一步强化"变量"调控,通过深化政策改革调整以应对生态环境保护工作新变化及其不确定性。三是把握好环境经济政策改革目标定位。着力于通过改革构建产权明晰、市场健全、财税激励、费价合理、公平补偿、资本绿色的环境经济政策体系,充分发挥环境经济政策在转方式、调结构、稳增长中的作用,形成协同生态环境保护和经济转型发展的长效动力机制,促进生态环境保护政策与经济社会发展制度政策融合共生形成合力,推进环境治理能力和治理体系现代化建设,如图10-4所示。

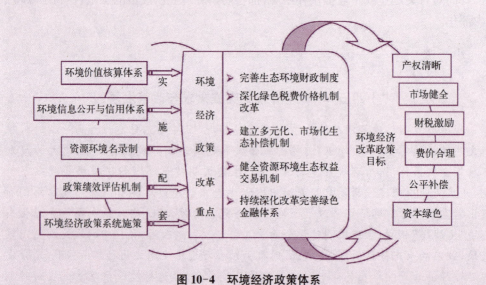

**图 10-4 环境经济政策体系**

资料来源:董战峰、陈金晓、葛察忠等,《国家"十四五"环境经济政策改革路线图》,《2020 中国环境科学学会科学技术年会论文集》,2020。

# 本 章 小 结

有效率的污染水平下,环境污染成本最低。这取决于边际治理成本和边际损害成本两个关键因素。要实现有效率的污染水平这一目标,通常会实施两类政策:命令-控制型的环境政策和环境经济政策。命令-控制型环境政策是指强制执行的各种环境政策。环境经济政策是指按照市场经济规律的要求,运用价格、税收、财政、信贷、收费、保险等经济手段,调节或影响市场主体的行为,以实现经济建设与环境保护协调发展的政策手段。环境经济政策包括科斯手段(建立市场)和庇古手段(调节市场)两种一般形式。行为激励和资金配置是环境经济政策的两种最基本功能。环境经济政策包括多种类型,主要为自然资源与环境征税、排污收费制度、排污许可证制度以及其他的经济政策,各有利弊。环境经济政策的实施条件是:① 环境保护补贴;② 要有相应的法律保障;③ 有配套的规章和机构;④ 要有相应的数据和信息。另外,也存在影响环境经济政策实施的因素,主要包括 6 个方面:政策的可接受性、相关政策的制约、管理的可行性、公平性的考虑、对市场竞争力的担心以及产业政策。它们对环境经济政策的实施同样具有较为明显的影响。

## 推荐阅读文献

汪安佑、雷涯邻、沙景华:《资源环境经济学》,地质出版社,2005。

薛黎明、李翠平:《资源与环境经济学》,冶金工业出版社,2017。

## 复 习 题

### 一、名词解释

1. 有效率的污染水平
2. 环境经济政策
3. 环境税
4. 污染治理成本
5. 环境损害成本
6. 污染者付费原则
7. 生态恢复原则
8. 科斯手段
9. 庇古手段

### 二、简答题

1. 画图说明有效率的污染水平。
2. 环境经济政策的基本功能有哪些?
3. 环境经济政策的一般形式包括哪些?并简述这些形式之间的联系和区别。
4. 环境经济政策主要有哪些基本类型?各有什么优点和不足?
5. 环境经济政策的实施需要满足哪些条件?
6. 环境经济政策的实施受到哪些因素的影响?
7. 自然资源环境征税体制有哪些缺陷?

### 三、论述题

1. 根据本章的学习,如何理解"企业的污染物排放量应降至零,这样才是最有效率的"?
2. 论述我国环境经济政策是如何发展和演变的。

# 第十一章　排污收费与排污权交易

## 【学习要点】

本章主要介绍排污收费和排污权交易的相关知识点。要求学生了解排污收费的征收标准及排污收费的经济效率；了解排污权交易的产生及发展过程，排污权交易的宏微观效应分析及排污权交易的特点和交易条件。

## 第一节　排污费与污染治理成本

### 一、庇古税——排污费

排污费是指针对污染物排放所征收的税费。排污费对污染物排放量的影响如图 11-1 所示，图中 MNPB 为企业的边际私人纯收益，MEC 为边际外部（损害）成本，这两条曲线相交于 $E$ 点，与 $E$ 点相对应的污染物排放量 $Q$ 就是有效率的污染水平。

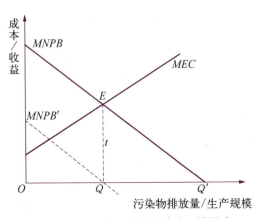

图 11-1　排污费对最优污染水平的影响

厂商为了追求最大限度的私人纯收益，希望将生产规模扩大到 MNPB 线与横轴的交点 $Q'$。但是，随着生产规模扩大，污染物的排放量也增加到 $Q'$，即大大超过 $Q$ 的水平。如果政府向造成环境污染的厂商征收排污费，厂商的私人纯收益就会减少，MNPB 线的位置、形状以及它与横轴的交点也会发生变化。假定政府根据厂商的污染物排放量，对每一单位排放量征收特定数额（如图 11-1 中的 $t$）的排污费，那么，MNPB 线就将向左平移到 MNPB′线的位置。该线与横轴相交于 $Q$ 点，表示厂商将根据其对利润最大化的追求，把生产规模和污染物的排放量控制在有效率的污染水平上。因此，$t$ 是最优排污费率，它使有效率的污染水平等于 $Q$。这样，最优庇古税就可以定义为：使排污量等于最优污染水平时的排污收费（税）。此时边际外部（损害）成本等于边际私人纯收益。

制定最优庇古税不仅需要知道 $MEC$ 的信息,而且需要知道 $MNPB$ 的信息。但是政府往往难以得到企业的这类信息,因为企业没有动力向政府提供这类信息,以帮助政府来制定费率或税率,这就是信息不对称问题。信息不对称问题是实施庇古税的一个重要障碍,因此,现实中很难真正达到最优污染水平。但只要排污税费的征收有助于使污染物排放量更接近,而不是更偏离最优污染水平,征收排污税费就是可取的。

## 二、最优排污费率的确定

图 11-1 有一个隐含的前提,这就是当政府征收排污费时,厂商只有两种选择:缴纳排污费和缩小生产规模。但是事实上,除了上述两种选择外,厂商还有第三种选择,即购买和安装处理污染物的设备,在生产规模扩大的同时使污染物排放量保持在最优水平;而政府征收排污费的目的之一就是刺激污染生产者这样做。这样,当政府征收排污费时,厂商就面临 3 种选择:缴纳排污费、减产或者是追加投资购买和安装处理污染物的设备。厂商在面对上述 3 种可能性时的最优选择,如图 11-2 所示。

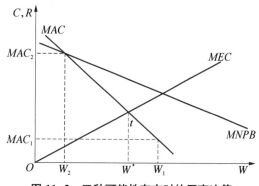

图 11-2 三种可能性存在时的厂商决策

图 11-2 的纵轴代表成本 $C$ 与收益 $R$,由于厂商可以通过购买与安装环保设备来减少污染物的排放量,因而污染物排放量不再随着生产规模的变动而同比例地变动。所以,图 11-2 横轴中的 $W$ 仅仅代表污染物的排放量,污染物排放量越大,相应的点就离原点 $O$ 越远。$MEC$ 线是边际外部成本曲线。$MNPB$ 线代表在厂商没有安装环保设备、其污染物排放量随着生产规模的扩大而同比例增加的条件下,厂商的边际私人纯收益曲线。$MAC$ 线则是污染治理的边际成本曲线。$MAC_1$ 和 $MAC_2$ 分别代表不同的污染物排放量和环境污染程度 $W_1$ 和 $W_2$ 条件下的边际治理成本。由于污染物的排放量越少,环境污染的程度越低,进一步治理污染的难度就越大,相应的边际治理成本就越高,所以,在图 11-2 上,$MAC$ 曲线从左上方向右下方延伸,$MAC_2$ 大于 $MAC_1$。

由于存在着通过治理污染减少污染物排放的可能性,厂商的决策和排污费的征收标准都会发生变化。对厂商来说,排污费的征收标准是无法控制的。在只有减产或缴纳排污费两种可能性的时候,如果政府对某一特定污染物排放量的排污费征收标准高于厂商的边际私人纯收益,厂商就只有缩小生产规模一种办法。而当存在着减产、购买并安装环保设备以及缴纳排污费 3 种可能性的时候,如果政府对某一特定的污染物排放量的排污费征收标准既高于厂商的边际私人纯收益,又高于其边际治理成本,厂商就可以在减产或购买并安装环保设备两者中做出选择。在图 11-2 上

$W_2$ 点的右边,厂商的边际私人纯收益高于边际治理成本,因而在这一区间,利润最大化动机将促使厂商治理污染,而不是缩小生产规模;而在 $W_2$ 到原点这一区间,厂商的边际私人纯收益低于边际治理成本,厂商从自身的利益考虑,宁可减产也不肯购买和安装环保设备,因此,在从 $O$ 到 $W_2$ 之间,MNPB 可以看作减少产量是减少污染的唯一途径时的治理成本曲线。

在前面的分析中,确定排污费征收标准的原则是当污染物的排放量达到最优污染水平时,政府征收的排污费应该正好相当于厂商的边际私人纯利益,而最优污染水平则由 MNPB 和 MEC 两条曲线的交点来决定。但是,厂商的边际私人纯收益是随着生产规模(产量)的变动而变动的,而边际外部成本是随着污染物排放量或环境污染程度的变动而变动的。只有在厂商的污染物排放量随生产规模的变动而同比例变动的条件下,才能够用上述两条曲线的交点来确定最优污染水平。由于第三种选择(厂商购买和安装环保设备)的出现,在图 11-2 中,厂商的污染物排放量随生产规模的变动而同比例变动的情况,仅仅适用于从 $W_2$ 点到原点这一区间,即仅仅在厂商的边际治理成本高于其边际私人纯收益的条件下适用。在 $W_2$ 点右边,由于在特定污染水平条件下厂商的边际治理成本低于其边际私人纯收益,厂商在扩大生产规模的同时,可以用购买并安装环保设施的办法,来控制污染物的排放。既然在 $W_2$ 点的右边,厂商的生产规模与污染物排放量之间,已经没有确定的对应关系,故根据 MNPB 线与 MEC 线的交点来确定最优污染水平,以及根据污染物排放量达到最优污染水平时厂商的边际私人纯收益来征收排污费,就失去了依据。

如果存在图 11-2 所示的厂商自身治理污染的可能性,最优污染水平以及排污费的征收标准,就应当根据 MAC 线与 MEC 线的交点来确定。从图 11-2 中可以看出,当污染物的排放量低于 $W^*$ 时,厂商支付的边际治理成本高于社会付出的边际外部成本,此时,对社会来说,不治理比治理有利,因为厂商所付出的治理成本也是社会总成本的一部分;反之,当污染物的排放量高于 $W^*$ 时,厂商支付的边际治理成本低于社会付出的边际外部成本,此时,对社会来说,治理比不治理有利。因为厂商为追求最大限度的利润而将污染物的排放量增加到超过 $W^*$ 的程度,从而损害全社会的利益,就应该根据 $W^*$ 时的边际外部成本来确定排污费的征收标准 $t$,这样,厂商从自身利益考虑,就会将污染物排放量控制在 $W^*$ 的水平上。

## 三、最优排污费率的数学推导

与根据 MNPB 线与 MEC 线的交点来确定排污费的征收标准相比,根据 MAC 线与 MEC 线的交点来确定排污费的征收标准是从总成本最小化的原则出发的。即最优污染水平是总成本(总损害成本加总治理成本)最低的污染物排放量。其原理可以通过数学推导来说明。

$$Q_C = Q_N - TAC \tag{11-1}$$

式中,$Q_C$ 为污染控制下的产值;$Q_N$ 为无污染控制时的产值;$TAC$ 为总控制成本。

$$E_C = E_N - TEC \tag{11-2}$$

式中，有污染控制情况下环境所提供的服务的价值为 $E_C$；无污染控制情况下环境所提供的服务的价值为 $E_N$；$TEC$ 为总外部成本。

污染控制下的社会总效益 $TSB$ 为产值 $Q_C$ 加上环境服务的价值 $E_C$。

$$TSB = Q_C + E_C = Q_N - TAC + E_N - TEC = Q_N + E_N - (TAC + TEC) \tag{11-3}$$

公式(11-3)中 $TSB$ 最大化等同于总成本最小化。因为污染 $W$ 影响 $TSB$、$TEC$、$TAC$，所以可以对 $W$ 求导，为使 $TSB$ 最大化，需满足：

$$\frac{\partial TSB}{\partial W} = -\left(\frac{\partial TAC}{\partial W} + \frac{\partial TEC}{\partial W}\right) = 0 \tag{11-4}$$

即
$$-MAC = MEC \tag{11-5}$$

如果征收的排污费 $t$ 可以满足上述条件，则

$$t = MEC \tag{11-6}$$

## 第二节 不完全竞争与排污收费

### 一、不完全竞争条件下的排污收费效率

以上对排污费的分析是建立在完全竞争条件的假设下。在此条件下，排污收费的主要困难是如何正确了解 $MNPB$（或 $MAC$）以及 $MEC$。如果去除该条件，就会出现更复杂的情况。

图 11-3 给出了不完全竞争条件下企业的成本曲线和需求曲线。图中，不完全竞争企业的需求曲线向右下倾斜，边际收益曲线 $MR$ 在需求曲线的内侧向右下倾斜。企业面对边际私人成本曲线 $MPC$ 和边际社会成本曲线 $MSC$，两者之间的垂直距离为边际外部成本 $MEC$。企业为使利润最大化，使 $MPC = MR$，产量为 $Q_m$，价格为 $P_m$。而 $Q_m < Q^*$，偏离最优产量。但是如果在 $Q^*$ 设立排污费（等于 $MEC$），会使企业的边际私人成本曲线由 $MPC$ 上升为 $MPC'$。企业为了利润最大化，结果使产量为 $Q'$，价格为 $P'$，进一步偏离了最优产量和价格，从而使社会由于产量减少所受到的福利损失增加。如果我们想得到 $Q^*$，需要把 $MPC$ 下置到 $MPC''$，此时，$MR$ 与 $MPC''$ 相交得到 $Q^*$ 和 $P^*$。但这样做需要设置补贴而不是收费，补贴 $S^*$ 等于 $MPC$ 与 $MPC''$ 间的垂直距离。

改变 $MPC$ 和 $MSC$ 的形状，就可以得到正的排污费。图 11-4 中 $MSC$ 和 $MPC$ 的

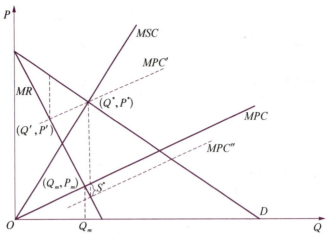

图 11-3　不完全竞争下的庇古税或补贴

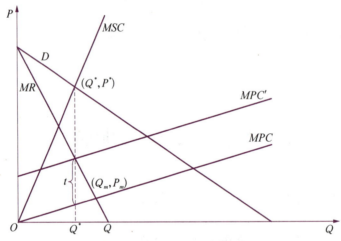

图 11-4　不完全竞争下正的排污费

差别很大,为达到 $Q^*$,需将 $MPC$ 上移到 $MPC'$,$MPC'$ 和 $MR$ 的交点给出 $Q^*$ 和 $P^*$。这时,排污费 $t$ 是正的。

但是,无论排污费为正为负,最优排污费都不等于最优产量上的 $MEC$。原因在于我们同时在解决两个问题:外部效应和垄断。如果首先改正垄断问题,使 $P=MPC$,那么排污费就会等于 $MEC^*$。

以上结果可以总结如下。

完全竞争条件下:

$$t=p-MPC=MR^*-MPC^*=MEC^* \tag{11-7}$$

不完全竞争条件下:

如果 $MPC^* > MR^*$,$S^*=MPC^*-MR^*$。

如果 $MPC^* < MR^*$,$t=MR^*-MPC^*$。

## 二、不完全竞争下的次优收费标准

上述分析说明,在不完全竞争的条件下,最优庇古税(最优排污费率——社会边际成本与私人边际成本之差)对于有污染的垄断行业来说,并不是最优的。由于存在污染和垄断这两种市场扭曲现象,有效的政策设计应该能同时解决两个方面的问题。从理论上讲,为校正这种市场扭曲的政策手段可以从正的排污费和津贴(负的排污费)两个方面来考虑。但在现实中,环保部门既没有权力也没有兴趣对垄断厂商给予补贴,他们可能被赋予的权力就是对排污者征收排污费。

在环保部门只能征收排污费的情况下,社会福利的最大化要求把垄断企业产品的价值和提供这一产量的完全社会成本之差最大化。次优排污费率可表示为

$$t^* = t_c - \left| (P - MPC)\frac{dQ}{dW} \right| \tag{11-8}$$

式中,$t^*$ 为次优排污费率;$t_c$ 为完全竞争情况下的庇古税;$p$ 为产品价格;$MPC$ 为边际私人成本;$W$ 为排污水平;$Q$ 为产量水平。$\left|(P-MPC)\dfrac{dQ}{dW}\right|$ 为产量减少所引起的社会福利损失。

公式(11-8)说明,在垄断竞争市场中,次优的排污收费标准或污染税要低于完全竞争条件下的排污收费标准。此外,公式(11-8)还说明,对于垄断行业的排污收费标准高低与产品的需求价格弹性明显相关。一般说来,需求价格弹性越大,产品价格与私人边际成本之差越小,由于产出过低引起的社会福利损失也越小。

## 第三节 排污收费的经济效率

与单纯管制手段(标准加罚款)相比,达到同样的环境目标,排污收费大大提高了经济效率,它主要表现在以下 5 个方面。

## 一、降低达标费用

排污收费能以较少的费用达到排污标准。图 11-5 说明了这个道理。

在图 11-5 中,横轴表示污染排放量的削减量(排污控制量)。纵轴表示成本和排污费。假定某一生产过程中排污厂商只有三家,$MAC_1$、$MAC_2$、$MAC_3$ 表示生产同样产品的这三家工厂的边际治理成本。因为使用了不同的控制技术,不同工厂的 $MAC$ 不同。这与现实情况相符。对于同样的污染减少量,工厂 1 的成本最高,工厂 2 次之,工厂 3 最低。为简化分析起见,假定政府的目标是将污染物的排放量削减 $3Q_2$,并假设线段 $Q_1Q_2 = Q_2Q_3$,且 $Q_1 + Q_2 + Q_3 = 3Q_2$。

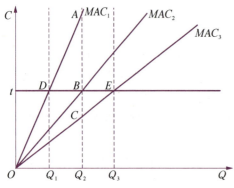

图 11-5 排污费与统一的排污标准比较

如果政府设定统一的环境标准,强制所有的厂商各自削减相当于 $Q_2$ 的污染物排放量,工厂 1、2、3 的边际治理成本将分别达到 $A$、$B$、$C$。而如果政府设定排污费为 $t$,三家工厂将会根据各自的治理成本,在缴纳排污费和自行治理污染之间进行权衡,根据总成本最小化的原则,选择不同的污染控制水平。例如,对工厂 1 来说,污染控制虽从零上升到 $Q_1$ 为止,治理污染比付税要便宜。但是超过 $Q_1$,$MAC_1 > t$,缴费比较合算。由图可见,工厂 1 的控制成本最高,控制量最少;工厂 3 治理成本最低,控制量最多;工厂 2 的治理成本和控制量均居中。

为了比较统一执行标准和收费情况下的总成本,需要计算 $MAC$ 曲线以下的面积:

排污标准情况为

$$总治理成本 = OAQ_2 + OBQ_2 + OCQ_2 \tag{11-9}$$

收费情况为

$$总治理成本 = ODQ_1 + OBQ_2 + OEQ_3 \tag{11-10}$$

两者之差为

$$(OAQ_2 + OBQ_2 + OCQ_2) - (ODQ_1 + OBQ_2 + OEQ_3) = Q_1DAQ_2 - Q_2CEQ_3 \tag{11-11}$$

因为 $Q_1DAQ_2 > Q_2CEQ_3$,所以达到同样的排污控制量,排污收费比单纯执行标准的成本要低。

## 二、降低监督实行环境标准的费用

监督实行环境标准,意味着运用行政或法律的手段直接控制经济当事人的行为;而征收排污费,只是运用经济手段改变经济当事人面临的外部环境。在监督执行环境标准时,政府必须首先确认企业的排污超过了标准,然后才能采取相应的措施。而在征收排污费时,只要政府实行根据污染企业的生产规模来征收的办法,那么,政府所需要做的,就只是确定哪些类别产品的生产和消费会导致环境污染,某个企业的生产规模有多大(这可以根据该企业所生产的产品数量来确定,也可以根据该企业所使用的主要原材料的数量来确定),该企业是否安装了环保设施,而不一定强制某一企业将其污染物的排放量控制在什么水平。因而与确定企业的污染物排放量是否超标相比,政府征收排污费所需要的交易成本相对较低。换句话说,由于征收排污费时政府所必须确认的只是企业所从事的经济活动是否会导致污染,从总体上而不是逐个企业地控制环境污染的程度（污染者的生产规模由他们自己确定），因而与监督执行环境标准时逐个企业地确认其污染程度相比，征收排污费所需要的交易成本应该是比较低的。

## 三、有利于污染控制技术的革新

实行统一的环境标准时，政府必须首先确认企业的排污超过了标准，然后才能采取相应的措施。只要排污没有超过标准，厂商就不应该缴纳罚款，因而也就没有不断寻求低成本的污染治理技术的积极性。而在征收排污费时，只要政府实行根据污染企业的污染物排放量或生产规模来征收的办法，那么，即使企业的排污没有超过标准，厂商也必须缴纳一定数量的排污费，因而企业就有不断寻求低成本的污染治理技术以少缴排污费的积极性。

如图 11-6 所示，假设 $MAC_1$ 为排污者现有的边际治理成本曲线。如果排污收费标准确定 $t_1$ 水平，那么根据排污收费的刺激机制，该排污者最终将会把排污水平从最大排污量 $W_m$ 降低到污染边际治理成本等于排污收费标准时的水平，即图 11-6 中的 $W_1$。此时，排污者承担的费用由两部分组成：一部分是排污者交纳的排污费，其值等于 $Ot_1AW_1$ 的面积；另一部分是排污者的污染控制费用，其值等于 $AW_1W_m$ 的面积。排污者承担的总费用为面积 $Ot_1AW_1$。

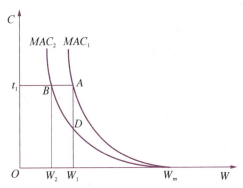

图 11-6　排污收费与污染控制技术革新

假设排污者革新污染控制技术，使边际治理成本曲线从 $MAC_1$ 下降到 $MAC_2$，而对排污者的排污费征收标准依然为 $t_1$。显然，根据排污收费的刺激作用，排污者为使其承担的排污费用最小将会自动地把排污水平从 $W_1$ 降低到 $W_2$。

在这种情况下，排污者承担的污染费用为面积 $Ot_1BW_2$ 和面积 $BW_2W_m$ 之和，即面积 $Ot_1BW_m$。可以看出，由于污染控制技术的革新或边际治理成本的降低，排污者实际所承受的费用降低了，其降低额为面积 $ABW_m$。费用的节省意味着排污者得到的相应的经济效益。在一定的排污收费标准下，污染控制技术的革新潜力越大，即 $MAC_1$ 和 $MAC_2$ 之间差异越大，排污者所得到的费用节省也越大。排污收费客观上起到了激励污染企业不断革新技术的作用。

## 四、有利于筹集环保资金

排污收费的收入作为环境保护的一个资金来源，可以为环境管理部门和公共环境保护设施提供部分资金，也可以返还污染企业作为治理污染的专项基金使用，体现了污染者付费的原则。

## 五、排污收费的问题

排污收费在理论上是理想的,但实行起来有相当的困难,主要体现在以下两方面。

**1. 缺乏确定最优排污量标准所必需的信息**

排污费征收标准的制定必须以对边际私人纯收益和边际外部成本的测算为前提条件。要做到这一点,需要详细的信息和对这些信息的正确一致地理解。边际外部成本的确定是一个从污染的物理性损害转换到人们对这种损害的反应和感受,并用货币价值来计量的过程。这个复杂的过程被称为"剂量-反应"关系。这一过程至少包括以下几个环节的转换:① 企业产品的生产;② 生产所造成的污染的剂量;③ 污染物长期在环境中的积聚;④ 环境中积聚的污染物所造成的危害;⑤ 危害的货币成本。这些环节的转换不仅复杂,而且涉及不同利益集团的不同观点,因此实际中确定边际外部成本有一定困难。

管制部门要了解企业的边际私人净效益曲线也很不容易。这是因为在市场经济中,没有激励机制使企业向政府如实报告其私人成本和效益;另一方面在面对众多企业的情况下,管制部门收集每个企业的净效益信息所耗费的成本更是难以想象的。

如果不要求信息的绝对准确,信息问题在实践中可以找到某些替代办法,比如采用试错法调整排污费率等。

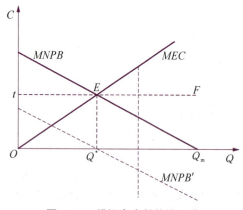

图 11-7 排污者支付的排污费

**2. 排污收费的公平性**

排污收费是实行"排污者付费"原则的手段之一。图11-7为排污者支付的排污费。

图中,继续生产 $Q_m$ 的企业需支付排污费 $OtEQ^* + Q^*EFQ_m = OtFQ_m$。因为 $Q^*EFQ_m$ 超过了私人纯收益 $Q^*EQ_m$,企业将生产 $Q^*$ 即最优产量来避免交费。但是,当企业生产 $Q^*$ 时,仍需支付 $OtEQ^*$。企业被惩罚两次:第一次,为避免缴费减少产量,减少了私人纯收益;第二次,生产最优产量时,仍需交纳排污费。

从社会角度来看,排污者受到"双重处罚"应该说是合理的。这实质上是环境资源所有权的界定问题。实施排污收费的前提条件是经济活动者没有权利向环境排放污染物,这种权利属于全民利益的代表者——国家。所以,经济活动者交纳排污费实际上是向污染排放权的所有者购买这种权利,或者说是一种严格的污染排放权利的交易行为。污染排放权实际上是由环境容量资源所有者的免受污染损失权和环境容量的使用权这两部分构成的。体现在排污费的构成上,前者表现为经济活动者为环境资源财产所有者支付的污染损失费用,后者表现为经济活动者使用环境资源财产所有者的环境容量资源时支付的一种租金。所以,在这种财产权的界定下,经济活动者并没有受到双重惩罚。

由谁付税的问题还涉及企业和消费者之间分担税负的问题,即企业会不会把排污税转嫁到消费者身上的问题。

在图 11-8 中,假设某工厂需求曲线为 $D$,税前供给曲线为 $S_0$,两线在均衡点 $E_0$ 决定均衡价格 $P_0$ 和均衡数量 $Q_0$。现假设该厂的污染水平和产量成比例,则其必须对生产和出售的每单位产品交纳排污费 $t$。这使该厂的生产成本上升 $t$,使供给曲线上升到 $S_1$,即如果出售数量仍为 $Q_0$,价格将为 $P_0+t$。价格的上升使消费者减少购买数量,新的均衡点为 $S_1$ 和 $D$ 的交点 $E_1$,均衡价格为 $P_1$,均衡数量为 $Q_1$。

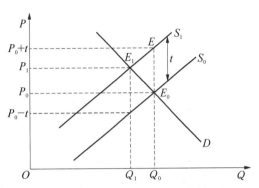

图 11-8 企业与消费者对排污费的分担

对于生产者来说,价格提高了,但需付费,因此生产者实际得到的价格是 $P_1-t$,低于原价格 $P_0$。单位产品中生产者的收入减少 $P_0-(P_1-t)$,这是生产者支付的那部分排污费。生产者还由于出售量从 $Q_0$ 减少到 $Q_1$ 而减少了总收入。消费者支付的价格从 $P_0$ 上升到 $P_1$,$(P_1-P_0)$ 是消费者支付的那部分排污费。可见,消费者和生产者共同分担了排污费。而各方负担的多少取决于需求曲线和供给曲线的相对斜率。

由消费者分担排污费是不是公平呢?一般来说是公平的。因为生产者只生产消费者需要的产品,生产者生产某一数量的某种产品(从而产生污染)是因为消费者需要。消费者因而应当分担产生污染的部分责任。排污费的一个作用是通过增加成本和提高价格向生产者和消费者传达该产品生产造成污染的信息,促进生产者和消费者转向生产和消费污染较少的产品。

排污费虽然一般来说是公平的,但是统计资料显示,当税率提高时,穷人相对于富人来说要把支出的较大部分用来支付增加的费用,因而受到的损失较大。这样排污费在分配上有可能是不公平的,但是政府的税款可以通过不同形式返还给受损失较大的那部分消费者,减少以至消除分配上的不公平。

小 资 料

### 排污收费制度在中国的发展

1978 年 12 月 31 日,中共中央批转了国务院环境保护领导小组的《环境保护工作汇报要点》,第一次正式提出实施排污收费制度。1979 年 9 月,五届全国人大常委会第十一次会议通过《中华人民共和国环境保护法(试行)》,其他环境保护法律也对此作出了明确规定,从法律上确立了中国的排污收费制度。

1982 年 7 月,国务院颁布《征收排污费暂行办法》(国发〔1982〕21 号),标志着我国排污收费制度正式建立。各省、自治区、直辖市均根据《暂行办法》制定了当地的实施办法或细则。自此,排污收费制度普遍实行,全国形成了自上而下的征收排污费的法律、法规体系。

  2003年1月,国务院颁布了《排污费征收使用管理条例》(国务院令第369号),并于当年在全国实施。这是中国排污收费制度逐步完善的标志,是排污收费的政策体系、收费标准、使用、管理方式的一次重大改革和完善。随后,相应配套规章办法也及时出台,包括原国家计委、财政部、国家环保总局、国家经贸委联合发布的《排污费征收标准管理办法》(第31号令),财政部、原国家计委、国家环保总局联合发布的《排污费资金收缴使用管理办法》(第17号令),财政部、国家环保总局联合发布的《关于减免及缓缴排污费等有关问题的通知》(财综〔2003〕38号)。同时,排污收费计算机管理系统也建立了。

  2018年1月1日,《中华人民共和国环境保护税法》及《中华人民共和国环境保护税法实施条例》开始施行,2003年1月2日国务院公布的《排污费征收使用管理条例》同时废止,废止《排污费征收工作稽查办法》(原国家环境保护总局令第42号,2007年10月23日公布)的规章以及有关排污收费27份规范性文件。标志在我国实施了近40年的排污收费制度退出历史舞台。

  资料来源:1.《中国环境影响评价大事记》,《环境保护》2012年第22期。

  2. 百度文库,"第七章污染防治法",https://wenku.baidu.com/view/9f187707534de518964bcf84b9d528ea80c72ff6.html,2019-9-25。

  3. 中华人民共和国生态环境部,《生态环境部废止排污收费相关文件 实施了近40年的排污收费制度退出历史舞台》,http://www.mee.gov.cn/xxgk/hjyw/201805/t20180509_438320.shtml,2018-5-9。

## 第四节 排污权交易的微观和宏观效应

  排污权交易与排污收费都是基于市场的环境管理手段,但它们的区别也很明显:排污收费制度是先确定一个价格,然后让市场确定总排放水平;而排污权交易正好相反,即首先确定总排放量,然后再让市场确定价格。市场确定价格的过程就是优化资源配置的过程,也是优化污染治理责任配置的过程。

  排污权交易是当前受到各国关注的环境经济政策之一。它早在20世纪70年代由美国经济学家戴尔斯提出,并首先被美国国家环保局(EPA)用于大气污染源及河流污染源管理,而后德国、澳大利亚、英国等国家相继进行了排污权交易政策的实践。我国在大气污染控制方面也开展过可交易排污许可证的试点工作,并取得了一定效果。

  排污权交易的主要思想就是建立合法的污染物排放权利即排污权(这种权利通常以排污许可证的形式表现),并允许这种权利像商品那样被买入和卖出,以此来控制污染物的排放。

  一般做法是首先由政府部门确定出一定区域的环境质量目标,并据此评估该区域的环境容量。然后推算出污染物的最大允许排放量,并将最大允许排放量分割成若干规定的排放量,即若干排污权。政府可以选择不同的方式分配这些权利,如公开竞价拍卖、定价出售或无偿分配等,并通过建立排污权交易市场使这种权利能合法地买卖。在排污权市场上,排污者从其利益出发,自主决定其污染治理程度,从而买入或卖出排污权。

## 一、排污权交易的微观效应

假设每个污染源都有一定的排污初始授权 $Q_i^0$,那么所有污染源初始授权的总和在数量上必定等于可允许的排污总量。设第 $i$ 个污染源未进行任何污染治理时的排污量为 $\bar{e}_i$(也被称为未治理排污量),选择的治理水平为 $r_j$,根据企业追求费用最小化的原则,可建立该污染源决策的目标函数为

$$\min(C_{Ti}) = C_i \min(r_i) + P(\bar{e}_i - r_i - Q_i^0) \tag{11-12}$$

式中,$P$ 是污染源要得到一个排污权愿意支付的价格,或是将一个排污权出售给其他污染源的价格。令 $\dfrac{\mathrm{d}C_{Ti}}{\mathrm{d}r_i} = 0$,得到第 $i$ 个污染源的目标函数的解为

$$\frac{\mathrm{d}C_i(r_i)}{\mathrm{d}r_i} - P = 0 \tag{11-13}$$

从公式可以清楚地得出结论,只有当排污权(排污许可证)的市场价格与企业的边际治理成本相等时,企业的费用才会最小。在企业自身利益的驱动下,排污权交易市场必将自动地产生这样的排污权价格,该价格等于企业的边际治理费用。最终结果必然是污染源通过调节污染治理水平 $r_i$,达到所有企业的边际治理费用都相等,并且等于排污权的市场价格。从而满足有效控制污染的边际条件,以最低治理费用保证了环境质量目标。

事实上,排污权交易可以实现有效控制,提高分配的费用效果,是非常容易理解的。通常情况下企业控制污染的费用差别很大,如果排污权可以有偿转让,那些治理污染费用最低的企业,就愿意通过治理,大幅度地减少排污,然后通过卖出多余部分而受益。只要对某些企业来说,安装治理设备比购买排污权花钱更多,就肯定存在排污权的买方。只要治理责任费用效果的分配没有达到最佳程度,交易机会总是存在的。当所有的机会都得到充分利用,分配的费用效果就达到了最佳程度。此点由图 11-9 可以明确看出。

图 11-9 中,纵轴代表治理成本和价格,横轴代表污染排放削减量,$\Delta_1 + \Delta_2 = \Delta_3$。假设:① 一个市场由污染源 A、B、C 构成,交易只能在三者之间进行;② 排放者 A、B、C 的边际治理成本曲线分别为 $MAC_1$、$MAC_2$ 和 $MAC_3$;③ 根据环境质量标准,要求共削减排污 $3Q$,政府按等量原则将排污权初始分配给三个污染源,即 A、B、C 三家排污单位所持有的排污许可证均比它们现有的污染物排放量减少了 $Q$。

情况一:排污权的市场价格是 $P'$,由于 $P'$ 高于 B、C 两企业将污染物排放量削减 $Q$ 时的边际治理成本,因而 B、C 两企业都愿意多治理、少排污,从而出售一定数量的排

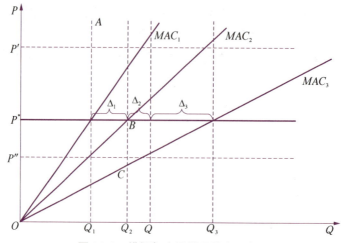

图 11-9　排污权交易微观效应示意图

污权。但 $P'$ 相当于 A 企业将污染物排放量削减 $Q$ 数量时的边际治理成本,对于 A 来说,既然现有的排污许可证只要求它削减 $Q$ 数量的污染物排放量,而这一部分污染物的边际治理成本又低于 $P'$,A 企业就没有必要去购买更多的排污权。市场只有卖方没有买方,排污权交易无法进行。

情况二:排污权的市场价格是 $P''$,由于 $P''$ 低于 A、B 两企业将污染物排放量削减 $Q$ 时的边际治理成本,因而 A、B 两企业都愿意购买一定数量的排污权。但 $P''$ 相当于 C 企业将污染物排放量削减 $Q$ 数量时的边际治理成本,对于 C 企业来说,进一步削减自己的污染物排放量,并将相应的排污权以 $P''$ 的价格出售是得不偿失的,因而它不会出售排污权。市场只有买方没有卖方,排污权交易无法进行。

情况三:排污权的市场价格是 $P^*$,由于 $P^*$ 低于 A、B 两企业将传染物排放削减量分别从 $Q_1$、$Q_2$ 进一步增加的边际治理成本,因而对于它们而言,将自己的污染排放削减量从 $Q$ 减少到 $Q_1$、$Q_2$ 并从市场上购买 $\Delta_1$、$\Delta_2$ 数量的排污权是有利可图的;对于 C 企业,$P^*$ 相当于它将污染物排放量削减 $Q_3$ 数量时的边际治理成本,因而愿意出售 $\Delta_3$ 数量的排污权。由于 $\Delta_1+\Delta_2=\Delta_3$,排污权供求平衡,交易得以进行。

其他情况:排污权的市场价格位于 $P'$、$P^*$(或 $P^*$、$P''$)之间,这是排污权交易市场最常见的情况,这时排污权的买方和卖方都存在,但排污权市场需求量 $\Delta_1+\Delta_2$ 小于(大于)供给量 $\Delta_3$,价格将下降(上升)直至达到 $P^*$。

从上述对图 11-9 的分析很容易看出排污权市场价格的产生过程,同时它还证明了一个重要结论(定理):只有在所有污染源的边际治理成本相等的情况下,减少指定排污量的社会总费用才会最小。

## 二、排污权交易的宏观效应

图 11-10 中,横轴代表污染物排放量,纵轴代表成本和价格。$S$ 和 $D$ 分别代表排污权供给和需求;$MAC$ 和 $MEC$ 分别代表边际治理成本和边际外部成本。

从图 11-10 中可以看出排污权供给曲线和需求曲线的特点：由于政府发放排污许可证的目的是保护环境而不是赢利，因而排污权的总供给曲线 $S$ 是一条垂直于横轴的线，表示排污许可证的发放数量不会随着价格的变化而变化。由于污染者对排污权的需求取决于其边际治理成本，所以可以将边际治理成本曲线 $MAC$ 看成总需求曲线 $D$。

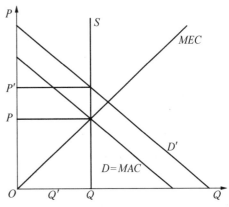

图 11-10　排污权交易市场宏观效应示意图

市场调节将使排污权的总供求在市场主体发生变化时重新达到平衡。污染源的破产将导致排污权的市场需求减少，需求曲线左移，市场价格下降，其他污染者将多购买排污权，少削减污染物排放量，在保证总排放量不变的前提下，尽量地减少了过度治理，节省了控制环境质量的总费用。新污染源的加入，将导致排污权的市场需求增加，需求曲线 $D$ 移到 $D'$，总供给曲线保持不变，因而每单位排污权的市场价格也就上升到 $P'$。如果新污染者的经济效益高，边际治理成本低，只需要购买少量排污权就足以使其生产规模达到合理水平并赢利，那么，该污染者就会以 $P'$ 的价格购买排污权，那些感到得不偿失的污染者则不会购买。显然，这对于优化资源配置是有利的。

排污权交易有利于政府利用市场经济行为进行宏观调控。由于非对称信息的存在，政府决策可能出现失误，也可能落后于形势；而政府制定的污染源排放标准和排污费征收标准的修改因为受一定的程序限制，需要一段时间，存在"政策滞后"影响。另外，标准的修改涉及各方面的利益，因而有关方面都会力图影响政府决策，从而迟迟不能得到结果，不利于政府针对环境质量突发变化的灵活反应。有了排污权交易后，一方面，政府可以用类似中央银行公开市场业务（公开市场业务是指中央银行通过在证券市场上买卖政府债券，影响货币数量，进而影响整个经济形势）的做法，通过排污权的市场买卖，对环境保护中出现的问题作出及时的反应。例如，环境标准偏低，导致发放的排污权总量偏高，可以买进排污权；环境标准偏高，可以卖出排污权。而且可以通过少量的排污权交易，对环境状况进行微调。经过一定时期，证明调整后的环境状况可以兼顾环境保护和经济发展，再将其正式确定为环境标准。认为现有的环境质量偏低或环境标准偏低的社会团体或个人，也可以通过购买排污权而不排放污染物的办法，对这种不满意的状况主动地进行改进。

上述关于排污权的经济分析中，隐含了一个假定：排污权作为一种产权是合理的。排污权实际上是对环境资源的使用权，拥有了排污权就拥有了一定量的使用环境净化能力的权利。这种权利的总量肯定是有限的，以某种形式初始分配给企业之后，新加入的企业只能从市场上购买必要的排污权。此种情况与土地资源的使用类似。土地资源是重要的生产要素之一，当所有的土地使用权以一定的方式初始分配完毕后，所有新进入市场的企业如需获得相应的土地使用权，一般情况下是通过租借或购买等方式。

## 第五节　排污权交易的主要特点

与环境标准相比,排污权交易是一种基于市场的经济手段。同排污收费相比,排污权交易更充分地发挥了市场机制的配置资源的作用。排污权交易主要特点包括以下6个方面。

### 一、成本最小化

图 11-9 的分析说明,在政府管理机构没有增加排污权的供给,即总的环境状况没有恶化的前提下,通过排污权交易,边际治理成本比较高的污染者将买进排污权,而边际治理成本比较低的污染者将出售排污权,其结果是全社会总的污染治理成本最小化。

### 二、有利于宏观调控

由于非对称信息的存在,政府决策可能出现失误,也可能落后于形势;而环境标准和排污费征收标准的修改有一定的程序,同时,修改涉及各方面的利益,因而有关方面都会力图影响政府决策,从而使修改久拖不决。有了排污权交易后,政府管理机构可以通过发放或购买排污权来影响排污权价格,从而控制环境标准。

排污权需求的变动会影响排污权的市场价格。在图 11-11 中,假设新的排污者进入该行业,这将使排污权总需求曲线从 $D_0$ 移到 $D_1$。如果政府管理机构希望保持原有的总排污量,会使发放的排污权数量不变,排污权供给曲线仍为 $S_0$,而排污权价格从 $P_0$ 上升到 $P_2$。新进入者或购买排污权,或添置污染处理设备控制污染,成本最小化仍然得以实现。如果管理机构认为由于新企业进入,排污权需求增加,需要增加允许的排污量,便可以发放更多的排污权,使排污权供给曲线右移到 $S_2$,排污权价格下降到 $P_2$。相反,如果管理机构认为需要严格排污量的控制,就可以自行进入市场,买进若干排污权,使排污权供给曲线左移到 $S_1$,价格上升到 $P_3$。总之,政府可以通过市场操作来控制排污权供给量的价格,这和中央银行的证券市场操作类似。

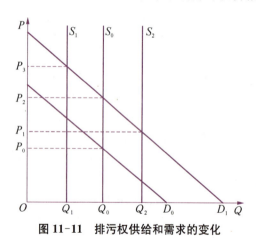

图 11-11　排污权供给和需求的变化

### 三、给非排污者表达意见的机会

如果排污权市场是完全竞争的,则任何人(不管是不是排污者)都可以进入市场买卖。环境保护组织如果希望降低污染水平,可以进入市场购买排污权,然后把排污权控制在自己手中,不再卖出。这样污染水平就会降低。这种解决办法是有效率的,因为它通过支付意愿反映了人们的选择。

## 四、有利于优化资源配置

一般来说,环境标准不能绝对禁止排放污染物。因此,即使某地所有厂商排放的污染物都达到了环境标准的规定,随着厂商数量的增加,污染物的排放量仍然会增加。如果为了确保总的排污量指标不被突破,就不允许新厂商进入该地从事生产,有时又可能影响经济效益,因为新厂商的经济效益有可能高于原来的厂商,而其边际治理成本又有可能低于原来的厂商。排污权交易为这些厂商提供了一个机会。如图11-11所示,由于政府发放的排污许可证数量不变,总的污染物排放量不变,因而排污权总供给曲线$S_0$的位置没有变化;在此前提下,新厂商的进入将使需求曲线的位置从$D_0$右移到$D_1$,因而每单位排污权的市场价格也就上升到$P_2$。通过排污权交易,既能保证环境质量水平,又使新、改、扩建企业有可能通过购买排污权得到发展,有助于形成污染水平较低而生产水平较高的合理工业布局。

## 五、提高了企业投资污染控制设备的积极性

污染控制投资在技术上往往是"整体性"的或不可分的。要进一步减少一单位污染,通常需要增加一大笔投资如购置一台设备或建设一座污水处理厂。而这些设备不仅可以处理增加的一单位污染,还可以处理更多单位的污染,直至达到设备的极限。此后如果再增加处理量,需要再做一笔大投资。因此,实际的污染治理投资是阶梯形递进的。但是,如果按照减少每一单位污染所分摊的成本求出边际治理成本曲线,并以此来确定庇古税,企业将产生和最优庇古税下不同的反应。

如果管理机构错误地估计了企业的控制成本,使庇古税低于控制成本,企业将选择交税而不是添置污染控制设备,这样就达不到排污量的控制指标。投资的整体性助长了企业不愿对控制设备进行投资的倾向。

排污权交易排除了上述问题。因为管理机构只确定排污权的数量(即污染量减少的数量),排污权的价格是由市场供求确定的。排污权交易使得企业节约下来的排污许可证能够在市场上出售,或贮存起来以备今后企业发展使用,因而能够促使污染者采用先进工艺,减少污染排放或采用更有效的控制设备增大污染物削减量。

## 六、更具有市场灵活性

排污权交易避免了排污收费的一些问题。排污权交易不需要像排污收费那样,事先确定排污标准和相应的最优排污费率,而只需确定排污权数量并找到发放排污权的一套机制,然后让市场确定排污权价格。通过排污权价格的变动,排污权市场可以对经

常变动的市场物价和厂商治理成本做出及时的反应。

## 第六节　排污权交易的条件

如上所述,在环境保护的各种政策手段中,排污权交易对市场机制的利用最充分,如果条件合适,它可以对环境保护起到积极的作用。但是,也正因为排污权交易有赖于市场机制,因而采用这种手段就需要一系列条件。

### 一、合理分配排污权

按照"污染者付费"(PPP)原则,排污权应该通过拍卖等手段,有偿分配给排污者。但由于较高的获取成本会使得排污权持有者有惜售心理,从而影响交易市场的形成。现实中往往采取根据一定的条件无偿分配的方式发放排污许可证。这样一来,又产生了两个问题:① 违背了"污染者付费"原则;② 使得新老污染源由于获取排污权方式的不同而处于不平等的竞争地位。因此,合理分配排污权,既能体现"污染者付费"原则,又不会由于获取成本过高而影响交易市场的形成,这是实行排污权交易的重要条件。

### 二、完善的市场条件

排污权既然可以买卖,而且从长期来看其价格呈上升趋势,就会有人炒排污许可证,甚至有可能出现某些人通过垄断排污权市场牟取暴利的现象。排污权的价格应该由市场决定,但排污权市场需要良好的交易环境。因此,完善的市场是排污权顺利交易的重要条件。

### 三、政府部门的有效管理

污染者之所以要购买排污权,是因为没有排污许可证就不能排污。如果政府无法确定目前排污许可证的分布状况,或者虽然能够确定,但无法制止无证排污(无法制止的原因,可能是限于人力物力,管不过来;也可能是污染者有法不依),那么,排污权交易就根本开展不起来。因此,政府对污染者排污的有效管理,就成为排污权交易存在的第三个条件。

政府部门的有效管理,还特别体现在维持和管理排污权市场竞争交易秩序的能力上。通过买卖排污许可证来保护环境,将使政府部门有关工作人员拥有很大的权力,他们的买卖行为足以左右排污权市场,并影响到整个环境保护事业。因此,对这些工作人员的行为进行有效的监督,防止他们以权谋私,是实现政府部门有效管理的重要保障。

> **小 资 料**
>
> **排污权交易：交易平台上线，减少过程耗时**
>
> 2021年3月，江苏省常州市两家企业通过省排污权交易平台成功完成一笔排污权交易，常州市东方呢绒有限公司以5 000元/t的价格，将富余的化学需氧量排放指标通过协议方式出让给常州长登焊材有限公司，这是江苏省排污权交易平台正式上线以来的首笔交易。
>
> 江苏省排污权交易平台上线后，常州市东方呢绒有限公司、常州长登焊材有限公司分别通过平台发布了排污权交易供需信息，双方通过平台取得联系并达成交易意向。在完成企业提出交易申请、生态环境主管部门审核、企业在线签订合同、买方拨付交易费用等程序后，江苏省生态环境评估中心（省排污权登记与交易管理中心）向两家企业分别出具了排污权交易凭证，为企业办理排污许可证审批提供重要依据。
>
> 本次排污权交易从企业提出申请到取得交易凭证全程线上办理，交易信息公开，办结时间仅为10个工作日，充分体现了交易过程的公开、公平、公正、高效。
>
> 资料来源：李莉，《富余化学需氧量排放指标每吨5 000元江苏排污权交易平台完成首笔交易》，《中国环境报》2021年3月19日。

# 本 章 小 结

排污费是根据污染所造成的危害对排污者收费，以弥补私人成本和社会成本之间的差距，使二者相等。用边际控制成本和边际外部成本可以确定最优排污费率。排污费可以降低控制污染成本，并且具有激励排污企业改进技术减少污染的动态效率。虽然限于信息不对称问题的存在，排污费的实行很难达到理想目标，但只要使污染控制更接近最优控制水平，排污费就是可取的经济手段。排污权交易的主要思想就是建立合法的污染物排放权利即排污权（这种权利通常以排污许可证的形式表现），并允许这种权利像商品那样被买入和卖出，以此来控制污染物的排放。同排污收费相比，排污权交易更充分地发挥了市场机制配置资源的作用。排污权交易有利于政府利用市场经济行为进行宏观调控，给非排污者表达意见的机会，也有利于优化资源配置，还能提高企业投资污染控制设备的积极性，也更具有市场灵活性。排污权交易有赖于市场机制，因而采用这种手段就需要一系列条件，如：① 合理分配排污权；② 完善的市场条件；③ 政府部门的有效管理。

# 推荐阅读文献

薛黎明、李翠平：《资源与环境经济学》，冶金工业出版社，2017。
汪安佑、雷涯邻、沙景华：《资源环境经济学》，地质出版社，2005。

## 复 习 题

**一、名词解释**

1. 排污费
2. 最优庇古税
3. 最优污染水平
4. 排污权交易

**二、简答题**

1. 简要说明排污收费的经济效率。
2. 排污权交易的特点有哪些?
3. 排污权交易的条件有哪些?

**三、论述题**

试分析排污权交易的宏观效应。

# 第十二章 资源环境与可持续发展

【学习要点】

本章主要介绍了资源环境与可持续发展方面的相关概念、内涵及其相互之间的关系,旨在让学生了解当今社会发生的资源与环境方面日益严重的问题,了解解决这些问题的科学方法,树立节约、环保、低碳、绿色的可持续发展理念,增强人与自然和谐共处的生态意识。

## 第一节 自然资源的可持续利用

### 一、不可再生资源的最优配置

不可再生资源在不同时期配置的核心问题是实现高效率的资源配置。高效率资源配置的社会目标是使资源利用净效益的现值最大化。对于不可再生资源,需要合理分配不同时期的资源使用量。下面分析一种资源在两个时期的配置模型,然后将其推广到更长的时期和更复杂的情况。

(一) 两个时期的资源配置模型

假设:
① 资源的边际开采成本在两个时期内不变,且以不变的方式供给;
② 在两个时期内对资源的需求不变,且边际支付意愿的方程式为 $P = 8 - 0.4Q$;
③ 在两个时期内边际成本 MC 不变,且单价为 2 元/t(见图 12-1)。

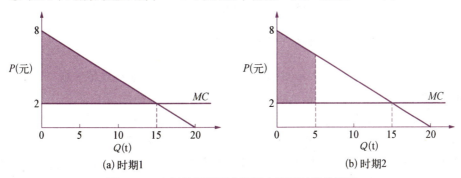

图 12-1 充足的不可再生资源在不同时期的配置

从图 12-1 可以看出，如果资源总估计量为 30 t 及以上时，在两个时期间的配置就很容易实现高效率（暂不考虑贴现率），因为每个时期都能得到本期所需的 15 t 资源量，分别实现本期的高效率，时期 1 对资源的需求量不会减少资源对时期 2 的供给量。然而，当资源的有效供给量小于 30 t 时，就会出现另一种情况。

假设资源的有效供给量为 20 t，为了实现高效率的资源配置，就要使这 20 t 资源在两个时期的净效益现值之和达到最大化。净效益现值之和的求法可以用下面例子说明。假设分配给时期 1 的资源为 15 t，分配给时期 2 的资源为 5 t。则时期 1 的净效益现值就等于图 12-1(a) 中阴影部分的面积（45 元）；时期 2 的净效益现值就等于图 12-1(b) 中阴影部分的面积（25 元）除以 $1+r$（$r$ 是贴现率）。如果贴现率 $r=0.1$，那么时期 2 净效益现值就是 $25÷(1+0.1)=22.73$ 元。因此，两期的净效益现值之和为 $45+22.73=67.73$ 元。

为了找到使两个时期净效益现值最大的资源配置方案，可以通过计算机，找出时期 1 资源配置量 $Q_1$ 和时期 2 资源配置量 $Q_2$ 所有可能的组合（$Q_1+Q_2=20$），然后挑选出其中净效益现值最大的配置组合。

实现资源高效率配置的必要条件是，时期 1 使用的最后 1 t 资源的边际净效益现值等于时期 2 使用的最初 1 t 资源的边际净效益现值。不需要复杂的数学知识，这个原则也很容易理解。为此，我们用一种简单直观的图形来表示两个时期的资源配置问题（见图 12-2）。

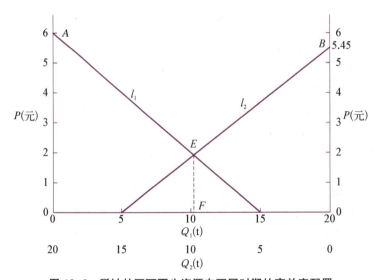

图 12-2  稀缺的不可再生资源在不同时期的高效率配置

图 12-2 中，$l_1$ 和 $l_2$ 分别表示时期 1 和时期 2 的边际净效益现值曲线，时期 1 的边际净效益现值曲线从左往右读，时期 2 的边际净效益现值曲线从右往左读。$l_1$ 与纵坐标交点 $A$ 为 6 元，因为最大边际净效益等于最大边际效用（8 元）减去边际成本（2 元）；假设贴现率 $r=0.1$，则 $l_2$ 与纵坐标交点 $B$ 为 $6÷(1+0.1)=5.45$ 元。$l_1$ 与 $l_2$ 相交于点 $E$。这样，两个时期总的净效益现值就等于 $AEB$ 下方与坐标轴围成的面积。$E$ 点为高效率资源配置点，因为在这一点上两个时期净效益现值之和最大（此时面积最大）。此

时,分配给时期1的资源量为10.24 t,分配给时期2的资源量为9.76 t。

以上的模型是在健全的市场和合理的政府调节条件下建立起来的。同时,由于我们这里分析的是稀缺的可耗竭资源,所以还必须考虑由于稀缺资源产生的额外边际成本,在这里,我们称之为边际使用成本(即图中 EF 所示)。边际使用成本是指在边际上失去的机会成本的现值。由于可耗竭资源的供给是固定、有限的,今天多使用一个单位的资源,就意味着明天少使用一个单位的资源。因此,今天决定使用一定数量的资源,就意味着放弃将来使用该资源的净效益。

在一个有效的市场中,不但要考虑边际开采成本,而且要考虑边际使用成本。如果资源是不稀缺的,资源价格就等于边际开采成本;如果资源是稀缺的,资源价格就等于边际开采成本加上边际使用成本。边际使用成本主要受贴现率影响,贴现率的大小反映了人们对边际使用成本的评价。在上面的模型中,由于正贴现率的存在,使得时期1比时期2获得更多的资源。贴现率越大,边际使用成本就越小,时期2获得的资源也就越少。所以贴现率的大小,表明了当代人对边际使用成本的评价和代际之间的资源配置。

### (二) n 个时期的资源配置

假设前面的需求曲线和边际成本曲线仍然保持不变,时间由两个时期延长到 $n$ 个时期,资源的供给量也相应增加(图 12-3)。

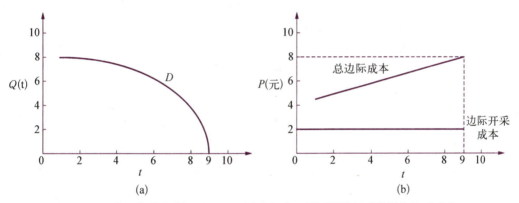

**图 12-3　在没有替代资源时,不可再生资源在不同时期的开采数量和开采成本**

图 12-3(a)表示资源开采量在时间上的变化。图 12-3(b)表示资源的总边际成本和边际开采成本随时间的变化,总边际成本和边际开采成本之差就是边际使用成本。

从图中可以看出,尽管边际开采成本保持不变,但边际使用成本是不断增加的。边际使用成本的增加反映了资源稀缺程度的增加和资源消费机会成本的提高。与随着时间而增加的总边际成本相对应的是,资源开采量随时间而逐渐降低至零。在图 12-3 中,当时期为9,总边际成本为8元时,开采量为零。在这一点上,总边际成本等于人们愿意支付的最高价格,边际使用成本的增加导致总边际成本的增加,实现资源的供给和需求同时为零。从这个例子中可以看出,即使边际开采成本没有增加,有效配置能够持续进行,也能够使资源逐步耗竭,而避免了突然耗竭。

### (三) 不可再生资源间的替代

假设有两种可替代的不可再生资源,它们有各自的不变边际开采成本,在一定条件

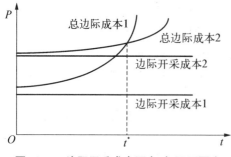

图 12-4 边际开采成本不变时，不可再生资源之间的替代

下，边际开采成本低的不可再生资源可以被边际开采成本高的不可再生资源替代。这时，不可再生资源之间的有效配置如图 12-4 所示。

两种资源的总边际成本都随时间不断增加，在转折点 $t^*$ 以前的时期，只有总边际成本低的资源 1 才会被利用。到转折点 $t^*$ 时，两种资源的总边际成本相等。在经过 $t^*$ 以后，只有总边际成本低的资源 2 才会被利用。

分析总边际成本曲线可以发现两个值得注意的特征。首先，两种资源的替代是平滑过渡的；其次，总边际成本的增长率在替代后慢了下来。

第一个特征比较容易理解。两种资源的总边际成本在替代的那一刻必然相等，如果不相等，成本低的资源会被使用以获得较多的净效益。

总边际成本的增长率在替代以后变慢了，是因为就边际使用成本占总边际成本的比例而言，资源 2 小于资源 1。每一种资源的总边际成本是由边际开采成本加上边际使用成本决定的。对两种资源来说，边际使用成本都是以比率 r 增加，而边际开采成本都是不变的。从图 12-4 中可以看出，不变的边际开采成本占总边际成本的比例，资源 2 要大于资源 1，因此，资源 2 的总边际成本增加速率要慢一些，至少在开始时是这样。

### （四）实现可再生资源替代

上面讨论了当没有可更新的替代品时，如何配置不可再生资源。如果存在可替代的可再生资源，并且以不变的边际成本供给，怎样考虑资源的有效配置？例如，当太阳能以替代品出现时，如何有效地配置石油和天然气。

这个问题可以在前面的基础上继续分析。假设其不可再生资源存在可再生资源替代品，且当单位价格为 6 元时，可以无限供应该替代资源。这样，从不可再生资源到可再生资源的替代就会发生，因为可再生资源的边际成本（6 元）小于不可再生资源的最大支付意愿（8 元）。而且，由于替代品价格为 6 元，所以不可再生资源总边际成本永远不会超过 6 元，因为只要作为替代品的可再生资源更便宜，人们就会用它来代替不可再生资源。当没有有效的替代品时，人们的最大支付意愿使得总边际成本保持在较高水平上；当有效的替代品出现时，便抑制住了它的总边际成本，但是却使边际开采成本固定在更高的水平上，因为可再生资源的边际开采成本高于不可再生资源（见图 12-5）。

从图 12-5 中可以看出，在有效的资源配置中，实现了不可再生资源向可再生资源替代品的平滑过渡。不可再生资源的开采量随着边际使用成本的增加而逐渐减少，直到替代品的出现并最终替代它。但是，由于可更新资源的出现，会加速不可再生资源的开采，结果是不可再生资源比没有替代品的情况下耗竭要快。在这个例子中，不可再生资源是在时期 6 停用的，而在前面的例子中，不可再生资源是在时期 9 停用的。

在图 12-5 中，可再生资源的使用开始于过渡点（或转折点，对应于时期 6）。在转折点之前，只使用不可再生资源；而在转折点之后，只使用可再生资源。这个资源使用模式的变化导致了成本的变化。在转折点之前，不可再生资源比较便宜；在转折点上，

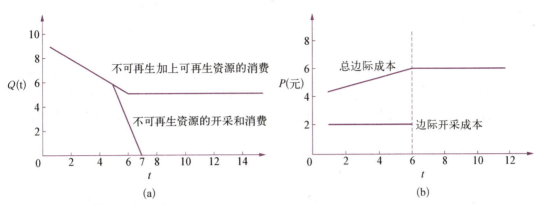

**图 12-5　用不变边际开采成本的可再生资源作为替代品时，可耗竭资源的开采量和边际成本**

可耗竭资源的总边际成本（包括边际使用成本）等于替代品的边际成本。这时，替代发生了。由于替代品的有效存在，资源使用量在任何时候也不会降到 5 t 以下。

### （五）边际开采成本不断增加

在前述的基础上，进一步分析可耗竭资源的边际开采成本随着开采量的增加而增加的情况。这在现实中是一种普遍现象，如矿物品位的降低会带来开采成本的上升。

在以前的分析中，假定边际使用成本在时间上是以百分率 $r$ 增加的。当边际开采成本随开采量增加而增加时，边际使用成本随时间的增加而逐渐下降，直至过渡到可再生资源时降为零。

边际使用成本是反映放弃将来边际净效益的机会成本。与边际开采成本不变的情况相反，当边际开采成本随时间而增加时，未来因开采而发生的损失就会减少。边际开采成本越大，因为越来越多的资源被开发，未来因节省资源而获得的净效益也会越小。最后，如果边际开采成本足够高，相比之下起初的边际开采成本就可以忽略不计。这时，边际使用成本降到零，总边际成本等于边际开采成本。

还有一点应当指出，在不变的边际开采成本下，不可再生资源的储量最后可能开采完，而在不断增加边际开采成本的情况下，有些资源会因为边际成本太高而不被开采。

综上所述，可以全面解释不可再生资源的有效配置过程。首先，当资源的边际开采成本不变，并且资源的数量有限时，如果有效的替代品出现了，就应向替代品平稳地过渡，如果没有替代品则应节约使用资源。而当边际开采成本不断升高时，情况则比较复杂，因为它改变了边际使用成本的时间轮廓。不过，正是边际开采成本的不断增加使得不可再生资源能够得到可持续利用，而不会被耗竭。

### （六）资源勘探和技术进步对可耗竭资源的影响

回顾历史可以发现，不可再生资源的储量和消费量随着时间的推移，不是减少而是增加了。造成这一现象的主要原因是资源勘探和技术进步。

当地理位置优越和高品位资源开采殆尽的时候，人们必须转向地理位置不好和低品位的资源，如海底和地层深处的资源。勘探这种资源的成本被称作边际勘探成本，它随时间的增加而增加。当一种资源的总边际成本随时间的增加而不断增加时，社会就会积极勘探新的资源。如果新发现资源储量的边际开采成本足够低,总边际成本的增长速度就会降低,至少会延缓。新储量的发现会鼓励资源消费。

技术进步最显著的影响是使某一时期边际开采成本持续下降。如果由于技术进步的作用,尽管对低品位资源的依赖增加了,但边际开采成本还是下降了,资源的总边际成本在时间上才有可能真正降低。但是,由于不可再生资源数量是有限的,其总边际成本的下降只会是暂时的,最终必然会上升。因此,技术进步只是延长了不可再生资源被替代的时间。

## 二、可再生资源的可持续利用

在关于可再生资源可持续利用的经济学分析中,财产权是最重要的影响因素。财产权明确的可再生资源称为可更新商品性资源,如私人土地上的农作物、森林。财产权不明确或者不可能确定财产权的可再生资源称为可再生公共物品资源,如公海渔场和生物物种。

### (一) 可再生商品性资源

这类可再生资源的管理类似一般生产过程的管理,这类资源的可持续利用问题主要是确定资源的最佳收获期和最大可持续收获量。下面以一个林场的经营决策问题为例,分析林木的最优采伐时期和最大可持续收获量。

林木的采伐价值随着树木的生长而增大。但不可能无限增加,树木最终会衰老和死亡,其时的商业价值将降低。假定林场希望选择一个最优采伐时期 $t_1$,使得林木采伐的净效益现值 $B_1$ 最大化,则

$$B_1 = \frac{P_t - C_t}{(1+r)^t} - K_0 = V_t - K_0 \tag{12-1}$$

式中,$R_t$ 是时刻 $t$ 的木材销售收益;$C_t$ 是时刻 $t$ 的采伐成本;$K_0$ 是林场的初始资本;$V_t = \frac{P_t - C_t}{(1+r)^t}$,是时期 $t$ 采伐林木的净现值;$r$ 是贴现率。

这一决策问题的解可用图 12-6 表示。图 12-6 中,$V_0$ 曲线表示未贴现($r=0$)的林

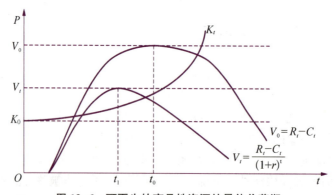

图 12-6 可再生的商品性资源的最佳收获期

木采伐价值；$V_t$ 曲线表示贴现率为 $r$ 的林木采伐价值；$K_t$ 曲线与纵轴交于 $K_0$ 点，表示以利率 $r$ 计算复利的初始资本。

从图 12-6 中可以看出，贴现率为零时，林场选择在 $V_0$ 曲线最大值点采伐树木，最优采伐期为 $t_0$；贴现率为 $r$ 时，林场选择在 $V_t$ 曲线最大值点采伐树木，最优采伐期是 $t_1$；$t_1 < t_0$。

假设林场不仅希望采伐的树木净效益现值最大化，还希望林场土地的可持续总产出净效益现值最大化，因为土地既可用于现有树木的生长，又可用于种植新树，因此林场所面临的经营决策问题就是如何确定土地上的轮作和择伐。此时，

$$B_2 = B_1 + K_0 = \frac{P_t - C_t}{(1+r)^t} = V_t \tag{12-2}$$

这意味着最佳轮作期正好等于 $t_1$，正是前面所说的最优采伐期，在这个问题里只要采伐一片树林。

但是，从图 12-6 可以看出，有一个时期 $V_0$ 的增长率大于利率 $r$，在 $V_0$ 曲线比 $V_t$ 曲线陡的任何时候都会出现这种情况，于是，最佳轮作期 $t_1$ 比最佳采伐期 $t_0$ 小。在增长率大于利息率的时期内，林场会不断实施轮作。

假设林场希望确定每一时期恒定的采伐率，于是必须在每一时期种植同样数量的树。已知土地面积有限，每棵树占用的土地面积不变，问题就是要确定种植率和采伐率，使得从种植到采伐的时间最优。

解决这一问题的数学过程比较复杂，但是原理很简单。在时期 0 开始种植，以不变的种植率继续；采伐在时期 $t^*$ 开始，也以不变的速率继续。在此之后，每一单位时间内被采伐的树木量将等于种植和生长的树木量。$t^*$ 这一时期的最优长度应当满足下列条件：树木每多生长一年的净采伐价值 $V_0$ 的增量，必须等于树木每多生长一年 $V_0$ 的利息增量减去因树木生长期延长而节约的边际种植成本。

### （二）可再生公共物品资源

可再生公共物品资源的可持续利用主要是通过控制使用率和收获率实现最大可持续收获量。

公共物品资源不可能确定专有财产权，因此不可能像一般生产过程那样进行管理，私人林场可以自行决定林木数量和采伐时间。然而在公海渔场，因为私人不能拥有财产权，对资源利用的控制必须通过实施国家政策。

假定有一海洋渔场，鱼群增长量和种群数量的关系模型如图 12-7 所示。$S_1$ 至 $S^*$ 表现为鱼的增长量随种群数量增加而增加，$S^*$ 至 $S_2$ 表现为鱼的增长量随种群数量增加而下降。$S_1$ 被称为最小可变种群数量，种群数量低于这一点，鱼的增长量将为负数，种群数量将会减少直到灭绝，此时，任何力量也不能帮助种群数量

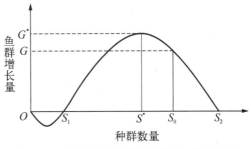

图 12-7　鱼的种群数量和增长量之间的关系

恢复到可变水平。种群处于失衡状态。种群数量大于$S_1$时,种群数量可以实现正增长。

$S_2$被称为自然均衡点,在这一点上,由于死亡和迁出造成的种群数量减少将由于出生和迁入得到补偿。自然均衡是一种稳定状态,如果种群数量暂时超过$S_2$,即超出了承载能力,死亡率和迁出率就会增加,使种群数量又回到承载力范围之内。反之亦然。

在任何条件下,如果捕获量等于增长量,就可称该捕获量是可持续的,因为这种捕获量可以永远保持。只要增长量不变,捕获量也保持不变,那么种群数量就不会发生变化。在生物学中,$S^*$被称为最大可持续捕获量种群,此时最大可持续捕获量等于最大增长量。在$S_1$和$S_2$之间,任一种群数量状态对应一个可持续捕获量,如$S_0$对应于$G$。过度捕获在短期内虽然是可能的,却是不可持续的,将会造成种群数量减少,如果其小于$S_1$,物种就会灭绝。

### 1. 静态有效可持续捕获量

最大可持续捕获量并不等于效率,效率与资源利用的净效益最大化相关。所以在界定有效配置时,不仅要考虑效益,还要考虑捕获成本。

静态有效可持续捕获量是指不考虑贴现时,能够产生最大年净效益且能连续保持的收获水平。为了简化分析,假设:① 鱼价不变,且不取决于销售量;② 单位边际捕鱼成本不变;③ 单位工作量的捕获量与鱼的种群数量成正比。

在图12-8中,收益$R$和成本$C$是捕捞工作量$E$的函数,横轴上的任一点对应图12-7中的种群水平。收益曲线决定于捕获量(因为假定价格不变),捕获量取决于捕捞工作量。任何捕捞工作量的增加都会引起种群减少,所以种群数量是从右到左增加的。当捕捞工作量增加到$E_m$点后,如果工作量继续增加,收益就会降低,因此$E_m$是最大可持续产量。净收益即收益与成本之差。从图12-8中可以看出,有效率的工作量水平是$E_e$,因为该点上收益与成本之差最大,边际收益等于边际成本。高于$E_e$的工作量水平是低效率的,因为成本增加超过了效益增加。

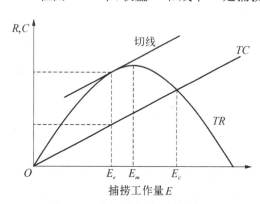

图12-8 鱼群的有效可持续产量

至此,我们可以认定最大可持续产量是无效率的。因为只有当边际成本为零时,最大可持续产量才有效率,而这是不可能的。由此产生的推论是:与最大可持续捕获量的工作量水平相比,静态有效可持续工作量水平会产生较大的种群数量。

技术进步将会降低边际成本,会使总成本曲线斜率减小,边际净收益上升。这意味着新的静态有效可持续产量使得工作量水平增加,种群数量减少,捕获量增加,净收益增加。

### 2. 动态有效可持续产量

静态有效可持续产量是动态有效可持续捕获量贴现率为零时的一个特例。如果贴现率为正值,对渔业资源管理的影响类似对不可再生资源配置的影响。贴现率越高,资源所有者保存现有资源的成本就越高。引入正贴现率后,相当于均衡种群水平减少,所需的有效捕捞工作量水平将会超过静态有效可持续捕获量。

超过有效可持续捕获量对应的捕捞工作量水平,捕捞量的增加会使得净效益增加。然而,当捕捞量超过鱼群可持续捕获量时,鱼群数量就会减少,并使得将来的种群数量和捕捞量减少。最后,当捕捞工作量水平保持不变时,就会得到一个新的较低的均衡水平,这时捕捞量又等于鱼群增长量。用数学方法可以证明,当贴现率增加时,动态有效工作量水平就会增加,如果贴现率为无穷大,它等于 $E_c$,在这一点上净收益为零。

使用无穷大的贴现率将会导致 $E_c$ 配置。因为代际之间的互相作用会提高资源配置的边际使用成本,所以机会成本是目前开发资源所放弃的将来的净收益。当贴现率为无穷大时,边际使用成本为零,没有价值可以从将来的资源配置中获得。这就意味着在将来:① 边际净收益=边际支付意愿-边际捕捞成本=0;② 净收益=总收益-总成本=0。所以一旦采用贴现率,动态有效可持续产量所对应的种群数量就会小于静态有效可持续产量,可持续捕捞量也将较小。

鱼群数量减少并且低于最大可持续产量水平主要是受贴现率的影响。一般来说,捕捞成本越低,贴现率越高,有效捕捞工作量水平超过与最大可持续捕获量相联系的工作量水平的可能性越大。在 $E_e$ 和 $E_m$ 之间,如果边际捕捞成本为零,静态有效可持续捕获量和最大可持续捕获量就会相等。当贴现率为正时,动态有效捕捞工作量水平就必然会超过静态有效捕捞工作量水平和与最大可持续捕获量相对应的捕捞工作量水平。较高的捕捞成本只会减少静态有效可持续捕获量,却不会减少最大可持续捕获量。贴现率使得鱼群数量低于最大可持续捕获量水平,但如果捕捞成本较高这种可能性就会降低。

如图 12-8 所示,在动态管理的情况下鱼的种群是不会灭绝的,因为 $E_c$ 是这个模型中最高的动态捕捞工作量水平,而该水平低于使种群灭绝所必需的水平。种群灭绝的条件是,边际捕捞收益超过边际捕捞成本(包括后代人的成本)。只要种群增长率超过贴现率,种群灭绝就不会发生。然而,如果增长率低于贴现率,边际捕捞成本足够低,就会导致种群灭绝。

有效捕捞量是否会导致种群灭绝与增长量有关。因为鱼群增长量决定了保护工作的生产率。增长量越高,后代人就越可能得到满足。相反,当增长量很低时,后代人会由于当代人获得过多而蒙受损失。在这个例子中,如果增长率为零,我们就有一个固定供给的资源,这与不可再生资源没有什么区别。无论什么时候,只要支付意愿大于边际捕捞成本时,资源耗竭便会发生。

我们已经知道,对于在时间上互相作用的可再生资源来说,动态效率标准与不变的可持续捕获量并不会自动一致,所以对于鱼群的有效配置来说,导致资源灭绝在数学上是可能的。经验研究表明,由于存在捕捞成本,最后一些鱼群的捕捞成本经常超过人们的支付意愿,所以捕获量往往会小于最大可持续捕获量,鱼群灭绝的可能性基本不存在了。

## 第二节 资源承载力与资源安全

### 一、资源承载力的概念与评价方法

**1. 资源承载力的概念**

联合国教科文组织(UNESCO)于 20 世纪 80 年代初提出资源承载力的概念。一个国家或地区的资源承载力是指在可预见的时期内,利用该地区的能源及其他自然资源和智力、技术等条件,在保证符合其社会文化准则的物质生活水平下所持续供养的人口数量。1991 年世界自然保护同盟(IUCN)、联合国环境规划署(UNEP)以及世界野生生物基金会(WWF)在其出版的《保护地球——可持续生存战略》一书中指出:地球或任何一个生态系统所能承受的最大限度的影响就是其承载力。人类可以借助于技术而增大这种承载力,但往往是以减少生物多样性和生态功能作为代价的,并且在任何情况下,也不可能将其无限地增大。

资源承载力的概念可以分为广义和狭义两种。广义的概念可理解为:某一区域的资源条件在"自然-人工"二元模式影响下,以可预见的技术、经济、社会发展水平及资源的动态变化为依据,以可持续发展为原则,以维护生态良性循环发展为条件,经过合理优化配置,对该地区社会经济发展所能提供的最大支撑能力。狭义的概念以牛文元提出的定义最具代表性,他认为:"资源承载力是指一个国家或一个地区资源的数量和质量,对该空间人口的基本生存和发展的支撑力。"

由此可见,资源承载力是一个非常广泛的综合概念,是可持续发展的重要度量指标。社会经济发展必须控制在资源承载力之内,这样才能通过对资源的可持续利用实现社会经济的可持续发展。

对资源承载力进行评价的主要目标是为了增加区域资源可承载能力,在资源有限的前提下,尽可能地满足农业、工业及城市生活等需求,最终使区域内经济社会可持续发展。

**2. 资源承载力的评价方法**

资源承载力研究内容涉及人口、资源状况和社会经济发展规模等多方面因素,涉及面广、内容复杂。目前对于资源承载力的研究国内外尚无统一和成熟的方法,多采用定量与定性相结合的研究方法,已从过去的单一指标、静态分析发展到了系统多指标、动态综合分析。具体评价方法有很多,其中常用的方法有以下 5 种。

(1) 单因素评价法

资源承载力的计算方法中最简单的是单因素评价法,也称简单定额估算法。单因素评价法主要通过选择单项指标和多项指标来反映地区资源承载力现状和阈值。如利用单要素评价区域水资源承载力。

(2) 综合指标法

综合指标法根据区域社会经济、自然资源特点,通过建立相应的指标体系来反映资源承载能力的程度,并用这些指标对不同方案下不同水平、不同区域的社会经济发展规模和资源承载能力进行评价。综合指标法解决了单因素评价方法中存在的问题,可以比较全面地反映资源承载能力的状况。综合指标评判的前提是构建资源承载力评价指标体系。要求选取若干个代表性好、针对性强、易于量化的指标,可以采用灰色关联模型等不同的方法对指标进行分析和筛选。为确保指标选取的科学性和合理性,在具体操作过程中,要进行指标的多重共线性检验。目前,综合评价的方法很多,如熵值法、模糊综合评价、可拓物元模型、数据包络模型、灰色评价模型等。

(3) 多目标决策法

多目标决策分析法理论和技术已经比较成熟,它将研究区域作为一个整体系统来研究,通过对系统内部各要素之间关系的剖析,用数学约束进行描述,通过数学规划,分析系统在追求目标最大情况下的状态和各要素的分布。多目标分析模型选取能够反映水或土地承载力的社会、经济、人口、环境等若干目标。通过多目标的权衡来确定在不同的社会发展模式、不同经济结构以及不同资源开发利用方式下,资源对区域的人口、社会、经济的承载能力。在资源承载能力的研究中,虽然多目标决策分析方法在其规划目标的选定,以及资源经济生态的内涵联系的刻画上存在一定的困难,但由于该方法综合考虑了区域水、土、气候等限制资源及资源相互之间作用的关系,而且决策分析中考虑人类不同目标和价值取向,融入决策者的思想,还是比较适合处理社会经济生态资源系统多目标群的决策问题。

(4) 系统动力学法

系统动力学方法是一种定性与定量相结合,系统、分析、综合与推理集成的方法。加之模型所考虑的是整个系统的最佳目标,强调大系统中各个子系统的协调和大系统的综合。因此,利用系统动力学模型可以较好地把握系统中各因子之间的相互关系,分析系统结构。明确系统因素间的关联作用,通过因果反馈图和系统流图,建立系统动力学模型,模拟和预测不同发展战略下资源承载力的状况,从而得到最佳的发展方案及相应的承载能力。该方法的优点是能定量地分析各类复杂系统的结构和功能的内在联系,能定量分析系统的各种特性,特别是对高阶、非线性问题的处理比较方便,适合于宏观长期的动态趋势研究。缺点是系统动力学模型的建立需要较多的参数和变量,控制不好会导致不合理的结论。

(5) 主成分分析法

主成分分析法又称主分量分析方法,是把给定的一组相关变量通过线性变换转换成另一组不相关的变量,这些新的变量按照方差依次递减的顺序排列。在数学变换中保持变量的总方差不变,使第一个变量具有最大方差,称为第一主成分,第二个变量的方差次大,并和第一个变量不相关,称为第二主成分,依次类推,最后一个主成分方差最小,且与此前的主成分都不相关。

(6) 其他分析法

除了以上介绍的几种评价方法外,还有其他一些分析方法,如常规趋势方法、多目标线性规划方法、生产力估算法和背景分析法等。随着研究的不断深入,越来越多的新方法、新手段将应用于该领域。

## 小 资 料

### 洞庭湖水资源承载力评价

水资源承载力是水资源对区域工农业生产和社会经济发展支撑能力的重要表征。对区域水资源承载力的综合评价，有助于掌握区域水资源与社会经济发展之间的互动关系，为促进区域经济与社会可持续发展提供理论支撑和现实依据。

邓正华等以洞庭湖流域水资源承载力为研究对象，首先明确水资源承载力的定义，认为水资源承载力指既定经济社会发展条件下，在一定的水环境约束下水资源对该区域社会经济可持续发展的最大支撑能力。以此为基础建立水资源系统—水环境系统—社会经济系统三维评价指标体系，并采用层次分析法主观赋权与熵权法客观赋权相结合，确定其权重，采用 TOPSIS 模型对承载力水平进行评价。

本文选取洞庭湖流域水资源系统、水环境系统和社会经济系统三维指标作为其水资源承载力评价体系的准则层指标。水资源系统指标包括人均水资源量、产业模数、河流通畅度和年均径流量 4 个指标。社会经济系统指标包括人口密度、污水处理设施投入、GDP、万元工业增加值用水量和万元农业增加值用水量 5 个指标。根据河流、湖泊地表水质检测的最新国家标准，水环境系统的检测指标主要有总磷含量（TP）、水体总氮含量（TN）、水体化学需氧量（COD）、水体溶解氧含量（DO）4 个指标。具体指标选择及其对水资源承载力的影响方向见表 12-1。

**表 12-1　洞庭湖水资源承载力评价指标体系**

| 目标层 | 准则层 | 指标层 | 指标说明 | 指标性质 |
|---|---|---|---|---|
| 水资源承载力 | 水资源系统 | C1 人均水资源量 | 水资源总量/人口总量 | 正向 |
| | | C2 产业模数 | 水资源总量/区域总面积 | 正向 |
| | | C3 河流通畅度 | 年均断流时间 | 负向 |
| | | C4 年均径流量 | 统计数据 | 正向 |
| | 水环境系统 | C5 TP | 总磷 | 负向 |
| | | C6 TN | 总氮 | 负向 |
| | | C7 COD | 化学需氧量 | 负向 |
| | | C8 DO | 溶解度 | 正向 |
| | 社会经济系统 | C9 人口密度 | 总人口/区域面积 | 负向 |
| | | C10 GDP | 统计数据 | 正向 |
| | | C11 污水处理设施投入 | 统计数据 | 正向 |
| | | C12 万元工业增加值用水 | 工业用水量/工业增加值 | 负向 |
| | | C13 万元农业增加值用水 | 农业用水量/农业增加值 | 负向 |

为更准确反映洞庭湖流域水资源系统、水环境系统和社会经济系统各指标的权

重,本文将层次分析法主观赋权与熵权法客观赋权相结合,确定其组合权重。

层次分析法(Analytic Hierarchy Process,AHP)由美国学者 Saaty 提出,可以实现定量与定性的结合,以确定各评价指标的主观权重。其具体计算步骤如下:① 建立判断矩阵 $U=(a_{uv})_{m\times m}$,其中 $a_{uv}$ 的取值范围为 1~9。② 计算判断矩阵的最大特征向量。根据公式 $U_w=\max \lambda_w$,可得判断矩阵的最大特征值 $\max \lambda$ 和对应的特征向量 $w$。③ 一致性检验。当一致性比率 $CR<0.1$ 时,表明判断矩阵通过一致性检验,经过归一化处理后,得到各指标权重 $W_{1i}$。

熵权法可根据各评价指标提供的信息确定其客观权重,避免主观赋权的随意性造成的结果偏差,主要计算步骤如下。

① 数据标准化处理。构建原始数据矩阵 $Z=(z_{ij})_{m\times n}$,对数据进行标准化处理。正/负向指标的标准化公式分别为:

$$r_{ij}=\frac{z_{ij}-\min z_{ij}}{\max z_{ij}-\min z_{ij}} \qquad (12-3)$$

$$r_{ij}=\frac{\max z_{ij}-z_{ij}}{\max z_{ij}-\min z_{ij}}$$

② 计算各指标的信息熵(式中,$f_{ij}$ 为指标的特征比重)。

$$H_i=-\frac{1}{\ln n}\sum_{j=1}^{n}f_{ij}\ln f_{ij};\ f_{ij}=\frac{r_{ij}}{\sum_{j=1}^{n}r_{ij}} \qquad (12-4)$$

③ 计算各指标的熵权。

$$W_{2i}=\frac{1-H_i}{m-\sum_{i=1}^{m}H_i} \qquad (12-5)$$

利用公式(12-4)确定最终的组合权重。

$$W_i=\frac{W_{1i}W_{2i}}{\sum_{i=1}^{m}W_{1i}W_{2i}} \qquad (12-6)$$

TOPSIS(Technique for Order Preference by Similarity to an Ideal Solution)即逼近理想解排序法,是对多目标决策进行综合评价的方法之一,基本思路是测算评价对象与最优解、最劣解的相对距离并进行排序。其具体评价步骤如下:

在标准化矩阵 $R=(r_{ij})_{m\times n}$ 的基础上确定各指标的最优解 $Y_+$ 与最劣解 $Y_-$。确定各评价对象最优解 $Y_+$ 和最劣解 $Y_-$ 之间的距离记作 $D_j^+$ 和 $D_j^-$,计算方法为:

$$D_j^+ = \sqrt{\sum_{i=1}^m [W_i(\max y_{ij} - y_{ij})]^2} \qquad (12-7)$$

$$D_j^+ = \sqrt{\sum_{i=1}^m [W_i(\min y_{ij} - y_{ij})]^2}$$

最后计算贴近度：

$$T_j = \frac{D_j^-}{D_j^+ + D_j^-} \qquad (12-8)$$

式中，$T_j$ 的取值范围为[0,1]，当 $T$ 越大，越接近理想解，资源承载力越大；$T$ 越小，离理想解越远，资源承载力越小，据此可以判断资源承载力的高低，确定优劣排序。将最终的计算结果 $T$ 划分为5个等级，分别表示水资源承载力的严重超载、超载、合理、良好、优质。

样本考察期内，洞庭湖全流域水资源承载力均值由2009年的0.472下降至2018年的0.415。其中洞庭湖水资源承载力由2009年的0.509下降至0.456，由良好等级下降为合理等级，呈稳中下降趋势。三口流域水资源承载力均值由2009年的0.413下降至2018年的0.305，水资源承载力评价等级由合理下降为超载状态；湘江流域水资源承载力值由2009年的0.291上升为2018年0.397，湘江流域水资源承载力评价等级由严重超载上升为超载状态；其他流域水资源承载力呈小幅下降趋势。

资料来源：邓正华、戴丽琦、邓冰、邓丽萍：《洞庭湖流域水资源承载力时空演变分析》，《经济地理》2021年第5期。

## 二、资源安全

### （一）资源安全的含义及其类型

#### 1. 资源安全问题的由来

当前，世界经济与社会发展面临三大主要问题——人口问题、资源问题、环境问题，它们相互联系，相互影响，错综复杂，但核心是资源问题。自20世纪50年代以来，伴随着世界人口规模的迅速膨胀和全球范围内工业化的高速发展，世界资源环境状况发生了重大而深刻的变化。猛烈增长的消费需求及结构的巨大变化对有限的资源环境基础及其安全保障形成了空前的压力，在发达市场经济国家，工业产出在20年间翻了两番，这种高速增长所带来的结果是，所有重要金属和能源矿产的消费空前高涨。综合消费的增长速度至少是年均2%，很多矿产则超过5%。特别是对人口数量庞大、发展需求强烈的发展中国家而言更是如此。这种景象酷似现在已经广为人知的马尔萨斯模式，该模式把此类指数增长的消费同设想为固定的资源基础相比较，从而预言经济灾难将迫近。资源安全这一概念正是在人类社会快速发展、对资源承载能力产生巨大压力的背景下应运而生。

资源安全术语出现于20世纪90年代中后期，但在此之前，能源安全(石油安全、核能安全等)、水安全、食物安全、环境安全和生态安全等概念已广泛运用。资源安全概念是在人类社会快速发展对资源承载能力产生巨大压力的背景下提出来的。资源安全问题在本质上是资源短缺引起供需矛盾(资源供给能力的有限性与人类社会需求无限性之间的矛盾)激化而形成的。在一定时空范围和一定技术经济条件下,因资源需求量大与供给量小而产生明显的资源供需缺口。随着人口的急剧增加和经济社会的快速发展,资源供给已越来越不能满足日益增长的资源需求。从而在世界范围内引发了一系列与资源问题紧密联系的重大事件,资源安全问题也因此而引起了广泛关注和严重担忧。

从世界发展历史看,西方发达国家曾经为了本国的资源安全,大规模地开拓海外殖民地,发动殖民战争和掠夺殖民地国家的资源。第一次世界大战和第二次世界大战都是对世界资源的不平等争夺,20世纪70年代和80年代的两次石油危机也说明国家资源安全对国家经济的持续增长与国防安全是何等重要。

资源安全不仅影响着国民经济和社会的发展,而且是战争的重要导火索。在人类历史进程中,获取和控制自然资源(包括土地、水、能源和矿产)的战争,一直是国际紧张和武装冲突的根源。世界资源分布不均和资源的相对稀缺性,获得和控制足够的资源成为国家安全战略的重要目标之一。因此,世界范围内的资源之争往往是一系列战争的直接导火索。1999年,世界上约有1/3的国家发生了与资源特别是石油相关的战争和冲突。科索沃战争、海湾战争、俄罗斯的车臣战争以及21世纪初的伊拉克战争等,都与控制石油资源有关。

世界上围绕资源的争端不仅发生在发达国家之间、发展中国家之间,而且也发生在发达国家与发展中国家之间,并演变成全球一系列新、老"热点"问题。究其根源,除了大国势力、政治派别、民族及部落等斗争外,主要在于对各种自然资源的争夺,特别是对土地、水、油气等战略性资源的控制和争夺。资源安全是国家外交斗争的重要筹码。国家的政治战略和经济发展战略都离不开有利的外交政策来支撑,但是,对资源的争夺往往是国家之间外交斗争的重要筹码,发达国家有时在一些重要区域或敏感地区的政治军事战略都要服从于资源战略或石油战略。

2. 资源安全的基本定义与基本含义

到目前为止学术界关于资源安全还没有一个公认的定义。总体上来看,目前的定义主要分为两种不同类型:第一种是从资源本身来定义资源安全,把资源安全理解为自然资源基础和生态环境处于良好的状态或不遭到难以恢复的破坏。这一界定主要考虑的是资源自身的安全状态和资源的基础是否保持良好,因而也有人把这一概念作为生态安全或环境安全的定义。第二种则是从自然资源对社会经济发展的保障程度来定义资源安全,将资源安全理解为一个国家或地区战略性自然资源可持续保障的状态;或者是指一个国家或地区可以持续、稳定、及时和足量地获取所需自然资源的状态;或者是指一国或地区自然资源保障的充裕度、稳定性和均衡性。

我们认为,资源安全是指一个国家或地区可以持续、稳定、及时、足量和经济地获取所需自然资源的状态或能力。资源安全既要保障资源稳定地供给又要足量地满足资源需求,从供给方看,在特定的时间和技术经济水平条件下,如果资源开发不能保障国家或地区生存与发展的供应,就会导致资源供给不安全;同样的,从需求方看,如果国民经济和社会发展对资源使用与消耗的需求,出现了不稳定状态或者对人类的生存与发展构成一定的损害,就会导致资源需求不安全。它是资源供给与需求相互作用的结果。

资源安全内涵丰富,有以下5种基本含义。

第一,数量的含义,即量要充裕,既有总量的充裕,也有人均量的充裕,但后者较之前者更具意义。

第二,质量的含义,即质量要有保证,于是产生了最低质量的概念,如最低生活用水质量。

第三,结构的含义,即资源供给的多样性,供给渠道的多样性是供给稳定性的基础。保证资源供给的稳定,要发展资源贸易伙伴关系,特别要注意建立资源共同体。

第四,均衡的含义,包括地区均衡与人群均衡两方面。资源分布的不均衡,即资源的非遍布同质性,增加了资源供给的时间和成本,是导致资源安全问题的原因之一。人群阶层的存在,特别是收入阶层的存在,导致获取资源的经济能力(支付能力)上的差异也是影响资源安全的重要因素之一。资源安全的目标是最大限度地实现资源供求的地区均衡和人群均衡。

第五,经济或价格的含义,指一个国家或地区可以从市场(特别是国际市场)上以较小经济代价(如较低价格)获取所需资源的能力或状态。这一点在常态(非战争状态)下非常重要,一般而言,任何国家都可以从市场上获取其所需的资源,只是其所付出的经济代价不同而已。资源安全所要追求的是以最低的经济代价获取所需资源。

3. 资源安全类型的划分

(1)按资源空间分类

按资源空间分类,资源安全可以划分为全球性资源安全、区域性资源安全和地方性资源安全。

全球性资源安全是指因全球资源供给短缺而对地球人类生命、社会经济进一步发展的威胁,如全球资源枯竭、能源危机、土地退化、粮食短缺、水资源污染和短缺、生物多样性减少等,这些问题从本质上说体现了人与自然的矛盾与冲突,并由此影响到人与社会之间的相互关系。

区域性资源安全是指那些产生于某些大陆、世界上大的社会经济地区或独立的区域社会体系中的各种资源矛盾与冲突,如非洲的水资源短缺、中东地区石油资源冲突。

地方性资源安全是指涉及单个国家、民族和地区所面临的资源供应安全威胁,它包括一个国家内部的资源分布与消费错位所引起的资源短缺矛盾,也包括不同地方之间、不同部门之间的资源利益对抗和冲突。国家资源安全是一种地方性资源安全。

(2)按资源过程分类

按资源过程分类,资源安全可以划分为资源系统自身安全、资源保障系统安全和资源生态环境安全。

立足于资源系统自身的资源安全,可称为资源系统安全,指资源特别是可再生资源的数量和质量性状的保持及改良。

立足于资源保障能力的资源安全,即资源对社会经济发展的保障或支撑能力。这是通常人们所理解的资源安全。上面关于资源安全的定义,也正是基于这样一种理解,也可以说这是狭义的资源安全。

立足于资源利用的生态环境效果的资源安全,是指资源开发利用的生态环境后效果是否安全,如矿产资源开发的生态环境效果,水利用的生态环境效果等。这实际上又将资源安全问题与生态环境安全问题联系起来了。

(3) 按资源类别分类

按资源类别分类,资源安全可以划分为水资源安全、能源资源安全(特别包括石油安全)、土地资源安全(特别包括耕地资源安全)、矿产资源安全(特别包括战略性矿产资源安全)、生物资源安全(特别包括基因资源安全)、海洋资源安全和环境资源安全等。

(4) 按资源重要性分类

按资源重要性分类,资源安全可以划分为战略性资源安全和非战略性资源安全。

**战略性资源**,是指关系国计民生,在资源系统中居支配地位,具有常态下市场垄断性和非常态下供给瞬时中断性特点的资源。从国际市场可贸易的角度看,重要矿产资源、石油资源、水资源和食物资源,是最为典型的战略资源。

(5) 其他分类

此外,按时间序列和资源生产与消费等,还可以将资源安全划分为短期资源安全、中期资源安全和长期资源安全,以及资源净出口国的资源安全和资源净进口国的资源安全。

### (二) 资源安全研究框架及其研究动态

1. 资源安全研究框架

资源安全研究的重点应放在以下方面。

(1) 资源安全的概念、含义与属性的研究

主要包括资源安全概念,资源安全与资源稀缺、短缺,资源安全的基本含义,资源安全分类,资源安全属性等。

(2) 资源安全测度指标体系与预警系统的研究

主要包括资源安全因素的确认、资源安全指标遴选与指标体系构建、资源安全指标阈限的确认(包括水资源安全指标阈值的确认、土地资源安全指标阈值的确认、能源资源安全指标阈值的确认以及矿产资源安全指标阈值的确认)。

(3) 国家资源安全态势的研究

主要包括战略性资源的认识和战略性资源安全态势(如水资源安全基本态势、能源资源安全基本态势、土地资源安全基本态势、矿产资源安全基本态势、生物资源安全态势、世界资源安全态势、世界资源供需格局中的中国资源安全态势)。

(4) 国家资源安全战略研究

主要包括资源安全意识、资源系统管理、资源储备战略、资源贸易伙伴战略、资源效率战略、资源替代战略。

(5) 资源安全机制的研究

主要包括资源安全激励机制、资源安全约束机制、资源安全风险机制等。

2. 国外资源安全研究动态

美国、日本等西方国家极为重视以石油、天然气为主的能源资源安全的研究。同

时,它们对于水资源安全、食物安全和生态环境安全问题也尤为关注。但由于研究的资源主体不同,研究者所处的地位和出发点的不同,有关资源安全研究所关注的重点和研究方式都有很大差异,可以从以下两个方面予以概括。

(1) 石油、天然气等能源资源

美国的研究机构重点是从地缘政治的角度出发,面对全球化的经济背景,探讨在国际领域加强地区间相互合作,寻求增加能源供给的"安全性"与"可靠性";确保加强能源贸易的流通性;强化国际研究组织在能源环境事务中的作用,以寻求解决经济增长对能源需求的急速增长对环境所造成的巨大压力。同时,通过对国内能源需求与国内外能源供给予以风险评估,寻求资源安全的阈值,借以确定资源使用、开采、储备和贸易政策。欧盟根据"保障能源供应、保护环境和维护消费者利益"的原则,制定了保证"经济安全、国防安全和生活安全"的能源战略目标。2000年4月,世界能源理事会(WEC)则发表了一项关于重新审查世界能源状况的声明。WEC审慎地回顾了早些时候的能源情景,并提出一套新的目标和政策行动,目的是帮助解决任何地方所发生的能源贫乏问题,增强所交付能源的质量和可靠性,以及最大限度地减少能源发展对环境和健康的负面影响。

美国对石油资源安全评估是从两个层面进行的,即国家战略层面和市场微观层面。国家战略层面的研究主要观点有:① 美国在国际能源新形势下的基本战略应是增加战略油气的储备量,尤其强调了增加轻质原油和天然气的储备,同时要通过政治、军事和外交努力,来创造更好的能源外部环境;② 美国要重视对世界能源安全的地缘政治影响及国家和企业在新能源安全形势下的经营策略。市场微观层面上,由于国际石油市场的波动是不可避免的,依赖外国石油易受到石油供应中断的影响,而实行供应多样化能够明显提高供应的安全性和石油市场的稳定性。

(2) 土地资源、水资源以及以动、植物为主的生物性资源

国外多从保护资源的可持续性、可再生性和可恢复性等指标出发维护资源的安全。特别是对于危机性、濒危性和稀缺性的资源或景观,建立了一整套较为完备、操作性较强的资源核算与风险评估机制。在水资源安全方面也有许多研究,主要集中在水循环、水文情势控制、水污染、生态环境需水和干旱缺水等方面。其中以水功能为基准的研究方法有很多,通用的研究方法包括:传统的流量计算方法(标准流量法)、基于水力学基础的水力学法、基于生物学基础的栖息地法、基于水污染控制的污染预算法等。基于水资源系统的研究方法包括:层次分析法、模糊数学方法、集对分析法、Vague 集方法、灰色系统理论法以及系统动力学方法等。对于土地安全问题的研究一般都是从生态和土地所有权对粮食安全及土地利用规划的评价等方面展开的。随着生态学、地理学、农学、经济学以及信息处理技术等学科的相互交叉与渗透,社会学家、经济学家、生态学家与资源管理决策部门也开始更为紧密地联合起来,从维持生态多样性、保持与恢复自然资源生态系统功能、加强生态系统的自我调控、适应性和可恢复力等方面强调水、土、生物等重要自然资源的安全性。

欧美国家对于上述资源的安全性与风险性研究已经较为全面和深入,其研究尺度大到进行国家级的资源核算与风险评估(如英国);中到对流域水资源或区域土地资源

作为自然资源使用时,其成本费用和资源环境体系所承受的风险的评估;小到对一个村庄、一处景观、一块农田的宏观生态系统与微观有机生物组织的安全运行机理的描述与评估。

3. 国内资源安全研究动态

国内较早涉及的资源安全问题是粮食安全以及随之而来的耕地资源安全。随着经济全球化和国内人口、资源与环境问题的日益突出,国内众多研究机构开始关注资源安全问题。自然资源部及其下属研究机构对矿产、土地资源安全问题的研究,国务院发展研究中心市场经济研究所从市场角度对能源安全问题的研究,中国社会科学院世界政治与经济研究所从地缘政治和地缘经济角度对保障国家安全、特别是国家资源安全的研究,水利部及其下属研究机构对水资源安全问题的研究,石油等管理机构对石油等能源安全问题的研究,国家计委及其下属机构对能源等资源安全问题的研究,中国科学院地理科学与资源研究所等单位对资源安全问题的系统研究,中国工程院对水资源安全问题的大型研究,中国农业科学院对食物安全及与之相关的耕地资源安全问题的研究等,都有力地推动了我国资源安全问题研究。

近年来,学术界对资源安全问题的研究比较活跃。沈镭通过分析我国综合资源安全现状、面临的问题以及形势预测等,提出了保障我国综合资源安全的战略选择及政策措施。但国内对资源安全的研究多集中在具体资源的研究上。

在水资源安全研究方面成果最为丰富。国内对水资源安全的研究大致可分为3个阶段:① 20世纪80年代以前,主要是探讨河道枯、洪流量,涉及环境用水问题。② 20世纪八九十年代,这段时间除了进行水量的研究外,针对水污染日益严重问题,国务院环境保护委员会于1986年11月22日出台了《关于防治水污染技术政策的规定》,对水污染的防治研究提出了技术路线,但主要集中在宏观战略方面的研究。③ 20世纪90年代以来,针对淮河水污染以及黄河不断断流,1998年大洪水等一系列问题,国家提出了治水新思路是对于区域水资源安全的评价,构建了一个既有定量目标又有定性目标的结构性与非结构性相结合的多层次指标体系,采用半结构性决策方法进行整体评价。张利平等分析了我国水资源安全目前存在的主要问题:水资源时空分布不均严重阻碍社会经济发展;水资源供需矛盾严重,水资源利用效率低下;水质危机导致水资源危机,生态环境恶化严重;水资源管理缺乏科学体制。他认为21世纪中国的水资源矛盾将进一步加剧,我国必须进行大规模的改革和采取强有力的措施,包括节约用水,建立节水型工业,提高用水效率,加强水污染防治,引入市场机制,加强科技创新,树立可持续发展的思想,实行水资源的统一科学管理,维护我国的水资源安全,以缓解我国水资源的供需矛盾,实现经济和社会的可持续发展。有些学者通过归纳总结当前与水资源安全有关的研究,综述水资源安全的度量、评价方法;从定量的角度,对水资源安全问题的评价进行探讨,分析综述构建水资源安全评价指标体系。

在土地资源安全研究方面,虽然历史还不很长,但其发展较为迅速,取得了一定的成就,尤以耕地的研究居多。例如,许国平对近年来我国土地资源安全研究最新成果及其在国民经济与社会发展中的应用、成效和前景进行评析,对我国土地资源安全研究的发展趋势进行了展望,并提出了新时期土地资源安全研究的主要方向和重点领域。王枫和汤惠君分别从耕地资源安全评价、耕地资源安全预警以及耕地资源安全保障3个方面对我国耕地资源安全研究的主要内容及研究进展进行了综述,指出中国耕地资源安全应在基础理论、安全综合、安全模拟、研究尺度及保障主体行为与激励机制等方面加强研究。朱红波对耕地资源安全保障问题进行了更深入的研究,提出了较系统的保障体系。

能源资源安全的研究与上述两种资源相比相对较少,但也有所报道。例如,李铭等认为,我国对于石油安全研究起步较晚,自20世纪90年代开始之后,中国的一些学者和相关的研究机构开始关注石油安全问题,在石油安全综合研究和安全评价体系等方面取得了一定的成果。他们还通过分析石油安全的影响因素,分短期和长期分别建立了石油安全评价指标体系。运用层次分析法评估了中国不同阶段的石油安全,结果显示:石油市场(短期)安全随着价格变化而不断波动;石油战略(长期)安全随着我国石油消费量的不断上升,石油安全状况呈现下降趋势。姚延丰和查京民利用风险主体有规避风险本能的原理,引入"风险可控系数"的概念,构建了一种主客观相结合的指标赋权方法模型来评价石油资源的安全性。

矿产资源安全作为国家经济安全的重要组成部分,对国家经济安全产生重要的影响。因此,进行国家矿产资源安全研究,对保障我国经济安全、对我国经济发展具有深刻的现实意义。国家矿产资源安全必须满足以下4个条件:① 国内自有资源丰富、开发利用水平高、资源利用效率高,国内需求在可预测的一段时间内保持稳定;② 短期内国内资源不能满足需求,能够从国外及时、安全、经济地获得足量资源;③ 国内资源不能满足国内需求,国外供给保障也有限,但可通过调整资源需求结构、提高资源利用效率、开发替代资源等方式减少对特定矿产资源的需求;④ 非常时期(战争、政治风波或自然灾害等)有充足的储备满足矿产资源需求。我国"四五"规划纲要指出要加强战略性矿产资源规划管控,提升储备安全保障能力,实施新一轮找矿突破战略行动。

学界也对矿产资源安全这一议题非常关注,从现有的研究成果来看,我国学者主要是从供给和需求两个层面来探讨矿产资源安全问题。关注的角度包括经济安全(供给安全)和生态安全两个方面。目前与矿产资源安全评估有关的理论与方法主要来自三方面的研究:国际政治关系中的国家安全评估、经济学角度延伸的经济安全评估和环境资源安全评估。有学者通过研究我国矿产资源安全面临的主要问题,提出了相应的战略新思路,包括:加快开展覆盖区和深部矿产资源探测理论和技术方法的研究,增加矿产资源远景储备;重视中小及贫矿资源开发对国家资源安全的保障作用;应谨慎评估汽车产业发展对国家资源安全的影响;加快对外开发矿产资源等。

国内资源安全研究有以下4个特点。

从研究对象看,主要集中于石油等能源安全、水资源安全、主要矿产资源安全、食物(耕地资源)安全等方面,较少涉及生物资源特别是基因资源安全问题;从研究重点看,主要集中在资源对发展的保障能力方面,而对资源系统的安全性、资源开发利用的生态环境效果安全性的研究较少。

从研究理论现状看,对于资源安全体系缺乏综合性、系统性和机理性的描述,对于相关的概念、理论和方法尚缺乏科学的界定和深入的研究;特别是对于资源安全的机理、战略性资源安全的保障体系等方面的研究更为薄弱。

从研究方式与方法看,研究中缺乏多学科的融合与交叉,单项资源安全研究多,多种资源安全综合研究少;独立研究多,联合研究少;资源部门研究多,综合部门研究少;概念性研究多,可操作性研究少;定性研究多,定量研究少。

从研究单位与管理单位的协作关系来看,资源研究者与资源管理和决策部门的沟通与合作不足,研究机构自发研究多,与政府决策结合的研究少;致使研究成果针对性差,可操作性不强。

4. 资源安全研究展望

资源安全是可持续发展的首要条件和重要保障。目前,我国自然资源占有率偏低而且又是资源消耗大国,资源消耗水平高,资源对外依存度严重,这三个方面是制约我国经济发展的资源不安全因素。资源安全的定量分析主要体现在对资源安全的评估指标上,并主要局限在能源安全储备指标、水资源紧张状况指标、粮食安全方面的评估指标和金融安全的评估指标上。资源安全与可持续发展的总体思路是:遵循科学发展观要求,创新思路,倡导资源可持续安全;适度开发,实施适度资源保护;促进交流,加强资源安全的国际合作;节能减排,发展循环经济和低碳经济;寻找出路,开发新的替代能源;合理储备,建立战略储备制度;强化保护,提高资源再生和恢复能力;加强管理,保障资源可持续安全和经济可持续发展。

(三) 影响资源安全的因素及其评估指标

影响资源安全的因素很多,归纳起来主要有:资源本身的因素、政治因素、经济因素、运输因素、军事因素等。

资源安全的研究应该是定性分析与定量分析相结合,确立"资源安全临界区",即资源安全与不安全之间的临界区间,把它作为资源安全研究定量分析的一个基本概念。超过临界区即为不安全,低于临界区即为比较安全和安全。目前,关于资源安全的定量分析主要体现在对资源安全评估指标上。

资源安全评估指标的选择是在考虑影响资源安全主要因素的基础上,从每个领域选择一定的指标,组成一个评估指标体系。

1. 资源方面的指标

(1) 资源保障度 $B$

$$B = K \times \frac{R_s}{R_c} \qquad (12-9)$$

式中,$K$ 为资源综合回收率;$R_s$ 为资源的剩余可采储量;$R_c$ 为资源的消费量。这个指标主要是测定资源安全的国内基础,即目前剩余的资源可供消费的时间长短。表明在外界资源供应中断的情况下,国内资源的可支撑程度。

(2) 资源对外依存度 $Y$

$$Y = Q_i - \frac{Q_e}{Q_c} \qquad (12-10)$$

式中，$Q_i$ 为资源进口量；$Q_e$ 为资源出口量；$Q_c$ 为资源消费量。资源的贸易依存度主要反映资源总需求中有多少资源是通过贸易方式从国外获取的。一般来说，对国际市场依存度的提高，意味着风险因素的增多和不安全程度的提高。

(3) 资源储备率 $S$

$$S_1 = \frac{资源储备量}{资源日均消费量} \quad (12-11)$$

$$S_2 = \frac{资源储备量}{资源消费量} \quad (12-12)$$

用 $S_1$ 计算出来的是资源储备量可供消费的天数，而 $S_2$ 计算出来的结果是储备的资源量占消费量的百分比。现在，一般石油和矿产品的储备率都用储备的资源量可供消费的天数来表示，而粮食储备大多数情况下是用储备量占消费量或生产量的比例来表示。

(4) 资源进口集中度 $C$

$$C = \frac{前3位或前8位国家的资源进口量的和}{总进口量} \quad (12-13)$$

资源进口集中度主要是反映资源进口来源地的集中程度，如果资源进口集中度高，表明资源进口来源太集中，不利于分散风险。

(5) 资源进口份额 $F$

$$F = \frac{资源进口量}{世界资源贸易总量} \quad (12-14)$$

资源进口份额主要是反映一个国家资源进口量在国际市场上所占的比例。如果一个国家在国际贸易中的份额过大，资源供应的稳定性就极易受到国际市场任何一次小波动的影响。例如，有人就认为中国粮食的进口高限不能超过世界粮食贸易量的 30%。

(6) 资源指标的分类

资源的评估指标可分为 3 类。

第一类是能源安全储备指标。国际上把储备天数作为能源安全的一个重要指标。现在许多欧盟国家都把 90 天的消费量作为资源(石油)储备的标准。在国际上，评估能源安全的另一个指标是把石油供应中断量占需求的 7% 作为临界值。

第二类是水资源紧张状况的指标。水是人类的生命线，它不仅是重要的自然资源，而且是重要的战略资源。联合国在评价各地区水资源状况时，根据用水量的比例来说明水资源紧张程度。这一指标也可以作为判断水资源安全状况的一个参考指标。

第三类是粮食安全评估指标。目前，理论界对粮食安全的评估主要有 3 种：① 世界粮食库存最低水平系数。这是联合国粮农组织确定世界粮食库存最低安全水平系数，即世界当年库存至少相当于次年消费量的 17%~18%，其中 6% 为缓冲库存，

11%～12%为周转库存；凡是一个国家粮食库存低于17%为粮食不安全,低于14%为粮食处于紧急状态。② 人均粮食占有量、粮食库存率和粮食自给率等。③ 粮食的对外贸易依存度。有学者认为,粮食进口依存度低于5%即表明该国实现了粮食自给；进口依存度低于10%,表明该国粮食供求处于安全状态。有关测定粮食安全的指标还有粮食进口量占粮食消费量的比例等。

2. 政治因素指标

(1) 对外关系稳定度

根据资源进口国与主要资源贸易国的政治关系稳固程度的不同,我们把它分成5个不同的等级,各种关系对应的评分标准见表12-2。

表12-2 政治关系稳定程度分级评分表

| | 关 系 类 型 | | | | |
|---|---|---|---|---|---|
| | 盟国关系 | 战略协作伙伴关系 | 一般关系 | 关系紧张 | 敌对关系 |
| 评分等级 | 5 | 4 | 3 | 2 | 1 |

(2) 内部稳定度

政治稳定性可以采用政治制度稳定性指数来评估。由于上述定量评估指数所需的数据难以取得,我们在评价时把政治的稳定度分为5个等级(见表12-3)：① 非常稳定。一般是指政权基础稳固、政治民主、法律完善、政策连续性强的国家,政权的更替不会影响到经济、金融、贸易和对外关系等。西方发达的资本主义国家大致属于这一类。② 稳定。主要是西方资本主义国家。国内有一些小的不稳定因素,但在总体上对政局不会有影响。③ 较稳定。主要是新兴的工业化国家和基本完成由计划经济向市场经济过渡的部分原东欧社会主义国家。④ 不太稳定。目前国内局势动荡,政治斗争激烈,政权交替频繁,甚至部分地区处于战乱状态。⑤ 很不稳定。全国或大部分地区处于混乱和战乱状态。

表12-3 资源供应国国内稳定程度分级评分表

| 稳定状态 | 非常稳定 | 稳定 | 较稳定 | 不太稳定 | 很不稳定 |
|---|---|---|---|---|---|
| 评分等级 | 5 | 4 | 3 | 2 | 1 |

3. 经济方面的指标

经济因素对资源进口安全的影响主要是考察经济对进口资源的支付能力,我们用短期资源进口能力指数和长期资源进口能力指数来表示。短期进口能力指数是用资源进口额占资源出口额的比重的高低来表示,出口额越高表示进口资源的能力越强,或者说用于购买资源所需的外汇收入就越多。而长期进口能力的强弱与国家外汇储备多少有关系,外汇储备越高,表示长期支付资源进口能力就越强；反之,则越弱。

4. 运输因素指标

(1) 运输距离

运输安全与运输距离的长短有一定的关系,运输距离越短,运输安全性越高。根据海上运输距离的长短(见表12-4)。

表12-4 运输距离与安全程度分级评分表

| 运输距离(km) | <5 000 | 5 000~10 000 | 10 000~15 000 | 15 000~20 000 | >20 000 |
|---|---|---|---|---|---|
| 评分等级 | 5 | 4 | 3 | 2 | 1 |

(2) 途经海峡与岛屿数

运输线的安全度主要考虑受人为因素影响的程度。这里主要用通过狭窄海峡的多少或位于重要航线附近的岛屿多少来判断,通过的海峡或岛屿越多越不安全(见表12-5)。

表12-5 海峡与安全程度分级评分表

| 途经海峡与岛屿数(个) | 1 | 2 | 3 | 4 | >4 |
|---|---|---|---|---|---|
| 评分等级 | 5 | 4 | 3 | 2 | 1 |

5. 军事因素指标

(1) 对主要资源产地的控制能力

对主要资源供应地的控制和军事干预能力我们也分为5级(见表12-6),第五级是完全在本国的控制下,这种情况目前没有一个国家能完全达到。美国对中东可以说是基本控制,而对日本来说是盟国控制。

表12-6 对主要资源供应地的控制和军事干预能力分级

| 控制类型 | 完全控制 | 基本控制 | 盟国控制 | 有影响力 | 无影响力 |
|---|---|---|---|---|---|
| 评分等级 | 5 | 4 | 3 | 2 | 1 |

(2) 对重要运输通道的控制能力

对运输通道的控制力可以根据各个国家对世界主要运输通道的实际控制能力来判断,也可以间接地用海军的远洋作战能力来判别(见表12-7),也可用航母、远洋舰艇的数量等作为判断标准。

表12-7 对重要运输要道的控制能力分级

| 控制类型 | 完全控制 | 基本控制 | 部分控制 | 单个控制 | 无控制 |
|---|---|---|---|---|---|
| 评分等级 | 5 | 4 | 3 | 2 | 1 |

## 第三节 环境保护与可持续发展

人类的发展与环境的保护是矛盾的两个方面。人类的发展既可造成环境的污染和生态的破坏,又可极大提高保护环境和生态的能力。优美适宜的生态和环境可为人类的发展和进步提供有力的保障,而生态的破坏和环境的污染则会制约、甚至动摇发展的基础。因此,如何解决环境与发展的矛盾,如何在二者之间寻求合理的均衡点,是实现可持续发展的严重挑战。

## 一、环境与可持续发展的关系

环境是人类赖以生存的基本条件。人类任何时候都不能,也都不曾离开过环境。但是,随着现代文明和现代工业的发展,人类对自然资源的巨大需要和无节制开采,已导致环境日趋恶化,资源严重匮乏。因此,斯德哥尔摩人类环境会议发表的《人类环境宣言》呼吁:"当代人类负有保护和改善这一代和将来的世世代代的环境的庄严责任。"会议提出把保护和改善人类环境问题同和平与发展这两个基本目标结合起来,共同实现环境、经济、社会的协调发展。可见,可持续发展作为一种新的发展观和发展战略,是环境与发展矛盾的产物,是人类为解决环境与发展的矛盾而提出来的。没有人类面临的环境问题,也就无所谓可持续发展问题。因此,从一开始环境就是可持续发展战略的中心问题。

环境与经济密不可分。环境是经济发展的基础,是人类进行经济活动的必要条件。经济活动过程中,一切生产资料和生活资料都来自自然环境,没有了自然环境,也就没有了发展生产的物质基础,也就谈不上发展经济;无节制地开采资源,不加保护地利用环境,反过来会削弱物质生产基础,制约经济的发展。因此,保护环境与发展经济的目标是一致的。人们在发展经济的同时,需要保护环境;在创造不断增长的物质财富的同时,还需要创造洁净、优美的环境。

环境与社会的关系体现在多方面,如政治、法律、伦理道德等无不与环境相关,特别是人口对环境的影响甚大。过多的人口总量会加速自然资源的消耗。在地球资源量有限和环境承受能力既定的情况下,不协调的人口增长率对能源需求、物种保护、水资源利用等都会产生极大的负面影响,从而给环境造成巨大压力。因此,为了未来,为了人类的长久生存之计,社会要控制人类自身的再生产,选择持续生存的道路和发展战略。

科学技术对环境的影响是显而易见的。先进的科学技术可以生产出低耗、节能、增益、有利于环境保护的劳动产品;可以扩大人类生存空间,改善人类生存环境,增强人类征服自然、改造自然的能力。实践证明,环境问题的最终解决,从根本上取决于科学技术的发展。当然,也应该看到,不合理地利用科技力量,也会给环境造成巨大破坏,导致严重恶果。因此,人类在发展科学技术的同时,应该把保护环境放在突出重要的位置,让科技保护环境,让环境促进发展。

社会、经济、科技的发展依赖于环境,环境也需要可持续发展,二者相辅相成。一方面,只有发展才能为环境保护和资源的有效利用提供物质基础和能力来源,只有良好的生存环境和丰富的自然资源才能保证发展的潜力和持续性。环境保护、环境问题的解决,显然不是可持续发展的全部和最终的目标,但却是它的根本前提和重要目标。离开环境目标,就是不可持续的发展,就是向片面追求经济增长的传统发展观的回复,就不可能使人类摆脱困境。另一方面,也必须看到,可持续发展的着眼点和最终目标仍然在发展。如果在纠正片面追求经济增长、力求实现环境目标的同时,却中止了发展,同样是对可持续发展本义的背离。特别对广大发展中国家来说,更不能因环保而中止发展。因为广大发展中国家的环境问题,是由于贫困和发展不足导致的。发展中国家必须坚持在发展中加强环保,以环保促发展这一可持续发展的战略。环境与资源的发展就是要利用现代科学技术净化基础环境,维持环境自净能力,合理利用自然资源,扩大森林覆盖率,保护生物多样性,使再生性资源及时得到补充,就是要摒弃以单纯的资源消耗来追求经济数量增长的传统发展模式,以较低的资源代价换取较高的经济增长速度,以最低的环境成本来确保资源的可持续利用,从根本上保持社会持续发展的能力。

总之,可持续发展战略科学地体现了环境与发展的辩证统一,是包含了环境战略的发展战略,同时又是保证发展、以发展为前提和基础的环境战略。

## 二、我国生态环境的现状

改革开放以来,随着我国经济的不断发展,人民生活水平日益提高的同时,我国也面临着越来越严重的生态环境问题。我国当前的生态问题突出体现在以下7个方面。

### (一) 大气环境和大气污染

大气是人类赖以生存和发展的基本环境要素之一,它不仅能通过自身的物质循环和能量流动,为动、植物和人类提供一个和谐的生存空间,且能有效地阻挡过量的紫外线对地表生物的影响,调节地表的温度,有效地保护地球上的生命。由于人类生产和生活活动,开发利用煤和石油使得大量的 $SO_2$、$CO_2$、$CO$、氮氧化物、烟尘等污染物排入大气环境中,造成严重的大气污染。

随着经济快速发展,我国工业化、城镇化进程加快,大气污染成为难以避免的严重问题。尽管近年来我国展开了一系列空气治理相关工作,我国空气质量改善缓慢,但是目前的大气污染程度仍然与理想的空气环境有一定距离,尤其是 $PM_{2.5}$、$PM_{10}$ 等颗粒物浓度超标严重,根据《2018 中国生态环境状况公报》,2018 年,全国 338 个地级及以上城市中,共发生重度污染 1 899 天次,严重污染 822 天次,以 $PM_{2.5}$ 为首要污染物的天数占重度及以上污染天数的 66.0%,以 $PM_{10}$ 为首要污染物的占 37.2%。随着空气污染的加重,酸雨污染也随之而来。2018 年,酸雨区面积约 53 万 $km^2$,占国土面积的 5.5%,酸雨污染主要分布在长江以南、云贵高原以东地区,主要包括浙江、上海的大部分地区、福建北部、江西中部、湖南中东部、广东中部和重庆南部。

### (二) 水环境及水污染

水是经济和生命赖以生存的最基本要素之一,既是一种不可替代的资源,又是重要的环境要素。不同的发展过程对水的数量和质量要求不同,对水产生的污染也不相同。中国水资源的短缺、用水的浪费和水污染的不断加重,对可持续发展和环境保护构成了严重的威胁。

我国的长江、黄河、珠江、松花江、淮河、海河、辽河等七大水系都受到不同程度的污染。尽管经国家大力治理,部分情况有所好转,《2018 中国生态环境状况公报》仍然显示海河和辽河流域为中度污染,黄河、松花江和淮河流域为轻度污染。我国的湖泊、水库、部分地区地下水和近岸海域也受到不同程度的污染。与此同时,北方干旱、半干旱地区和许多城市严重缺水。水资源缺乏和水域污染已经成为制约我国经济社会可持续发展的重要因素。

### (三) 固体废物

固体废物是指在生产、消费和其他活动中产生的各种固态、半固态和高浓度液态废物。一般分为固体废物和有害废物,涉及工业固体废物和有害废物、农业固体废物、放射性废物、生活垃圾。固体废物的排放是由于资源没有充分利用产生的,固体废物具有双重属性,不加处理排入环境就会对环境产生不良的影响,而经过资源化处理又会变为可再生利用的资源。

我国的工业固体废物近年来迅速增加,国家统计局统计数据显示,2017年我国一般工业固体废物产生量为 331 592 万吨,危险废物产生量为 6 936.89 万吨。固体废物的大量产生,既占用耕地和土地,又污染地下水和水源地,同时也释放有毒有害气体,其问题也愈来愈严重。

### (四) 生态环境

生态保护是可持续发展的一项重要内容,它包括海洋生态系统的保护和大陆生态系统的保护,生态系统的保护涵盖海洋、森林、草原、湿地、生物多样性、荒漠化防治等。生态的保护可以为人类进步和发展提供潜在的动力,而生态系统的破坏直接威胁、甚至动摇发展的基础。生态系统是一个和谐而统一的整体,由于在资源开发过程中,不注意生态的保护和资源的可持续利用,自然生态不断恶化的态势没有得到有效控制。

森林和草地共同构成陆地生态系统的主体。截至 2018 年,中国森林覆盖面积为 $2.12×10^6$ $km^2$,森林覆盖率为 22.08%。但却存在着极大的地区差异,我国绝大部分森林资源集中分布于东北、西南等边远山区及东南丘陵,而广大的西北地区森林资源贫乏,部分地区森林覆盖率还不到 1%。我国的草地也存在着退化、消化和碱化的问题。此外,生物多样性受到严重破坏,中国 25 万余平方千米的湿地面积不断减少,野生动物遭大量捕杀,生物多样性在不断减少。

中国海域生态环境趋于恶化,陆源污染物和海上污染物排放量逐年增加,使中国以及沿岸海域污染程度加重。三氮和活性磷酸盐(含富营养成分氮和磷的化合物)等营养盐已成为中国沿海的第一污染物,近海海域富营养化加重,赤潮发生频率上升,范围扩大。近海某些海域的污染和不合理的滩涂开发,已严重影响海洋生物的栖息和繁衍,直接危害海岸带自然生态系统和居民的生活环境。

### (五) 城市和农村环境

随着中国城市化的发展,城市环境污染也日益严重。首先是城市空气质量,目前仍然处于比较重的污染水平,其中北方城市污染高于南方,主要的污染物是二氧化硫、氮氧化合物和总悬浮颗粒物。其次是城市水环境,中国城市及其附近的河流主要以有机污染为主,污染的程度,北方重于南方,同时污染型缺水城市的数量也呈上升的趋势。此外中国的城市遭受噪声污染以及"垃圾围城"等的现象也愈来愈严重起来。

中国农村人口占比较大,生态保护的重点在农村,农村生态和环境的好坏直接关系到广大农村的可持续发展能力。近年来,由于乡镇工业的迅速发展,中国以城市为中心的环境污染急剧向农村转移。由于乡镇工业布局分散、技术装备水平低、发展迅速,污染物排放量逐渐增加,乡镇工业污染物的增长速度高于同期全国工业污染物的增长速度,有的地区乡镇工业污染危害已十分严重。同时,乡镇工业的发展由于受到当地产业结构的影响,将随着中国经济发展的西进,使得污染迅速向农村及中西部转移,并有加重的态势。农村生态和环境的恶化将会直接严重制约、甚至动摇农村社会、经济的可持续发展。

### (六) 自然灾害

灾害是自然界的变化和人类对自然界不合理的开发活动引起的自然界对人类安全和社会财产的影响,灾害的发生严重制约了社会、经济的可持续发展。我国是自然灾害最严重的国家之一,每年由气象、海洋、洪涝、地震、地质、农业、林业等七大类灾害造成的直接经济损失约占国民生产总值的3‰~5‰,平均每年死亡数万人。我国约有70%以上的大城市、半数以上的人口和75%以上的工农业产值分布在气象灾害、海洋灾害、洪水灾害和地震灾害都十分严重的沿海及东部平原丘陵地带。我国具有多种病、虫、鼠、草害滋生和繁殖的条件,随气候变暖和环境污染,生物灾害也相当严重。此外,大规模的开发活动,加重了各种灾害的风险度。

### (七) 区域性和全球性生态和环境

许多环境和生态问题,如酸雨、大气污染、流域污染、海洋污染等的影响是区域性的,臭氧层破坏、气候变暖、有毒废物的跨界转移、生物多样性减少等的影响则是全球性的。这些影响直接威胁着地区、甚至是全球的可持续发展,需要跨区域的、甚至全球的共同行动。随着经济的发展、综合国力的提高,中国在全球环境保护,特别是诸如气候变化、臭氧层消耗、生物多样性保护、荒漠化、酸雨等全球关注的热点问题的防治方面将承担越来越重要的义务。

## 三、实现环境可持续发展的战略对策

中国的现代化建设必须在良好的生态环境中进行,防止环境污染和生态破坏,是中国可持续发展的战略任务,当今的中国要坚持和强化环境保护的基本国策。

### (一) 政府、企业和公众必须为实施可持续发展与环境保护共同努力

可持续发展强调环境和经济的协调,追求人类和自然的和谐统一。但市场经济条件下,如果没有适当的机制和监督,企业和个人往往容易从局部和自身利益出发,以追求最大的经济利润和个人利益,很少从全局和长远的角度考虑,其活动对环境和生态系统产生负面效应,从而不可避免地造成环境和生态问题。解铃还须系铃人,对于各类环境问题和生态问题的解决,以及环境与经济协调、持续、稳定发展的实现,必须要靠企业和公众提高文明意识、法制意识、经济意识、环境意识和可持续发展意识,然后在此基础上,以这些思想去指导生产和经济发展,去指导个人的消费。这样的努力必将使环境污染和生态破坏得到很好的控制,环境建设和生态保护也必将得到大力的发展。另外从经济学的角度来看,环境问题是一个典型的外部性问题,是市场机制在配置环境资源过

程中出现"市场失灵"的结果。要想解决它,需要政府的适当介入。这是政府应当承担的职能,倘若政府的干预不足或干预不当,则会造成"政府失灵"。因此,政府行为、企业行为和公众行为在环境建设、生态保护和可持续发展的实施中都需要各自努力,发挥各自不同的重要作用。

### (二) 建立环境与发展的综合决策机制

要实施环境与经济可持续发展,实现人与自然和谐相处,必须建立对于环境与经济社会发展的综合决策机制。要实现这一点,必须对一些政策领域进行变革,改变过去各部门封闭地、分割地制定和实施经济、社会、环境政策的做法,把环境保护、环境建设、保持生态平衡与其他政策的制定和执行结合起来。这样可以从决策的源头控制住环境和生态问题的产生。各地区、各部门在制定区域和环境资源开发规划、城市和行业发展规划,调整经济结构、产业结构和生产力布局等重大决策时,必须综合考虑经济、社会和环境、生态效益,进行充分的环境和生态影响的论证,防止决策规划失误,避免产生环境与生态问题。

### (三) 加强法制建设、强化环境监督管理

全面推进跨世纪的环境建设与生态保护,实施可持续发展战略,必须建立健全环境法律法规保障体系,建立健全环境监督、环境管理体系。

第一,我们应该注重研究环境与发展所提出的新情况、新问题、新观念,为全面推进跨世纪环境保护与可持续发展制定出相关的新的法律法规和政策,使一些重要领域都有法可依,完善同社会主义市场经济相适应的环境法体系。

第二,必须严格执法,把加强执法监督放在首位。规范执法行为,完善执法程序,提高执法的透明度,实施社会、公众参与环境执法和环境执法监督。

第三,必须赋予环境行政主管部门以必要的、更大的职权、监督和限制有关部门和经济单位的行为对环境的负面影响。要加大政府对环境保护的行政监督力度,通过运用排污许可证的发放,开发建设项目的审批,各项环境标准的制定与强制执行等行政手段以弥补市场机制的不足。

### (四) 引入市场机制,重视经济手段

在社会主义市场经济条件下,政府应积极组织培育环境资源市场,制定有利于环境建设和生态保护的财税政策;完善排污收费制度;完善自然环境资源有偿使用制度和价格体系,建立有利于保护生态平衡、资源更新的经济补偿机制。按照"污染者付费、利用者补偿、开发者保护、破坏者恢复"的原则,制定切实可行的有利于环境建设和生态保护的经济政策和措施。开发环保产业,培育环保产业市场,增加全社会对环境建设和生态保护的投入,理顺环境,保护资金管理体系和运作机制,合理规划、科学管理,使用好有限的环境保护资金,使其真正做到在经济发展进程中解决环境问题。

### (五) 实施区域性生态和环境综合防治

实施区域性生态和环境的综合防治,关键要保证实施好污染物排放总量控制。为了确保环境和生态保护目标的实现,国家和地方应分别制定总量控制的目标和综合防治的行动方案,明确各自的责任和应承担的义务,制定统一的目标和行动计划,建立有效的约束机制和激励机制,运用综合管理的手段,保证实现污染物排放总量控制。区域

性生态和环境的综合防治,关键是要发挥地方和部门的作用。特别是要加强地方之间、部门之间、地方和部门之间的协调,确保环境建设和生态保护达到所制定的目标。

#### (六) 推行全过程绿色管理,实施清洁生产

绿色管理就是在人类的生产和生活领域中,实施以环境为目标的管理体系。

清洁生产是指既可满足人们的需要又可合理使用自然资源和能源,并保护环境的实用生产方法和措施。它的实质是一种物料和能源消费最少的人类活动的规划和管理,将废物减量化、资源化和无穷化,或消灭在生产过程中。同时对人体和环境无害的绿色产品的生产亦将随着可持续发展过程的深入而日益成为今后产品生产的主导方向。

对环境污染要从终端控制向全过程绿色管理控制转变,提倡生产过程使用绿色材料、清洁能源,生产绿色产品,把保护环境扩大到整个生产过程直至消费。要大力提倡和推行清洁生产技术和工艺,兼顾经济效益和环境效益,最大限度地减少原材料和能源的消耗,降低成本,提高效益;变有毒有害的原材料或产品为无毒无害,对环境和人类危害最小,从而使环境危害大大减轻。因此,清洁生产方式可以实现资源的可持续利用,在生产过程中就可以控制大部分污染,减少工业污染来源,从根本上解决环境污染和破坏问题,具有很高的环境效果。同时,清洁生产可以在技术改造和工业结构调整方面大有作为,能够创造出显著的经济效益。推行清洁生产是人类实现经济、社会和环境保护协调发展的必然选择。

#### (七) 加强减灾防灾体系建设

要加强对各种自然灾害的科学研究,提高预测预报水平,减少人为诱发因素引起或加重的自然灾害。尽快建立与社会主义市场经济发展相适应,并能满足环境建设和生态保护要求的减灾防灾体系,加强各方面抗灾能力的协调和大型防灾、抗灾骨干工程的规划与管理,建设城乡减灾防灾应急示范工程。综合运用经济、法律、管理、行政、宣传教育和工程技术手段,提高减灾抗灾的综合能力。

#### (八) 加强环境道德教育,提高全民族的环境意识

环境道德又称生态道德,是在人与自然冲突加剧,环境问题日趋严重的情况下,迫使人类重新认识人与自然生态环境相互关系的背景下逐渐形成和发展起来的。

环境道德是人类道德认识上的一次重要升华。它从根本上改变了人类对待自然环境的态度,要求人类从过去一味强调"战胜自然",转变为"与自然和谐相处",从大自然的征服者转变为自然界的"善良公民"。用这样的环境道德观加强对全体公民不同层次的环境教育,特别是要加强对地方政府领导人和企业决策人的环境意识培训,建立起环境保护和可持续发展的意识,提高他们的综合决策能力,通过环境道德教育要使每个公民在头脑中树立起"保护环境、人人有责"的高尚情操。通过环境意识的普及、提高,对环境建设和生态保护将起到不可估量的作用。

## 本 章 小 结

不可再生资源在不同时期配置的核心问题是实现高效率的资源配置。在关于可再生资源可持续利用的经济学分析中,财产权是最重要的影响因素。

资源承载力是一个非常广泛的综合概念,是可持续发展的重要度量指标。常见的用于评价资源承载力的方法有单因素评价法、综合指标法、多目标决策法、系统动力法、主成分分析法等。资源安全是指一个国家或地区可以持续、稳定、及时、足量和经济地获取所需自然资源的状态或能力。资源安全类型可以按照资源空间、资源过程、资源类别、资源重要性等进行划分。影响资源安全的因素很多,归纳起来主要有以下5个方面:资源本身的因素、政治因素、经济因素、运输因素、军事因素等。

解决环境与发展的矛盾是实现可持续发展的重要挑战。我国当前的生态问题突出体现在:大气环境和大气污染、水环境及水污染、固体废物、生态环境、城市和农村环境、自然灾害、区域性和全球性生态和环境等方面。我国的现代化建设必须在良好的生态环境中进行,防止环境污染和生态破坏,是我国可持续发展的战略任务。

## 推荐阅读文献

王天义、刘清江:《我国可持续发展的自然资源价格理论研究》,中国经济出版社,2016。

郑永琴:《资源经济学》,中国经济出版社,2013。

饶品华、李永峰、那冬晨、王文斗:《可持续发展导论》,哈尔滨工业大学出版社,2015。

秦宪文:《发展经济学》,经济科学出版社,2006。

樊庆锌、任广萌:《环境规划与管理》,哈尔滨工业大学出版社,2011。

蒋平:《环境与可持续发展的协同效益研究》,复旦大学出版社,2018。

杨京平:《环境与可持续发展科学导论》,中国环境科学出版社,2014。

## 复 习 题

### 一、名词解释

1. 存量
2. 流量
3. 可耗竭资源
4. 可更新资源
5. 可更新商品性资源
6. 可更新公共物品资源
7. 资源承载力

### 二、选择题

1. 资源蕴藏量、已探明的储量以及未探明的储量这三者之间的关系正确的是（　　）

A. 已探明储量＝蕴藏量＋未探明储量　B. 蕴藏量＝已探明储量＋未探明储量

C. 未探明储量＝已探明储量＋蕴藏量　D. 已探明储量＞未探明储量＞蕴藏量

2. 关于鱼群的有效可持续捕捞问题中,下列说法错误的是（　　）

A. 如果贴现率为正值,对渔业资源管理的影响类似对可缓解资源配置的影响。

B. 当捕捞量超过鱼群可持续产量时,鱼群数量就会减少,并使得将来的鱼群数量和种群捕捞量减少。

C. 鱼群数量减少并且低于最大可持续产量水平主要是受贴现率的影响。

D. 有效的捕捞量是否会导致种群灭绝与增长率有关。

3. 下列不是区域性生态环境问题的( )

A. 酸雨　　　　B. 臭氧层破坏　　C. 大气污染　　　D. 海洋污染

4. "可持续发展"理论是什么时期开始出现的?( )

A. 70年代伊始　B. 70年代中期　C. 80年代以来　D. 90年代以来

### 三、简答题

1. 自然资源可以分为哪些类型?
2. 资源储量可分为已探明储量、未探明储量以及蕴藏量,简述这三者之间的关系。
3. 如何实现可耗竭资源的最优耗竭?
4. 如何实现可更新资源可持续利用?
5. 简述资源承载力的主要评价方法。
6. 简述环境与可持续发展的关系。
7. 简述我国生态环境的现状。
8. 我国实现环境可持续发展的战略对策有哪些?

### 四、论述题

1. 结合我国当前实际,分析资源危机产生的根源及应对措施。
2. 联系我国当前的经济发展政策谈谈如何在环境保护与经济发展中取得平衡。
3. 基于我国国情谈谈人口增长、环境保护与可持续发展三者之间的关系。

# 第十三章 循环经济理论

## 【学习要点】

本章首先对循环经济及循环经济理论的相关概念做了详细介绍,接着表明了循环经济是实现可持续发展的途径,最后向读者介绍了循环经济在国内外的具体实践。希望学生能够通过本章的学习对循环经济及其实际运用有一定的了解。

## 第一节 循环经济概述

### 一、循环经济的概念

"循环经济"本质上是一种生态经济,是物质闭环流动性经济、资源循环经济的简称,是把清洁生产和废弃物的综合利用融为一体,在自然生态系统中自觉遵守和应用生态规律,通过资源循环利用,实现污染的低排放甚至零排放,以实现社会经济系统和自然生态系统的高度和谐的理论范式。

在当前经济发展中,人们正以越来越高的强度把地球上的物质和能源开发出来,在生产加工和消费过程中又把污染和废弃物大量排放到环境中,对资源的利用常常是粗放的和一次性的,通过把资源持续不断地变成废弃物来实现经济的数量型增长,导致了许多自然资源的短缺与枯竭,并酿成了灾难性的环境污染后果。而循环经济倡导的正是一种建立在物质不断循环利用基础上的经济发展模式,它要求把经济活动按照自然生态系统的模式,组织成一个"资源—产品—再生资源"模式(见图 13-1)的物质反复循环流动的过程,使整个经济系统以及生产和消费的过程基本上不产生或者只产生很少的废弃物,其特征是自然资源的低投入、高利用和废弃物的低排放,从而根本上化解长期以来经济发展与资源、生态环境之间的冲突。

传统经济运行模式如图 13-1(a)所示,循环经济运行模式如图 13-1(b)所示。

循环经济是针对持续的经济增长对资源和环境的压力而提出的一种新的经济发展模式,也是一种新的技术经济范式。

在技术层面上,循环经济通过生产技术与资源节约技术、环境保护技术体系的融合,强调减少单位产出资源的消耗,节约使用资源;通过清洁生产,减少生产过程中的污

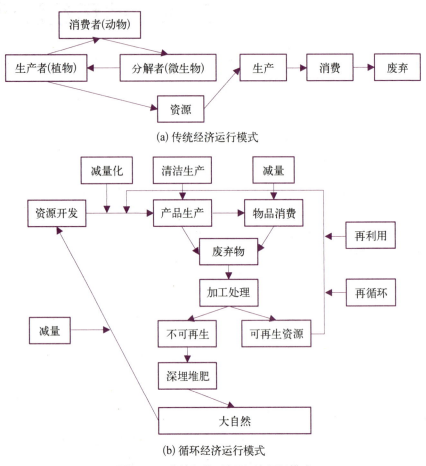

图 13-1 传统经济、循环经济运行模式

染排放;通过废弃物综合回收利用和再生利用,实现物质资源的循环使用;通过垃圾无害化处理,实现生态环境的永久平衡;最终目标是实现经济和社会可持续发展。

在经济层面上,循环经济是一种新的制度安排和经济运行方式。它把自然资源和生态环境看成是稀缺的社会大众共有的自然福利资本,因而要求将生态环境纳入经济循环过程之中参与定价和分配。它要求改变生产的社会成本与私人获利的不对称性,使外部成本内部化;要求改变环保企业治理生态环境的内部成本与外部获利的不对称性,使外部效益内部化,最终实现经济增长、资源供给与生态环境的均衡,实现社会福利最大化和社会公平。

循环经济一词提出以后,学术界对其内涵众说纷纭、莫衷一是。综合有关"循环经济"的研究,可将循环经济的内涵归纳为两种。

第一种是从人与自然的关系来研究,认为循环经济本质上是一种生态经济。

冯之浚在《论循环经济》一文中认为人类经历了崇拜自然、征服自然和协调自然3个阶段,与之对应的是三种经济发展模式:线性经济模式、末端治理模式、循环经济模式。"所谓循环经济,就是按照自然生态物质循环方式进行的经济模式,它要求用生态学规律来指导人类社会的经济活动。循环经济以资源节约和循环利用为特征,也可称为资源循环型经济。"

诸大建在《可持续发展呼唤循环经济》一文中指出:"循环经济是针对工业化运动以来高消耗、高排放的线性经济而言的……循环经济是一种善待地球的经济发展模式,它要求把经济活动组织成为'自然资源—产品和用品—再生资源'的闭环式流程,所有的原料和能源要能在不断进行的经济循环中得到合理的利用,从而把经济活动对自然环境的影响控制在尽可能小的程度。"

第二种是从生产的技术层面来研究,认为循环经济是一种新的技术经济范式。

马凯认为循环经济是一种以资源的高效利用和循环利用为核心,以"减量化、再利用、资源化"为原则,以低消耗、低排放、高效率为基本特征,符合可持续发展理念的经济发展模式,是对"大量生产、大量消费、大量废弃"的传统增长模式的根本变革。

解振华认为在技术层次上,循环经济是与传统经济活动相对应的闭环型物质流动模式;其技术特征表现为资源消耗的减量化、再利用和资源再生化;其核心是提高生态环境的利用效率。从科学范式的角度看,循环经济实际上是基于技术范式革命基础上的一种新的经济发展模式。循环经济与传统经济的比较见表 13-1。

表 13-1　循环经济与传统经济的比较

| 比 较 项 目 | 传 统 经 济 | 循 环 经 济 |
| --- | --- | --- |
| 运动方式 | 物质线性(单程)流动的开放型经济(资源→产品→废弃物) | 物质闭环流动型经济(资源→产品→再生资源→再生产品) |
| 对资源利用状况 | 粗放型经营,一次性利用;高开采、低利用 | 资源循环利用,科学经营管理;低开采,高利用 |
| 废弃物排放及对环境的影响 | 废弃物高排放;成本外部化,对环境不友好 | 废弃物的低排放甚至零排放,对环境比较友好,清洁生产 |
| 追求目标 | 经济效益(产品利润最大化) | 经济效益、环境效益与社会可持续发展利益 |
| 经济增长方式 | 数量型增长 | 内涵型增长 |
| 环境方式治理 | 末端治理 | 预防为主,全过程控制 |
| 支持理论 | 政治经济学、福利经济学等传统经济理论 | 生态系统理论、工业生态学理论等 |
| 评价指标 | 第一经济指标(GDP、GNP 等) | 绿色核算体系(EDP) |

## 二、循环经济的主要特征

虽然不同学者对循环经济的定义不尽相同,但从不同的定义中我们可以找到关于循环经济的共同特征。

#### (一) 物质流动多重循环性

循环经济要求把经济活动按照自然生态系统的运行规律和模式,组织成为一个"资源—产品—再生资源"的物质循环流动的过程,使得整个经济系统以及生产和消费的过程基本上不产生或者只产生很少的废弃物,最大限度地追求废弃物的零排放。其特征是自然资源的低投入、高利用和废弃物的低排放,从而在根本上消除长期以来环境与发展之间的尖锐冲突。

#### (二) 科学技术先导性

循环经济的实现是以科技进步为先决条件的。依靠科技进步,积极采用无害或低害新工艺、新技术,大力降低原材料和能源的消耗,实现少投入、高产出、低污染,尽可能把对环境污染物的排放消除在生产过程之中。

#### (三) 综合利益的一致性

循环经济把经济发展建立在自然生态规律的基础上,促使大量生产、大量消费和大量废弃的传统工业经济体系转变为物质的合理使用和不断循环利用的经济体系。在获取等量物质、能量效用的过程中,向自然界索取的资源最小化,向社会提供的效用最大化,向生态环境排放的废弃物趋零化,使生态效益、经济效益、社会效益达到和谐统一。

#### (四) 全社会参与性

循环经济是一种新型的、先进的经济形态。但是只靠先进的技术是不能推行这种经济形态的,它是一门集经济、社会和技术于一体的系统工程,科学和严格的管理是做好循环经济的重要条件。因此,需要建立一套完备的办事规则和操作规程,并且有督促其实施的管理机制和能力。循环经济的发展不但需要企业努力,还需要政府的支持和推动。政府要提供财力和政策的支持,同时还要赢得消费者的理解和支持。通过工业企业、消费者和政府共同努力,全民参与,才能使社会整体利益最大化。

#### (五) 清洁生产模式是循环经济当前在企业层面的主要表现形式

1989 年,联合国环境规划署理事会提出了清洁生产的概念。清洁生产指在工业生产的全过程中对污染加以控制,其核心就是把综合环境保护政策应用于产品设计、生产和服务中,通过改变产品设计的工艺路线、流程等,尽可能不产生有害的中间产物和副产品,同时实现废弃物或排放物的内部循环,以达到污染最小化及节约资源的目的。清洁生产的核心就是从污染源产生开始,利用一切措施减少生产和服务过程对环境可能造成的危害。1992 年,联合国环境与发展大会正式确认清洁生产为社会可持续发展的先决条件。

### 三、循环经济的内涵

作为一种新的经济发展模式,循环经济理念虽已被人们广泛接受,但还存在着许多认识上的误区。因此,我们在理解"循环经济是什么"的同时,也应该从另一面认真思考"循环经济不是什么"。

#### (一) 循环经济不是"废弃物回收利用"

在理解循环经济时,很容易把它当作一度盛行的"废弃物回收利用"。然而,相对于传统的"线性经济"而言,循环经济是一种全新的经济发展模式,它与"废弃物回收利用"有本质的不同。

首先,传统的"废弃物回收利用"主要是在计划经济下因物资匮乏而通过节约和废旧物资回收利用来缓解供应短缺。而循环经济起点更高,是一种与环境和谐的经济发展模式,是社会生产方式和生活方式的革命。它要求把经济活动组织成一个"资源—产品—再生资源"的反馈式流程,让生产和消费过程基本上不产生或者只产生很少的废弃物,从根本上消除环境与发展之间的尖锐冲突。

其次,循环经济的核心在于"主动"地减少废弃物,以期达到把废弃物排放限于环境自净能力的阈值之内,实现资源节约和环境改善的目的;而"废弃物回收利用"是一种完全"被动"的做法,它与生产过程和消费过程完全分离,完全游离于"线性"生产方式之外,并没有从根本上解决资源和环境问题。

最后,循环经济提倡将生产过程的污染物当作产品原料再合理利用,使资源与产品之间是一种相互派生、相互依存、相互支撑的关系。而"废弃物回收利用"是针对有污染废弃物采取的再利用技术,因而是相对独立和单向的。此外,循环经济与"废弃物回收利用"的体制基础不同。循环经济的发展是基于市场经济和市场运作,在法规和标准的严格规范下推进,而"废弃物回收利用"在我国产生并盛行于计划经济时代,同时也可在市场经济下运作。

### (二)循环经济不是基于古代朴素认识的简单资源循环

中国古代就有许多循环利用资源的做法:农民既用柴薪煮饭,也用其热能取暖;农家肥既是废弃物,也是用于肥田的生产资料;等等。但是,古代农村简单的资源循环利用与现在的循环经济之间存在着本质的区别。

首先,出发点和目的不同。虽说两者产生的前提都是资源的有限性,但古代的简单的资源循环利用仅仅是从节约出发,而且仅仅局限于微观经济领域,它对于整个社会的资源和环境的影响几乎为零。循环经济却不是这样。它以可持续发展理论为思想基础,有科学的理论作为指导,通过工业或产业之间的代谢和共生关系,形成一个封闭的循环产业链条,实现资源节约和环境改善的目的。

其次,技术支撑不同。古代简单的资源循环利用所依托的是一些简单的技术,有时更多的是一些"技巧""窍门"。循环经济却不同,它依存于一个技术体系或系统,它把所有能减少物质消耗、能封闭物质流、能减少废弃物产生的各种技术纳入其中;它要求确定未来需要达到的技术目标,然后指导现有的技术向既定的方向发展;它所要求的技术体系是以能够大幅度降低输入和输出经济系统的物质流,优化物质在经济系统内部的运行,即以物尽其用为条件。

### (三)循环经济以人的健康安全为前提

损害人类健康的不法行为与循环经济大相径庭。循环经济是以人的安全和健康为前提,不仅在技术上有可行性,在经济上也可盈利,体现了经济效益、环境效益和社会效益的统一。

首先,循环经济以可持续发展理论为基础,遵循以人为本的原则,它通过资源的循环利用致力于从根本上解决具有"增长"特性的社会经济系统与具有"稳定"特性的生态系统之间的矛盾,使经济社会实现可持续发展,这种发展绝不以损害人类自身的健康为代价。

其次,循环经济通过清洁生产、净化生态环境,尽量少用或不用有毒有害的原料,保证中间产品的无毒无害,减少生产过程中的各种危险因素。通过减少废料和污染物的生成和排放,促进产品在生产和消费过程中与环境相容,降低整个经济活动对于人类和环境的风险。同时,生产出的清洁产品在使用中和使用后不危害人体健康和生态环境。

最后,循环经济从生态-经济大系统出发,对物质转化的全过程采取战略性、综合性、预防性措施,降低经济活动对资源环境的过度使用以及对人类所造成的负面影响。

## 第二节 循环经济理论

### 一、循环经济理论提出的背景

#### (一) 全球背景

工业化以来,人类为了获取最大的经济产出,对资源进行了掠夺式开发。人类在资源开发中一方面忽视了资源不可再生性或更新周期长的特性,超负荷利用,导致大量不可再生资源濒于枯竭,如矿产资源锐减、淡水资源短缺、土地退化、森林面积减少等;另一方面尚未估计资源利用的负面效应,采用不科学的利用方式,导致全球性的生态环境恶化,如荒漠化、全球气候变化、臭氧层空洞等。资源的短缺和生态环境问题已经成为经济继续增长的约束。1930年—1960年代末,世界发生了令人震惊的八大公害事件,其中多数发生在1950—1960年。20世纪60年代以来,环境污染开始成为发达国家关注的焦点之一。1970年4月22日,美国举行了"地球日"大游行,标志着人类开始高度关注环境污染问题。1972年6月5日,联合国人类环境会议召开,通过了《人类环境宣言》。1972年,罗马俱乐部发表了其第一份研究报告《增长的极限》。这份报告被认为是第一次系统地考察了经济增长的人口、自然资源、生态环境和科学技术进步之间的关系。从此生态环境作为制约经济增长的要素而引起全世界的关注。到了20世纪70年代,生态环境事实上已经从单纯自然意义上的人类生存要素转变为社会意义上的经济要素。这里有两个层次的含义:① 符合人类生活需要的良好的自然生态环境已经短缺,拥有这样的环境已经成为人类追求幸福的目标之一。② 迄今为止,从人类生产活动的技术特性和生态环境本身的承载能力来说,天然的生态环境对生产排放废弃物的吸纳能力已经饱和,甚至超载,要继续利用它进行生产,必须再生产出新的环境容量,需要人类投入资源进行"制造"(生态恢复和污染治理),即良好的自然生态环境已经成为人类的劳动"产品"。这表明,良好的生态环境已经具有明显的二重性特征,即从生活的角度看它是目标,从生产的角度看,它已经变成生产要素和条件。

#### (二) 循环经济理论的提出

经济发展与自然资源、生态环境之间的矛盾具体表现为,具有增长型机制的经济活动对生态环境资源需求的无限性和具有稳定型机制的生态环境系统对生态环境资源供给的有限性之间的矛盾,改变经济发展过程中物质流动方式和调控物质交换的效率来适应自然生态系统"有限供给"的循环经济理念正是对人与自然物质交换关系的正确把握。

纵观人类社会发展历史,每一种人类需求类型对应着不同的发展观和社会发展阶段,产生了相应的社会经济系统与生态环境系统之间的物质交换关系状态。如图13-2所示,循环经济反映的是人与自然之间的循环型与和谐型的关系,是人类社会在全面需求类型和可持续发展观支配下的后工业化社会阶段的产物。

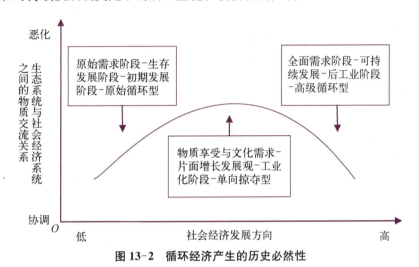

图 13-2　循环经济产生的历史必然性

国内外的实践表明,当经济增长达到一定阶段时,对生态环境的免费使用必然达到极限。这是由自然循环过程极限和作为自然组成部分的人类生理极限所决定的。人类要继续发展,客观上要求我们转换经济增长方式,新的模式经济发展要求我们减少对自然资源的消耗,并对被过度使用的生态环境进行补偿。循环经济理论就是在这样一种背景下产生的。循环经济理论就是人类面对这样一种严峻的生存局面,在实践—认识—实践的基础上提出的一种革命性的协调人与自然关系的崭新理念,也可以说,循环经济是从人类的生存方式和生产活动中,逐步通过思想观念的更新和科学技术的进步,模仿自然生态系统,按照自然生态系统物质循环和能量流动规律构建的一种生态经济系统。

## 二、循环经济理论

循环经济理论不是从来就有的,它作为一门独立的学科,是在人类工业化发展到一定程度才形成的,并在实践中不断地完善和发展。在循环经济理论发展过程中主要形成了以下3种主要的理论。

### (一) 宇宙飞船经济观

美国经济学家博尔丁在他的文章《地球宇宙飞船》(1965)中提出了对传统线性经济

发展观的质疑：人类数量少且科技不发达时，可以将地球视为一个无限的蓄积，可以无限地从地球获得资源，并且无限地将废弃物排放在其中。时至今日，人类不能再继续此类设想，不仅仅是想象，从人们所处的社会、生物、自然系统来看，地球已经成为一艘宇宙飞船。在人烟稀少、土地广阔无垠的过去，人类可以污染地球而不受惩罚，即使人类频繁破坏自身所处的环境并转移到一处新环境中继续此类行为也是一样。现在人类不能再这么做了，人类必须将生活置于一个完整的系统当中，在其中必须循环自身所产生的废物。面对人类活动所造成的物质熵值不断增加的问题，最终人类会意识到自己是生态系统的一个内在系统，要想继续生存，就得将自身作为一个闭路循环系统，发展其与生态系统中其余部分的共生关系……显而易见，人类过去的大部分行为与制度尽管适用于无限的地球，但对于一个闭环系统的小宇宙飞船而言，是完全不合适的。小宇宙飞船中需要的是有指挥的、独裁的政治系统和一个有计划的经济系统。

博尔丁在文章《即将到来的宇宙飞船地球经济学》（1966）中进一步指出：大部分的经济学家都没能意识到地球由开环系统转变为闭环系统的重要性……在闭环系统中，系统各个部分的输出是与其他部分的输入相关联的……未来地球作为一个闭环系统，新的经济规则与过去开环系统是不一样的。

在文中，他将开环型经济称为"牧童经济"，形象地用在广阔无限的草原上不计后果、大肆开发并破坏资源的牧童来形容开环型社会。他把未来的闭环型经济称为"宇宙飞船经济"。在这个封闭的系统中，地球作为一个已知的孤立的生命星球，就像在太空中飞行的宇宙飞船，靠不断消耗自身资源而存在。然而，资源是有限的，没有来自外部的补给，如果不合理地开发资源和破坏环境，最终将因超过了地球的承载力而像宇宙飞船那样走向毁灭。他强调人类社会需要由"牧童经济"向"宇宙飞船经济"转变，即人类的经济活动应该从服从以线性特征的机械论规律转向遵循以反馈为特征的生态学规律。他认为"只有实现资源的循环利用，地球才能长存"，因而在需要能量输入进行不断再生的循环生态系统中，人类必须把握住自身角色。

博尔丁将地球比作一艘宇宙飞船，引出了对地球承载经济发展能力的思考，提出了对废弃物的循环观点，引导人们从经济发展过程来思考人类与生态系统的共生问题，在为环境问题的治理和经济发展提供了一条新思路的同时，提出了发展循环型经济的设想。

（二）清洁生产

1976年欧共体在巴黎举行了"无废工艺和无废生产国际研讨会"，会上提出了"消除造成污染根源"的思想，并提出了开发"低废、无废技术"的要求，这是清洁生产理念的首次表达。1989年联合国环境规划署的工业与环境计划活动中心制定了"清洁生产计划书"，提出了清洁生产的概念。这标志着环境保护运动开始由末端治理转向源头治理。我国在2003年通过的《中华人民共和国清洁生产促进法》关于清洁生产的定义是："清洁生产是指不断采取改进设计、使用清洁的能源和原料、采用先进的工艺技术与设备、改善管理、综合利用等措施，从源头削减污染，提高资源利用效率，减少或者避免生产、服务和产品使用过程中污染物的产生和排放，以减轻或者消除对人类健康和环境的危害。"关于清洁生产的定义很多，联合国环境规划署与环境规划中心综合了各种说法给出了一个比较全面的定义：清洁生产是指将综合预防的环境策略持续运用于生产过程和产品中，以便减少对人类和环境的风险性。清洁生产是循环经济技术体系的关键，要求通过采用无害或危害低的新工艺、新技术来降低原材料和能源的消耗，实现少投入、高产出、低污染。

清洁生产包括清洁的工艺和清洁的产品两方面的内容，即不仅要实现生产过程的无污染或少污染，而且生产出来的产品在使用和最终报废处理过程中也不会对环境造成损害。它要求从全方位、多角度的途径去实现"清洁的生产"。与末端治理相比，它具有十分丰富的内涵，主要表现在：清洁生产要求节约原材料和淘汰有毒原料，以削减所有废物的数量和毒性；改善产品设计，减少从原材料提炼到产品最终处置的全生命周期的不利影响，使得产品在使用中和使用后不危害人体健康和生态环境，产品包装易于回收、再利用和处置、降解，并对物质资料进行再循环利用。清洁生产的诞生是对传统环保战略的批判和挑战，为传统线性经济模式的转变打开了新局面，为企业层面上和社会宏观层面上的循环经济的建立揭开了序幕。

值得注意的是，清洁生产是一个相对的概念，清洁的生产、清洁的产品是和现阶段的工艺水平、产品比较而言的。因此，清洁生产是一个发展、创新的过程，而不是用某一特定标准衡量的目标。相对地，推广清洁生产也是一个不断完善的过程，随着科学技术的进步和社会经济水平的提高，需要适时提出更高的标准，争取达到更高的发展目标。

### （三）工业生态学

20 世纪 60 年代，人们试图按照"仿生学"的系统观点——模仿生态系统的自身运行和循环规律（如物质循环规律以及能量流动规律）来重构工业系统。1989 年，通用汽车公司研究员 Frosch 和 Gallopoulos 为《科学美国人》的"管理行星地球"专栏撰写了《制造业的战略》一文，提出了"工业生态系统"的概念，指出：应对不同的工业过程进行综合研究，工业系统应该模仿生态系统，系统中的每个企业之间相互依存，原本一个工厂的生产"废物"现在能够在一个有机的企业共生群之间、在众多工业过程间流通从而达到循环利用的目的，减少工业对环境的影响。"工业生态学"的概念一经提出便立即引起了工业界和学术界的注意。

工业生态学将工业系统视为人类社会系统的子系统和自然生态系统的子系统。人类社会系统不断给工业生态经济系统输入劳动力、科学技术、需求信息等社会资源；自然生态系统也不断供给矿产品、生物产品，经生产者的加工形成各种产品，以满足人类的消费需求。各子系统之间的关系如图 13-3 所示。工业生态学以工业系统中的产品和服务为重点，分析研究工业系统的全部运行过程对自然环境的影响，以找出减少这些影响的办法。工业生态学紧紧围绕着模仿自然生态学这一核心理念来改造传统工业模式，将生态学的理论和方法运用到工业生产体系的设计和规划中去，通过企业间的系统耦合，使产业链显示出生态链的性质，实现工业共生、代谢和循环以及物质循环利用、能量多级传递、高效产出，最终实现资源的永续利用（见图 13-4）。

工业生态学认为工业系统必须借鉴自然生态系统的物质与能量流动模型，不同企业排放废弃物的运作模式应和生态系统中的那样，将废弃物视为有用的物质和能量来源，也就是说形成闭路循环，充分利用物质。工业系统中也存在着生态群落，即工业企

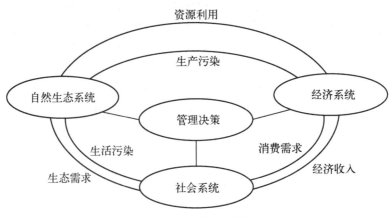

图 13-3　各子系统之间的关系

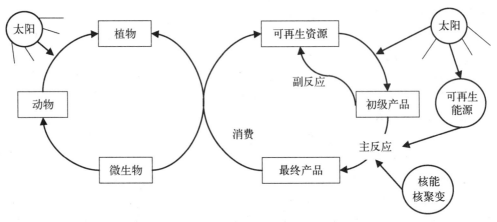

图 13-4　工业生态学

业联合体和共生体,当中包括相互关联的一些工业企业,在能源共享、原材料和副产品再利用等方面能实现合作,从而降低固定投资和生产成本,取得更好的经济效益。对于在工业系统中流动的物质和能量来说,工业生态群落中的不同的种群之间存在着代谢的关系。工业生态系统具有自动调节平衡的机制和能力,但有一定限度,必要时需以人为调控手段进行辅助,也就是说,通过工业生态系统的协调管理机构来进行调控。

工业生态学理论所论证的工业生态群落已经成为循环经济的一个重要组成部分。当前许多发达的工业化国家正是在工业生态学理论的指导下去实践和发展循环经济。

## 第三节　循环经济的实施

人类社会在经济发展过程中经历了 3 种模式:① 传统模式,即"资源—产品—消费—污染排放"的单向线性过程;② 以"先污染,后治理"为特征的过程末端治理模式;③ 以循环经济为特色的经济模式。循环经济是"资源—产品—消费—再生资源"的多重闭环反馈式循环过程,它强调最有效地利用资源和保护资源,以最小的成本获得最大的经济效益和环境效益。其实质就是生态经济,以低开采、高利用、低排放为基本特征,它的出发点在于减少资源消耗、保护生态,实现环境和经济建设的协调统一。发展循环经济是解决可持续发展战略中的资源环境制约问题的最佳途径。

## 一、可持续发展的概述

### (一) 可持续发展提出的背景

20世纪60年代以来,传统的线性经济发展模式带来了诸多的生态问题,导致了人类面临着空前的发展困境,人类不得不审视经济发展、自然资源和生态环境之间的关系。可持续发展是在实践的基础上经过逐步探索直到20世纪80年代才形成的一个新经济发展理念,是人类反思自身生产、生活行为逐渐觉醒和逐步形成的人类发展观。可持续发展理念自提出以来,日益得到国际社会的普遍关注和认可,并逐渐成为各国政府不得不选择的发展战略,这一过程在第一节已经介绍过,这里不再赘述。

### (二) 可持续发展的概念

自1987年挪威前首相布伦特兰夫人向联合国提交题为《我们共同的未来》的报告(该报告后来亦被称为"布伦特兰报告"),首次提出既满足当代人需要,又不危及后代人满足其需求能力的"可持续发展观点"以来,西方社会对可持续发展作出了若干种定义,概括而言,主要有以下4种类型。

1. 从自然属性定义可持续发展

国际生态联合会和国际生物科学联合会在1991年联合举行的有关可持续发展专题讨论会认为"可持续发展是寻求一种最佳的生态系统以支持生态的完整性,即不超越环境系统更新能力的发展,使人类的生存环境得以持续"。

2. 从经济属性定义可持续发展

该定义认为可持续发展的核心是经济发展,是在"不降低环境质量和不破坏世界自然资源基础上的经济发展"。

3. 从社会属性定义可持续发展

1991年,由世界自然保护同盟、联合国环境规划署和世界野生生物基金会共同发表的《保护地球——可持续生存战略》"认为可持续发展是在生存不超出维持生态系统涵容能力的情况下,改善人类的生活品质"。强调人类的生产方式与生活方式要与地球承载能力保持平衡,可持续发展的"归宿"是人类社会,可持续发展的目的在于创造美好的生活环境,提高人类的生活质量。

4. 从生产属性定义可持续发展

该定义认为可持续发展就是要用更清洁、更有效的技术——尽量做到接近"零排放"或"闭环式"工艺方法,以保护环境质量,尽量减少能源与其他自然资源的消耗。着眼点是实施可持续发展,科技进步起着重要作用。

### (三) 可持续发展的基本原则

可持续发展作为一种新的发展观,既涉及人类经济社会系统,也涉及自然生态系统。

## 1. 公平性

### （1）代际公平

代际公平是指人类所有各代有权利继承与人类"第一代"所享受的同样的或改善的"地球的健康"和繁荣。由于某些资源的禀赋是既定的，资源不是从上代人继承下来的，而是从下代人手里借来的,可持续发展要求当代人的发展不能以损害后代人发展需要的自然资源和环境为条件,应留给后代人公平的自然资源和环境的使用权。

### （2）代内公平

代内公平是指处于同一代的人们和其他生命形式对来自资源开发以及享受清洁和健康的环境这两方面的利益都有同样的权利，即同一代人能够公平地享有自然资源和环境资源。然而据西南财经大学的调查报告显示，2010年中国家庭的基尼系数为0.61,大大高于0.44的全球平均水平,显然,贫富悬殊、两极分化是不符合可持续发展理念的。

### （3）种际公平

种际公平即人要尊重自然,热爱大地,保护环境,动物和其他非人生命体应该享有生存权利,人与非人类生命体物种之间要实现公平。

### （4）区际公平

区际公平要求在发达国家、地区和发展中国家、地区之间,在西方国家和东方国家之间、北方国家和南方国家之间,在国内不同地区之间,在城市和乡村之间实现公平。

## 2. 持续性

持续性原则突出人与自然的关系,强调人类的经济活动和社会发展不能超出自然资源与生态环境的承载能力。资源和环境是人类赖以生存与发展的基础,因此,可持续发展是保护自然资源与生态系统的前提下的发展,人类应根据持续性原则调整自己的生产与生活方式,有节制地消耗资源和环境。

## 3. 共同性

由于世界各国历史文化、社会现状和经济发展水平的差异,可持续发展的具体目标、政策和实行过程不可能是相同的。但是可持续发展作为全球发展的总目标,所体现的公平性原则和持续性原则应该是共同的。发展目标是实现人与人之间,人与自然之间的和谐相处,提高人类的生活质量。

## 二、传统经济是不可持续发展的经济

传统经济是"资源—产品—消费—污染排放"的单向式流程经济,它的特征是高开采、高投入、低利用、高排放,是不可持续发展的模式。在这种线性经济中,对资源的利用是粗放的和一次性的,通过把资源持续不断地变成废弃物来实现经济的数量型增长。人们通过生产和消费把地球上的物质和能源大量地提取出来,然后又把污染物和废弃物大量地排放到空气、水系、土壤、植被等地方,不断地加重地球环境的负荷来实现经济的增长。从根本上说,当前的人口爆炸、资源短缺、环境恶化三大危机,正是这种线性经济的必然后果。

与此不同,循环经济倡导的是一种与环境和谐的经济发展模式,是一种善待地球的可持续发展模式,它充分考虑了自然界的承载能力和净化能力,模拟自然生态系统中

"生产者—消费者—分解者"的循环途径和食物链网,将经济活动组织为"资源—产品—消费—再生资源"的物质循环的闭环式流程,所有的原料和能源都在这个不断进行的经济循环中得到最合理的利用,从而使人类活动对自然环境的负面影响控制在尽可能小的程度,其特征是低开采、低投入、高利用、低排放。传统经济与循环经济体现了两种不同的思维模式和活动方式。传统经济是在大量生产废弃物和排放废弃物之后,再通过填埋或焚烧等方式对废弃物进行被动的处理;循环经济则要求在生产和消费的源头,采取最有效方式利用资源以控制废弃物产生,一旦废弃物产生,则要积极地回收、开发和再利用。可以说循环经济为工业化以来的传统经济转向可持续发展的经济提供了战略性的理论范式,从而从根本上消除长期以来环境与经济发展之间的尖锐冲突。

可以说循环经济把生态工业、资源的综合利用、生态设计和可持续消费等融为一体,运用生态学规律来指导人类社会的经济活动。它要求以避免废弃物产生为经济活动的优先目标。对待废弃物的优先处理顺序为"避免产生—循环利用—最终处理"。首先,要减少经济源头的资源使用量和污染产生量,因此在工业生产阶段就要尽量避免各种废弃物的排放;其次,对于源头不能削减的污染物和使用过的包装废弃物以及超过产品生命周期的物品要加以回收利用,使它们回到经济循环中去;最后,只有当避免产生和回收利用都不能实现时,才允许将最终废弃物进行环境无害化处理。

## 三、循环经济是可持续发展的实现途径

### (一)循环经济和可持续发展理念的形成过程

循环经济理念是在资源循环利用的实践过程中产生的,可持续发展理念则是在对传统发展模式的反思过程中提出来的。二者的形成过程见表13-2。

表13-2 循环经济与可持续发展思想形成过程比较

| 形 成 过 程 | 循 环 经 济 | 可 持 续 发 展 |
| --- | --- | --- |
| 20世纪60年代—70年代中后期 | 废弃物回收利用时期,以末端治理为特征 | 对传统发展模式反思时期,以《增长的极限》为代表 |
| 20世纪70年代中后期—80年代中期 | 以末端治理转向资源利用的全过程控制时期,以清洁生产为特征 | 可持续发展观念的酝酿和提出时期,以《我们共同的未来》为代表 |
| 20世纪80年代中期—90年代中期 | 提出循环经济概念,制定相关的法律法规,以产业层面的实践即建立生态工业为特征 | 制定可持续发展战略时期,以全球《21世纪议程》为代表 |

### (二)理论融合

可持续发展理念实际上是对整个人类社会处理人口、资源、环境与经济发展关系的一个总体指导思想。它包括资源环境生态的可持续、经济可持续和社会可持续等内涵,但基本的还是资源环境生态的可持续发展。从资源角度来看,资源环境生态可统称为资源,即资源可持续利用是人类社会经济可持续发展的基础。而资源可持续利用无外

乎尽量提高资源利用率,减少资源使用量,尽量对资源进行循环利用,尽量减少污染物的排放量,尽量保护生态资源,而这些正是循环经济的核心思想和操作原则。

循环经济因环境污染与资源危机而提出,从废弃物回收利用到推行清洁生产、建立工业生态链并进而扩展到国民经济与社会整体的协调发展层面,其目标是实现资源合理利用和社会的可持续发展。资源合理利用无外乎减少资源利用量,促进资源循环利用。减少资源利用量意味着少投入多产出,而资源的循环利用则意味着资源可利用量增加和进入环境的废弃物的减少,这种低投入、高产出、低排放的发展模式正是可持续发展所要求的经济发展模式。

可见,二者在理论上是融合的。即人类社会经济的可持续发展是循环经济运作方式的目标和归宿,循环经济运作方式是社会经济实现可持续发展的必然选择和基本途径。二者是过程与目标的关系,而且过程与目标高度统一。能"循环"必定能"持续",要持续则必要求可"循环",字面含义的内在联系也显示着二者在理论上的高度融合。

## 四、循环经济的实施原则

### (一)系统分析的原则

循环经济是较为全面地分析投入与产出的经济,它是在人口、资源、环境、经济、社会与科学技术的大系统中,研究符合客观规律的经济原则、均衡经济、社会和生态效益的。其基本工具是应用系统分析,包括信息论、系统论、控制论、生态学和资源系统工程管理等一系列新学科。

传统工业经济时代把经济生产看作一个与世隔绝的体系,只考虑经济效益,甚至简单归结为利润。这种片面的经济思维理念不符合实际情况,也违反了自然规律。实际上,任何经济生产都要从自然界取得原料,并向自然界排出废物。而像石油、煤和淡水等多种战略性的经济资源都是有限的,甚至是短缺的,对此不加考虑,终将导致资源的枯竭,是竭泽而渔。生产向自然界排出废弃物,生态系统的容量有限,不考虑这一点就是自毁基础。所以经济生产必须考虑生态系统。同样,社会消费也应考虑生态系统的承载能力,必须遵循基本的生态客观规律,把人口、经济、社会、资源与环境作为一个大系统进行考虑,取得系统内各主体的和谐发展。

### (二)生态成本总量控制的原则

自然生态系统作为经济生产系统的一部分,在其生产中具有生态系统的成本。任何一个工业生产者在投资时,必须考虑自身资金情况,而借贷就需考偿还能力。同样,向自然界索取资源,也必须考虑生态系统的承载能力和自我修复能力,应该有一个生态成本总量控制的概念。

所谓生态成本,是指进行经济生产导致生态系统的破坏后,再人为修复所需要的代价。以河流取水为例,传统工业取水,只考虑取水的工程、机械和人工的成本,而不考虑水资源的成本,并认为水资源是取之不尽、用之不竭的。这种认识相对水是富有资源时是对的,如取用海水;但如在取水后形成断流,破坏了下游生态系统,就不仅水资源有成本,而且有高昂的水生态系统成本;而向水中排污,破坏了水的质量,这是另一种用水,同样有高昂的环境代价。生态成本应该有一个总量控制的概念。例如，联合国教科文组织通过数百例统计研究，得出在温带半湿润地区从河流中取水不应超过河流水资源总量的40%，这样不至于造成断流，或在污水处理达标排放情况下，可以保持河流的自净能力。

### （三）"3R"原则

传统经济将自然生态系统作为取料场和垃圾场，完全是一种不合理的线性经济。循环经济是一种生态型的闭环经济，形成合理的封闭循环，它要求人类经济活动按照自然生态系统模式，组织成一个"资源—产品—再生资源—再生产品"的物质反复循环流动过程，所有的原料和能源要能在这个不断进行的经济循环中得到最合理的利用，从而使经济活动对自然环境的影响控制在尽可能低的程度。在循环经济里没有真正的废弃物，只有放错了地方的资源。循环经济要求社会的经济活动应以"减量化（reduce）、再使用（reuse）、再循环（recycle）"为基本准则（"3R"原则）。

#### 1. 资源利用的减量化原则

减量化原则是循环经济的第一原则。它要求在生产过程中通过管理技术的改进，减少进入生产和消费过程的物质和能量。换言之，减量化原则要求在经济增长的过程中为使这种增长具有持续的和环境相容的特性，人们必须学会在生产源头的输入端就充分考虑节省资源、提高单位生产产品对资源的利用率、预防废物的产生，而不是把眼光放在产生废弃物后的治理上。对生产过程而言，企业可以通过技术改造，采用先进的生产工艺，或实施清洁生产，减少单位产品生产的原料使用量和污染物的排放量。此外，减量化原则要求产品的包装应该追求简单朴实，而不是豪华浪费，从而达到减少废弃物排放的目的。

#### 2. 产品生产的再使用原则

循环经济的第二个原则是尽可能多次以及尽可能多种方式地使用人们所买的东西。通过再利用，人们可以防止物品过早成为垃圾。在生产中，要求制造产品和包装容器能够以初始的形式被反复利用，尽量延长产品的使用期，而不是非常快地更新换代；鼓励再制造工业的发展，以便拆卸、修理和组装用过的和破碎的东西。在生活中，反对一切一次性用品的泛滥，鼓励人们将可用的或可维修的物品返回市场体系供别人使用或捐献自己不再需要的物品。

#### 3. 废弃物的再循环原则

循环经济的第三个原则是尽可能多地再生利用或循环利用。要求尽可能地通过对"废物"的再加工处理（再生）使其作为资源，制成使用资源、能源较少的新产品而再次进入市场或生产过程，以减少垃圾的产生。再循环有两种情况：① 原级再循环，也称为原级资源化，即将消费者遗弃的废弃物循环用来形成与原来相同的新产品，如利用废纸生产再生纸，利用废钢铁生产钢铁。② 次级再循环，或称为次级资源化，是将废弃物用来生产与其性质不同的其他产品的原料的再循环过程，如将制糖厂所产生的蔗渣作为造纸厂的生产原料，将糖蜜作为酒厂的生产原料等。原级再循环在减少原材料消耗上达到的效率要比次级再循环高得多，是循环经济追求的理想境界。

#### 4. "3R"原则的具体操作

"3R"具体操作如表13-3所示。

表 13-3　循环经济"3R"具体操作

| "3R"原则 | 针对对象 | 目　　的 |
| --- | --- | --- |
| 减量化原则 | 输入阶段 | 减少进入生产和消费过程中物质和能源流量,从源头节约资源使用和减少污染物的排放。 |
| 再利用原则 | 输出阶段 | 延长产品和服务的时间强度,提高产品和服务的利用效率,要求产品和包装容器以初始形式多次使用,减少一次性用品的污染。 |
| 再循环原则 | 过程阶段 | 能把废弃物再次变成资源以减少最终处理量,也就是我们通常所说的废品回收利用和废物综合利用。再循环能够减少垃圾的产生,制成使用能源较少的新产品。 |

经济系统中资源的利用过程可以分为三个过程,即输入阶段、过程阶段和输出阶段。输入阶段资源输入到经济系统中,对其管理的目标是投入的最小化,以减小对生态系统的压力;过程阶段资源能源在经济系统中被利用及循环利用的过程,对其管理的目标是循环利用、梯级利用的最大化,以最大化地提高资源的生态效率;输出阶段是资源能源离开经济体以各种废物排放的形式重新回到自然环境中的过程,对其管理的政策目标是达标排放的最小化,使其对生态系统的影响最小化。按照以上思路,为了在输入阶段实现最小化目标,需要应用减量化途径;为了实现过程阶段最大化目标,需要再利用、再循环途径;为了实现输出阶段排放最小化目标,需要应用减量化途径(见图 13-5)。

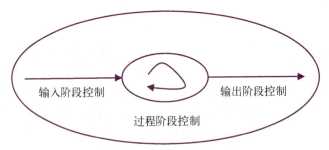

图 13-5　循环经济 3R 原则示意图

随着循环经济的研究不断深入,学术界对循环经济的原则又有了新的诸多见解,先后提出"4R""5R""6R"等"X-R"原则,除"3R"外加上"再组织""再思考""再制造""再修复"等,这些原则是针对某些不同层次或领域,如管理层面、意识层面或某些行业领域提出的更加具体、具有针对性的原则,具有合理性,但不能取代"3R"原则的基础性和普遍性。

## 五、实施循环经济的具体要求

### (一) 尽可能利用可再生资源

循环经济要求尽可能利用可再生资源替代不可再生资源,使生产循环与生态循环吻合,如利用太阳能代替石油,利用地表水替代深层地下水,用农家肥替代化肥等。太阳能是为数不多的取之不尽、用之不竭的可再生资源,应加以充分利用,随着转换技术的改进,太阳能将在能源中占有日益重要的地位。农家肥自古以来就是肥料资源,是古代人利用可再生资源实行循环农业生产的创举。而化肥的出现,使得人们不再利用农家肥,打破了这种与生态循环耦合的生产循环,农家肥有时反而成为污染物。如,在江苏等地就出现这种现象,化肥的大量使用使自古以来作为农家肥的河泥不再使用,淤积在河中,从而造成河水污染。浅层地下水属于可再生资源,但再生周期较长;地表水也属可再生资源,其再生周期较短,一般以1年为循环周期。所以,为维护生态循环,城市用水应尽可能取用地表水,否则,即使在丰水地区也会因补给不及时而造成地面沉降。

### (二) 尽可能利用高科技

目前,国外提倡生产实行"非物质化",即尽可能以知识投入来替代物质投入。如利用互联网替代大量相应物质产品的生产。我国目前的发展水平,应以"信息化带动工业化"。高技术包括信息技术、生物技术、新材料技术、新能源和可再生能源技术及管理科学技术等,这些技术都以大大减少物质和能量等自然资源投入为基本特征。以管理科学技术为例,资源、系统工程管理学有着特殊重要的意义。在设计建设大型资源利用工程时,必须在资源系统管理学的指导下进行大系统分析。如修建一座水库,不能只考虑水源的稳定性、选址的科学性和建成后取水的经济效益,还要考虑对下游地下水位、植被和物种等生态的影响,对下游经济发展的影响,以及对上下游气候的影响等。

### (三) 把生态系统建设作为基础设施建设

传统经济只重视电力、热力、公路、铁路、水坝和堤防等基础设施建设。循环经济把生态系统建设也作为基础设施建设的一部分而且是重要的一个环节,如狠抓"退田还湖""退耕还林""退牧还草"和"退用还流"等生态系统建设,从而,通过这些基础设施的建设来提高生态系统对经济发展的承载能力。传统经济认为只有电力、公路和堤防等建设才有经济效益,属于收益周期长的基本建设项目,而生态系统建设只有生态效益。实际不然,植树造林、退田还湖和退田还流等生态建设同样具有收益周期长的特点,同样应该作为基本的建设项目加以重视。生态系统建设也是传统基础设施建设的基础,生态系统的建设可以有力地保护生态环境不遭受破坏,甚至可以修补改善已遭受破坏的生态环境,从而保证基础设施建设的顺利进行以及为其提供长治久安的保护。如2001年国务院批准的《塔里木河流近期综合治理规划》,目标就是把水送到塔里木河下游,恢复300余千米的断流河段。因为如果断流持续,在未来的20～30年之内,塔里木河下游的绿洲将消失,库姆塔格沙漠和塔克拉玛干沙漠将合并,在这一地区的所有公路等基础设施都将被埋葬。

### (四) 建立绿色消费制度

实行循环经济,要求必须以税收和行政手段,限制以不可再生资源为原料的一次性产品的生产与消费,如旅馆的一次性用品、餐馆的一次性餐具和豪华包装等,促进一次性产品和包装容器的再利用。自20世纪90年代中期以来,欧美的四五星级高档宾馆已基本废弃了房间中的一次性用品,以持续使用的固定肥皂液、洗浴液容器来替代。相反,一些低档宾馆为招揽顾客反而使用一次性用品。

同时,一些发达国家还以循环经济的思想为指导,使用可降解的一次性用具。例如，瑞典在 20 世纪 80 年代末就使用马铃薯和玉米制的一次性快餐盒，既可食用，废弃后也能很快自然降解。瑞典政府还对这种循环经济产品实行免税，有利于其参与市场竞争。

（五）建立生态国内生产总值的统计和核算体系

传统的 GDP 核算只注重增长而不计代价，人类陶醉于所创造的繁荣经济，而忽视了假象背后的社会负效益与环境质量的恶化，不考虑在经济发展的同时对人类赖以生存的环境的影响，对人们身体健康的影响。生态环境的重要性日益引起社会重视，传统的 GDP 核算体系已不适合社会的发展要求，一种新的核算方法——生态国内产值（EDP）应时提出。EDP 是扣除环境污染、生态破坏损失后的 GDP。

$$\text{EDP} = \text{GDP} - (\text{生产过程、恢复资源过程、污染治理的资源耗竭全部} \\ + \text{生产过程、恢复资源过程、污染治理过程的环境污染全部}) \\ + \text{新增环保生态服务价值} \quad (13\text{-}1)$$

建立 EDP 核算体系，可以从宏观上为实施循环经济提供一种核算上的必要条件。这种核算体系简单理解为建立一个负国内生产总值统计指标的参照体系，即从工业增加值中减去测定的与污染总量及资源耗竭总量相当的负工业增加值，原则上负国内生产总值作为排污和利用资源的补偿税（费）。建立了 EDP 核算体系，地方政府将不会对建设负工业增加值高的工厂企业有积极性，外商了解了新的核算体系，也不会再投资这种项目。而即使已经建立起这种负工业增加值高的工厂，新的核算体系使得其投产后既无工业增加值可统计，又无利税，而且地方政府也不会加以保护，这必然促使企业保护生态，节约资源，减少污染废弃物，重复利用资源和废弃物，实施循环经济。如此，将从根本上杜绝新的大污染源的产生，有效制止污染的反弹，更有效地实施循环经济。

值得注意的是，公式(13-1)给出的 EDP 的计算方法实质上是综合考虑了循环经济的输入阶段、生产阶段以及输出阶段的投入与产出而推导而来。而衡量这 3 个阶段绩效的指标有 3 类。

第一类是反映经济系统输入阶段资源消耗情况的指标，如水资源、土地资源、能源、不可再生资源、可再生资源等的投入总量指标、人均消耗（占用）指标、单位 GDP（或产值）消耗（占用）的强度指标，以及这些指标的增减率。

第二类是反映经济系统输出阶段废弃物排放情况的指标，如废气、废水、固体废弃物、生活垃圾等的排放总量指标、生态效率指标，以及这些指标的增减率。生态效率是经济社会发展的价值量（即 GDP）和资源环境消耗的实物量比值，它表示经济增长与环境压力的分离关系，是一国绿色竞争力的重要体现。其计算公式为

$$\text{生态效率（资源生产率）} = \frac{\text{经济社会发展（价值量）}}{\text{资源环境消耗（实物量）}} \quad (13\text{-}2)$$

生态效率的指标、资源生产率（或资源效率）的指标和环境生产率（环境效率）的指标密切相关。由此进一步得出与资源生产率相关的指标：单位能耗 GDP（能源生产力）、单位土地 GDP（土地生产力）、单位水耗 GDP（水生产力）和单位物耗 GDP（物质生

产力);与环境生产率相关的指标是:单位废水 GDP(废水排放生产力)、单位废气 GDP(废气排放生产力)和单位固体废物 GDP(固废排放生产力)。

第三类是反映生产阶段资源循环利用情况的指标,如废水处理率、废水循环利用率、固体废弃物综合利用率、包装物直接回用率、包装物回收处理率、生活垃圾分类处理率、生活垃圾循环利用率,以及这些指标的增减率。

## 第四节 国外循环经济实践

20世纪90年代以来,德国、日本、美国等发达国家正在把发展循环型经济、建设循环型社会作为实施可持续发展战略的重要途径。

### 一、德国循环经济的发展模式

德国是世界上公认的发展循环经济起步最早、水平最高的国家之一,也是循环经济的倡导者和先行者。德国在循环经济的理论研究与实践经验等方面都独树一帜,已经形成了比较完善的循环经济制度框架,包括有效的社会市场经济政策和完整的循环经济法律法规体系。除正式制度外,德国从民众、企业到政府部门都形成了良好的环保意识,能够主动承担环保责任,成为推动循环经济发展的积极力量。

(一)德国循环经济的战略措施

德国的循环经济战略措施分为以下三个方面:① 对发展循环经济进行全面系统立法;② 积极推进科学研究和技术进步,构建循环经济发展的技术支撑体系;③ 加强全民教育宣传,提升民众对环保、资源节约、生态维系等方面的认识,转变消费理念,使之积极参与到循环经济当中来。

1. 法律战略措施

为保障循环经济战略目标的实现,德国加强循环经济立法,其循环经济立法体系共分为三个层次:① 循环经济法律法规,主要包括循环经济基本法律;② 各种条例,主要是联邦、州及地方制定的具体条例,如有机物处理条例、电子废物和电力设备处理条例、废旧汽车处理条例、废电池处理条例、废木材处理条例等;③ 指南,即关于某些法律条文在实施过程中的具体操作规定,如废物管理技术指南、城市固体废弃物管理技术指南等。德国采取的是先试点后推广的做法,即首先在个别领域逐步建立一些相关法规,之后再制定整体性循环经济法律法规,所以有关法律法规经过实践、修订,现已形成条款较严密、结构较完善的循环经济法律体系。这些法律法规涉及社会的各行各业及生产领域、消费领域,并从具体领域延伸到整个社会。可见,详尽、全面、系统的法律法规使循环经济发展有了强有力的保障。德国的循环经济立法走在了世界前列,其立法模式及实践对世界各国的循环经济发展产生了巨大影响。

2. 技术战略措施

经历了以往片面强调经济增长导致生态破坏、环境污染等问题的惨痛教训后,德国率先发展循环经济,并积累了丰富的经验,逐渐形成了以"低耗生产、适度消费、资源循环利用,以及稳定、高效、持续的技术创新"为特征的可持续发展路径,进而实现从消费型社会向生态型社会的转型。这代表着一个全新的技术进步和效率至上的世界发展趋势。德国政府重视循环经济的发展,把环保业看作新科技及工业政策的重要部分,要求环保业具有高技术含量、高附加值。加之德国雄厚的经济实力,政府在循环经济发展中投入大量的资金进行技术研发,研制和开发有益于生态的新技术、新生产工艺和新生态工业产品,使循环经济的"3R"原则较好地得到贯彻实施,也使德国在循环经济发展的技术领域保持世界的领先地位。

德国的技术战略体现在很多领域,其中以在清洁生产和废物循环利用领域表现得最为突出。在清洁生产方面,德国颁布的《可再生能源法》,促进了清洁技术的推广、实现了清洁生产的全过程控制。在废物循环利用方面,德国在《循环经济和废弃物管理法》中强调,废弃物必须以不损害环境和人类健康的13类方式和程序进行处理,并在此基础上制定了技术与工艺标准及技术性指导。按规定,废物处理技术设计应考虑以下因素:低废技术,有毒物质最小化,投资与效益的关系,促进再生和再用,技术先进,实际操作可行等。鉴于此,企业在废旧物资的回收、再生和循环利用中不断研发、运用新技术,避免了环境污染和生态破坏的风险。目前,德国对废弃物总量的65%实行了再利用,每年可以得到120万吨二次燃料。德国政府还制定计划,最迟于2020年完全取缔垃圾填埋方式,做到所有的垃圾都经过物质和能量方面的处理和重复利用。

十几年来,德国研发的废弃物分类和回收技术具有世界先进水平。德国的再生能源利用技术、无害化处理技术、生物技术、废旧电器回收综合利用技术、资源循环利用技术、零排放技术的研发及应用都保持世界领先地位。从目前世界范围内来看,德国环保技术大约占世界环保技术设备市场的21%,高于美国的16%和日本的13%。这是德国循环经济走在世界前列的技术保障。

3. 教育战略措施

德国循环经济发展战略的实现,还得益于规范且得到强化的教育,使民众转变传统生产和消费理念,形成发展循环经济的社会氛围。由于德国的经济发展水平高,其教育发展程度也比较高,民众普遍受到良好的教育,整体国民素质较高。通过强化教育,很快使循环经济理念渗透到民众及社会各角落,使政府、企业、社会团体、民众积极自觉地参与到循环经济的发展中来。正是基于良好的循环经济相关教育,德国民间自觉地组织了各类非正式组织,呼吁环保,监督非环保行为,有力地推动了循环经济的发展。

**(二)德国循环经济的发展模式**

德国在发展循环经济方面所形成的理念,以及独具特色的发展模式,尤其是"双元回收系统"(DSD),已经得到广泛认同,并不断推广。德国注重在微观、中观、宏观三个层面推进循环经济发展,"微观模式"是指在企业层面推行清洁生产,减少产品中材料和能源的消耗,实现废弃物产生量最小化,同时以此带动企业的绿色生产经营和消费者的绿色消费模式。"中观模式"是指在工业区及区域层面发展生态工业,建设生态工业园区,将上游生产过程产生的副产品或废弃物用作下游生产过程的原材料,形成企业之间的工业代谢循环和共生关系,此外,对老工业区进行生态改造,实现其可持续发展。"宏观模式"是指在社会层面推进绿色消费,建立废弃物的分类回收系统,注重产业间的物质循环和各种资源能量的梯级利用,最终建立循环型社会。

1. 企业内部循环生产模式及其"绿色影响"——微观模式

企业层面循环经济模式主要是清洁生产,具体表现为两种形式:一种是通过组织企业内部各工艺之间的物料循环,延长生产链条,进而减少原料和能源的使用量,最大限度地降低废弃物的排放,达到降低成本、提高利润率及提升企业社会形象的目的;另一种是通过开发和利用先进生产技术,或发掘利用可再生资源,进而实现减少污染,绿色生产,并以此扩大在同行业的竞争优势。在德国,企业循环经济模式的典型范例是鲁德尔道夫水泥股份有限公司。该公司结合使用了上述两种清洁生产模式,在其企业内部,各部门通过密切合作,建立了一体化的绿色生产体系。鲁德尔道夫公司以巨大的碾磨车间为核心,将其他生产车间都聚集在其周围,以便进行物料交换与循环。不仅如此,该公司在1999年还建立了一个独立的环境管理系统,结合自身的产业结构特点,有力地促进了各部门之间的合作。另外,该公司采用了先进的技术手段控制污染气体排放,并且在噪声污染控制、水利资源利用等方面采用了同行业领先的技术来实现减少排污的目标。同时该公司还注重可再生材料的使用,包括二次原料和二次燃料的利用。

除了清洁生产外,在德国,很多企业都自觉地选择"绿色发展"之路,在生产经营过程中奉行"绿色理念",采取"绿色行为",主动地进行节能减排,保护环境,以实际行动履行"可持续发展"义务,对社会施加"绿色影响"。例如,德意志银行于2007年对其位于法兰克福的双子大厦总部进行全面改造,总投入约1.5亿欧元,目的除了改善工作环境外,还要降低经营活动中的能量消耗并减少碳排放量,力争将整个大厦的能源和用水消耗降低一半。德国知名企业西门子也通过发起诸如"抵制白色污染"等活动向民众和社区施加自己的绿色影响;世界知名豪华轿车生产商戴姆勒·克莱斯勒也提出了"绿色豪华"的概念,构建绿色生产模式并引导消费者的绿色消费理念。这样的范例在德国不胜枚举。

2. 共生企业园区循环模式及老工业区的生态改造——中观模式

单个企业或厂内循环具有一定的局限性,于是要扩大到企业外部,联合其他企业去组织物料循环。共生企业园区也称作生态工业园区,是指在更大的范围内把不同的工厂、企业连接起来形成资源共享和互换副产品、原料等物质循环的产业共生链条,使一个企业的废热、废气、废物、废水能够成为其他企业的原料和能源。德国共生企业园区是一个封闭的经济循环体系,其组织形式主要是以中心管理组织为核心,由若干个相关生产企业或其他组织组成,形成资源的循环利用,进而降低成本,实现环境保护。在德国比较典型的企业园区有莱茵河—内卡河地区、屈德"生物能源镇"和威勒巴赫"零排放镇"。在莱茵河—内卡河地区成立了工作环境管理组织,其成员包括企业、市政管理者、协会与环境研究机构等。该中心组织通过数据库平台提供网络信息服务,如待处理物质定量定性分析数据这样的信息数据共享服务,同时围绕信息、物质交换需求,运用专门的措施在环境管理领域向成员提供支持。

此外,德国是工业化发展最早的国家之一,许多以重化工业为主的老工业区经过了早期的快速发展后,面临的生态环境破坏问题越来越严重,再加之产业结构不合理,遭遇到了前所未有的发展瓶颈。在这种情况下,德国政府采取措施在进行产业转型的同时,大力投资修复生态环境,实现传统工业区的可持续发展,其中以鲁尔工业区为典型代表。除了通过区内企业联盟来延长生产及销售链条外,还建立了能源资源循环利用系统,既有利于节能减排,也促进了区内资源的有效利用,其中以煤化工业联营最为典型,煤矿企业的炼焦副产品则可以作为化工企业的产品原料。除此之外,当地政府大力发展环境管理和建设,在区域总体规划中制定了营造"绿色空间"的计划,力图重塑田园都市风光。可以说,20世纪60年代提出的"鲁尔河上空蔚蓝色的天空"的构想已经成为现实,目前鲁尔区所在的北莱茵-威斯特法伦州拥有1 600多家环保企业,已成为欧洲领先的环保技术中心。

3. 生产与消费之间的社会循环模式——宏观模式

从社会整体循环的角度看,只有大力发展旧物调剂和资源回收产业,才能在整个社会范围内形成"自然资源—生产—消费—二次资源"的循环经济路径。作为世界上发展循环经济最早、水平最高的国家之一,德国的"双元回收系统"模式就是这种循环路径的典型代表。

早在1990年9月,德国95家生产企业、商业企业及垃圾回收部门就联合建立了"双元回收系统",专门对包装废弃物进行回收利用。该系统接受相关企业的委托,组织回收者对包装废弃物进行分类,之后分送到相应的资源再利用厂家进行循环再利用,其中能直接回用的包装废弃物则送返给制造商,使一次性包装物得到反复利用。目前约有116万多家企业加入了DSD,占包装企业的90%。该系统也称作"绿点系统",因为其具体做法是在对包装物进行分类的过程中,在需要回收的包装物上打上绿点标记,表示它可回收,并要求消费者把它放入盛装包装物的分类垃圾箱里,之后由回收企业进行处理。"绿点"标记为一个首尾相连的绿色箭头构成的圆圈,远看形似一个绿点,意为循环利用。任何商品的包装,只要印有它,就表明该生产企业参与了"商品再循环计划",并为处理自己产品的废弃包装物交了费。经营"绿点"系统的公司为非营利性公司,厂商们所付的费用是用来建立一套回收、分类和再利用系统。

"绿点"计划的基本原则是:谁生产垃圾,谁就要为此付出代价。企业缴纳的"绿点"费,由DSD用来收集包装垃圾,然后进行清理、分拣和循环再利用。"绿点系统"作为民间企业发起和创建的废物回收系统,受到德国政府免税政策支持。它既是民间参与循环经济的样板,也是公私合作伙伴关系成功的典范。该系统的建立大大促进了德国包装废弃物的回收利用,不仅带来了资源的高效利用,也产生了积极的生态效应,更为社会提供了众多的就业机会。该系统体现了"谁生产包装,谁负责回收"的生产者责任延伸制度。可以说,德国的循环经济是采用"企业—社会""生产—消费"之间的循环,以"绿点系统"为载体或实施措施,以对物质流的严格管理为核心来实现的,重在探索区域性循环经济的模式。

## 二、日本循环经济的发展模式

日本作为最早探索循环经济发展模式的国家之一,其科学的循环经济制度安排、适宜得力的发展战略和举措取得了良好效果,使日本成为目前世界上资源利用效率最高、循环经济发展成效最显著的国家之一。日本通过多年的探索已经形成了独具特色的"循环型经济与社会"发展模式,其特点是有效的政府主导、严密完善的法律政策体系和经济措施,以及企业与民众的广泛经济参与。

(一)日本循环经济的战略体系

日本实行的是政府主导型的市场经济,加之特殊的国情、文化理念、民族习俗及政治制度等因素,形成了独具特色的战略体系框架及层次结构。日本循环经济战略体系由政府、企业与个人三大主体以及战略规划、法律框架、产业政策、技术创新体系、企业社会责任与公民环保意识六大要素构成,如图13-6所示。

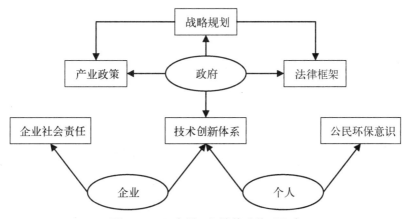

图13-6 日本循环经济战略体系示意

首先,日本循环经济战略体系由政府主导和驱动。政府处于该体系的核心地位,对战略规划的制定、法律框架的确立、产业政策的出台、技术创新体系的构建等都起着关键性和支配性作用。从日本发展循环经济的历程中不难看出,日本的循环经济从理念的提出、推进到实施都是由政府及相关部门主导的,是自上而下的制度形成和演变过程。同时,政府自身职责的履行对企业社会责任的承担及公民环保意识的形成都起着示范、引导和监督作用。

其次,企业是战略的实施主体。企业是资源的主要消耗者和废弃物的最大排放者,因此处于实际操作的层面。所有的循环经济发展战略、目标、措施等都要由企业去实施,所以企业在日本循环经济战略体系中占据着重要的位置,对循环经济战略的有效实施起着决定性作用。为了更好地实施和发展循环经济,企业也要制定具体的循环经济实施计划和措施。

最后,民众的自觉参与形成了循环经济发展的社会氛围。日本民众是循环经济发展战略体系中不可忽视的广泛社会力量。许多循环经济的法律法规要依靠民众去实施、执行。例如,日本民众自觉地对垃圾进行分类、回收、循环再利用;在交通、出行方面,民众尽量选择乘坐公交车和地铁,以达到减排、环保的目的;在生态保护方面,民众积极参与相关的公共事业等。长期的宣传和政策引导使民众形成了良好的环保意识和自觉行动,对推进循环经济的发展起到了极为重要的作用。

另外,技术创新体系处于政府、企业和个人的中心地位,这也说明日本技术创新体系无论是在宏观、中观、微观层面,都有明确的创新载体。

(二) 日本循环经济的发展模式

日本在从过去"大量生产、大量消费、大量废弃"的传统经济社会向"节能、减耗、降低环境负荷、实现经济社会可持续发展"的循环型经济社会转变的过程中,把环境保护技术和产业经济发展放在了重要位置,并从"技术立国"转向"环境立国"。日本企业通过内部实施"逆向制造"生产模式建立了独具特色的企业内部循环模式;日本政府注重生态工业园区尤其是静脉产业园区的建设,从中观层面推进循环经济发展。日本构建循环型社会这一宏观循环模式正是以其微观和中观循环模式为支撑的。

1. "逆向制造"模式及构建生态型企业——微观模式

循环型企业通过实施企业内部资源的循环利用和节能减排来实现循环经济的最基本层次。日本发展循环型企业,就是运用循环经济理论和生态学理论指导企业运行,将循环经济的"3R"原则应用于企业,协调企业与环境之间的关系,依靠现代生产技术和环保技术的开发应用,对企业的产品、副产品、废弃物进行综合处理,使企业实现清洁生产和资源综合利用。

首先,为了发展循环型企业,日本许多资源消耗大并带来大量污染的企业开始采用"逆向制造"生产模式。"逆向制造"是提倡设计跨产品平台的通用零部件,并且将通用零部件设计得尽可能高质量和耐用,使这些部件可以在整机报废后,不经过循环再造直接回流到新产品的装配线。这就要求产品经过拆卸、分类、翻新和处理后达到一定的质量要求,其特点是保留部件(或零件),以便再装配和重新销售。"逆向制造"是一种强调资源、副产废弃物再利用而不是再生的制造方法,是构建循环型企业、发展循环经济的重要技术途径。富士施乐公司在这方面取得了很大成功,是实施"逆向制造"、建立循环型企业模式的典型代表。

日本独特的"逆向制造"模式,能够促使企业采用源头减量化的措施大搞设计革新,实施"整合再生系统",因此是环境保护计划中的关键环节之一。"逆向制造"系统是一个封闭循环的系统,它要求从上游到下游的产品生命周期中,通过在封闭循环中使用再利用零部件,制造出对环境影响小的产品;同时尽量使那些无法再利用的零部件转变为可再利用的资源。"逆向制造"是实施可持续发展战略的必然选择,这一循环模式使资源、环保问题得到了广泛的重视,并且提高了经济效益,逐渐在更多领域得到应用。

其次,构建生态型企业已成为日本企业发展的新趋势。生态型企业是指企业将创造利润与保护生态环境及人类健康有机结合起来,实现企业生产经营的可持续发展和人类的可持续发展的统一。很多日本企业以此作为经营目标,通过制定企业环境经营方针,加强环境经营管理,向生态企业转变,同时也能够帮助树立企业形象,提高企业的竞争力。日本企业主要通过确立环境经营战略来实行生产全过程的环境管理,包括绿色产品设计、清洁采购、清洁制造等,以及采取环境审计和环境信息披露制度等方式实现企业生产经营及管理的绿色化和生态化。例如,知名日本企业松下电器集团和丰田汽车公司都确定了"环境基本方针"。松下电器集团早在1991年就开始实施其《环境管理基本方针》,丰田汽车公司也于1992年制定了《丰田地球环境宪章》,具体包括"基本方针""行动方针""配套体制"等组成部分。明确了其建设生态型企业的目标和实施办法。

另外,日本很多企业在实施循环经济过程中,也逐步建立绿色生态产业体系,即从原料采购、产品设计、产品制造、市场销售各环节,按照节能减耗的标准来降低对环境的负面影响,进而建立绿色产业支撑链,并将这一原则推广到其他社会活动中。钢铁企业就是建立这种生态产业体系的典型范例,其通过绿色产品设计、再生资源利用和废弃物有效管理等绿色生产及营销管理模式,形成了"资源—产品—再生资源"的循环产业体系。

除此之外,日本的《推进循环型社会形成基本法》《资源有效利用促进法》《废弃物处理法》等法律对生产者责任延伸制度进行了明确的规定,使企业环保的重点从限制生产阶段的行为控制转到以降低产品整个生命周期的环境影响为中心上来,改变了传统的"先污染,后治理"的模式,强调从"末端治理"向"源头控制"转变。日本循环经济相关法律也促进了循环型企业的成功建立。

2. 以静脉产业为主导的生态工业园区——中观模式

生态工业园是根据生态学原理和循环经济理论设计的新型工业发展模式。该模式通过模拟自然生态系统,设计工业园区内部的能源和物质流程,采用园区内各企业间废物交换、清洁生产等手段,把一个企业经济运行中产生的废物或副产品作为另一个企业的原材料投入,实现物质闭路循环和能量多极化充分利用,形成类似自然生态系统食物链形态的相互联系、相互依存的工业生态系统,达到物质、资源及能量的利用最大化和废物排放量的最小化。

面对环境、资源、生态问题日益严峻的情况,日本从1997年开始规划和建设生态工业园区,并把它作为建设循环型社会的重要措施之一,已先后批准建立了26个生态工业园区。其中,2001年6月设立的北九州市生态工业园区是其中做得较好的一个典型范例。该园区充分利用城市多年发展积累起来的人才、技术及工业基础设施等优越条件,以及政府、研究机构、企业、市民建立的网络环境条件,将"环境保护"和"产业振兴"两大政策有机融合在一起,实施独具特色的地区经济发展政策。北九州生态工业园有4个基本功能区:北九州市生态工业园区中心是开展环境教育的基地,如举办环保技术相关研修,推广环保技术,举办以市民为主的环保知识讲座;环保研发中心是政府、大学、企业联合进行最尖端的再生使用技术、废物处理技术的研发基地;环保企业聚集区则通过各企业间的相互合作,把环保相关企业发展成为废物"零排放"的资源、副产品循环基地;响滩再生使用区是市政府租借给企业用以支持中小企业发展环保项目、创立先进工艺和先进技术、开展各种再生加工活动的区域。其中,环保企业聚集区是核心区域,该区域建立了复合设施项目,对生态工业园内企业排放的废弃物进行科学处置,并将熔解物质再资源化,再利用生产中产生的余热进行发电等。此外,日本在大力发展产业园区的过程中,强调以静脉产业为主导,包括食品再生利用产业、容器包装的再利用产业、建筑材料的再生利用产业、废旧家电再生利用产业、汽车再生利用产业,以及其他有关废弃物的回收、运输和再生技术等产业。

3. 构建循环型社会——宏观模式

循环型社会的内涵是指通过抑制废弃物的产生、合理处置和利用废弃物、循环利用资源等措施,实现自然资源消费的减量化,建立最大限度减少环境负荷的社会。从20世纪90年代开始实施可持续发展战略以来,日本又把发展循环经济、建立循环型社会作为实施可持续发展战略的重要途径与方式。

日本建设循环型社会的目标,就是通过以上这些微观、中观层面的循环经济发展模式或途径来实现的。虽然循环型社会尚未完全建成,但是,这些模式或途径的实施正有力地推动日本循环经济的发展,为逐步实现循环型社会打下基础。日本经济产业省与环境省于1997年设立了"生态城市制度",旨在建立和发展符合环保要求、经济和自然和谐发展的循环型城市。目前,日本生态城市建设数量不断增加,以东京、川崎、九州、千叶、大阪最为突出。

川崎就是建设循环型社会的典范。川崎曾是日本重化工业中心,经历了从严重污染逐步走向绿色环保的过程后,目前环境状况大为改善,已经成为日本首屈一指的高新技术城市和环保城市。川崎正是采取了建设循环型社会的先进理念和具体做法,在经济发展过程中,以"产业再生、环境再生、都市再生"3个基本理念为指导,政府、企业、社会三位一体、形成合力,大力发展高新科技和环保产业,推进循环经济,成为日本循环型社会宏观目标模式的缩影。

## 三、美国循环经济的发展模式

纵观世界循环经济的发展历程,美国不仅是循环经济实施较早的国家,更是提出和推行循环经济概念较早的国家之一。如今,美国循环经济的发展已经取得一定成就,有许多经验值得借鉴。

美国作为公认的科技、经济最发达的国家,在循环经济发展方面也走在了世界前列,且有独到之处。但如前所述,由于美国三权分立的政治制度,在循环经济发展中,联邦政府并未能对循环经济的发展模式进行探索和创新,而更多的是各州、地方政府、各企业根据自身的情况发展循环经济,不同于日本政府提出建设循环型社会这样明确的目标和发展模式。

谈到美国的循环经济发展模式,人们自然会想到"杜邦模式"。虽然这不失为一种循环经济的发展模式,但应该说它只是一种微观层面上的循环经济发展模式。我们可以将美国循环经济发展模式分解成以下3个层次。

### (一) 以杜邦模式为代表的企业内部循环——微观模式

在循环经济发展的微观层面,杜邦模式是美国典型的企业内部循环经济模式。在该模式下,生产厂家通过组织企业内各部门或者工艺之间的物质和能源的循环,一方面节约生产过程中物料和能源的使用量,控制和减少有毒物质和废弃物的排放,另一方面延长生产链条,最大限度地利用资源。杜邦公司在生产中尽量减少某些化学物质的使用量,加强对某些废弃物的循环利用,消化对环境有害的化学物质,同时研发回收本公司废旧产品的新工艺,这正是杜邦公司创造性地把循环经济"3R"原则发展成为与化学工业相结合的"3R制造法"的具体表现形式。通过一系列创新技术和应用,截至1994年,该公司生产排出的废弃塑料物已减少了25%,空气污染物的排放量减少了70%。

目前,很多美国企业也纷纷效仿杜邦公司,实行企业内部的物质循环。

杜邦公司也非常注重对于自然生态环境的保护,早在1989年就提出了不包括温室气体排放的环境目标。但随后,杜邦公司意识到温室气体与全球气候变化的紧密联系,出于对环境保护的承诺以及对自身社会责任的认识,杜邦公司决定将保护大气环境付诸行动,制定了"到2010年公司全球工厂二氧化碳和温室气体的排放量较1990年减少65%"的具体目标。这个目标后来提前实现,杜邦公司2002年温室气体的排放量就已经降低了68%。

### (二)联邦政府推动下的生态工业园区建设——中观模式

在中观层面,工业园区模式也体现在美国的循环经济发展中。按照工业生态学的原理,通过企业之间的能量集成、物质集成以及信息集成,形成各产业间的共生耦合和代谢关系,使一家工厂的废水、废热、废气、废渣或其他副产品成为另一家工厂的原料或能源,建立物质循环利用的工业生态园区。在美国,这类工业园区的主体企业是炼油厂、发电厂、石膏板生产厂和制药厂。以这四类企业为核心,通过市场交易行为,将对方生产过程中排出的副产品或废弃物作为自己生产过程中所需的原材料。这不仅减少了废弃物的排放量和处理费用,还节省了生产成本,产生了很好的经济效益,形成了经济发展和环境保护的良性循环。如曾经是美国污染最严重的制造业中心的查塔努加,就是以此方式转型成为循环型工业园区。

美国国内生态工业园区是自1993年起开始兴建的。生态工业园区相关计划,主要由美国总统可持续发展委员会(PCSD)所辖的专家来制订。此外,联邦政府在总统可持续发展委员会下还设立了一个"生态工业园区特别工作组",专门研究如何将生态工业园区理论模型引入到具体的实践中去。可见,美国的生态工业园区建设是在联邦政府的大力推动下进行的。目前,美国已经有近20个生态工业园区。其中,比较典型的有查尔斯岬可持续科技园区,它是美国的第一个生态工业园区项目,位于美国北卡罗来纳州北安普敦县,濒临东海岸南端的切萨皮克湾。一直以来,这一地区存在着严重的高失业率、人口外流、经济衰退和环境恶化等问题。在PCSD的推动下,针对查尔斯岬的情况拟定了一个建设"可持续县"的规划程序,并于1995年开始实施建设。这一规划主要是针对废弃物利用、衰落地区再发展的计划,其突出之处是"再生化"特色。生态工业园区的设计旨在促进查尔斯岬"历史上"的居住社区、商业及工业地景的"再生"。在此基础上,查尔斯岬镇及园区内会妥善进行生产力布局,把土地、水环境形态,以及传统的村落、城镇的居住形式和谐地安置在一起,以保存及促进东海岸传统。经过一段时期的建设,该园区及其周边地区的原有生态环境得到了较大的改善,并且当地的生态与经济发展呈现相互协调的状态,各种资源也得到了有效利用。园区引进的高新技术企业带动了当地产业技术的更新,原有产业也随之改良,同时创造了许多新的工作岗位,增加了当地的就业。

美国密西西比州中部的乔克托县也根据生态园的理念建立了新型的工业园区。这是一种全新型园区,是在对园区进行良好规划及设计的基础上,从无到有地进行开发建设的,区内企业间可进行废物、废热等交换。该园区以俄克拉荷马州大量的废弃轮胎为原料,采用高新技术将废弃轮胎分解,转化为炭黑、塑化剂和废热等再生产品,进而进一步衍生出不同的产品链,并与废水处理系统构成了一张生态工业网。该园区的特点是,从园区所拥有的特定丰富资源出发,采用新技术,实施废物资源化,构建成核心生态工业链,进而扩展成工业共生网络。

(三) 全社会范围内的循环型生产和消费——宏观模式

如果从宏观角度考虑,美国的循环经济发展模式可以说是循环型生产和消费模式。循环型生产是指在生产领域将生产废弃物及废弃产品回收再利用,重新作为生产原料投入生产环节。经过几十年的发展,目前美国循环经济行业已涉及传统的炼铁业、塑料业、造纸业、橡胶业以及新兴的家电业、计算机设备业、家居用品、办公设备等。参加的企业有 5.6 万家之多,民众广泛参与,年平均销售额已达 2 360 亿美元,其规模相当于美国的汽车业,已经成为美国经济的重要组成部分。这些行业实施循环经济主要体现在资源、产品的循环再利用和环保方面。美国最大的废弃物回收再利用行业是造纸业,共雇用近 14 万人从事废弃物的回收,年销售收入达 490 亿美元。铸造业和钢铁业次之,分别雇用近 13 万人和 12 万人,年销售收入分别为 160 亿美元和 280 亿美元。在回收利用的废弃物中,塑料瓶、纸张的回收利用率分别为 40% 和 42%,铁质包装物的回收率高达 57%,啤酒和其他饮料罐的回收利用率为 55%。此外,据有关资料显示,美国每年产生的城市垃圾有 8 亿 t 之多,其中建筑垃圾约 3.25 亿 t,占城市垃圾总数的 40%。经过分拣、加工转化,可再生利用的达 70%,其余 30% 的建筑垃圾被合理填埋。可以说,美国的建筑垃圾 100% 都得到了综合利用。另外,废弃物的分级处理大大提高了回收利用的效率,美国的建筑垃圾综合利用就是在分级的基础上进行的,大致可以分为三个级别:①"低级利用",即现场分拣利用、一般性回填等,这部分占建筑垃圾总量的 50%~60%。②"中级利用",即用来作为建筑物或道路的基础材料,或经过处理加工成硬质材料,再制成各种建筑用砖等,这部分约占建筑垃圾总量的 40%。③"高级利用",即将建筑垃圾还原成沥青、水泥等再生产品加以利用。

美国不仅重视对废品和垃圾进行处理加工使其成为再生资源,同时也十分重视循环消费。所谓循环消费,就是一件物品被淘汰时,根据其使用价值转让给有需要的其他人使用,待物尽其用时再作为废物处理掉。出于资源节约的考虑,美国在循环经济实施伊始就提倡生产领域和消费领域的物质和产品的循环消费。特别是随着循环经济的实施,循环消费的观念逐步普及,进而循环消费的社会机制也在逐渐形成,循环消费成为美国循环经济发展的最基本内容。美国人开展循环消费的渠道很多,有庭院市场、旧物店以及网上旧物买卖市场。在美国,报纸和网站每周都大量刊登周末庭院甩卖广告。人们把自己用过的但对别人还有用的商品用这一最简单的方法,转移到下一个消费者手中,继续发挥它的效用,这是一种最简单的循环利用。另外,由慈善机构办的旧货店(节俭商店)遍及全国。这些旧货店主要将接受的捐赠物品和低价出售的旧货物所得的收入用于社会救济。拥有 1 900 多家旧货店的友善实业公司就是这样一家将收入全部用于残疾人事业的慈善机构。美国专营旧货拍卖的网站也很多,如易贝是美国网民访问量最大、访问频率最高的二手交易网站。除了这样的商业网站外,政府还为鼓励循环消费开办了免费供民众和企业进行旧货交易的网站。如美国加利福尼亚州政府就开办了加州迈克斯物资交换网站。如今旧货网上拍卖等在美国司空见惯,月交易额达 3 亿美元。

美国提倡在不影响环境的前提下,充分合理利用现有资源,这是美国政府的一贯方针,这一方针也体现了循环生产和消费的理念。可见,美国循环经济的发展,从宏观到中观再到微观都形成了独特的"土生土长"的运行模式,适合本国国情,全面有效地推动了循环经济的发展。

## 第五节 循环经济在我国的应用

在市场经济日臻完善、政府职能转变的条件下,我国推进循环经济发展的实质,是用发展的思路解决资源约束和环境污染矛盾,降低发展成本,以尽可能少的资源消耗、尽可能小的环境代价实现我国的工业化、城市化和现代化。对处于工业化和城市化加速阶段、人均资源占有量不足的我国来说,循环经济首先是资源节约战略。循环经济追求的不是简单地降低资源消耗,而要使资源尽可能得到高效利用和循环利用,从而达到提高资源利用效率和效益的目的。

### 一、生态农业模式

无论是从物质循环角度考察,还是从物质代谢或产业共生关系角度分析,生态农业实际上就是循环经济在农村的实现形式。更进一步地,生态农业是农民遵循生态规律长期进行农业生产实践积累形成的可持续农业发展模式。

#### (一) 典型的生态农业模式

经济学史研究认为,中国在900多年前的珠江三角洲就出现"基塘系统"的雏形。然而,与中国的"天人合一"思想一样,究竟何时出现生态农业的雏形恐怕很难说得清楚,因为人的思想不是天上掉下来的,也不是头脑里固有的。既然2 000多年就有了"天人调谐"的思想,那么先哲们的思想也应当有实践的启示。无论如何,随着人们的实践和积累,生态农业的复合系统不仅类型增加,功能和稳定性也逐步增强。

1. 种养殖业复合系统

从物质流动的特点看,种养殖生态农业系统中也存在着物质代谢和共生两种类型。其中,以基塘复合模式为代表的模式,主要表现为物质的代谢或循环过程;以稻鸭系统为代表的模式,表现为营养物的共享。

(1) 基塘复合模式

在我国的热带、亚热带地区,可以发现类型众多的基塘模式。其中,种在基上的植物类型因地而异,同样养在塘里的鱼也有很多品种。但抽象出来的物质循环方式和原理则是一样的。中学地理课本上就介绍过珠三角地区鱼塘桑基模式。以下列举几种。

桑基鱼塘。这是最基本的物质代谢类型。研究表明,在我国珠江三角洲北部地区、杭州等地均有分布。鱼塘养鱼,塘泥为桑树生长提供肥料,桑叶为蚕提供食粮,蚕的排泄物为鱼提供饲料,形成一个物质流的循环。

蔗基鱼塘。这种系统结构较简单,有一定的水陆相互作用,嫩蔗叶可以喂鱼,塘泥肥蔗，塘泥促进甘蔗生长，主要起催根作用，使甘蔗发育生长快；塘泥含大量水分，对蔗基起明显作用。一些地方在蔗基养猪，以嫩蔗叶、蔗尾、蔗头等废弃部分用于喂猪，猪粪用于肥塘。

果基鱼塘。从已有资料看，各地在塘基上种的果树种类很多，例如，香蕉、大蕉、柑橘、木瓜、杧果、荔枝等等，有时同一地点的果品也在调整，主要是看市场需求和生长情况，一般均能产生较好的经济效益。一些地方还在高秆植物下放养鸡、鸭、鹅等家禽，既可以吃草、虫，又可以增加经济收入，这些家禽的粪便还可以肥地，可谓一举多得。

此外，还有花基鱼塘、杂基鱼塘等类型。前者是在基上种养各种各样的花，后者则在基上种植蔬菜、花生等经济作物。

(2) 稻鸭(鱼)共生模式

在我国南方一些水网地区，水稻是一种主要的粮食作物。在长期的实践中，劳动人民探索出了丰富多彩的稻田生态模式，如稻田养鱼、稻田养蟹、稻田养虾、稻田养鸭等。

稻田里养鸭是一种"人造"共生系统，它依据生态学原理，利用了动植物之间的共生互利关系，充分利用了空间生态位和时间生态位以及鸭的生态学特征（杂食性），并运用现代技术措施，将鸭围养在稻田里，让鸭和稻"全天候"地同生共长，以鸭捕食害虫代替农药治虫、以鸭采食杂草代替除草剂、以鸭粪作为有机肥代替部分化肥，从而实现以鸭代替人工为水稻"防病、治虫、施肥、中耕、除草"等目的。

抽象地看，农业产业间的层次相互交换废弃物，使废弃物得以资源化利用，还减少了水稻化肥农药使用量，控制了农业面源污染，保护了生态环境，增加了经济效益。

2. 以沼气为纽带的各种模式

一般说来，这种模式可以概括为：农产品消费过程中和消费之后的物质和能量的循环。

(1) 北方的"四位一体"模式

所谓"四位一体"，是一种庭院经济与生态农业相结合的新的生产模式。以生态学、经济学、系统工程学为原理，以土地资源为基础，以太阳能为动力，以沼气为纽带，种植业和养殖业结合，通过生物质能转换技术，在农户的土地上，在全封闭的状态下，将沼气池、猪禽舍、厕所和日光温室等组合在一起，所以被称为"四位一体"模式。

简言之，就是建大棚利用太阳能养猪养鸡、种植蔬菜，以及人畜粪便作原料发酵生产沼气用于照明，沼渣作肥料又用于种植，从而形成四位一体的生态农业模式。这种模式既可以解决农村的能源供应，改善农民的卫生和生活环境，又可以减少农作物和蔬菜生长中农药化肥的使用，丰富了食品品种，提高了食品安全。

(2) 西北"五配套"生态农业模式

"五配套"生态农业模式是解决西北地区干旱地区的用水，促进农业可持续发展，提高农民收入的重要模式。具体实现形式是：每户建一个沼气池、一个果园、一个暖圈、一个蓄水窖和一个看营房。实行人厕、沼气、猪圈三结合，圈下建沼气池，池上搞养殖，除养猪外，圈内上层还放笼养鸡，形成鸡粪喂猪、猪粪池产沼气的立体养殖和多种经营系统。

特点是：以土地为基础，以沼气为纽带，形成以农带牧、以牧促沼、以沼促果、果牧结合的配套发展和良性循环体系。产生的效益为："一净、二少、三增"，即净化环境、减少投资、减少病虫害,增产、增收、增效。

(3)"猪—沼—果(林、草)"模式

畜禽养殖是一个重要产业,近年来在全国得到迅速发展,为"菜篮子工程"和增加农民收入做出了贡献。但是,在畜禽养殖业发展中,也存在布局不合理、污染严重、管理不到位等弊端。为解决畜禽养殖污染问题,一些地方不断总结、不断探索,形成了不少典型的模式。其模式的基本内容是"户建一口沼气池,人均年出栏 2 头猪,人均种好一亩果"。通过沼气的综合利用,可以创造可观的经济效益。

(4)北京留民营模式

留民营按照生态学的原理,通过调整生产结构,开发利用新能源和大力植树造林,已从单一的种植业发展到现在的农、林、牧、副、渔全面发展。在农业种植中,在保持粮食生产的前提下又新发展了标准化蔬菜大棚 400 亩,果园和苗圃 300 亩,在畜牧区中,蛋鸡饲养量达到 10 万只,年出栏商品猪达到 5 000 头,奶牛饲养量已发展到 100 头,养鱼水面达到 60 亩,近几年,为充分利用现有资源,生产结构开始向立体化发展,先后又办起了烤鸭厂、酸奶厂、饲料厂、面粉厂和食品加工厂,使经济效益进一步增值,既服务了北京,又富裕了农民。

此外,通过对太阳能、生物能和农业系统的有机废料的综合利用,建大型高、中温沼气发酵池两座,不但能变废为宝,而且还改良了土壤,增强了农业发展的后劲,使生态环境有了明显的改善,促进了农业的良性循环,实现了农业上的高产、优质、高效和低耗。

3. 种、加复合模式

在全国各地农业产业化的实践中形成的"市场+公司+科技园、基地+农户"的模式,不仅实现了贸、工、农一体化,产、加、销一条龙,而且还出现了各具特色的生态农业模式。在这些模式中,以资源高效利用和循环利用为核心,形成了"种—加—肥—种""菌—肥—种"的生态农业产业链,形成可持续农业的经济增长模式。

(二)区域生态建设

在农业生产过程中,大量施用化肥、农药,不但造成土地肥力下降,农产品品质退化和农药残留超标,而且污染餐桌、危害人体健康。因此,发展高产出、低投入、无污染的生态农业,进行无公害生产,大力发展绿色食品、有机食品,对于促进农民增收、农业可持续发展,改善生态环境、保障食品安全具有重大的意义。

1. 庭院经济——微型生态系统

农户庭院是一个独立的单元,界限清楚,面积小,是可以获得生态效益和经济效益统一的微型生态系统。其中,具备了两项功能:即生态功能与经济功能。从农业生态系统的资源与环境特点出发,利用植物、动物和微生物之间相互依存的关系,实现群落内的生物共生,物质在生态系统内的循环与再生,有机物在食物链各个营养级上得到充分的利用,种、养、加、服有机结合在一起,充分运用当地资源,提高农业生产力和转化效益,提供尽可能多的清洁产品。合理充分利用光照条件,兼顾空间位置和动物物种之间的相互关系;其中的分解者,即微生物的种类和数量十分丰富,除了栽培食用菌和药用菌之外,利用甲烷菌生产沼气,沼气将生产者、消费者、还原者和庭院生态有机地结合起来,构成庭院经济生态结构中的纽带。

在"养猪为过年,养牛为耕田,养鸡生蛋换油盐"的时代,主要是自然经济的再生产,年年"耕牛一头,肥猪一只,孵鸡一窝",循环往复,概不例外,偶一失误,就影响一个家庭的基本生活。到了商品经济时代,牛不但耕田、拉车,更有奶用牛、肉用牛和比赛用牛等品种。养猪不再是为过年,还要出售;不再是一只,而是几只、甚至成百上千只。鸡不再用于换油盐,还要成批外运;不是一窝而是无数窝,不是母鸡孵小鸡,而要实现电气化。这些都说明,庭院经济已经由自然经济的简单再生产发展成为商品经济的扩大再生产。

庭院生产的产品,只有在市场进行了交易,才产生经济效益。这是"流水"是"活水",不然就成了"腐水""死水"。"货畅其流"是人们总结出来的经验。如何"畅"呢?一在信息,哪里需要去哪里;二在货源,货源要靠收集;三在物流,要防止"货到尽头死"的情况。这也是我国经常能听到的一句古谚,需要我们在考虑"货流"时特别注意。概言之,就是信息要准,经营方式要妥,生产技术要精,货流畅而不死。

庭院商品经济的扩大再生产,必须以庭院自然经济的简单再生产为基础,只有在这一前提下发展起来的商品经济,才是庭院经济;超越了这个前提而发展到了大田、乡镇企业,那就是庭院促大田、促乡镇企业,而非庭院经济范畴了。

2. 生态省建设

生态省建设是可持续发展理论与中国实际相结合的产物,是对全球可持续发展的一项重大创新。从我国生态省建设的实践看:首先,与世界环境与发展委员会 1987 年完成的《我们共同的未来》报告中提出的实现可持续发展的八项任务相吻合。其次,我国建设的生态省,理论内涵非常丰富,明显超出了传统意义上自然生态的含义,已成为自然、经济、文化、政治的载体,至少包括生态文化、生态环境、生态产业等三方面的内容。生态省建设不再是单纯的环境保护和生态建设,而且涵盖了环境污染防治、生态保护与建设,生态产业发展、人居环境建设、生态文化建设等方面,涉及各部门、各行业以及各学科。也就是说,生态省建设是实施可持续发展战略的根本要求,是实施区域可持续发展战略的平台和切入点。

生态省建设的主体是人,而人的行为又受其观念、意识所支配,生态省的实现离不开广大民众的积极参与,特别是领导决策层生态意识的提高。因此,生态文化建设的首要任务是确立生态意识和生态文化价值观,普及和提高广大民众和领导决策人员的生态意识,倡导生态价值观、生态哲学和生态美学,克服决策、经营及管理行为的短期性、盲目性、片面性及主观性,从根本上提高生态省的自组织、自调节能力。

在生态省建设中,应加快生态产业转型,制定促进循环经济发展的政策、法律法规,特别是绿色消费、资源循环再生利用方面的法律法规与充分利用废物资源的经济政策,在税收和投资等环节对废物回收采取经济激励措施;在经济结构战略性调整中大力推进循环经济,包括大力发展节能、降耗、减污的高新技术产业,大力发展生态农业和有机农业,建立充分体现循环经济思想的生态产业园。

## 二、生态工业模式

在我国工业化加速,特别是重化工对经济增长带动作用显著的条件下,生态工业的形成和发展,对于提高资源效率,缓解资源约束、减轻环境污染的压力,具有重要的意义。

(一) 产业间共生模式

所谓产业间共生,主要是指第一、第二产业之间存在物质共生关系。从现有资料看,我国许多地方存在这种共生关系。尽管如此,我们只将加工业产值大于第一产业产值的共生关系归入这一类型。作为主要特征,这种模式的起点均是吸收太阳能的植物。

1. 贵糖模式

贵糖生态工业园建设历经20年时间,由一个地方轻工企业发展而成。1999年国家环保总局授予贵港国家生态工业(制糖)示范园区称号。以贵糖(集团)生态工业为基础,将资源综合利用扩展为贵港市制糖产业整体的生态工业格局,通过一批重点工程的建设,不断充实和完善示范园区的骨架,形成制糖、造纸和酒精生产基地,形成一个比较完整的多门类工业和种植业相结合的工业共生网络以及高效、安全、稳定的制糖工业生态园区。

贵港国家生态工业(制糖)由六个子系统组成,其间通过中间产品和废弃物的相互交换衔接起来,形成一个比较完善和闭合的生态工业网络,园区内资源得到了较好的配置,废弃物得到有效利用,环境污染减少到最低水平。

(1) 蔗田系统

建成现代化甘蔗园,通过良种良法和农田水利建设,向园区生产提供高产、高糖、安全、稳定的甘蔗(包括有机甘蔗)原料,保障园区制造系统有充足的原料供应。

(2) 制糖系统

通过制糖新工艺改造,生产出高品质的精炼糖以及高附加值的有机糖、低聚果糖等产品。

(3) 酒精系统

通过能源酒精生物工程和酵母精工程,有效地利用甘蔗制糖副产品——废糖蜜,生产出能源酒精和高附加值的酵母精等产品。

(4) 造纸系统

通过绿色制浆工程改造、扩建制浆造纸规模(含高效碱回收)及 CMC - Na(羧甲基纤维素纳)工程,充分利用甘蔗制糖副产品——蔗渣,生产出高质量的生活用纸以及文化用纸和高附加值的 CMC - Na 等产品。

(5) 热电联产系统

通过使用甘蔗制糖的副产品——蔗髓替代部分原料煤,进行热电联产,向制糖系统、酒精系统、造纸系统以及其他辅助系统提供生产所必需的电力和蒸汽,保障园区生产系统的动力供应。

(6) 环境综合处理系统

通过除尘脱硫、节水工程以及其他综合利用,园区制造系统提供环境服务,包括废气、废水、废渣的综合利用的资源化处理,生产水泥、轻质碳酸钙等副产品,进一步利用酒精系统的副产品——酒精废液制造甘蔗专用有机复合肥,并向园区各系统提供中水回用,节约水资源。

### 2. 林纸一体化

这是可再生资源生产同其加工制造耦合发展的思路。与前面的类型一样,工业系统的外部稳定投入是太阳能;产业链起点的物质是可再生的。我国造纸业长期以草浆为主要原料,烧碱等化学品消耗量大,回收循环利用难度较大,生产中的黑液对环境污染严重,一些小造纸厂的产品质量也难以提高。使用木浆造纸,可以彻底解决黑液问题,同时,木纤维的废纸有利于多次循环使用。虽然到2001年年底,中国造纸工业的纤维原料中非木材纤维的比重已经下降到33%,木浆和二次纤维的比例分别上升到23%和44%,但这一变化主要是依赖从国外大量进口木浆和木纤维废纸来实现的。林纸一体化,不是通过砍伐原生林来增加木浆产量,而是打破条块分割实现林业企业和造纸企业的结合,通过速生丰产用材林为造纸企业提供原料。造纸业的发展,又促进用材林的建设,林木的面积不但不会减少,反而会增加,从而形成一个良性的循环。因此,林纸一体化是国家发展造纸工业的方向。同时,在林纸一体化策略的实施过程中,要实现造纸企业由小散乱向大规模高起点的结构大调整,这也有助于提高资源的利用效率。

### 3. 海水的"一水多用"

我国的沿海地区,淡水资源紧缺,但却有丰富的海水可以利用。从严格的意义上说,海水是"取之不尽、用之不竭"的资源,海洋覆盖着地球大约71%的表面;其中蕴藏着丰富的生物资源和矿物资源。海洋不仅是重要的国际航运通道,而且是未来人类生存及可持续发展的战略性资源基地。广阔富饶的海洋,是我国21世纪重要的资源接替地。

在海水利用方面,常规的工业包括海水的直接利用,如用于发电的冷却等,盐业、海洋化工,如从海水中提取有用的化学元素等。在这些产业的发展中,一些地方和企业,围绕海水资源的开发利用形成了许多海水利用模式,如山东海化、鲁北化工等。

在鲁北企业集团的产业共生实践中,热电厂利用海水产业链中的海水替代淡水进行冷却,既利用了余热蒸发海水,又节约了淡水资源;磷铵、硫酸、水泥产业链中的液体$SO_2$用于海水产业链中的溴素厂提溴,硫元素转化成盐石膏返回用来生产水泥和硫酸;热电厂的煤渣用作水泥的原料,热电生产的电和蒸汽用于各个产业链的生产过程;氯碱厂生产的氢气用于磷铵、硫酸、水泥产业链中的合成氨生产,钾盐产品用于复合肥生产。各个产业链内部和产业链之间的共生关系达17个,包括15个互利共生关系和2个偏利共生关系。其中,利用海水逐级蒸发、净化原理,在35 km的潮间带上,建成百万吨规模的现代化大型盐场,构建了"初级卤水养殖、中级卤水提溴、饱和卤水制盐、苦卤提取钾镁、盐田废渣盐石膏制硫酸联产水泥,海水送热电冷却、精制卤水送到氯碱装置制取烧碱"的海水"一水多用"产业链。

### (二) 以矿业为龙头的共生模式

以矿产资源开发利用为起点,可以构成循环经济的一大类循环、共生模式。这一类模式的基本特点是,产业链的起点来自地球上的物质,这些物质主要是在地球历史上形成的,而且是不能再生的,开采一点就会少一点。但是,其中均有可以共生的物质,可以形成产业链的联系。

#### 1. 低品位矿产的产业共生

矿石采掘、选矿及冶炼三个环节的衔接,可以形成矿业开发的共生模式,矿石采掘、选矿及冶炼之间,工业生态系统的"食物链"是"矿石采掘—选矿—冶炼",矿业开发之间"食物网"的关系较弱,但与其他行业的生产企业之间仍存在着较广泛的"食物网"关系。

鲁北化工股份有限公司依托磷石膏制硫酸同时联产水泥,形成磷铵配套硫酸、水泥生产共生模式。利用生产磷铵排放的磷石膏废渣制造硫酸并联产水泥,硫酸又返回用于生产磷铵,使资源在生产过程中被高效利用。用生产磷铵排放的废渣磷石膏分解水泥熟料和二氧化硫窑气,水泥熟料与锅炉排出的煤渣和盐场来的盐石膏等配置水泥,二氧化硫窑气制硫酸,硫酸返回用于生产磷铵,既有效地解决了废渣磷石膏堆存占地、污染环境、制约磷复肥工业发展的难题,又开辟了硫酸和水泥新的原料路线、减少了温室气体二氧化碳的排放。

2. 以煤炭为核心的联产形式

国外针对煤炭行业的特点,大力发展下游产业,实现以煤为核心的联产经营。德国鲁尔地区是德国的重要能源基地,该区24%的煤矸石用于生产建材,并通过褐煤炼焦、气化和液化发展化学和冶金工业;法国通过坑口电站发电的用煤比例高达68%,洛林煤田的煤化工发展规模较大,旗下的洛林化工联合企业已成为欧洲重要的化工中心之一。国外经验表明,加强联产形式可以增加产品的附加值,提高经济效益,同时实现物质的充分利用,达到"减量化"的要求。

煤炭本身是一次能源,又可以通过不同的转化方式变成电能、气体燃料、液体燃料等洁净能源。煤炭本身和其转化成的气体、液体、固体又是重要的化工原料。通过不同煤转化技术的优化集成和能源与化工产品生产的调节,能源和化工产品联产不仅可以实现煤炭资源价值从高到低的梯级利用,而且可以提高能量转化率。

近年来,我国的不少煤炭企业(集团)制定并实施了新的发展策略,在整体系统分析的基础上,以煤炭资源为核心,选择先进适用技术,通过洁净煤利用和转化技术的优化集成,实现能源化工的联产、洁净,形成了煤—电、煤—电—化、煤—电—热—冶、煤—电—建材等发展模式,有效提高了资源利用效率,降低了成本,从而达到经济和环境效益同时最佳。例如,兖矿集团提出"以煤为本,煤与非煤并重","以煤炭资源为依托,以形成完整的产业链条为标志",构建煤化工、煤电铝、金融和第三产业四大非煤支柱产业。资源枯竭型城市阜新在进行经济转型试点时,重点发展第一、三产业,形成以现代农业为基础,第二、三产业有机融合的格局。

3. 各种金属矿业的共生

以黑色冶金矿业生产为例,矿石采掘到冶炼的"食物链"为:"铁矿石采掘—选矿—烧结—炼铁—炼钢"。矿石采掘、选矿、烧结、炼铁、炼钢及与其他行业间的横向"食物网"关系:烧结、炼铁和炼钢的除尘灰均可作为烧结生产的原料;在保证高炉冶炼质量的前提下,增加冶金废物——钢渣、含铁尘泥、瓦斯灰和轧钢铁皮等的使用量。铜陵有色金属公司经过不懈的努力,在矿山采选、冶炼和加工、化工产业形成具有循环经济特点的循环圈,并由此构成了铜陵有色产业大循环圈。

此外,以化学矿物加工为核心,也可以形成生态工业系统。我国西部地区化学矿产丰富,特别是磷钾资源主要集中在西部。对这些资源加工利用的过程中往往产生大量"废弃物",对生态环境造成很大影响。应按照生态工业思想,对这些资源的加工利用过程进行技术集成、物质集成和能量集成,构建对资源进行充分利用的生态工业系统。

无论是低品位矿产,还是其他矿产资源,其中均含有各种有用的成分,这就为产业共生创造了条件,这也是这类共生的主要特点之一。

### (三)绿色制造

在未来相当长的时间内,我国的制造业仍然将有一个很大的发展,钢铁、水泥等行业发展循环经济既十分迫切,也有了成功的经验。例如,钢铁工业仍然是国民经济的基础产业,是实现全面小康社会必不可少的物质基础。

20世纪90年代以来,中国钢铁工业得到快速发展,其原因主要包括:市场需求的拉动;技术进步战略的正确选择(关键共性技术的集成、生产流程的优化)。涉及钢铁产业发展的6个关键共性技术为:连铸技术,高炉喷吹煤粉技术,高炉一代炉役长寿技术,棒、线材连轧技术,流程工序结构调整综合节能技术,转炉溅渣护炉技术。此外,有效投资与技术进步的结合,产生协同效应。所有这些因素结合在一起,促进了我国钢铁产量的迅速增加。

钢铁工业生产,要使产品从设计、制造、包装、运输和使用到报废处理的整个生命周期对环境负面影响最小,资源利用率最高,并使企业的经济效益、环境效益和社会效益协调优化。

钢铁行业发展循环经济,可以从3个层次上采用重点技术加以推进:① 普及、推广一批成熟的节能环保技术,如高炉煤气发电、干熄焦(CDQ)、高炉炉顶余压发电(TRT)、转炉煤气回收、蓄热式清洁燃烧、铸坯热装热送、高效连铸和近终形连铸、高炉喷煤、高炉长寿、转炉溅渣护炉和钢渣的再资源化等技术;② 投资开发一批有效的绿色化技术,如高炉喷吹废塑料或焦炉处理废塑料、烧结烟气脱硫、煤基链篦机回转窑和尾矿处理等技术;③ 探索研究一批未来的绿色化技术,如熔融还原炼铁技术及新能源、开发、薄带连铸技术、新型焦炉技术和处理废旧轮胎、垃圾焚烧炉等与环境友好的废弃物处理技术。

生态工业的3R原则具体体现在以下几个方面:资源和能源、生产过程、产品、与相关行业及社会的关系。

在原料(资源与能源消耗最小及实用高效化)上,主要有:① 少用铁矿石及其他天然矿物资源,多用再生资源如废钢、钢厂粉尘等;② 少用不可再生能源(如煤、油、天然气等),开发采用新的能源如氢、太阳能等;③ 少用新水和淡水资源,发展节水技术,强化水循环,减少废水排放。

在生产过程中尽量清洁化:① 充分利用资源、能源;② 少排放废弃物、污染物和含毒物质;③ 不用有毒物质。

钢铁产品尽量减少对环境的不利影响:① 产品的生产制造过程中环境负荷低,少污染或不污染环境;② 产品的使用寿命长,使用效率高;③ 产品及其制品对环境的污染负荷低;④ 产品使用报废后易于回收、循环。

此外,还应考虑与其他产业的关系,形成与相关行业及社会进行物质代谢循环:① 可向社会提供余热和副产品(煤气、热水、高炉渣、钢渣等);② 可消耗社会的废弃物(如废钢、废塑料、垃圾、废轮胎、各种合金返回料等);③ 与相关工业形成工业生态链。

我国钢铁行业发展循环经济的主要特点是有一个利用废物的"炉子"。济南钢铁、鞍钢、宝钢等,均形成了各具特色的循环经济。济南钢铁企业通过技术开发,单位产值能耗多年来持续下降,起重要作用的除了清洁生产、加强管理外,还开发了具有自主知识产权的干熄焦技术,值得推广应用。此外,水泥也是一个典型的利废行业,技术部分已做了简单介绍,这里不再列举了。

## 三、资源综合利用与环保产业

资源综合利用是我国的一项长期技术政策,已成为企业和劳动人民的自觉行动。从环保装备和服务出发的环保产业(即狭义的环保产业),不仅可以有效地提高资源的利用效率,也是实现环境友好的重要措施。例如,垃圾焚烧的热利用、垃圾填埋厂的沼气回收利用等。资源综合利用和环保产业是循环经济的组成部分,也是国家推进循环经济发展重点之一。

### (一) 农业废弃物再生利用模式

**1. 秸秆的综合利用**

农业废弃物综合利用及其产业化是循环经济的方向之一,其中作物秸秆的资源化、无害化也是亟待解决的问题。通过发展循环经济,化废为利,使之用作燃料、饲料、肥料和工业原料,对于推动可持续农业发展具有重大的现实意义。国内形成了很多的农业废弃物综合利用模式,农业产区均有很多很好的实践。

**2. 集中养殖业**

这种模式根据食物链和营养级的量化关系,通过青贮氨化、兴办沼气等农艺或工艺措施,将作物秸秆、畜禽粪便、农畜产品加工剩余物等农业有机废弃物综合利用,使废弃物资源化、能源化,多层次利用,既有效控制了环境污染,又能带来经济收益,并且优化社会投资结构,有利于实现生态与社会的双重效益。

### (二) 工业固体废弃物的综合利用

所谓大宗工业废弃物,一般是指每年的产生量大、既占地又对环境存在不利影响的那些固体废弃物,例如煤矸石、粉煤灰以及其他各类工业废渣等。开展大宗工业废弃物的综合利用,形成了众多的产业共生模式,取得了显著的经济效益、社会效益和环境效益。

**1. 利用煤矸石、粉煤灰做建筑材料**

利用煤矸石、粉煤灰做水泥。由于煤矸石和黏土的化学成分相近,在水泥生产中可代替部分黏土提供生料的硅质铝质成分,同时,煤矸石还能释放一定热量,烧制水泥熟料时可以代替部分燃料。

利用煤矸石做烧结空心砖。经过适当的成分调整,利用煤矸石可部分或全部代替黏土生产砖瓦,矸石砖的强度和耐腐蚀性都优于黏土砖,且干燥速度快,收缩率低。

利用煤矸石做速凝剂、利用煤矸石生产釉面内墙砖等。利用粉煤灰做混凝土砌块,是国内发展较多应用也很广泛的一个领域。粉煤灰的用途已经达到160多种,既可以用于造高速公路,也可以用于生产高附加值产品。

### 2. 利用煤泥制作水煤浆,并用于发电

中、高灰分煤泥合理的利用方式是燃烧,前提是将煤泥干燥;自然干燥占用大量土地,并且受影响大,机械干燥投资大,运行费用高不经济。将煤泥适当处理后调制成浆,供电站、工业和民用锅炉燃用可解决上述问题,是一种大规模利用煤泥的好途径。全国各地在利用低热值煤(包括煤矸石和中煤)方面,形成了许多模式,最主要的用途是发电。

### 3. 利用低热值燃料发电与盐、碱联产

鲁北化工在利用低热值燃料时,兼顾其他的可利用资源,并形成了特色。热电厂以劣质煤和煤矸石为原料,采用海水冷却,排放的煤渣用作水泥混合材料,经预热蒸发后的海水排到盐场制盐,同时与氯碱厂连接。氯碱厂利用百万吨盐场丰富的卤水资源,没有采用传统的制盐、化盐工艺,而是通过管道把卤水输入到氯碱装置,既减少了生产环节,又节省了原盐运输费用,建设成本、运行成本大幅度降低,大大增强了企业核心竞争力。

### 4. 利用富余焦炉气制合成氨原料气

焦炉气的利用可以形成较多的模式,既可以直接利用,也可以高值利用。平煤集团天宏焦化公司现有 0.6 万~1 万 $Nm^3/h$ 富余焦炉气,既污染环境,又造成资源浪费。为充分利用这些资源,降低原料成本,天宏焦化公司富余焦炉气,飞行化工公司将天宏焦化公司富余焦炉气通过平顶山城市煤气管网加压输送至项目装置界区,采用焦炉气非催化转化技术生产合成氨原料气,具有较好的经济效益和社会效益。

利用工业废弃物发展循环经济的特点是,源头所使用的物质原来属于废物,经过技术进步和资源的综合利用,不仅延伸了产业链,还减轻了对环境的压力,增加了就业机会,因而也是一举多得的好事。

### (三) 生活废弃物的综合利用

从性质上看,生活废弃物可以分为:来自家庭的垃圾,来自日常消费品的废旧物资等。我国城市生活垃圾的回收、清运早已形成较完整的体系;其国家主管部门是建设部,具体工作原来由城市的环境卫生局承担。社会层次上的循环经济,包括生活废弃物的回收、分类和综合利用等环节。废旧物资回收、再生利用已形成跨地区的网络和规模化格局。如河北保定市是华北地区利用废旧木材制造大芯板的基地,河北文安县和雄县则是华北两个废旧塑料的回收加工基地。

在原有回收体系作用下降的同时,社会回收体系日益成熟。北京海淀区从 2003 年开始建设以再生资源回收网点、集散地和加工利用三位一体的社区回收体系,将居民、企业、机关、院校废旧物质出售和再生资源利用企业联系起来。北京市利用废报纸制成质量较高的再生纸,将废塑料经热解后制成油气作能源使用,已形成规模生产;北京成立了废旧物品交易市场,通过市场化运作提高废品回收和利用率。青岛市把生活垃圾预处理后产生的无机物质用作制砖的原料,制成的烧结砖符合国家建材标准,并已大批量生产。这样的例子不胜枚举。

### 1. 社会回收体系

社会物流的循环是循环经济的重要内容;实现社会层面的物质循环,关键是建立一

个回收、分类、加工利用体系。这样的体系全国很多,上海市一次性塑料饭盒的回收处置较有特点。

上海对一次性塑料饭盒的回收处置,根据"谁污染,谁付费"的原则,探索形成了一条污染者付费,市场化运作,网络化管理的模式。通过一次性饭盒的回收利用,既解决了一次性饭盒的处理问题,更主要的是形成了良性循环机制,为我国探索废弃物回收体系的建立作出了有益的尝试。

2. 各类废水的循环利用

由于我国水资源紧缺,为了最有效地利用水资源,从雨水利用、中水利用,到地下苦咸水的开发利用以及海水的综合利用等,各地形成了众多的综合利用模式和产业共生形态。例如,我国沿海地区已经建设并投入运转的海水淡化、一些城市的中水利用,成为发展循环经济的重要内容。

3. 各类废旧物资的综合利用

我国历来重视废金属、废塑料、废橡胶、废纸张等的回收利用,越来越多的企业开始从中寻找财富,一些昔日的废旧物资如今身价倍增。

4. 生活垃圾的资源化与无害化

城市垃圾焚烧发电成为一个新的热点。在我国,一些垃圾处理企业已具备焚烧发电的设计、设备成套、施工安装和运行管理的总承包能力,除关键设备外,基本实现了国产化;并成为一个迅速发展的产业。近年来,投产的垃圾焚烧发电项目,因享受上网、不参加调峰及减免税收等优惠政策,经济效益和环境效益显著提高。

5. 发展水葫芦产业解决水体富营养化问题

近年来,随着生活废水和农业面源污染问题的日益突出,我国水体富营养化问题的治理显得十分迫切。在不少地方的主要水域中水葫芦泛滥成灾,水葫芦也因此被认为是有害物种。按照热力学第二定律,农药、化肥等物质稀释到湖水中是熵增过程,而富集起来则是逆熵过程,因而需要大量的能量投入。而水葫芦等水生植物具有富集水中营养元素的能力。因此,可以更好地运用"相生相克"的生态规律,进行湖泊富营养化治理。换句话说,水葫芦既是一种高效的水体净化植物,又是一种具有生化与医药价值的植物。若在受污染水体中,有序管理、合理分布水葫芦,可去除污染水体中60%～90%的氮、磷、油污和重金属等污染物。从这个意义上说,可以通过发展"水葫芦"产业,解决湖泊水体的富营养化问题。

农业和农村面源污染治理难度远大于工业点源污染治理。我国农业污染的治理主要围绕生态农业建设、污染防治技术和污染防治管理三方面展开,部分地区在局部领域取得初步成效,但尚未形成综合的面源污染整治模式。将水葫芦收集起来生产有机肥,上海已有成功的实践,可以推广应用,厦门也有成功的实践。江苏无锡阳山镇经过10多年的实践摸索,找到了一条从调整产业结构入手根治面源、污染的新思路、新途径,不仅境域内及其周边地区环境质量得以改善、明显好于同类型区,而且社会经济发展水平也明显提升。无锡阳山的实践经验在整个太湖流域都具有借鉴作用和示范价值。

### 小 资 料

**甘肃十大循环经济典型案例**

1. 金昌循环经济发展模式

通过构建循环经济产业体系,从依赖单一资源产业向多产业融合发展转型的资源型城市循环经济发展模式。主要成效:2010年与2005年相比,在地区生产总值提高81.7%的同时,单位地区生产总值能耗下降23%,单位工业增加值用水量下降52.6%,工业固体废物综合利用率提高14.6%,二氧化硫排放量下降26.8%。对资源型产业和城市构建多产业共生发展的循环经济产业体系具有一定的示范意义。已列为全国循环经济发展典型。

2. 白银有色循环经济发展模式

通过对主导产业进行循环化改造、延伸产业链,缓解资源和环境压力的大型有色冶炼企业循环经济发展模式。主要成效:2010年与2005年相比,在总产值提高89.0%,资源产出率提高170.0%,能源产出率提高99.3%的同时,二氧化硫排放量下降63.1%,COD排放量下降48.0%。对资源枯竭型有色冶炼企业具有积极借鉴意义。已列为全国循环经济发展典型。

3. 金川公司资源综合利用循环经济模式

以有色金属采、选、冶、化、深加工为主体,以技术创新为依托的共伴生矿深度资源化循环经济发展模式。

4. 酒钢公司循环经济发展模式

以钢铁为主,黑色和有色并举、工业和农业同步、资源与能源高效循环利用的多元化循环经济发展模式。

5. 窑煤集团循环经济发展模式

发挥煤炭及其衍生资源优势,逐步形成了以"煤—电—化—冶—材—运"为主导的油页岩综合利用、煤电冶、新型建材等循环经济产业链。

6. 兰州餐厨废弃物资源化利用模式

以有效解决"地沟油"等环境污染和食品安全问题为目标,通过规范回收、分类处理,实现餐厨废弃物减量化、无害化和资源化。

7. 天水高新农业循环经济模式

将航天种业、果品、蔬菜、畜牧、农产品加工五大产业有机结合起来,实现技术创新、科技示范、产业孵化、培训交流、辐射带动、旅游观光六大功能。

8. 张掖有年农副产品加工循环经济模式

通过改造戈壁荒滩,形成了种植—优质全粉—精淀粉—废渣—食用酒精—饲料—养殖—处理后废水—养鱼—粪便沼气—有机肥各环节的闭路循环。

9. 定西节水型工农业复合循环经济模式

用现代分离技术生产淀粉、全粉、雪花粉、精淀粉等产品及其衍生品,为饲料、造纸、铸造、石油、纺织等行业提供原料。用废水、废渣促进畜禽养殖、加工产业发展。

10. 合作工业园区基础设施建设模式

构建畜牧产品生产加工、农产品生产加工、中藏药研发加工以及民族特色加工业四大循环产业链,以BT合作投资模式引入社会资金,推动工业园区发展。

资料来源:梁峡林,《甘肃十大循环经济典型案例公布》,《兰州晨报》2012年12月3日。

# 本章小结

循环经济又可称为资源循环型经济,是以资源的高效利用和循环利用为目标,以"减量化、再利用、资源化"为原则,以物质闭路循环和能量梯次使用为特征,按照自然生态系统的物质循环和能量流动的方式运行的经济模式。循环经济的核心是资源的循环利用和节约,最大限度地提高资源的使用效率,其结果是节约资源、提高效率、减少环境污染。

循环经济的主要特征是:物质流动多重循环性;科学技术先导性;综合利益的一致性;全社会参与性;清洁生产模式是循环经济当前在企业层面的主要表现形式。

循环经济的内涵是:循环经济不是"废弃物回收利用";循环经济不是基于古代朴素认识的简单资源循环;循环经济以人的健康安全为前提。

循环经济理论的实质是生态经济理论,强调的主要是把清洁生产和废弃物的综合利用融为一体,它要求遵循生态学规律,合理利用自然资源和环境容量,在物质不断循环利用的基础上发展经济,使经济系统和谐地纳入到自然生态系统的物质循环过程中,实现经济活动的生态化。循环经济模式的运行遵循"3R"原则:减量化、再利用、资源化。

# 推荐阅读文献

何尧军、单胜道:《循环经济理论与实践》,科学出版社,2009。

周宏春、刘燕华:《循环经济学》,中国发展出版社,2005。

# 复习题

**一、名词解释**

1. 循环经济
2. 宇宙飞船经济
3. 清洁生产
4. 可持续发展

**二、选择题**

1. 美国学者博尔丁(Boulding)认为开环型经济是(　　)
   A. 生态经济　　B. 牧童经济　　C. 宇宙飞船经济　　D. 循环经济
2. 在循环经济理论的发展过程中主要观点有(　　)

A. 清洁生产　　　　　　　　B. 宇宙飞船经济观
C. 天人合一　　　　　　　　D. 工业生态学
3. 自然生态系统中,一般认为有三种主体(　　)
A. 消费者　　B. 生产者　　C. 分解者　　D. 传送者
4. 可持续发展理念中的公平性指(　　)
A. 代际公平　　B. 代内公平　　C. 种际公平　　D. 区际公平
5. 一般而言,具体实施循环经济的"3R"原则指(　　)
A. reduce　　B. reuse　　C. recycle　　D. remanufacture

## 三、简答题

1. 简述传统经济与循环经济间的差异。
2. 循环经济的内涵是什么?
3. 简述可持续发展的基本原则。

## 四、论述题

1. 论述循环经济的主要特征。
2. 论述循环经济实施原则的"3R"原则。
3. 实施循环经济的具体要求有哪几点?

# 参考文献

［1］蔡守秋.环境公平与环境民主——三论环境资源法学的基本理念［J］.河海大学学报（哲学社会科学版）,2005(3).
［2］陈德敏.区域经济增长与可持续发展：人口、资源、环境经济学探索［M］.重庆：重庆大学出版社,2000.
［3］崔保山,刘兴土.湿地恢复研究综述［J］.地球科学进展,1999(4).
［4］崔兆杰,张凯.循环经济理论与方法［M］.北京：科学出版社,2008.
［5］代稳,梁虹,舒栋才,等.水资源安全研究进展［J］.水科学与工程技术,2010(1).
［6］戴达远,袁立.西方经济学［M］.武汉：华中科技大学出版社,2012.
［7］邓光君.国家矿产资源安全的经济学思考［J］.中国国土资源经济,2009(1).
［8］邓南圣,吴峰.工业生态学——理论与应用［M］.北京：化学工业出版社,2002.
［9］段宁.清洁生产、生态工业和循环经济［J］.环境科学研究,2001(6).
［10］方龙山.我国相对人口过剩的含义、表现形式及原因分析［J］.宿州学院学报,2013(1).
［11］冯之浚.论循环经济［J］.中国软科学,2004(10).
［12］冯之浚,张伟.循环经济是个大战略［N］.解放日报,2003-06-27.
［13］高志文,方玲.微观经济学［M］.北京：北京理工大学出版社,2018.
［14］高志文,朱晓东.微观经济学［M］.南京：东南大学出版社,2014.
［15］谷树忠,姚予龙,沈镭,等.资源安全及其基本属性与研究框架［J］.自然资源学报,2002(3).
［16］郭春梅,赵朝成,陈进富,等.环境工程概论［M］.青岛：中国石油大学出版社,2018.
［17］韩耀星.中国税收与税制改革研究［M］.北京：中国物价出版社,2003.
［18］蒋敏元,李龙成.森林资源经济学［M］.哈尔滨：东北林业大学出版社,1991.
［19］解振华.关于循环经济理论与政策的几点思考［N］.光明日报,2003-11-03.
［20］金涌,魏飞.循环经济与生态工业工程［J］.中国有色金属学报,2004(S1).
［21］李禾.排污权交易：让企业减排更有动力［N］.科技日报,2014-9-18.
［22］李金昌.资源经济新论［M］.重庆：重庆大学出版社,1995.
［23］李铭,王高尚,于汶加,等.中国石油资源安全评价［J］.地球学报,2010(5).
［24］李庆鑫.基于《资本论》分析相对人口过剩规律与我国失业问题［J］.现代盐化工,2019(5).
［25］李晓玉.土地资源经济安全评价研究［D］.开封：河南大学,2012.
［26］刘成武,黄利民,吴斌祥.论人地关系变化对湖北省自然灾害的影响［J］.灾害学,2004(1).

[27] 刘贵富.循环经济的循环模式及结构模型研究[J].工业技术经济,2005(4).
[28] 刘杰,林少华,赵伟丽.水资源安全浅析与展望[J].能源与环境,2011(1).
[29] 刘军.区域旅游业生态效率测度及比较研究[M].武汉:华中科技大学出版社,2018.
[30] 刘黎明.土地资源学[M].5版.北京:中国农业出版社,2010.
[31] 刘培桐.环境科学基础[M].北京:化学工业出版社,1987.
[32] 刘文辉.环境经济与可持续发展概论[M].北京:中国大地出版社,2007.
[33] 刘胤汉.自然资源学概论[M].西安:陕西人民教育出版社,1988.
[34] 罗丹,陈洁.新常态时期的粮食安全战略[M].上海:上海远东出版社,2016.
[35] 马凯.贯彻和落实科学发展观 大力推进循环经济发展[N].人民日报,2004-10-19.
[36] 马林轶.环境与可持续发展[M].北京:冶金工业出版社,2016.
[37] 马歆,郭福利.循环经济理论与实践[M].北京:中国经济出版社,2018.
[38] 马中.环境与资源经济学概论[M].北京:高等教育出版社,1999.
[39] 马中.环境与自然资源经济学概论[M].北京:高等教育出版社,2006.
[40] 曼昆.经济学原理[M].梁小民,译.北京:机械工业出版社,2003.
[41] 牛桂敏.循环经济:从超前性理念到体系和制度创新[J].国家行政学院学报,2004(6).
[42] 曲向荣,李辉,王俭循环经济.[M].北京:机械工业出版社,2012.
[43] 饶立新.绿色税收理论与应用框架研究——基于"人与自然和谐相处"观的税收理论、分析与应用[M].北京:中国税务出版社,2006.
[44] 任海,刘庆,李凌浩,等.恢复生态学导论[M].2版.北京:科学出版社,2008.
[45] 任勇,吴玉萍.中国循环经济内涵及有关理论问题探讨[J].中国人口·资源与环境,2005(4).
[46] 邵赤平,李慧凤,霍雅琴.资源·环境与发展[M].武汉:中国地质大学出版社,1998.
[47] 邵丽鸥.生命之源 地球水资源[M].长春:吉林美术出版社,2014.
[48] 沈镭.保障综合资源安全[J].中国科学院院刊,2013(2).
[49] 沈满洪.资源与环境经济学[M].北京:中国环境科学出版社,2007.
[50] 盛连喜.环境生态学导论[M].北京:高等教育出版社,2009.
[51] 施介宽.大气环境及其保护[M].上海:华东理工大学出版社,2001.
[52] 石国亮,张超,徐子梁.国外公共服务理论与实践[M].北京:中国言实出版社,2011.
[53] 孙强.环境经济学概论[M].北京:中国建材工业出版社,2005.
[54] 孙秀玲.建设项目水土保持与环境保护[M].济南:山东大学出版社,2016.
[55] 田家怡,王秀凤,蔡学军,等.黄河三角洲湿地生态系统保护与恢复技术[M].青岛:中国海洋大学出版社,2005.
[56] 万红,张武.水资源规划与利用[M].成都:电子科技大学出版社,2018.
[57] 汪安佑,雷涯邻,沙景华.资源环境经济学[M].北京:地质出版社,2005.
[58] 王枫,汤惠君.中国耕地资源安全研究进展[J].中国农学通报,2011(3).

[59] 王海燕,张艳君.可持续发展概论[M].济南:齐鲁书社,2002.
[60] 王克强,赵凯,刘红梅.资源与环境经济学[M].上海:复旦大学出版社,2015.
[61] 王礼茂.世界主要大国的资源安全战略[J].资源科学,2002(3).
[62] 王丽萍.环境与资源经济学[M].徐州:中国矿业大学出版社,2007.
[63] 王秀银,陈友华,于增强.人口现代化[M].长春:吉林人民出版社,2005.
[64] 王志宏.实施循环经济与我国可持续发展战略研究[D].成都:西南财经大学,2007.
[65] 徐宾铎,任一平,陈聚法,等.胶州湾湿地生态系统功能保护与生态修复研究[M].青岛:中国海洋大学出版社,2015.
[66] 许国平.中国土地资源安全评价研究进展及展望[J].水土保持研究,2012(2).
[67] 许木启,黄玉瑶.受损水域生态系统恢复与重建研究[J].生态学报,1998(5).
[68] 薛惠锋,陶建格,卢亚丽.资源系统工程[M].北京:国防工业出版社,2007.
[69] 薛黎明,李翠平.资源与环境经济学[M].北京:冶金工业出版社,2017.
[70] 杨昌明.资源环境经济学[M].武汉:湖北人民出版社,2002.
[71] 杨峰,吕尖.公共产品供给效率:解析、延拓与回应[J].经济问题探索,2011(12).
[72] 杨富亿,李秀军,刘兴土,等.松嫩平原退化芦苇湿地恢复模式[J].湿地科学,2009(4).
[73] 杨健全,李社宁.微观经济学[M].西安:陕西人民出版社,2017.
[74] 姚延丰,查京民.石油资源安全评价中的指标赋权法研究[J].价值工程,2012(8).
[75] 姚予龙,谷树忠.资源安全机理及其经济学解释[J].资源科学,2002(5).
[76] 姚元福.农村土地政策与管理[M].南昌:江西科学技术出版社,2014.
[77] 叶安珊.环境科学基础[M].南昌:江西科学技术出版社,2009.
[78] 岳福斌.现代产权制度研究[M].北京:中央编译出版社,2007.
[79] 臧漫丹,高显义.循环经济及政策体系研究[J].同济大学学报(社会科学版),2006(1).
[80] 曾克峰,陈惠民,刘超.环境与资源经济学教程[M].武汉:中国地质大学出版社,2004.
[81] 曾克峰.环境与资源经济学教程[M].2版.武汉:中国地质大学出版社,2013.
[82] 张帆.环境与自然资源经济学[M].上海:上海人民出版社,1998.
[83] 张宏军.西方公共产品理论溯源与前瞻:兼论我国公共产品供给的制度设计[J].贵州社会科学,2010(6).
[84] 张辉.土壤环境学[M].北京:化学工业出版社,2006.
[85] 张君枝,王鹏,杨华,等.环境监测实验[M].北京:中国环境出版社,2016.
[86] 张利平,夏军,胡志芳.中国水资源状况与水资源安全问题分析[J].长江流域资源与环境,2009(2).
[87] 张思锋,张颖.对我国循环经济研究若干观点的述评[J].西安交通大学学报(社会科学版),2002(3).
[88] 张晓岚,刘昌明,高媛媛,等.水资源安全若干问题研究[J].中国农村水利水电,2011(1).
[89] 张泽.国际水资源安全问题研究[D].北京:中共中央党校,2009.
[90] 章家恩,徐琪.恢复生态学研究的一些基本问题探讨[J].应用生态学报,1999(1).
[91] 赵亚凡,宋明大.循环经济——我国实现可持续发展的途径[J].城市规划汇刊,2002(2).

[92] 郑昭佩.自然资源学基础[M].青岛：中国海洋大学出版社,2013.

[93] 周宏春,刘燕华.循环经济学[M].北京：中国发展出版社,2005.

[94] 朱庚申.环境科学基础[M].北京：中国环境科学出版社,2005.

[95] 朱红波.论我国耕地资源安全保障体系的构建[J].国土资源科技管理,2012(5).

[96] 诸大建.从可持续发展到循环型经济[J].世界环境,2000(3).

[97] 诸大建.可持续发展呼唤循环经济[J].科技导报,1998(9).

[98] 诸大建,朱远.生态效率与循环经济[J].复旦学报(社会科学版),2005(2).

[99] 庄秀梅.电厂水处理技术[M].北京：中国电力出版社,2007.

[100] 左正强.环境资源产权制度理论及其应用研究[M].成都：西南交通大学出版社,2014.

[101] BOULDING K E. Earth as a space ship[C]. Washington State University Commitee on Space Science,1965.

[102] BOULDING K E. The economics of the coming spaceship earth[C]//Environmental quality in a growing economy. essays from the 6th RFF forum,1966.

[103] FABER P. Marsh restoration with natural revegetation: a case study in San Francisco Bay[C]//Coastal Zone. ASCE,1983.

**图书在版编目(CIP)数据**

资源环境经济学基础教程/黄和平,陈胜东主编. —上海:复旦大学出版社,2022.11
信毅教材大系. 经济学系列
ISBN 978-7-309-16415-2

Ⅰ.①资… Ⅱ.①黄… ②陈… Ⅲ.①资源经济学-环境经济学-高等学校-教材
Ⅳ.①F062.1②X196

中国版本图书馆 CIP 数据核字(2022)第 174066 号

**资源环境经济学基础教程**
**ZIYUAN HUANJING JINGJIXUE JICHU JIAOCHENG**
黄和平　陈胜东　主编
责任编辑/王轶鳃

复旦大学出版社有限公司出版发行
上海市国权路 579 号　邮编:200433
网址:fupnet@fudanpress.com　http://www.fudanpress.com
门市零售:86-21-65102580　团体订购:86-21-65104505
出版部电话:86-21-65642845
上海华业装潢印刷厂有限公司

开本 787×1092　1/16　印张 23.25　字数 523 千
2022 年 11 月第 1 版
2022 年 11 月第 1 版第 1 次印刷

ISBN 978-7-309-16415-2/F·2913
定价:68.00 元

如有印装质量问题,请向复旦大学出版社有限公司出版部调换。
版权所有　侵权必究